KB052063

금융 IT와 디지털 대전환

황명수 지음

光文閣
www.kwangmoonkag.co.kr

지난 10년간 우리의 주변 환경은 급속히 변해 왔다. 특히 정보기술 분야는 더욱 그러하다.

4차 산업혁명의 물결은 일상생활에 많은 영향을 미치고 있다. 2019년 시작된 코로나 19 팬데믹 현상으로 금융 서비스와 학교 강의 등은 비대면(Untact)으로 진행되고, 직장인의 재택근무는 일반화된 지 오래다.

이러한 환경 변화에 따라 국내외 기업들은 정보통신 기술을 활용한 디지털 대전환을 통해 발 빠르게 움직이고 있다. 특히 금융회사와 핀테크 기업들은 다양한 금융 서비스를 개발하며 디지털 시대의 국면을 주도하고 있다.

이 책은 저자가 지난 30년간 금융 IT 부서의 실무 경험과 지난 8년간 대학과 대학원에서 강의한 내용을 중심으로 정리한 역저이다.

따라서 이 책은 금융업에 종사하는 금융인과 금융 IT 서비스 직무와 관련된 일반인, 금융IT학과와 경영정보학과 학생들이 금융 IT와 디지털 대전환을 빠르게 이해하는 데 도움이 될 것으로 확신한다. 또한, 주제별로 세분화하여 기술함으로써 대학의 한 학기 강의 일정에 맞출 수 있도록 구분해 놓았다.

1장과 2장은 정보통신 기술과 모바일 기기의 변화 모습을 일목요연하게 정리하여 빠른 이해를 돕도록 한다. 따라서 정보통신 기술의 발전과 각 산업에 적용되는 IT 기술, 주요 이슈 등을 알아보고, 모바일 기술과 전자상거래의 변화 모습을 살펴본다.

3장은 금융 정보 시스템과 온라인뱅킹을 소개하고, 금융 정보 시스템의 변천과 함께 금융 전산망 구성과 각 은행 정보 시스템의 변화, 금융결제원의 역할 등을 통해 국내의 금융 시스템과 은행권의 모바일뱅킹, 오픈뱅킹이 어떻게 운영되는지 알아본다.

4장은 국내외 인터넷전문은행의 현황과 업무처리 행태에 대하여 알아본다. 특히 국내의 카카오뱅크, 케이뱅크, 토스뱅크 3개 회사를 중심으로 인터넷전문은행의 설립과 업무 내용을 살펴본다.

5장은 비금융권에서 활성화되고 있는 간편 결제를 중심으로 모바일 금융 서비스와 결제 내용을 알아본다.

6장에서는 금융회사가 도입한 핀테크 기술, 탈중개화 개념, 핀테크 산업의 태동 등을 알아보고, 핀테크 추진 전략에 대하여 살펴본다.

7장은 핀테크 산업과 시장 동향을 통해 핀테크와 관련된 발전 저해 요인, 규제 이슈, 활성화 전략을 살펴본다.

8장에서는 핀테크 비즈니스 모델을 주제로 서비스 내용과 대표 사례 등을 알아본다.

9장은 핀테크 기업의 성장과 해외 진출 전략을 심도 있게 알아보기 위해 사례 분석으로 '핀테크 글로벌 리더: 영국'을 대상으로 핀테크의 성장 배경과 추진 전략을 집중 조명한다.

10장은 금융회사의 핀테크 기술을 효율적으로 도입하기 위해 핀테크 기술의 적용, 도입 시 추진 전략 등에 관한 사항을 알아본다.

11장은 금융 업무와 정보통신 기술의 접목 사례로, 최근 금융회사에서 많이 활용하는 로보어드바이저의 도입과 활용에 대하여 알아보고 로보어드바이저의 국내외 도입 사례와 현황을 살펴본다.

12장에서는 금융 정보 시스템과 빅데이터 활용에 관하여 내용을 분석하고, 금융회사와 일반 기업에서 빅데이터 기술을 어떻게 활용하고 있는지 살펴본다.

13장은 금융보안과 정보보호 전략을 통해, 핀테크 산업의 정보보호 전략과 재택근무 시스템 구축을 중심으로 세부적인 내용을 알아본다.

마지막으로 14장에서는 최근 급속하게 커지고 있는 가상화폐와 블록체인 분야에 대하여 알아본다.

위와 같은 내용으로 '금융 IT와 디지털 대전환'에 대한 전반적인 내용을 기술하였다.

따라서 금융 정보 시스템의 도약을 바라며 디지털 대전환의 현황 파악과 방향성을 제시하고자 하였다.

아무쪼록 이 책이 이 분야에 대한 폭넓은 이해와 지평을 넓히는 데 도움이 되고 안내서 역할을 할 수 있기를 기대하며, 여러분께서 자신의 목표를 성취하는 데 디딤돌 역할을 하기를 소망한다. 감사합니다.

2022. 10. 15.
국립중앙도서관에서 황명수 올림

CONTENTS

제1장

정보통신 기술의 발전

정보통신 기술의 발전

이 장에서는 정보통신 기술의 변화 모습과 각 산업에 적용되는 기술, 그리고 이와 관련된 주요 이슈 등을 살펴본다.

1. 정보통신 기술 변화

정보통신 기술이 어떻게 변화해 왔고, 지금은 어느 위치에 와 있는지 컴퓨터의 하드웨어와 소프트웨어 기술 측면에서 알아본다.

1-1 하드웨어 측면

정보통신 기술[1]은 약 20년을 주기로 크게 변하고 있다. 1970~80년대 컴퓨터 시스템은 메인프레임[2]이라는 독자적 형태로 운영되어, 사일로(Silo) 또는 레거시(Legacy) 시스템이라고 부른다. 이 시스템은 1990년 초반에 들어서면서 클라이언트/서버[3]와 PC 체계로 전환되고, 일부 대형 시스템을 제외한 거의 모든 시스템은 클라이언트/서버 체계로 변환되어 오늘날까지 사용되고 있다.

---

1) '정보통신 기술(ICT: Information and Communication Technology)'이란, 정보기술과 통신 기술이 결합하여 새로운 가치와 패러다임을 만드는 첨단 기술을 의미하며, 정보 처리를 위한 하드웨어와 소프트웨어, 그리고 정보 처리 응용 기술을 모두 포함한다.
2) '메인프레임(M/F: Main Frame)'은 대용량 메모리와 고속 업무 처리를 통해 수많은 사용자가 범용으로 사용이 가능한 대용량 컴퓨터 시스템을 말한다.
3) '클라이언트/서버(C/S: Client/Server)'는 메인프레임보다는 상대적으로 작은 시스템으로 개방형 시스템을 말한다. 클라이언트(Client)는 다른 프로그램에 서비스를 요청하게 되며, 서버(Server)는 그 요청에 대하여 응답하는 형태로 업무를 처리한다.

한편, 통신 분야는 1990년 초반에 월드와이드웹[4]이 출현하며 컴퓨터와 유선통신이 결합하는 새로운 변환기를 맞는다. 2010년 초반에는 정보 기술과 무선통신의 결합이 시작된다. 2016년부터는 본격적으로 모바일(Mobile)과 무선통신, 인공지능, 사물인터넷 등 새로운 기술이 융·복합 형태로 발전하며 4차 산업혁명의 시대를 활짝 열어가고 있다.

과거의 정보 시스템은 프로세스 혁신을 위한 내부 조직의 업무 개발과 시스템의 운영 효율화에 초점이 맞춰져 있었다. 하지만 현재의 정보 시스템은 컴퓨터가 스스로 학습하고 솔루션을 찾아 문제를 해결하는 시스템을 추구한다.

정보 기술과 고도의 지식(High-tech knowledge)을 바탕으로 여러 가지의 서비스 모델을 개발하면서 혁신에 초점을 맞추고 있다. 특히 최근 등장한 메타버스(Metaverse), 디지털트윈(Digital twin) 등 새로운 개념과 정보 기술은 여러 산업 분야에서 다양한 형태로 나타나 또 다른 영역을 창출한다. [그림 1-1]에서 이 내용을 보여 준다.

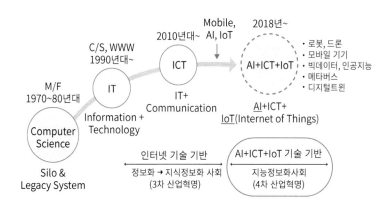

[그림 1-1] 정보통신 기술의 변화와 발전

컴퓨터 시스템은 일반적으로 '논리회로 소자'를 기준으로 세대를 5단계로 분류한다. 하지만 이 책은 시스템의 사용 목적과 특성에 따라 컴퓨터 세대를 [표 1-1]과 같이 재분류한다.

---

4) '월드와이드웹(WWW: World Wide Web)'은 인터넷에 연결된 컴퓨터를 통해 사람들이 서로의 정보를 공유할 수 있는 공간을 말하며, 간단히 '인터넷'이라고 한다.

[표 1-1] 컴퓨터 시스템의 세대 재분류

구분	시스템 용도	특성
제1세대	컴퓨터 시스템은 주로 내부 조직에서 필요한 데이터의 조작과 연산, 비교 등을 통해 기본 업무 기능을 수행함	메인프레임 형태로, 조직 내에서 정보 시스템을 독립적으로 운영함
제2세대	컴퓨터 하드웨어와 시스템 운영체제를 기반으로 각종 소프트웨어(응용 소프트웨어 포함)와 통신망을 여러 정보처리 시스템과 연결하고 주어진 업무를 처리함	메인프레임과 다수의 각종 서버와 통신망을 연결해, 멀티프로세싱 및 분산 처리, 그리고 커넥티드 형태로 시스템을 구성함
제3세대	컴퓨터 시스템은 인공지능 기능을 활용해 스스로 학습하고 솔루션을 찾아 주는 역할을 하며 업무를 처리함	인공지능 기능인 딥러닝, 인지 컴퓨팅 등을 통해, AI, 로봇, IoT 등과 연계해 시스템을 구성함

제1세대 컴퓨터는 업무 처리를 위해 단순 데이터의 조작과 연산, 비교 기능 등을 수행하며, 주로 한 조직의 내부 업무를 처리하기 위해 활용된다. 시스템은 독자적인 형태로 운영되므로, 메인프레임 중심의 데이터 처리 시스템이라고 할 수 있다.

제2세대 컴퓨터는 메인프레임과 각종 서버, PC 등을 유·무선 통신망으로 연결하고, 분산 정보 처리 시스템 형태로 조직의 내·외부 데이터를 처리한다. 또한, 여러 형태의 컴퓨터 시스템과 인터넷 통신망, 모바일 기기 등을 통해 커넥티드 융합 형태로 연계해 정보 시스템을 구성한다.

제3세대 컴퓨터는 스스로 학습하고 솔루션을 찾아 주는 시스템이다. 여러 가지의 정보 시스템을 연계함은 물론, 인공지능(AI: Artificial Intelligence)의 딥러닝과 가상현실, 사물 정보, 인지 정보 등 다양한 신기술을 활용한다.

1-2 소프트웨어와 정보 활용 측면

앞에서 정보통신 기술의 변화 모습을 하드웨어 관점에서 관찰하였다면, 이번에는 정보 활용 측면에서 어떻게 성장하는지를 알아본다.

1990년 이전까지만 하더라도 정보는 대부분 정형화된 데이터 형태로 생성된다. 하지만 클라이언트/서버와 PC 체계로 시스템이 전환되고 스마트폰의 보급 확산과 사용이 활성화되면서 이메일과 SNS, 멀티미디어(사진, 동영상) 등 비정형 데이터가 폭증하게 된다. 최근에는 사물인터넷(IoT: Internet of Things) 기술의 발달로 사물 정보와 인지 정보 데이터가 많이 생성된다. 이러한 변화는 기존 컴퓨터 시스템에서 인공지능과 빅데이터, 사물인터넷 등 여러 가지의 정보와 융합하는 형태로 발전되고, 다양한 데이터의 활용과 새로운 서비스를 만들게 된다.

앞으로 10년 후, 정보통신 기술은 우리에게 어떤 모습으로 다가올 것인가?

그 변화 모습은 아마도 우리가 상상하는 것 이상으로 현재와는 전혀 다른 세상이 될 것이다. [그림 1-2]에서 이 내용을 보여 준다.

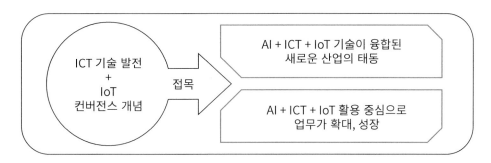

[그림 1-2] 정보통신 기술의 접목과 방향성

정보통신 기술은 그동안 정치, 경제, 사회, 문화 등 여러 분야에서 많은 영향을 미치며, 일상생활 속에 깊숙이 파고들어 큰 변화와 혁신을 일으켰다.

이러한 변화는 2000년 하반기부터 시작된 'IT 융합'이라는 개념에서 출발한다. 'IT 융합'은 기존의 정보 시스템과 IT 단말 간의 융합을 통한 기술 활용을 의미한다. 2013년에 들어서면서 'ICT 융합'이라는 확장된 개념으로 발전하며, 정보 기술과 통신의 새로운 결합 형태로 출발한다. 이에 따라 정보통신 기술은 2014년 하반기부터 많은 융합 사례로 나타나며 일상생활에 폭넓게 적용된다. [그림 1-3]에서 이 내용을 보여 준다.

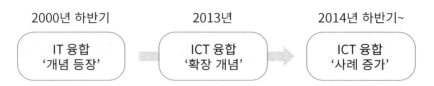

[그림 1-3] 정보통신 기술의 융합과 발전 과정

1-3 4차 산업혁명의 새로운 물결

4차 산업혁명과 관련된 기술은 다양한 형태로 여러 분야에서 나타나고 있다. [그림 1-4]에서 이 내용을 보여 준다.

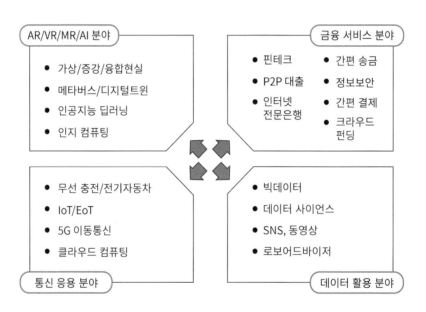

[그림 1-4] 신기술의 접목과 새로운 산업의 등장

4차 산업혁명은 어떤 분야에서 정보 활용을 가속화하고 있는가?

그림에서 보는 바와 같이 가상/증강현실, 인공지능 분야를 비롯한 금융 서비스, 통신 응용, 데이터 활용 분야 등에서 다양한 형태로 발전하고 있다.

일반적으로 신기술은 기존 산업 구조를 크게 변화시키며 새로운 산업을 출현시킨다.

4차 산업혁명의 'ABC'라 불리는 인공지능(Artificial intelligence), 빅데이터(Big data), 클라우드 컴퓨팅(Cloud computing)을 비롯하여 사물인터넷(IoT), 로봇공학, 생명공학, 3차원(3D) 프린터, 무인 운송 수단(무인 항공기, 드론), 자율주행차, 나노 기술 등이 대표적이다. 과학기술정보통신부는 4차 산업혁명의 핵심 동인을 'DNA'(Data, Network, Artificial intelligence)라고 한다. 이것은 표현만 다를 뿐 'ABC'와 같은 의미를 담고 있다.

1-4 4차 산업혁명과 정보 활용

신기술의 융합은 여러 산업 분야를 빠르게 변화시킨다. 많은 기술이 적용되며 산업 간 융합이 이루어지는 것은 4차 산업혁명의 가장 큰 효과라고 할 수 있다. [그림 1-5]에서 이 내용을 보여 준다.

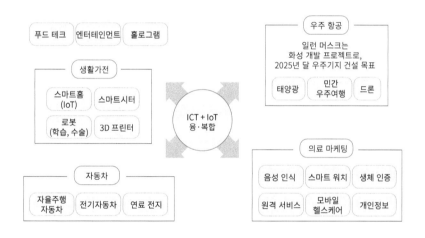

[그림 1-5] 산업 분야별 신기술 적용

이 기술은 정보 기술(IT) 산업 내의 결합(Combination), IT 산업과 다른 산업 간의 통합(Integration), 그리고 인간과 정보통신 기술(ICT) 간의 통섭(Consilience)이라는 형태와 단계를 통해 계속 성장한다.

각 영역의 과거 모습은 신기술이 적용되면서, IT 신기술이 융합된 새로운 변화 모습을 보여 준다. [표 1-2]에서 이 내용을 설명한다.

[표 1-2] 정보통신 기술의 접목으로 변화되는 모습

구분	과거 모습	새로운 변화 모습	신기술 적용
바둑 대국	바둑기사 (이세돌 9단)	'AlphaGo' 바둑 게임으로 발전함	AI, 딥러닝, 인지 컴퓨팅 등
게임	게임 프로그래머 (임요한, 홍진호 등)	'포켓몬Go'는 AR, '비트세이버'는 VR 기술을 도입 활용함	게임 공학, 3D 기법, AR, VR, MR 개념 등
영화·만화 제작	일반 카메라로 영화 촬영 및 제작	디지털 영상을 활용하여 영화를 제작함 (앱툰, 애니메이션 등)	컴퓨터 시뮬레이션, 3D, 홀로그램 기법 등
로봇 제작	로봇 생산 전문가가 직 접, 개별 제작	로보스틱(RoboStick)이 일반화됨	로봇공학, 딥러닝, AI 등
자동차 주행	운전자가 직접 운전 (일반 운전자, 기사)	자율주행차가 운행됨 (전기차, 수소차)	딥러닝, 인지 컴퓨팅, IoT 등
자산관리	금융 자산 운용 전문가 의 대면 상담	로보어드바이저 도입과 비대 면 방식으로 업무를 처리함	AI, 전문가 시스템, 고객 정보 DB 등
유통, 제조업	사람(대면 처리), 기술 장인(수작업 처리)	키오스크(Kiosk), CAD+3D 프 린터 등 기술을 도입함	PC+IoT+Display, IoT, 3D 프린팅 등
항공 탁송	항공 및 택배 배송 (Pilot, 택배기사)	드론을 사용한 촬영, 택배 배송이 가능함	위치 정보 시스템, AI, 로봇 등

코로나19 확산으로 사람 간 접촉과 사회적 통제가 계속 되고 있다. 그 영향으로 비대면 거래가 활성화되고, 비대면을 중시하는 핀테크 산업은 성장기에 진입하였다. 반면에 금융권은 신규 고객이 감소하고, 카드 수입수수료의 축소 등 많은 부문에서 영향을 받고 있다. [그림 1-6]에서 이러한 모습을 형상화하여 보여 준다.

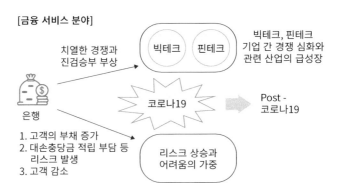

[그림 1-6] 코로나19 확산과 금융 생태계의 변화

그림에서 '빅테크(Bigtech)'란, '대형 정보 기술 기업'을 말하며, 플랫폼 기반의 국내 IT 대기업은 네이버, 카카오, 토스 등이 있다. 이들은 금융 시장에 본격 진출하면서 금융업의 플랫폼화를 꿈꾸고 있다.

2. 산업 기술

4차 산업혁명이라는 거대한 변화의 물결은 각 산업에 많은 영향을 미치고 있다. 최근에 핫이슈로 떠오른 주요 산업을 중심으로 변화 모습을 알아본다. 대표 사례로 모빌리티, 커넥티드, 핀테크/빅테크 분야 등에서 기존 산업이 어떻게 변하고 있는지를 살펴본다.

2-1 모빌리티 분야

'모빌리티(Mobility)'란, 일반적으로 'e-모빌리티'를 의미한다. 네트워킹에 모바일 개념을 도입하여 모바일 기기를 인터넷과 사물인터넷에 직접 연결함으로써 통신 거리의 간격을 줄이고 사용 편의성을 높여 준다. 그래서 스마트폰이나 노트북 등을 활용해 언제 어디서나 자신이 원하는 곳에서 정보를 취득하거나 접근하도록 한다.

대표 사례는 자율주행차 운행, 드론의 배송 혁명 등에서 찾을 수 있다. 특히 전기차, 수소차의 상용화와 도로 주행은 자동차 산업에 변곡점이 되어 우리 일상생활을 크게 바꾸고 있다. 따라서 자율주행차, 전기차, 드론 3개 분야에 대하여 자세히 알아본다.

[분야 1] 자율주행차 운행

'자율주행차'[5]에 대한 연구 및 개발은 현재 활발히 진행 중이며, 운전자의 간섭 정도에 따라 발전 단계를 6단계로 구분한다. 현대자동차는 '2021 서울 모빌리티쇼(2021.11)'에서 레벨4 단계의 자율주행 전기차를 론칭한 후, 도로 운행 중이다. '레벨4'란 운전자 없이도 각종 돌발 상황에 즉시 대처할 수 있는 단계를 말한다. 각 국가는 2025년까지 '레벨

---

5) '자율주행차'란, 운전자의 직접적인 조작이 없이도 자동차가 스스로 주행 환경을 인식하고, 목표 지점까지 안전하게 운행하도록 하는 자동차를 말한다.

5 자동차'의 상용화를 목표로 기술 확보와 개발에 매진하며, 자가 운전이 필요 없는 무인 자율주행차를 만들고자 한다. '레벨5'란, 자동차에 원하는 목적지를 말하면, 사람의 개입 없이 운행 시스템이 모든 운전 기능을 수행한다. 이때부터 사람은 운전자라기보다는 승객이며, 차량은 무인 택시와 같이 자동화된 이동 수단이 된다(보스턴컨설팅그룹 서울사무소, 2018).

미국 로렌스버클리연구소에 따르면, 무인 자율주행차의 운행이 실현될 경우 교통사고는 획기적으로 감소하고 2030년까지 온실가스 배출량도 90%까지 감축할 것으로 전망한다.

자율주행차는 전기차와 IT 첨단 기술의 융합으로 만들어지기 때문에 사람이 운전하는 것보다도 훨씬 안전하다고 평가받는다. 하지만 다음과 같은 3가지 문제점은 여전히 해결해야 할 과제로 남아 있다.

(1) 트랙 스탠드(Track stand)의 인식 오류 문제이다. 자율주행 중 돌발 상황이 발생했을 때, 이에 대한 대처 능력이 미흡하다.

(2) 라이더 센서(차량 지붕 위에 설치된 주변 인식 장치)의 교란 문제이다. 이 요인으로 센서(Sensor) 기기를 무력화시켜 사고를 유발할 경우는 대책이 없다.

(3) 자율주행차는 컴퓨터와 사물인터넷 기술이 무선으로 연결되어 활용된다. 따라서 차량 시스템의 해킹 문제는 언제든지 발생할 수 있다. 이것을 악용하여 범죄 수단으로 이용할 경우, 요인 암살이나 테러, 건물 폭파 등 위험이 있다.

최근 미국 플로리다주에서 '테슬라 무인 자동차'의 시험 운행 중에 발생한 운전자 사망 사고와 횡단보도 위를 걷는 사람을 인지하지 못한 교통사고는 여전히 자율주행차의 안전성 논란을 불식시키지 못한다.

[분야 2] 전기차의 발전과 성장

자동차의 개발 변천사를 보면, 화석연료를 사용하는 전기차(1884, 토마스 파커), 가솔린(1886, 칼 벤츠), 디젤(1894, 루돌프 디젤) 자동차의 순서로 발전해 왔다. 최근에는 친환경 연료를 사용하는 전기차, 수소차가 등장하여 일상화되고 있다. 이러한 변화와 발전은 '전기차, 수소차'의 전성시대가 도래하였음을 알려준다.

자동차 부품의 전자화는 자체 내장 혹은 스마트폰 방식으로 통신망 연결이 가능한 자동차 비중을 70%까지 높일 것으로 전망한다(박경수 · 이경현, 2015). 따라서 자동차 산업은 앞으로 하드웨어 부품보다는 소프트웨어의 품질로 경쟁할 것이며, IT 소프트웨어로 정의되는 자동차 개발이 가속화될 것으로 전망한다.

한편, 자동차 연료의 개발 변천사를 보면 이와는 상반된다. 화석연료(디젤, 가솔린 등)에서 전기와 수소연료를 사용하는 자동차로 발전해 왔다. 최근에 전기차와 수소차가 양산되면서 화석연료를 사용하는 기존 자동차는 생산이 줄고 있으며, 산유국에서도 친환경차에 대한 관심이 커지고 있다.

이러한 변화에 따라 '스마트 도로'가 건설되고, 자동차 주행 중에 전기와 수소 충전이 가능한 충전소가 많이 설치되고 있다. 또한, 고속도로 자체를 태양전지 패널로 만드는 일렉트로닉 하이웨이(Electronic highway) 건설이 추진된다.

현재 많은 나라가 태양전지판 도로를 건설한 후 전기차를 시험 운행 중이다. 우리나라도 전기차와 수소차가 양산됨에 따라 제주도 지역과 서울, 수도권을 중심으로 많은 충전소가 설치되고 있다. 그런데 충전 시간을 대폭 줄여야 하는 문제와 고가의 배터리 가격 인하 문제는 여전히 해결해야 할 과제로 남아 있다.

[분야 3] 드론과 배송 혁명

'드론'[6]은 오락용의 소형 제품부터 물품 운반이나 방송 촬영용 대형 제품에 이르기까지 그 종류가 다양하다. 현재는 제품의 안전성이 확보된 가운데 점차 소형화, 경량화 추세로 진화하고 있다.

드론은 컴퓨터, 자동차와 마찬가지로 처음에는 군사적인 목적으로 개발되었다. 2000년 초반, 미 공군은 미사일 폭격 연습 대상의 물체로 드론을 개발하고, 군사 시설의 정찰과 감시, 소규모 폭격 등으로 사용해 왔다. 현재는 농업 방재, 행사 통제, 스포츠 중계, 방송 촬영, 배송 등 상업용으로 광범위하게 활용된다. [표 1-3]에서 이 내용을 설명한다.

---

6) '드론(Drone)'이란, 무선으로 조종되는 무인 비행물체를 뜻한다. 사람이 타지 않고도 자율 항법 장치 또는 무선 전파의 유도로 원격 조정이 가능하고, 비행기, 새 등 여러 모양의 비행물체로 발전하고 있다.

[표 1-3] 드론 활용 분야와 사례

구분	과거	현재	비고
활용 분야	① 방송 분야 　TV 예능 프로그램과 스포츠 중계 등 ② 산불 및 농업 분야 　산불, 병충해 감시, 농약 살포 등 ③ 단순 배송 분야 　- 레스토랑: 웨이터 대행 　- 음식점: 서빙 담당	① 고속도로 순찰과 위반 차량 단속, 도로 정체 중 응급 차량을 지원함 ② 드론과 응급차를 연계해, '드론 앰뷸런스'를 운영함 ③ 배송 혁명 　- 정확한 데이터를 기반으로 다양한 배송 서비스를 제공함 　(예) Amazon, 알리바바 등에서 프리미엄 배송 서비스를 제공함	① 고속도로에서 심정지 환자의 응급치료에 드론을 활용함(네덜란드 대학생 아이디어로 개발) ② 조류형 드론을 개발해, 조류의 비행 방향을 파악함
특징	① 위성·항공 촬영으로 자료를 작성하고, 공간 정보를 2D로 구현함 ② 위험 지역에 들어가 위험물 폭파와 파괴, 촬영이 가능함 ③ 원전 사고 현장의 투입, 매몰, 지진 발생 지역, 지하 구조물 등을 탐구함	① 3D 입체 지도를 작성하고, 고해상도 지리 정보 자료를 수집·분석함 ② 위성 기반의 GPS 데이터보다도 훨씬 더 정밀한 자료를 통해, 디지털트윈 기술로 재난 및 위험물 관리 분야 등에서 활용함 ③ 과거(왼쪽) ②, ③ 항 시뮬레이션 포함	① 드론 릴리(Lily), 드론 레이싱 등 스포츠 활동에 활용됨 ② 매년 부산 해운대에서, GIGA 드론 레이싱 대회를 개최함

하지만 드론은 여전히 사생활 침해와 비행체 간 충돌 사고, 암살, 폭탄 테러 등 악용 소지의 문제를 안고 있다.

2-2 커넥티드 분야

커넥티드[7] 분야는 제5세대 이동통신과 사물인터넷, 인공지능 등 기술 융합을 통해 다양한 형태로 발전한다.

커넥티드 기술은 무선 충전기, 빅데이터 분석과 활용, 사물인터넷 보안, 초연결 사회 구현 등의 문제를 해결해 준다. 또한, SNS 마케팅이나 웨어러블 기기의 연결, 클라우드

---

7) '커넥티드(Connected)'는 자동차, 내비게이션, 스마트워치(Smart Watch) 등에서 연결의 의미로, 현재는 일반 용어처럼 사용된다.

컴퓨팅 기술 도입, 홈커넥트(Smart home, Smart city, Smart world) 등을 실현하게 한다.

제5세대 이동통신과 사물인터넷, 클라우드 컴퓨팅에 관한 내용은 이 장의 뒷부분에 나오는 '3. 주요 이슈'에서 좀 더 자세히 다룬다.

2-3 핀테크/빅테크 분야

4차 산업혁명의 변화 물결은 금융 분야에서 '핀테크(Fintech)'[8]라는 새로운 비즈니스 모델을 만들고 있다. 이것은 금융권의 지각 변동을 일으키며 불씨(Igniter, 점화기) 역할을 한다.

핀테크 기술이 금융업에 도입되면서, 비금융회사들은 간편 결제, P2P 대출, 크라우드 펀딩 등 신금융서비스 모델을 만들었다. 앞으로도 핀테크와 빅테크[9] 기업은 새로운 금융 서비스를 계속 출현하게 할 것으로 전망된다.

이러한 핀테크 기술은 2014년부터 국내에 도입되어 빠르게 성장하고 있다. 최근에는 인공지능 로봇과 금융이 결합한 금융 로보어드바이저가 '금융의 AI'로 인식되며 금융권에 확산 중이다.

전자상거래도 O2O(Online to Offline) 경제가 출현하고, 근거리 무선통신(NFC: Near Field Communication) 기술이 활성화되며 새로운 영역을 만들고 있다.

비트코인 등 암호화폐는 일부 국가에서 정식 화폐로 인정받고, 전자화폐는 후불 교통 시스템 등에서 활성화된 지 오래다.

이와 더불어, 여러 형태의 스마트 계약과 암호화폐의 보안 기능을 담당하는 블록체인은 '장부를 대신할 신기술'로 일상생활 속에 새롭게 자리를 잡아가고 있다(박영숙·제롬 글렌, 2022).

---

8) '핀테크'는 금융업에 정보 기술을 접목하여 새로운 금융 서비스를 제공하는 개념이다.
9) '빅테크'란, 핀테크 기술을 제공하는 거대 IT 기업을 말한다. 이들은 자체적으로 구축한 플랫폼(Platform)을 활용하며, 고객에게 다양한 상품과 금융 서비스를 제공한다.

2-4 로봇과 인공지능 분야

로봇은 최근 화두가 되는 딥러닝과 인공지능 기술의 결합으로 새롭게 조명되며 여러 산업 현장에서 활발히 활용된다. 대표 사례로 e-러닝을 이용한 가상 비서, AI 기술을 도입한 딥러닝 학습, 로보틱스 분야 등이 있다. 딥러닝(Deep learning) 기술은 IBM Watson의 체스 게임과 Google의 AlphaGo 바둑 게임으로 유명해졌다. 'AlphaGo'는 2016년 3월, 인간(바둑기사)과 인공지능(AI) 시스템의 대결로 유명하다. 이것은 인공지능 로봇과 딥러닝 기술[10], 그리고 인지 컴퓨팅 기술[11], 클라우드 컴퓨팅, 전문가 시스템 등이 하나로 융합된 시스템이라고 할 수 있다(최성, 2021).

금융권과 기업에서 고객의 불만 사항을 처리하기 위해, 음성 인식(Speech recognition) 시스템을 도입하거나 인지 컴퓨팅(Cognitive computing) 기술을 이용한다.

로보틱스 기술은 자동차 산업의 조립 분야나 금융 로보어드바이저, 로봇 의사 등에 적용한다. 이외에 사물인터넷과 정보 처리 시스템의 융합을 위해 오픈 소스(Open source) 기술이 활용된다.

국내 금융회사들은 새로운 정보통신 기술을 기반으로 온·오프라인(On-Off line) 융합을 통해 디지털 대전환(Digital transformation)을 추진 중이다.

2021년부터 시작된 디지털 자산관리(Digital asset management) 업무는 대표 사례로, 앞으로 이 분야에서 금융회사 간 경쟁은 더욱 치열해질 전망이다. 이 업무는 2016년 하반기부터 금융권에 도입되었으며, 로보어드바이저[12] 업무에서 그 유래를 찾을 수 있다.

로보어드바이저는 로봇공학, 딥러닝, 인지 컴퓨팅, 전문가 시스템의 추론이 융합된

---

10) '딥러닝 기술'은, 기계가 스스로 생각하는 제3세대 컴퓨팅 개념으로, 자율주행차와 지능형 로봇 등에 적용된다.
11) '인지 컴퓨팅(Cognitive computing)' 기술은 시스템 스스로가 어떤 상황에 대해 생각하고 직접 답변을 유도해 내는 시스템을 말한다.
12) '로보어드바이저'란, 인공지능 로봇이 '인공지능 알고리즘을 통해 개별 고객의 정보와 각종 금융 정보 등을 빅데이터로 분석하고, 투자자에게 최적의 자산 포트폴리오를 제공하는 서비스'이다. 이것은 은행의 PB(Private Banker), VM(VIP Manager), WM(Wealth Manager), PWM(Private Wealth Manager)과 증권사의 Fund Manager가 맡고 있던 업무 중 일부를 인공지능 로봇으로 대체하는 것이다. WM와 PWM은 3억 원 이상의 고객을 대상으로 전문화된 PB 서비스를 제공한다.

디지털 자산관리 시스템이다. 은행권은 로보어드바이저를 통해 개인종합자산관리계좌(ISA) 제도를 도입하고 일임형 ISA 상품을 판매한다. 금융 당국(금융위원회)은 투자 일임 계약을 온라인에서 활성화되도록 전문 인력을 대체할 자문 서비스를 제공하는 자문업 인력 요건에 로보어드바이저를 포함한다.

증권사의 경우, 빅데이터와 인공지능을 이용해 최적의 포트폴리오를 고객에게 제공하고, 상품 정보(주식, 펀드, 선물 등) 시스템과 고객의 자산관리 서비스를 연계하여 업무에 활용한다. 자세한 내용은 '제11장 로보어드바이저', '제12장 금융 정보 시스템과 빅데이터 활용' 부분을 참고 바란다.

2-5 메타버스/디지털트윈 분야

2016년 7월 출시된 '포켓몬고(Pokémon Go)' 게임은 전 세계적으로 큰 열풍을 일으켰다. 이것은 게임의 미래가 가상현실(VR)보다는 증강현실(AR)에 있다는 것을 보여 준 획기적인 사건이었다.

최근 비대면 업무가 확대되면서 은행과 대기업을 중심으로 메타버스 열풍이 불고 있다. 이에 따라 가상현실과 증강현실 기술이 다시 부상하고 있다. 따라서 가상현실, 증강현실에 대한 개념을 알아보고, 메타버스와 디지털트윈이 이들과 어떤 차이점이 있는지를 살펴본다.

[가상현실 1] 가상/증강/융합현실

(1) 가상현실(VR: Virtual Reality)

'가상현실'[13]은 최근에 게임이나 의료, 영화, 관광 등 산업에서 다양한 형태로 사용되고, 그 활용 폭도 넓어지고 있다. 특정 분야의 교육 프로그램이나 스포츠 경기, 가상 쇼핑, 광고 체험 등에서 활용된다.

(2) 증강현실(AR: Augmented Reality)

---

13) '가상현실'이란, 3차원의 가상 세계를 구현하는 기술로, 어떤 특정한 환경이나 상황을 컴퓨터로 제공하고 그것을 사용하는 사람에게 실제 주변 상황과 상호 작용을 하는 것처럼 보여 준다.

가상현실(VR)이 컴퓨터 내의 3차원 동영상을 통해 현실 세계와 같은 느낌을 주는 것에 비해, '증강현실(AR)'[14]은 현실 세계에 실시간으로 부가 정보를 갖는 가상 세계를 합쳐 한 영상으로 보여 준다.

게임과 쇼핑 사례를 통해 가상현실과 증강현실의 차이점을 알아본다.

게임의 경우, 가상현실(VR)은 VR 기기를 착용하고 가상 공간에 들어가 가상의 적과 싸우지만, 증강현실(AR)은 스마트폰 카메라를 켜 놓고 현실 공간에서 가상 세계의 적과 싸운다. 최근 이 기술을 이용한 상업용 VR 게임장도 많이 생겨났다.

쇼핑의 경우, 가상현실(VR)은 사용자가 가상 매장을 걸어 다니면서, 특정 상품을 보고 직접 체험하게 한다. 하지만 증강현실(AR)은 상품을 구매할 때 실제 공간 분위기와 맞는지, 또 그 위치에 적합한지를 확인하기 위해 상품을 실제 공간에 가상으로 놓고 구매를 결정한다.

(3) 융합현실(MR: Mixed Reality)

'융합현실'[15]은 별도의 가상현실(VR) 기기를 착용하지 않고 원하는 위치에서 눈으로 직접 홀로그램을 불러 볼 수 있다. 그러므로 많은 사람이 가상 공간에서 똑같은 상황을 봐 가면서 영화나 쇼 관람, 공연, 게임 등을 체험하게 된다.

[가상현실 2] 메타버스(Metaverse)

'메타버스'[16]는 3차원 가상 공간에서 사람들이 '아바타'를 이용해 사회, 경제, 문화 등 다양한 분야의 업무 처리와 활동을 하게 한다. 기존 온라인 플랫폼에서는 동시에 다양한 토론을 진행할 수 없지만, 메타버스는 많은 사람이 현실에서 이야기하는 것처럼 대화도 가능하다.

따라서 메타버스 기술은 비대면 채널을 통한 재택근무뿐 아니라 원격 강의와 학습,

---

14) '증강현실'은 카메라로 찍은 실제 배경 화면에 3차원 이미지를 겹쳐 하나의 영상으로 보여 주는 기술이다.
15) '융합현실'은 가상현실과 증강현실을 합친 개념으로, 홀로그램을 통해 현실과 겹쳐 보여 주는 기술이다.
16) '메타버스'란, 가상·초월을 의미하는 '메타(Meta)'와 우주·세계를 뜻하는 '유니버스(Universe)'의 합성어로, 가상 세계와 현실 세계가 공존하는 것을 의미한다.

원격진료, 대학의 입학식과 졸업식 행사, 최고경영자(CEO)와의 대화, 홈쇼핑 서비스 등 많은 용도로 활용된다.

메타버스 플랫폼은 여러 형태가 존재한다. 미국의 포트나이트(Fortnite), 마인크래프트(Minecraft), 로블록스(Roblox) 등이 있고, 일본에는 라인 피오디(LINE POD), 동물의 숲(Animal crossing)이 있다. 그리고 우리나라는 네이버에서 만든 제페토(Zepeto)가 대표적이다.

이 기술은 사물인터넷(IoT)과 결합하면서 교육 프로그램이나 은행(금융교육 콘텐츠 방송, 점포 운영), 군사, 스포츠 중계, 광고 마케팅, 의료, 재난 방재 등 분야에서 큰 변화와 혁신을 만든다. [표 1-4]에서 이 내용을 정리한다.

[표 1-4] 가상/증강/융합현실과 메타버스 개념 비교

구분	개념 설명	적용 사례	특징
가상현실	① 실제는 존재하지 않으나, 마치 존재하는 것처럼 가상 공간에서 현실 세계를 재현함 ② 실제와 유사한 인공적인 환경을 만들고 현실과 차단된 상태에서 가상 공간을 보여 줌	가상현실 기기를 활용하여, 가상 공간에서 1인이 게임을 하거나 영화 감상을 할 수 있음	3차원 가상 공간에서, 1인의 개인이 주도적인 의지로 다양한 체험을 할 수 있으며, 가상 공간 내에서 다른 사람들과 소통은 불가능하고, 오직 단방향 소통만 가능함
증강현실	확장된 현실이라는 개념으로, 현실 세계를 배경으로 가상 공간 이미지와 정보를 합쳐 보여 줌	실제 현실 세계에 포켓몬 캐릭터를 접목해 만든 '포켓몬 Go' 게임이 대표적임	
융합현실	① 가상현실과 증강현실 기술을 합친 형태로, 현실과 가상 세계를 합쳐서 보여 줌 ② 홀로그램을 통해 현실과 겹쳐 보여 주게 됨 ③ 별도의 가상현실 기기를 사용하지 않고 원하는 위치에서 가상 세계 체험이 가능함	많은 사람이 같은 가상 공간 내에서, 동시에 동일 상황을 보면서 쇼/공연 관람이나 K-POP 홀로그램 공연, 디지털 테마파크, 게임 등을 체험함	
메타버스	① 3차원 가상현실을 보여 주며, 동일 가상현실 내에서 다른 사람들과 쌍방향 소통이 가능함 ② 마치 게임을 하는 것처럼 가상 공간에서 타인과 소통함 ③ 가상 세계의 이용자가 함께 모여, 게임을 하거나 춤을 추는 것이 가능함	① Naver 제페토는 AR 콘텐츠와 게임, SNS 등 기능을 통해 가상 공간에서 문자, 음성, 이모티콘 등을 교류함 ② 페이스북은 새 사명을 메타(Meta)로 변경하고, 이 시장에 집중 투자를 함	한 공간 내에서 많은 사람이 쌍방향으로 소통할 수 있는 강점을 가짐

국내 은행은 메타버스 기술을 활용해 가상 공간에서 지점을 개설하거나, 고객에게 금융 상품을 판매하는 등 새로운 서비스를 제공한다.

증권사는 메타버스에서 주식거래를 할 수 있도록 거래 시스템을 개발한 후 운영 중이다. [표 1-5]에서 이 내용을 설명한다.

[표 1-5] 국내 은행과 증권사의 메타버스 기술 활용

구분		내용 설명
은행	신한	고객 마케팅과 행사에서 메타버스를 활용하며, 미래 고객인 MZ세대와의 소통 공간으로 활용함
	우리	메타버스 플랫폼에서 온라인으로 원격 소통하고, 컨퍼런스 콜 기능을 활용해 가상 공간에서 미팅 행사를 추진함
	하나	① 네이버 플랫폼 '제페토'를 활용해 연수원 교육과 신입 행원 멘토링 수료식을 진행함 ② 은행장은 '라울(Raul)'이라는 아바타로 변신하여 행사에 참석하고, 직원들은 '라울'에게 자신들이 설계해 만든 가상 공간으로 안내하여 사진 촬영을 함
	IBK기업	① 싸이월드 메타버스 플랫폼에 'IBK 도토리은행'을 오픈하고, 누구나 메타버스 플랫폼 영업점을 방문한 후, 금융 상품 조회와 서비스를 하게 함 ② 'IBK 도토리통장'을 출시하고, 게임 요소를 접목한 '메타버스 금융 체험 서비스'를 제공함
	KB국민	① 내·외부 업무 처리에서 메타버스 플랫폼을 이용하고, 비대면 업무의 효율성을 높이기 위해 화상회의 기능이 지원되는 '게더타운'을 오픈함 ② 메타버스 '로블록스'를 활용해 고객 서비스 차원에서 글로벌 게임 사용자에게 은행의 금융 콘텐츠를 소개함
증권	미래에셋	메타버스에서 주식 매매와 시세 조회 등이 가능하도록 시스템을 개발한 후 업무에 적용함

출처: 각 금융회사 발표 자료 취합 정리

[가상현실 3] 디지털트윈(Digital twin)

'디지털트윈'[17]이 가상현실과 크게 다른 점은, '가상현실'은 존재하지 않는 가상 세계

---

17) '디지털트윈'이란, 컴퓨터의 가상 공간(VR)에 현실 사물의 쌍둥이(Twin)를 만들어 놓고, 현실 세계에서 발생할 수 있는 모든 상황을 컴퓨터 시뮬레이션을 통해 시현을 해 봄으로써 그 결과를 사전에 예측해 볼 수 있는 기술이다.

를 현실감 있게 표현하는 기술이지만, '디지털트윈'은 가상현실과는 반대로 현실 세계를 가상 공간에 똑같이 본떠서 만든다. 예를 들면 우리가 실제로 현장에 가지 않고도 현장을 방문하는 것과 같은 효과를 주려고 할 때는 디지털트윈 기술이 필요하다. 반면에 실제 현장(현실 세계)은 존재하지 않으나 소비자가 원하는 상품을 인터넷 공간에서 판매하려 할 경우, 가상현실 기술을 통해 상품 판매가 가능하다.

따라서 디지털트윈은 제조업뿐 아니라 안전사고 예방, 복잡한 사회 문제 등을 해결하기 위한 새로운 기술이다. 특히 항공기 엔진이나 발전소 등 복잡한 시설이나 장치를 효과적으로 모니터링하거나 생산성 향상을 목적으로 활용한다. 이 기술은 최근 스마트시티의 플랫폼으로 각광받고 있다(남상엽 외 4인). 국내에서는 정부와 공공기관의 국가 인프라 지능 정보화 사업(물 관리 플랫폼, 지하 배관 안전관리 등)을 위해 도입 중이며, 대기업을 중심으로 다양한 형태로 사업이 추진 중이다. [표 1-6]에서 이 내용을 설명한다.

[표 1-6] 디지털트윈 기술 도입과 적용 사례

구분	적용 사례	비고
현대차	① 차량의 모델을 설계하고 성능 테스트를 함(로보틱스, 모빌리티 개념 포함) ② 문제 발견 시 신속한 원인 파악과 문제점을 해결함	① 이 기술을 통해, 5G 기반 공공 선도 사업이나, 재난 관련 분야에서 재난 안전관리 플랫폼을 만들게 됨 ② 제조업과 스마트시티 등 분야에서 플랫폼으로 활용함
BMW	제품 설계 및 제조 공정을 위한 디지털트윈을 만들고, 차량 충돌 성능을 최적화함	
CJ대한통운	제조 및 물류 등 시스템을 도입함	
현대중공업	선박 플랫폼 개발 및 선박 엔진 관리를 통해 비용을 절감함	
삼성SDI, 삼성SDS	디지털트윈 기반 솔루션 개발 및 구축, 운용 효율 극대화, 자동화 운영, 오류 감소를 통한 비용을 절감함	
삼성바이오로직스		
GS칼텍스, LG CNS		

2-6 생체 인증 분야

핀테크 기업이 다양한 서비스를 제공하면서, 모바일 기기로 금융 거래를 하려는 사람들도 많아졌다. 대표 사례가 간편 결제이다. 이것은 국내·외에서 가장 활성화된 금융 서비스이다. 카카오페이, 삼성페이, 애플페이, 알리페이 등이 있으며, 전자상거래에서 사용 편의성과 거래 처리의 신속성을 제공한다. 하지만 해킹이나 통신보안 등 문제는 여전히 남아 있다. 핀테크 기업은 이 문제를 해결하기 위해, 이중 보안(2단계 보안 인증)과 생체 인증[18] 기술(지문, 홍채, 정맥, 안면, 음성인식 등)을 도입하며 보안성을 강화하고 있다.

생체 인증 기술은 최근에 등장한 것이 아니다. 이전부터 국가의 주요 산업 시설이나 공항 보안 구역의 출입 통제, 공항 출입국 관리, 기업의 컴퓨터실 출입 관리 등에서 활용되고 있다. 그런데 문제는 생체 인증 정보가 유출될 경우, 수집된 정보의 변경이 불가능하다는 점이다.

따라서 민감 정보의 노출 방지와 신원 식별의 정확도를 높이기 위해 2개 이상의 생체 인증 기술을 함께 사용할 것을 권장한다. 다중 인증의 보완 방법으로 ARS 또는 SMS 문자 등 추가 인증이 있으나, 무엇보다도 중요한 것은 해당 조직에서 보안성을 확보하려는 의지와 보안 체계의 확립이 매우 중요하다.

3. 주요 이슈

정보통신 기술과 관련된 주요 이슈로 제5세대 이동통신, 사물인터넷(IoT), 클라우드 컴퓨팅(Cloud computing), 핀테크(Fintech), 빅데이터(Big data) 등이 있다. 본 장에서는 제5세대 이동통신, 사물인터넷, 클라우드 컴퓨팅 내용만 살펴보고, 핀테크와 빅데이터는 별도로 구성된 '제6장 핀테크 산업의 등장'과 '제12장 금융 정보 시스템과 빅데이터 활용'에서 자세히 설명하기로 한다.

---

18) '생체 인증(Biometrics)'이란, 인간의 신체적, 행동적 특성을 사용해 개인의 신원을 확인하고 시스템이나 단말기, 데이터에 대한 접근 권한(Access control)을 부여하는 기술이다.

3-1 제5세대 이동통신

'이동통신(Mobile telecommunication)'이란, 고정되지 않은 위치에서 이동 중에 무선통신이 가능하도록 이동성이 부여된 통신 체계를 말한다. 제5세대 이동통신을 설명하기 전에 먼저 국내 이동통신 기술의 발전 과정을 살펴본다. [표 1-7]에서 이 내용을 설명한다.

[표 1-7] 국내 이동통신 기술의 발전

구분	개념 및 기술 설명(이동정보통신의 세대별 역사)
제1세대	셀룰러(Cellular) 방식의 이동전화로, 셀의 설치 형태로 통신망을 구성함
제2세대	한국과 미국의 코드분할다중접속(CDMA) 기술은 물론, 유럽의 GSM 기술, 일본 PDC 기술 등이 이동통신의 핵심 기술로 활용되며 발전함
제3세대	① 1990년 말부터 2GHz 대역폭과 2Mbps 전송 속도로 멀티미디어 서비스를 지향하며 IMT-2000 기준을 마련함 ② 2000년부터 W-CDMA와 CDMA2000 기술을 상용화함
제4세대	2012. 1월, 국제전기통신연합(ITU)에서 LTE를 진화시킨 기술을 제4세대 이동통신의 국제 표준으로 채택함에 따라, 음성과 데이터, 실시간 동영상의 동시 전송이 가능하고, 이동통신 서비스 속도가 증가함
제5세대	① 유·무선 통합 통신망 관리 기술로 ITU에서 초안을 채택하여 GB, TB급의 통신 기술 표준화를 추진함 ② 통신비 절감은 물론, 스마트폰과 IoT 연결, 가상현실, 자율주행차 운행, 홀로그램 등에서 서비스를 실현함

제5세대 이동통신은 현재 성숙기에 접어들어 활성화 단계에 있다. 이동통신의 각 세대는 데이터 전송 속도에 따라 분류되고, 전송속도는 전송 대상(음성, 문자, 동영상, 멀티미디어 등)에 따라 좌우된다. 이 기준은 국제전기통신연합(ITU)이 결정한다.

제5세대 이동통신은 기술적인 측면에서 이전의 통신 기술을 훨씬 능가하며, 스마트폰과 사물인터넷의 연결(드론), 가상현실, 자율주행차 등에 활용된다. 그러나 다른 기술과 연결하고 효율적으로 활용하기 위해 아직도 신기술을 개발 중이다. 이것은 다양한 분야에서 대용량의 트래픽 전송과 초(超)고품질 서비스를 제공한다(커넥팅랩, 모바일 트렌드 2019). [표 1-8]에서 이 내용을 설명한다.

[표 1-8] 제5세대 이동통신 활용 분야와 기술 적용

활용 분야	기술 적용
가상현실	단순한 고화질 3D 화면을 360° 3D 화면으로 구현함으로써, 특정 장소에서 이루어지던 한계를 벗어남
엔터테인먼트	게임, 온라인 쇼핑, 스포츠 중계 시, 스마트폰에서 가상현실 헤드셋을 착용해야 동영상 스트리밍 시청이 가능했지만, 현재는 장소와 무관하게 VR 헤드셋을 착용하면 360° 시청이 가능함
스마트카	고속 이동 중에 자동차에 부착된 센서로부터 각종 정보를 받아 신속히 자동차를 통제 또는 제어할 수 있음
홀로그램	① 과거 공상 과학이나 공상 영화에서 볼 수 있었던 홀로그램이 현실이 되며, 코엑스와 동대문 쇼핑몰 등에서 활용함 ② 이 기술을 사용하면, 마치 실물이 눈앞에서 공연하듯이 입체감 있게 공연을 감상할 수 있고, 일반인도 영화 속의 모습처럼 홀로그램을 이용하여 영상 통화가 가능함

우리나라는 평창동계올림픽(2018)에서 5G와 드론 기술을 연계한 축하 공연을 함으로써 세계 최초로 상용 서비스를 실현하였다. 중국도 3년 후인 베이징하계올림픽(2021)에서 이와 유사한 공연을 했다.

3-2 사물인터넷

'사물인터넷'[19]은 2015년 국제 소비자 가전 전시회(CES 2015)에서 키워드로 부상하면서 많은 관심을 받았다. 당시에 사물인터넷과 스마트카(Smart car)의 자동운전, 사물인터넷과 백색 가전제품의 연결, 스마트워치(Smart watch)로 자동차를 원격 조정하는 기술 등이 빅이슈로 떠 올랐다. 특히 삼성전자는 '향후 5년 이내에 자사의 모든 가전제품을 사물인터넷과 연결한다'라고 선언하여 큰 관심과 반향을 일으켰다. 사물인터넷의 사례는 현재 우리 주변에서 많이 볼 수 있고, 다양한 형태로 진화 중이다. [표 1-9]에서 이 내용을 설명한다.

---

19) '사물인터넷'이란, 각종 사물에 센서와 통신 기능을 부착해 실시간 데이터를 인터넷으로 주고받는 기술이나 환경을 말한다. 우리 주변에서 흔히 사용하는 가전제품 등을 인터넷에 연결하고, 사람의 도움이 없어도 블루투스(Bluetooth)나 근거리 무선통신(NFC: Near Field Communication), 또는 센서 데이터 등의 소통 기술을 통해 정보를 주고받을 수 있다. 블루투스나 근거리 무선통신은 가까운 거리에서 무선으로 데이터를 주고받는 통신 기술이다.

[표 1-9] 사물인터넷 활용 사례

적용 분야	내용 설명
NFC 기술의 활용	스마트폰 또는 가전제품 등을 온라인 플랫폼으로 연결한 후 NFC 기술을 활용함
NFC 칩 탑재 세탁기	세탁기의 동작 상태와 오작동 여부 등을 진단하고, 맞춤형 코스로 세탁을 진행하며 그 내용을 스마트폰으로 알려 줌
냉장고 제어	① 실시간으로 내부 온도를 점검하고, 자체 동작 진단과 절전을 유도함 ② 칸별로 적정한 온도 조절과 음식 보관이 가능하게 함
미국, 디즈니랜드의 고객관리	① 센서(IoT)를 활용해 고객 정보를 수집·분석한 후 마케팅 정보로 활용함 ② 시설물에 적외선 센서와 스피커 등을 탑재해 놀이공원의 각종 정보를 수집하고, 고객에게 정보를 제공하여 관람객의 분산과 관심 유도 등으로 고객만족도를 높임
웨어러블 헬스 기기	'스마트워치, 스마트밴드'를 착용한 사용자의 건강 정보를 수집·분석한 후, 스마트폰으로 다시 전송하여 건강관리에 도움을 줌
스마트카, 전기자동차	① 기존 자동차의 텔레매틱스 기술에서 진일보한 형태로, 무인 자율주행을 가능하도록 솔루션을 제공함 ② 스마트폰으로 자동차 시동을 걸고 주차도 가능함

이러한 사물들이 제대로 작동하기 위해서는 통신 문제가 선결 과제이다. 센서와 각 사물 간의 대화를 원활히 하기 위해 다음의 4가지 요건이 필요하다. 이것은 사물인터넷의 필수 요소가 된다.

(1) 상대 기기(Device) ID와 IP Address 인식 기능이 필요하다.

(2) 사물 간 정보를 교환할 수 있는 대화 채널 기능이 요구된다.

(3) 온도, 습도, 열, 가스, 조도, 초음파 센서 등으로부터 원격감지 기능이 필요하다. 아울러, 레이더, 위치, 모션, 영상 센서 등 사물과 주위 환경으로부터 필요한 정보 수집과 대화 기능이 필요하다.

(4) 사물 간 정보통신이 가능한 통로(Path)와 공통 언어(Common language)가 필요하다. 여기에는 센싱(Sensing) 기술과 통신 인프라(Infrastructure), 사물인터넷 서비스 등이 요구된다. 이 기술은 사물 간의 온도나 습도, 위치, 열 정보 등 상호 정보 교환을 가능하게 한다.

앞으로 사물인터넷 분야가 더욱 발전하기 위해서는 5가지 과제의 보완이 요구된다.

(1) 기기(Devices) 간 호환성 보장과 업계 표준이 필요하다.

그 결과, 사물인터넷과 모바일 기기, 가전제품 등이 접목되는 모든 사물인터넷(IoE: Internet of Everything) 출현이 가능하다.

(2) 사물 기기 간 통합과 통일된 연계 플랫폼 제공이 필요하다.

(3) 혁신 기술 서비스를 위한 인프라(Infra) 구축과 보완이 필요하다.

(4) 해킹 위험성 증가에 따른 대책 마련이 필요하다.

① 통신망으로 연결된 사물인터넷에 외부 침입자가 있는 경우, 위험성은 증가하고 사생활 침해의 문제가 발생한다.

② 사회 전체 시스템의 인프라 마비 등 비상사태가 발생할 경우, 사회적 합의나 법 적 · 제도적 안전장치 마련 등 보완이 필요하다.

(5) 관련 기업의 기술 경쟁력 강화와 함께 각종 규제 간소화와 규제 철폐 등 정부의 정책 지원이 필요하다.

이러한 과제 해결과 문제점이 해소될 경우, 사물인터넷은 새로운 모습으로 크게 변화 하고 계속 성장해 나갈 것이다. 따라서 스마트폰으로 집 안의 전등불을 끄고, 사람의 감 정을 읽어 조명을 맞추거나 음악을 들려주는 것도 곧 현실이 된다.

3-3 클라우드 컴퓨팅[20]

사물인터넷이 만드는 초연결 사회는 센서(Sensors), 빅데이터(Big data), 클라우드(Cloud) 라는 구조적 특징을 갖는다. 따라서 센서에 의하여 어떤 것을 감지(Sensing)하고, 감지된 다양한 실시간 데이터는 빅데이터로 저장된다. 또한, 이것을 수시로 꺼내 볼 수 있는 클 라우드에 연결해야 한다(박경수 · 이경현, 2015).

클라우드 컴퓨팅법(과학기술정보통신부)에서는 '클라우드 컴퓨팅'을 정보통신 자원(집

---

20) '클라우드 컴퓨팅(Cloud computing)'이란, 인터넷상의 서버에서 데이터를 저장하거나 처리하게 함으로써, 통신 망과 각종 콘텐츠 등의 IT 관련 서비스를 즉시 받도록 한다. 이것은 컴퓨팅 자원을 자신이 필요한 만큼만 빌려 쓰 고 이에 대한 사용 요금을 지급하는 방식의 가상화 기술로 통합하여 서비스를 제공한다.

적·공유된 정보통신 기기, 정보통신 설비, 소프트웨어 등 정보통신 자원 등)을 이용자 요구나 수요 변화에 따라 정보통신망을 통해 신축적으로 이용하도록 하는 정보 처리 체계라고 정의한다.

클라우드 컴퓨팅 기술은 클라우드 컴퓨팅의 구축 및 이용에 관한 정보통신 기술로 가상화 기술, 분산 처리 기술 등을 포함한다.

이 기술을 도입할 경우, 컴퓨터 시스템 구축을 위해 필요한 서버의 구매와 설치 비용, 기기 성능 향상을 위한 업그레이드 비용, 소프트웨어 관련 구매와 개발 비용, 그리고 이에 따른 투입 시간과 인건비 등을 대폭 감축할 수 있다. 운영 관리에 필요한 각종 유지보수 비용(전기 요금, 시설 및 인프라 관리비 등)의 절감도 가능하다.

하지만 데이터가 저장된 서버가 해킹당할 경우는 대량의 개인정보가 유출될 가능성이 크고, 서버 시스템의 장애는 일시적으로 데이터 이용을 중단하게 한다는 문제점을 안고 있다.

전 세계 국가는 클라우드 컴퓨팅의 이용 활성화를 위해 여러 가지 정책을 수립하고 정보 처리 시스템 체계의 전환에 노력한다. 각종 정보통신 기술의 자원(하드웨어, 소프트웨어 등)을 통신망으로 접속하게 한 후 자원의 공유와 활용을 돕는다. 미국과 일본의 경우, 범국가적인 지원 정책을 통해 클라우드 컴퓨팅 서비스를 도입하거나 활용하는 기업들이 늘어나고 있다.

가트너(2021)가 발표한 '글로벌 서비스형 인프라(IaaS) 퍼블릭 클라우드 시장점유율' 보고서를 보면, 글로벌 클라우드 시장은 평균 40% 이상 성장을 전망한다. 코로나19 팬데믹이 글로벌 경제와 사회 활동 전반에 많은 영향을 미치면서, e-커머스, 온라인 교육, 재택근무 등에서 비대면(Untact) 수요가 급증하여 클라우드 컴퓨팅 방식으로 시스템을 전환한 것에 기인한다.

AWS(Amazon Web Services)는 아마존닷컴에서 개발한 클라우드 컴퓨팅 플랫폼이다. 이 기술은 네트워킹을 기반으로 한 가상 컴퓨터와 스토리지(저장 장치), 네트워크 인프라 등 다양한 서비스를 제공한다. 이 회사는 전년 대비 28.7%의 높은 성장률을 기록하며, 글로벌 클라우드 컴퓨팅 시장에서 44.6% 점유율로 1위를 차지한다. 이어서 MS, 알리바바, 구글, 화웨이 등이 그 뒤를 따른다.

국내의 클라우드 컴퓨팅 시장점유율은 AWS와 MS가 50% 이상을 차지하지만, 국내 기업들도 지난해부터 점유율을 넓혀가고 있다. 비대면 거래의 증가로 대량 데이터를 처리하기 위한 IT 인프라 자원을 탄력적으로 이용하는 클라우드 서비스가 필요하기 때문이다.

클라우드 컴퓨팅 시스템을 도입하는 사례도 많이 있다. 핀테크 기업들은 IT 인프라에 대한 초기 투자 비용을 최소화하고, 데이터 급증에 따른 유연한 대처를 위해 이 기술을 많이 도입하는 중이다.

우리나라는 2015년 9월 클라우드 컴퓨팅법이 시행되면서 정부와 공공기관을 중심으로 클라우드 컴퓨팅 서비스를 적극적으로 도입하고 있다. 이것은 클라우드 컴퓨팅 산업의 성장 촉진제 역할을 한다.

정부는 클라우드 컴퓨팅 기술의 이용 활성화를 위해 법령, 고시, 지침/가이드라인, 표준계약서, 전자금융감독규정 등을 개정하고 있다. [표 1-10]에서 이 내용을 설명한다.

[표 1-10] 클라우드 컴퓨팅 활성화를 위한 관련 법규

구분	주요 내용	해당기관
법령	① 클라우드 컴퓨팅 발전 및 이용자 보호에 관한 법률(약칭: 클라우드 컴퓨팅법) – 클라우드 컴퓨팅의 발전과 이용을 촉진하고, 클라우드 컴퓨팅 서비스를 안전하게 이용이 가능한 환경을 조성할 목적으로 제정함 ② 클라우드 컴퓨팅 발전 및 이용자 보호에 관한 법률 시행령(약칭: 클라우드 컴퓨팅법 시행령)	과학기술정보통신부

고시	① 클라우드 컴퓨팅 서비스 정보보호에 관한 기준
	  – 클라우드 컴퓨팅 서비스의 안전성 및 신뢰성 향상에 필요한 정보보호 기준의 구체적 내용을 정함
	② 클라우드 컴퓨팅 서비스 품질·성능에 관한 기준
	  ⓐ 품질·성능의 측정 방법 및 절차 마련
	    클라우드 컴퓨팅 서비스 제공자는 측정 방법과 절차를 제시하고, 측정 결과를 제공함
	  ⓑ 품질·성능 기준 적용
	    클라우드 컴퓨팅 서비스 제공자는 기준에 맞는 서비스를 제공하고 이용자를 보호하기 위해 표준계약서 또는 서비스 수준 협약에 적용함
		과학기술정보통신부

지침/ 가이드 라인	① 공공 부문 클라우드 서비스 유통 및 활용 가이드라인 　- 클라우드 컴퓨팅 서비스를 이용하고자 할 때, 필요한 클라우드 서 　비스 검토·선정 절차와 계약 방식 등을 설정함	과학기술 정보통신부
	② 행정·공공기관 민간 클라우드 이용 가이드라인 　- 행정기관과 공공기관이 민간 클라우드를 안전하고 효율적으로 이 　용하도록 절차와 기준을 설정함	행정안전부
	③ 금융 분야 클라우드 컴퓨팅 서비스 이용 가이드 　- 클라우드 컴퓨팅 서비스를 이용할 경우, 요구되는 세부 절차를 안 　내하고 금융 시스템 안전성 및 금융 소비자보호를 위해 필요한 보 　안 사항을 권고함	금융보안원
표준 계약서	① 클라우드 컴퓨팅 서비스 공급사업자와 이용사업자 간 표준계약서 　- 공급 사업자와 클라우드 컴퓨팅 서비스를 이용하고자 하는 이용 　사업자 간의 계약 관계에서 발생하는 권리와 의무, 그 밖에 필요 　한 사항을 규정함	과학기술 정보통신부
	② 클라우드 컴퓨팅 서비스 제공자와 이용자 간 표준계약서 　- 클라우드 컴퓨팅 서비스 및 부가 서비스 이용과 관련해, 회사와 　클라우드 컴퓨팅 서비스를 이용하고자 하는 이용자 간 계약 관계 　에서 발생하는 권리와 의무, 그 밖에 필요한 기본 사항을 규정함	
규정	전자금융감독규정 개정 ① 제11조(전산실 등에 관한 사항) ② 제14조(정보처리 시스템 보호 대책) ③ 제14조2(클라우드 컴퓨팅 서비스 이용 절차 등) ④ 제23조(비상 대책 등의 수립·운용) ⑤ 제24조(비상대응훈련 실시) ⑥ 제25조(정보시스템의 성능관리) ⑦ 제27조(전산원장 통제) [별표 2-2] 금융 분야 클라우드 컴퓨팅 서비스 제공 기준(제14조의 　　　　　2 관련)	금융위원회

이에 따라, 국내의 클라우드 컴퓨팅 서비스 환경은 다음과 같은 모습으로 변하고 있다.

(1) 핵심 업무 기능을 수행하지 않는 정보 처리 시스템은 망 분리 규제 적용 대상에서 제외한다. 즉 내부 통신망과 연결된 업무용 시스템은 원칙적으로 외부 통신망(인터넷, 무선통신망 포함)과 분리 · 차단하고 접속을 금지한다. 그러나 업무상 불가피하여 금융감독원장의 확인을 받은 경우는 예외 적용한다. 자세한 내용은 '전자금융감독규정, 제15조(해킹 등 방지대책)'를 참고 바란다.

(2) 클라우드 컴퓨팅 서비스의 활용 저해 요인과 규제 사항을 찾아 철폐한다. 아울러 정부 차원에서 정보 처리 시스템의 클라우드 컴퓨팅 전환을 유도하고, 이것을 통해 연간 50% 이상의 비용 절감을 유도한다.

(3) 클라우드 컴퓨팅 서비스의 정보보호 수준을 향상하기 위해 금융 당국은 전자금융감독규정을 개정한다. [표 1-11]에서 이 내용을 설명한다.

[표 1-11] 클라우드 컴퓨팅 관련 전자금융감독규정

구분	2015. 9월 이전	개선 및 규제 완화 내용
적용 대상	모든 정보 처리 시스템에 높은 수용 수준의 보안 규제를 일률적으로 적용함	신용 정보 처리 시스템을 제외한 일부 정보 처리 시스템에 대하여 보안 규제 예외를 적용함
적용 내용	① 물리적 망 분리를 시행함 ② 내부 통신망과 연결된 내부 업무용 시스템은 인터넷(무선통신망 포함) 등 외부 통신망과 분리·차단하고 접속을 금지함 – 제11조(전산실 등에 관한 사항) 3항 ③ 전산실과 재해복구센터의 국내 설치를 의무화함 – 국내에 본점을 둔 금융회사의 전산실과 재해복구센터는 국내에 설치함 – 제11조(전산실 등에 관한 사항) 11항 ④ 무선통신망을 설치하지 않음 – 제11조(전산실 등에 관한 사항) 12항	① 물리적인 망 분리 예외 적용이 가능함 (금융감독원장 승인의 경우, 예외 인정) ② 전산실과 재해복구센터를 국외 장소에 설치할 수 있음(금융감독원장 승인의 경우, 예외 인정) ④ 무선통신망을 설치하고, 업무에 활용함(금융감독원장 승인의 경우, 예외 인정) [전자금융감독규정] • 제13조(전산자료 보호대책) • 제14조(정보 처리 시스템 보호대책), 제14조의2(클라우드 컴퓨팅 서비스 이용 절차 등) • 제15조(해킹 등 방지대책) [전자금융감독규정 시행세칙] • 제2장 망분리 적용 예외·자체 보안성 심의 기준 등

출처: 금융위원회, 전자금융감독규정 – 국가법령정보센터 https://www.law.go.kr 〉 행정규칙 〉 전자금융감독규정

이러한 변화는 클라우드 컴퓨팅 산업을 성장시키며 클라우드 컴퓨팅 서비스를 통해 상업용으로 타인에게 정보통신 자원을 제공하거나 공유하게 한다.

이에 따라 정부와 공공기관, 대기업을 중심으로 클라우드 컴퓨팅 서비스의 도입과 업무 적용을 확대하면서 이 분야는 더욱 활성화될 것으로 전망된다.

제2장

모바일 기술과 전자상거래

모바일 기술과 전자상거래

이 장에서는 모바일 기술과 전자상거래의 변화에 대하여 알아본다. 따라서 모바일 기술의 발전과 변화 모습, 전자상거래 시장, 전자상거래와 온디맨드 서비스 등을 살펴본다.

1. 모바일 기술

'모바일 기술'[1]은 하루가 다르게 변하고 있다. '모바일 기기'[2]를 대표하는 스마트폰은 최근 그 성능이 고도화되고 다양한 콘텐츠들이 접목되면서 활용성이 더 높아지고 있다.

1-1 모바일 커넥티드 현상

스마트폰은 '내 손 안의 컴퓨터'처럼 우리의 생활 속에서 밀착된 형태로 사용된다. 무선통신과 접속하여 금융회사의 모바일뱅킹이나 비금융회사(핀테크, 빅테크)의 간편 결제 등으로 각종 서비스를 제공하고, 온라인 실시간으로 게임이나 영화를 내려받아 감상하는 등 다양하게 활용된다.

[그림 2-1]은 스마트폰이 중심이 된 플랫폼과 각종 콘텐츠를 융·복합화한 형상을 보여 준다. 그리고 [그림 2-2]는 스마트폰과 각종 서비스의 연계 활용을 통한 '모바일 커넥티드'[3]를 표현한다.

---

1) '모바일 기술'이란, 물리적인 공간이나 시간의 제약이 없이 다양한 정보를 송·수신하는 무선 이동통신 기술과 서비스를 말한다. 그리고 '모바일'은 '움직일 수 있는(Movable)'이라는 의미를 담고 있다.
2) '모바일 기기'는 무선 이동통신이 가능한 스마트폰이나 태블릿 PC 등 장치(Device)를 총칭한다.
3) '모바일 커넥티드'란, '모바일로 연결된 또는 이어진 형태'를 뜻한다. 대표 사례는 '커넥티드 카(Connected car)'가 있다. 이것은 자동차에 정보통신 기술을 융합하여 온라인 실시간으로 소통하며 자율주행이 가능하게 한다.

여기에서 '스마트폰'은 모바일 플랫폼의 중심 역할을 담당하고, 각종 모바일 기기와 콘텐츠들을 연결한다. 최근에는 휴대용 게임기와 각종 웨어러블 컴퓨터, 스마트워치 등이 여기에 추가된다.

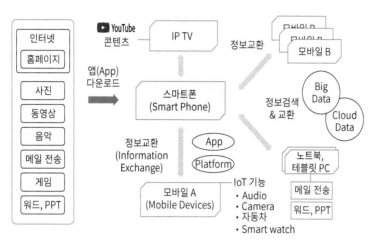

[그림 2-1] 플랫폼과 각종 콘텐츠의 융·복합화

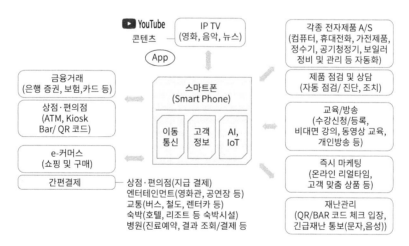

[그림 2-2] 플랫폼과 각종 서비스의 연계

최근 선풍적인 인기를 끌고 있는 테슬라 전기자동차는 기존 자동차의 개념을 뛰어넘어 자율주행차의 플랫폼을 만들고, 각종 콘텐츠를 추가하여 새로운 비즈니스 모델을 만들었다.

따라서 자율주행차는 주행 중에 무선 이동통신을 통해 상호 소통하며, 도로 상황 등과 같은 여러 가지 교통 정보를 서로 교환하게 된다. 또한, 도로 주변에 설치된 각종 사물인터넷 센서와 무선 통신망 구성 장치 등을 통해 자율주행차의 안전 운행과 사고를 예방한다.

1-2 모바일 기기와 무선통신 결합

2000년 이후 국내 유·무선통신의 변화 과정을 알게 된다면, 인터넷과 무선 이동통신의 접속 형태가 어떻게 변해 왔는지 알 수 있다. 2000년 초반까지만 하더라도 유선 인터넷과 PC를 기반으로 한 데이터 통신이 주를 이룬다. 하지만 10년이 지난 시점에서는 그 중심이 무선 인터넷 환경으로 바뀌며, 무선 인터넷과 이동전화 사용자가 대폭 증가한다. 2020년 이후, '기가(Giga)'[4] 인터넷 사용자가 670만 명 이상을 돌파할 정도로 데이터의 대폭적인 증가와 함께 비정형 데이터와 동영상 중심으로 급성장한다. [그림 2-3]에서 이 내용을 보여 준다.

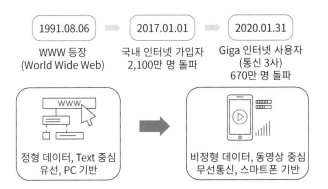

[그림 2-3] 인터넷 통신망의 변화와 데이터 증가

---

4) '기가(Giga)'란, 정보 표현 단위로 10^9 크기이며, 약 10억 바이트(글자)를 뜻한다.

1-3 모바일 트렌드 변화

모바일 관련 산업이 현재와 같이 눈부시게 발전한 것은 약 10년 정도에 불과하다. 이 내용을 알아보기 위해 [표 2-1]에서 특정 기간별로 모바일 트렌드 변화와 특징을 살펴본다. 또한, 채널과 네트워크 형태 등을 기준으로 현재와 미래 모습을 전망한다.

[표 2-1] 모바일 트렌드 변화와 특징

구분	2015년	2016~2018년
트렌드 변화	① 기존 온오프라인 채널과 모바일 채널의 융합으로, 핀테크 열풍과 함께 모바일 간편 결제 서비스가 급부상함 ② 사물인터넷 기술이 등장함	① 모바일 결제의 활성화로 모바일 기기 활용도가 증가하고, 다양한 금융 서비스가 등장함 ② 사물인터넷 기술이 활성화됨
채널 변화	옴니채널이 등장함 (선택사항)	옴니채널이 활성화되고 일반화됨 (생존 필수사항)
네트워크 변화	다양한 형태로 글로벌 시장에서 각 통신망을 형성함	좌 동
결제 서비스 변화	① 모바일 중심의 간편 결제 시장의 등장과 거래 활성화가 이뤄짐 ② O2O 전자상거래가 출현함 – 단방향(← 또는 →) 거래만 가능함	① 송금 서비스 활성화와 One bank 개념이 등장하고, 전자상거래는 O2O 모바일 서비스로 발전함 – 양방향(↔) 거래 가능함 ② O4O 서비스가 출현함
연계 매체 변화	모바일과 PC, TV 채널이 상호 결합하고, 옴니채널의 활용 서비스가 구현됨	모바일 기기 중심의 매체 활용이 활성화되고, 모바일과 PC, TV 채널의 융합 형태로 발전함

구분	2019년 이후 ~ 현재의 모습

전자상거래 활성화와 라이프 스타일의 변화	① 온오프라인 유통 채널과 TV 홈쇼핑, 택배 회사가 연계된 일체화 형태로, 인터넷 검색과 주문 쇼핑이 활성화됨
	② 상품 주문과 간편 결제의 One-stop 처리로 온라인 플랫폼에서 방송을 통해 상품을 판매함
	③ 최근 '라이브 커머스(Live Commerce)'[5]가 주요 판매 채널로 자리 잡으며, 새로운 판매 전략으로 부상함
	④ 라이프 스타일과 소비자층의 변화가 일어남
	  – 스마트폰 앱(app)에서 유통회사의 플랫폼(platform)으로 채널이 변화하고, 시장은 '라이브 쇼핑 플랫폼' 형태로 전환됨
	  – 모바일 쇼핑은 전 연령층으로 확대되고, 주 고객층이 20~30대에서 60~70대로 이동·확대됨

사물인터넷 활성화	① 사물인터넷으로 스마트폰과 가전제품을 연동함
	  – TV 작동, 자동차 문 개폐와 자율주행차 운행
	  – 자동차 Key 대신에 스마트폰으로 시동 걸음
	  – 자동차 위치를 파악한 후, 시동을 걸어 대기하게 하거나 자동 주차를 시킴
	② 스마트시티, 스마트홈 현실화로 편리한 주거 환경을 조성함
	③ 헬스케어 앱을 통한 개인 건강관리 산업이 부상하며 활성화됨
	  – 스마트워치와 스마트폰을 연결해 정보 분석함

경제 활동 변화와 키오스크 사용	① 키오스크(Kiosk)[6] 사용이 일반화됨
	  – 음식점의 빠른 주문·결제를 위해 키오스크를 사용하며, 대금 결제도 카드와 스마트폰으로 함
	  – 키오스크의 사용과 드라이브 스루(Drive through) 서비스가 확대되면서, 주문·결제 방식이 아날로그에서 디지털 방식으로 전환됨
	② 모바일 플랫폼 중심의 비대면 거래가 활성화됨
	  – 스마트워치나 스마트폰을 카카오페이와 연동시켜서, 교통 요금, 물품 대금 등을 간편 결제함
	③ 모바일 데이터의 트래픽 중 많은 부분을 텍스트보다는 사진, 동영상 또는 이미지 형태로 전송함

---

5) '라이브 커머스'란, 라이브 스트리밍(Live streaming)과 커머스(Commerce)의 합성어로, 쇼 호스트가 실시간 영상으로 제품을 설명하고 판매하는 형태를 말한다. TV 홈쇼핑과 유사하나, 생방송 중에 시청자와 질의응답 등 쌍방 소통이 가능하다.

6) '키오스크'란, 카페·패스트푸드점의 음식 주문과 결제, 교통 수단 승차권 발매, 주차 요금 정산, 병원비 수납 업무 등에서 비대면 방식의 단말기로 사용된다.

경제 활동 변화로 인하여 '키오스크' 사용이 일반화되고, 그 사례는 우리 주변에서 많이 찾아볼 수 있다. [그림 2-4]에서 이 내용을 보여 준다.

KFC 매장

롯데리아 매장

영화관

지하철 교통카드 발매기

지하철표 보증금 환급기

코레일 자동승차권 발매기

시외버스 승차권 발매기

무인 주차요금 정산기

진료비 납입 확인기

주차 관제 시스템

수납/처방전 발행

번호표 발행

영상 CD 등록기

일일 이용증 발급기

편의점 택배 의뢰

CU 셀프 계산대

무인 식권 발매기

버스정류장 안내

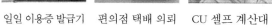

[그림 2-4] 키오스크 활용 사례

키오스크 사용과 모바일 기기의 이용 활성화는 전자상거래의 확대는 물론, 비대면 거래를 더욱 증가시키는 요인이 되었다.

전자상거래는 'e-커머스' 또는 '모바일 커머스', 'u 커머스' 등으로 표현된다. '모바일 커머스'는 전자상거래에서 모바일 기기(스마트폰, 무선 노트북 등)를 많이 사용하기 때문에 붙여진 이름이다. 'u 커머스'는 무제한적(unlimited · unbounced)이고 포괄적(umbrella)이며, 장소에 구애받지 않는다는(ubiquitous) 뜻을 갖는다. 하지만 이 책은 전자상거래(e-Commerce)를 'e-커머스'라는 용어로 통일하여 표기한다.

2015년 이전까지만 하더라도, e-커머스는 분야별로 주 시장(Main market)을 형성하고, 해당 영역 내에서만 마케팅 활동을 전개해 왔다.

그러나 2016~2018년에 모바일과 온오프라인 시장이 통합하는 과정에서 각 분야의 영역 파괴와 함께 간편 결제 시장에서 치열한 경쟁이 시작된다. 또한, 최근에 인공지능 기술의 적용과 스마트폰 기능의 고도화, 사물인터넷 접목 등으로 다양한 서비스가 증가하고 있다.

스마트폰을 활용한 마케팅 활동은 분야별로 활발히 전개되면서 플랫폼을 중심으로 한 O2O(On-line To Off-line) 시장을 형성하고 기업 간 경쟁은 더욱 치열해졌다. [표 2-2]에서 빅테크 기업의 서비스 전략을 알아본다.

[표 2-2] 빅테크 기업의 플랫폼과 핵심 서비스 전략

구분	플랫폼 구성과 핵심 서비스
Apple	iPone: 플랫폼+'App 스토어'+간편 결제
Google	Google, Play 스토어: 플랫폼+'Play 스토어'+간편 결제 – 게임, 앱, 영화(인기, 신작), 도서(오디오북, 만화 등) 구매
Samsung	Galaxy, 스마트폰: 플랫폼+간편 결제+다양한 서비스 – 송금하기(내 Toss 머니 충전), 선물하기(내 쿠폰 샵) 등
Naver	Portal Site: 플랫폼+온라인 콘텐츠+e-커머스 결제 – 쇼핑·N페이 결제, 쇼핑몰 사이트 검색(쇼핑+간편 결제→택배)
Kakao	Kakaotalk: 플랫폼+SMS+간편 결제+인터넷전문은행 – 선물하기(생일 등), 친구 송금(송금액+메시지 보내기) 등

정보통신 기술의 트렌드와 시장의 변화를 쉽게 파악하기 위해서는 평소에 세계 3대 IT 전시회에 많은 관심을 가질 필요가 있다.

첫째, 모바일 및 가전제품의 기술 발전과 트렌드 변화를 알아보기 위해서는 매년 개최되는 CES, MWC, IFA 전시회 내용을 살펴보는 것이 좋다. [표 2-3]에서 이들의 전시회와 주요 이슈를 정리한다.

[표 2-3] 세계 3대 IT 전시회와 주요 이슈

구분	최근 일정	개최 장소 및 주요 이슈
CES (국제전자제품 박람회)	2021. 01.11~01.14 (온라인 개최, 24시간 생중계)	① 미국, 라스베가스(1995년 이후, 매년 동일 장소에서 개최) ② 2020년: 최신 가전제품, IT 제품과 접목된 사물인터넷, AI, 5G ③ 2021년: 5G, 스마트시티, 로봇
	2022. 01.05~01.08 (2년 만에 오프라인 행사로 진행)	① 분위기: 코로나 팬데믹 영향으로 참가 기업은 평소 절반으로 축소 ② 주요 이슈: 로봇·모빌리티 - 현대차: 로봇개 스팟,메타모빌리티 - 삼성전자: 집사로봇(가사도우미)
MWC (모바일 월드 콩그레스)	2020. 02.24~02.27 (행사 취소) 2021.06.28~07.01 (온라인 중계)	① 스페인, 바르셀로나(2006년 이후, 매년 동일 장소에서 개최) ② 키워드: 5G, AI, IoT, 빅데이터 (5G가 적용된 신제품과 기술) ③ 코로나19로 인해 비대면 행사로 진행
IFA (국제가전박람회)	2020. 09.03~09.07 (오프라인 개최)	① 독일, 베를린(1924년 이후 계속 현재까지 개최, 유럽 최대 규모) ② 키워드: 5G, AI, IoT, 빅데이터 (5G가 적용된 신제품과 기술, IT 제품과 접목된 사물인터넷) ③ 코로나19로 인해 제한적인 오프라인, 비대면 행사로 진행

최근 전시회는 코로나19의 영향으로 행사가 전면 취소되거나 일부 축소되어 대면 또는 비대면의 영상 중계로 진행되었다.

둘째, 모바일 기술의 발전과 트렌드 변화에 관심을 가져야만 한다. MWC(Mobile World Congress) 전시회는 스페인 바르셀로나에서 매년 개최된다. 전 세계의 이동통신사와 휴대전화 제조사, 장비 업체의 연합기구인 GSMA(Global System for Mobile communication Association)가 주최하는 세계 최대 규모의 이동·정보통신 산업 전시회이다. 참석하는 기업들은 고객들에게 모바일과 관련된 신기술 정보와 이슈를 설명하고, 신제품 소개와 상담이 이루어진다. 파트너와 업무 제휴 등을 통해 새로운 비즈니스를 창출하기도 한다.

1-4 가트너의 정보기술 동향

정보통신 기술과 관련된 신기술의 생성과 성장 전망에 관한 내용은 매년 10월 가트너 그룹에서 발표하는 기술 동향(Gartner hype cycle)을 살펴보면 알 수 있다. 이것은 정보통신 기술의 트렌드 변화를 파악하는 데 많은 도움을 준다.

가트너 하이프 사이클은 기술 패러다임의 변화를 일목요연하게 보여 주는 그래프이다. 특정 기술의 성숙도와 채택의 예상 시기, 비즈니스 적용의 적정 시기 등을 전망한다. 5단계의 성숙도와 명확성을 근거로 정보 기술의 진화 주기를 표시함으로써, 기업이 특정 정보 기술의 이행 시기와 투자 결정을 하는 데 도움을 준다.

하이프 사이클의 자료는 매년 인터넷에 공개되며, 새롭게 부상하는 기술을 중심으로 분야별로 소개된다. 이와 관련된 내용은 많이 있다. 사례로, ① 'Gartner hype cycle 2021 emerging technologies(2020.10), Google.com. Gartner Top Strategic Technology Trends for 2021gartner.com', ② 'Gartner Top Strategic Technology Trends for 2022', ③ '가트너가 전망한 2022년 IT 전략 기술 트렌드 TOP12' 등을 참고 바란다.

정보 기술 트렌드 변화의 인지와 함께, 정보 기술의 이행 및 투자 결정을 판단하기 위해서는 가트너 하이프 사이클 5단계의 정확한 이해가 필요하다. [표 2-4]에서 단계별 내용을 설명한다.

[표 2-4] 가트너 하이프 사이클 5단계

단계	주기 명칭	내용 설명
1	여명기 - 기술 태동기	① 잠재적인 기술이 관심을 받기 시작하는 단계로, 초기 개념의 모델이 미디어를 통해 대중에게 관심을 불러일으키는 단계임 ② 상용화된 제품은 없으며, 상업적인 가치도 증명되지 않은 상태임
2	과대 기대 절정기 - 거품기	① 초기 대중의 관심으로 인하여 제품의 성공과 실패 사례를 만들어 가는 단계임 ② 일부 기업들은 실제 사업을 착수하지만, 많은 기업이 관망하는 상태임
3	환멸기 - 환멸의 굴곡기	① 실험과 구현으로 결과물을 내놓기는 하나 선도적인 회사들이 실패함에 따라 관심이 시들해지고 제품화를 시도하는 기업들도 사업을 포기하는 단계임 ② 일부 기업은 소비자를 만족시킬 만한 제품 향상에 노력하며 성공할 경우는 투자를 계속 유지하게 됨
4	계몽 활동기 - 재조명기	① 신기술의 수익 모델을 보여 주는 좋은 사례들이 점점 늘어나는 단계임 ② 기술을 잘 이해하는 시기로 2~3세대 제품이 출시되기 시작하고, 많은 기업이 신생 사업에 대한 투자를 시작하고 보수적인 기업은 여전히 관망하는 상태임
5	생산성 안정기 - 안정기	① 신기술이 시장의 주류로 자리 잡기 시작하는 단계임 ② 사업자의 생존 가능성을 평가하기 위한 기준이 명확해지고, 시장은 성과를 거두기 시작하는 안정적인 시기임

가트너 그룹은 'Gartner 10대 전략과 기술 동향'을 매년 10월에 발표한다. 이것은 정부와 공공기관 등이 향후 5년간 IT 투자 전략과 방향성을 가늠하며, 실제 투자에 많은 도움을 준다. 이 내용을 살펴보면, 최근 각 산업에서 부상하는 기술들과 새롭게 접목되는 IT 신기술을 쉽게 파악할 수 있다. 가트너에서 발표한 주요 전략[7]과 기술 동향을 발췌하여 변화 모습[8]을 보여 준다. [표 2-5]에서 이 내용을 설명한다.

7) Gartner, Gartner Top Strategic Technology Trends(2020), 매년 발표한 인터넷 게시 자료
8) Gartner Top 10 Strategic Predictions for 2021 and Beyond (www.gartner.com > smarterwithgartner)

[표 2-5] 가트너에서 발표하는 주요 전략과 기술 동향

2016년	2018년	2021년
① 각종 기기 간 연결 ② 경계 없는(O2O) 사용자 경험 ③ 3D Printing 소재 ④ 만물인터넷(IoE) - Information of Everything ⑤ 진화된 Machine learning ⑥ 자동화 에이전트와 사물 ⑦ 진화된 Security architecture ⑧ 진화된 System architecture ⑨ Web과 Service architecture 그물망 ⑩ IoT architecture와 플랫폼	① 인공지능 강화 시스템 (AI Foundation) ② 지능형 앱과 분석 (Intelligent Apps and Analytics) ③ 지능형 사물 (Intelligent Things) ④ 디지털트윈(Digital Twin) ⑤ 클라우드에서 엣지로 (Cloud to the Edge) ⑥ 대화형 플랫폼 (Conversational platforms) ⑦ 몰입 경험 (Immersive Experience) ⑧ 블록체인 (Blockchain) ⑨ 이벤트 기반 (Event-Driven) ⑩ 지속적이며 적응 가능한 리스크 및 신뢰 평가 (CARTA)	① 행동 인터넷 (IoB: Internet of Behavior) ② 토털 경험 전략 (Total experience) ③ 개인정보보호 강화 컴퓨팅 (Privacy enhancing computing) ④ 분산 클라우드 (Distributed cloud) ⑤ 어디서나 운영 (Anywhere operations) ⑥ 사이버 보안 메시 (Cyber security mesh) ⑦ 지능형 조립식 비즈니스(Intelligentcomposable business) ⑧ AI 엔지니어링 (AI engineering) ⑨ 초자동화 (Hyper automation)

2. 전자상거래

전자상거래(e-커머스) 시장을 파악하기 위해 이와 관련된 용어를 먼저 알아보고, e-커머스 시장의 분류와 서비스 형태, 온디맨드 사례, 온디맨드 서비스 문제 등을 차례로 살펴본다.

2-1 e-커머스 시장

'e-커머스'란, 온라인상에서 상품이나 서비스를 판매하는 것을 말한다. 소비자가 온라인으로 쉽고 빠르게 물건을 구매하는 수요가 폭발하면서 국내의 전자상거래 시장은

더욱 경쟁이 치열해지고 있다.

온라인 전자상거래의 형태는 크게 3가지로 구분한다. 기업 간 거래인 B2B, 기업과 개인 간 거래인 B2C, 개인과 개인 간 거래인 C2C로 나눈다. [표 2-6]에서 이 내용을 설명한다.

[표 2-6] B2B, B2C, C2C 정의와 사례

구분	내용 설명	특징과 사례
B2B	① 기업과 기업 사이의 거래(Business to Business)를 기반으로 한 사업 모델임 ② 주로 기업이 필요로 하는 장비나 원자재 공급, 공사 입찰 등으로 상거래를 하며, 모든 거래는 오직 기업만을 대상으로 함	회사가 특정 기업이 요구하는 물품을 공급(납품)하거나, 기업이 OEM 방식으로 제조한 특정 물품을 공급받는 거래 형태임
B2C	① 한 개 기업이 다수의 개인을 상대(Business to Consumer)로 하는 사업 모델임 ② 주로 기업이 일반 소비자를 대상으로 상품이나 솔루션 등을 판매하는 상거래의 한 형태임	일반적으로 회사가 소비자를 대상으로 상품을 직접 판매하는 거래 형태임
C2C	① 소비자와 소비자 사이의 개인 거래(Customer to Customer)를 기반으로 한 사업 모델임 ② 어떤 중개 기관을 거치지 않고 소비자가 인터넷상에서 자유롭게 직거래하는 형태임	인터넷 경매, 벼룩시장, 부동산 직거래, 동호회 회원 간 매매교환 등 개인 간의 거래 형태임

2-2 e-커머스 상품 판매 전략

e-커머스의 상품 판매 전략에는 O2O와 O4O 2가지 형태가 있다.

'O2O(Online to Offline)'란, PC나 모바일을 이용하여 온라인 쇼핑몰에서 상품을 구매하고 오프라인 현장에서 물건을 직접 받는 것으로 구매상품을 소비자가 미리 지정한 장소에서 받는다는 것이 특징이다.

'O4O(Online for Offline)'는 O2O와는 조금 다른 개념이다. O2O가 온라인과 오프라인 간의 연계를 통한 상품 판매라고 한다면, O4O는 오프라인 매장에 중점을 둔 마케팅 전략이다. O4O는 오프라인 매장으로 소비자를 끌어내기 위한 수단으로 온라인을 활용하는 데 차이가 있다. 즉 소비자가 오프라인 매장에서 원하는 상품을 확인한 후 곧바로 온라인 쇼핑몰로 이동해 상품을 구매하게 한다는 전략이다. 이것은 O2O처럼 활성화되지는 않았지만, 충성 고객층(Loyal customer base)을 확보하기 위한 좋은 방법으로 인식되면서 현재 많은 기업이 관심을 가지고 이러한 비즈니스를 수행한다.

여기에서 O2O의 대표적인 사례인, '옴니채널'을 소개한다. '옴니(Omni)'는 라틴어이다. 영어로는 'All', 한국어는 '모든'이라는 의미를 담고 있다.

'옴니채널'[9]은 소비자가 온라인과 오프라인 채널을 통해 상품을 검색하고 구매할 수 있도록 각 채널의 특성을 결합해 어디서든지 같은 서비스를 이용하는 것처럼 쇼핑 환경을 만들어 준다. 즉 고객 중심으로 각 채널을 통합하고 연결해 어떤 채널에서든지 같은 매장을 이용하는 것처럼 느끼도록 함으로써 소비자의 경험을 강화하고 판매를 증진하려는데 있다(커넥팅랩, 모바일 트렌드). [그림 2-5]에서 이 내용을 보여준다.

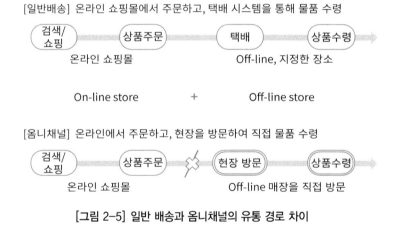

[그림 2-5] 일반 배송과 옴니채널의 유통 경로 차이

일반적으로 소비자는 상품을 주문·결제하고, 택배라는 전달 과정을 통해 집 또는 사무실 등 지정 장소에서 물품을 받는다. 하지만 옴니채널로 주문한 상품은 소비자가 오프라인 매장을 직접 방문하여 상품을 확인하고 받는 방식이다. 대표 사례로 롯데쇼핑의 '스마트픽', 현대백화점의 '스토어 픽' 등이 있다. [표 2-7]에서 이 내용을 설명한다.

9) 옴니채널(Omni-channel)은 '모든' 것의 옴니(Omni)와 '유통 경로'를 뜻하는 채널(Channel)의 합성어이다.

[표 2-7] 옴니채널과 일반 배송 차이

구분		옴니채널 (매장 픽업)		일반 배송 (택배 수령)	옴니채널 특징
주문 방법		온라인으로 상품을 주문함		좌 동	인터넷과 모바일 기기를 활용함
받는 시간		최대 30분 이내에 현장에서 물품을 수령함		최대 6~24시간 이내에 택배 배송으로 물품을 수령함	물품 수령 시간이 대폭 단축됨
확인 방법		현장에서 물품을 즉시 확인하고, 수령 여부를 결정함		택배 배송으로 상품을 받아 본 후, 판단하여 결정함	최단 시간에 수령 또는 교환을 요청함
확인 시점		매장 내에서 물품을 받아 보고, 즉시 확인이 가능함		택배 배송 이후에 물품을 받은 장소에서 이상 유무를 확인함	물품 이상 시, 현장에서 즉시 교환이 가능함
대표사례	백화점	스마트 픽(Smart pick)		백화점 쇼핑몰과 택배 배송 시스템을 연계하여 구매 상품을 배달받음	롯데쇼핑을 방문 후 물건을 받음
		스토어 픽(Store pick)			현대백화점을 방문 후 물건을 받음
	서점	별도 코너 신설	바로 드림	각 서점의 온라인 쇼핑몰에서 상품을 주문하고, 택배/배송 시스템으로 구매 상품을 배달받음	교보문고 매장을 방문 후 책을 받음
			Now 드림		영풍문고 매장을 방문 후 책을 받음
	가전·유통	온라인 쇼핑몰에서 상품을 주문하고, 가판점(지점 또는 롯데하이마트 등)을 통해 상품을 받음		온라인 쇼핑몰에서 상품을 주문하면, 판매자는 상품을 택배 회사로 배송 의뢰하고, 정한 장소에서 받음	'온라인 쇼핑몰'에서 주문한 상품을 고객이 지정한 장소에서 직접 받음

　롯데쇼핑은 옴니채널 서비스를 국내 최초로 시작하였으며, 고객이 주문한 상품을 롯데백화점과 롯데 계열사(롯데마트, 세븐일레븐, 롯데하이마트, 롯데슈퍼 등)를 통해 찾을 수 있다.

　따라서 옴니채널은 온라인 앱(또는 플랫폼)에서 상품을 주문·결제하고, 소비자가 주문 당시에 선택한 매장을 방문하여 상품을 직접 받는 편리한 쇼핑 방식이다. 상품을 픽업 시에도 오프라인 매장에 설치된 별도의 데스크를 이용하기 때문에 손쉽게 주문한 상품을 확인하고 물건을 받을 수 있다는 장점이 있다.

2-3 e-커머스 서비스 형태

국내의 e-커머스 서비스는 다양한 형태로 개발되어 운용된다. 특히 쿠팡, 배달의민족 등 주요 업체를 중심으로 다양한 신속 배송 서비스가 제공된다. 유통업계가 소리 없는 '배송 전쟁'이라고 말할 정도로 경쟁이 아주 치열하다. 각 기업은 로켓배송, 총알배송, 특급배송, 당일배송 등과 같은 용어로 신속한 배송을 내세우며 경쟁 중이다.

온라인의 유통 매출 규모는 2021년 11월부터 오프라인을 추월하였다. 신속한 배송을 위해 배송 기사는 AI 시스템의 통제를 받으며 도로 위를 질주하고, 주문 상품은 고객의 문 앞까지 배달된다. 배송된 물건은 증명사진을 찍어 주문한 사람과 받는 사람 모두에게 문자(일부 업체는 사진 첨부)로 안내한다. 현재 새벽 배송에 참여 중인 플레이어는 쿠팡 로켓프레시, 마켓컬리, 헬로네이처, GS프레시, 오아시스마켓, SSG닷컴 등이 있다.

최근 라이브 커머스(Live Commerce)가 주요 채널로 자리 잡으며 새로운 판매 전략으로 부상하고 있다. 여기에는 네이버, 쿠팡, 카카오 등 빅테크 기업의 플랫폼과 패션·식품·가전제품 등 많은 기업이 앱 형태로 참여 중이다.

이마트(오프라인 쇼핑 대표기업)는 e-커머스 플랫폼을 갖춘 이베이코리아를 최근 인수하였다. 이에 따라 이마트는 '오프라인' 매장 중심에서 '온라인과 디지털 플랫폼' 형태로 사업 구조를 개편하고, 국내 온라인 시장에서 네이버쇼핑에 이어 점유율 2위 탈환을 목표로 한다. [표 2-8]에서 신속 배송 서비스 내용을 설명한다.

[표 2-8] 국내 주요 유통업체의 배송 서비스

구분	서비스 형태	서비스 내용
이마트	스마트 배송	① 고객이 상품을 주문할 경우, 상품을 당일 발송으로 즉시 배송함 ② 이마트몰에서 장보기를 하면 이마트 물류센터와 연계하여 물품을 즉시 배송하는 서비스를 제공함
쿠팡	로켓 배송, 로켓프레시, 쿠팡이츠	① 고객이 주문한 상품을 배송 유형에 따라, 쿠팡 배달 직원이 신속 배송함 ② '로켓프레시'는 신선 식품을 새벽 배송하며, '쿠팡이츠'는 단건 음식을 즉시 배달함

CJ오쇼핑 (CJO shopping)	신데렐라 배송, 나눔 배송과 바로 구매	① 상품을 주문할 경우, 당일 배송으로 서비스를 제공함 ② 주문 상품을 2~3곳으로 나누어 보내 주는 '나눔 배송' 서비스를 제공함 ③ TV 홈쇼핑에서 판매한 상품을 연계 배송하는 고객 편의 서비스를 제공함
CU 편의점	편의점 배달 서비스	① 배달 업계와 연계하여 약 100개 상품을 40분 이 내로 즉시 배송함 ② 주요 상품은 김밥, 도시락, 원두커피 등이며, 키오스크(Kiosk)를 활용한 무인 판매 제도를 도 입 운영함
티몬 (TMON)	배송 지연 시, 보상제도 시행	① 정한 기준 일자보다 배송 지연될 경우, 1일당 '지체보상금 제도'를 도입함 ② 고객에게 배달 지연 배상금을 지급함
마켓컬리	샛별 배송	신선 식품과 맛집 음식을 포함한 각종 상품을 앱 (app)과 웹(web)을 통해 쇼핑하면, 배송지의 문 앞까지 신속 배달함

쿠팡(coupang)이 네이버쇼핑에 이어 2위로 급성장한 주요 요인을 살펴보면, 다음의 2가지 이유에서 그 해답을 찾을 수 있다.

첫째, 물건을 사전 구매한 후 물류창고에 보관하였다가 직송한다.

이 방식은 판매자에게 플랫폼만 제공하는 다른 기업들과 달리 배송 시간을 대폭 단축하는 유통 구조를 갖는다. 마켓컬리, 이마트 등도 이와 같은 방식을 도입하고 있다.

둘째, 물품 배송 시스템의 다양성이다.

쿠팡은 유료 회원제인 '로켓와우', 신선 식품을 다음 날 새벽 7시 이전까지 신속 배송하는 '로켓프레시', 익일 배송을 보장하는 '로켓 배송'으로 운영 방식을 다변화하여 물품을 배송한다.

대부분의 e-커머스 서비스 방식은 앱(app)에서 플랫폼(platform)으로 그 중심이 이동 중이다. 이 2가지 용어가 많이 사용되지만, 아직도 표현하는 데 혼선을 빚고 있다. [표 2-9]에서 이 내용을 설명한다.

[표 2-9] 앱과 플랫폼의 용어 비교

앱(app)	플랫폼(platform)
① '앱(app)'은 'application'의 줄임말로 '응용 프로그램'을 뜻함 ② '국립국어원'의 외래어표기법에 따르면, 'application'의 올바른 표기는 '애플리케이션'이며, 준말은 '앱(app)'임 ③ '어플(appl)'이라는 말로 혼용되지만, application(응용 프로그램)의 올바른 한글 표기는 애플리케이션이며, 이의 준말은 앱(app)이며, 'application'의 국제적인 통일 약어는 'app'임 ④ 구글 'Play 스토어'에는 동일 회사의 앱(app)이 여러 개가 등록되어 있으나 용도에 맞게 선택적으로 다운로드 후 사용이 가능함	① 사전적인 의미로는 기차와 지하철, 전철 등에서 타고 내리는 승강장 플랫폼, 연단이나 강단, 무대 플랫폼, 장비 등을 올려놓기 위한 토대, 게임이 돌아가는 시스템의 게임 플랫폼 등 다양한 의미가 담겨 있음 ② 정보통신 기술에서는 무선통신망 사업자에게 모바일 플랫폼 등 기반 기술을 제공해 애플리케이션 서비스나 모바일 서비스를 가능하게 하는 토대를 말함 ③ 대표 사례로 Zoom, Webex(화상회의 시스템) 등이 있으며, 국내 앱 중에서 플랫폼 역할을 하는 것은 네이버, 카카오, 쿠팡 등이 있음

출처: 국립국어원 홈페이지, https://www.korean.go.kr/
대한민국 위키백과, https://ko.wikipedia.org/wiki/대한민국

앱과 플랫폼에서 온라인 상품의 주문과 배송 차이점을 알아본다. [그림 2-6]에서 이 내용을 보여 준다.

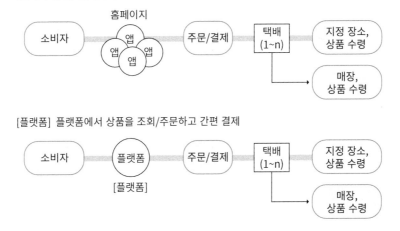

[그림 2-6] 앱과 플랫폼의 상품 주문과 배송 차이

만일 소비자가 상품을 구매하려고 할 때, 기업(또는 개발자)의 홈페이지를 찾아다니는 것보다는 앱(app)을 내려받아 이용하는 방식이 시간과 비용을 줄이는데 훨씬 더 좋다. 그런데 문제는 앱 스토어에 등록된 앱이 많아질 경우이다. 사용자가 원하는 모든 앱을 관리하고 사용하는 데는 상당한 불편함이 따른다. 이 문제를 해결하고 사용자의 편의성과 시간 절약을 위해 가장 좋은 방법은 플랫폼 구조로 변환하는 것이다.

2-4 온디맨드 사례

'온디맨드(On-Demand)'란, 고객이 PC나 모바일을 통해 간단한 주문으로 원하는 상품과 서비스를 쉽게 얻을 수 있는 주문형 방식을 말한다.

'온디맨드 서비스'[10]는 모바일 앱 또는 플랫폼을 기반으로 예약뿐 아니라, 서비스의 이용 시점과 장소를 선택하고 간편 결제를 할 수 있다. 배송 조회나 반품 조회 등 주문 처리 상황은 온라인 실시간으로 모니터링도 가능하다.

대표 사례는 주변에 많이 있다. 모빌리티 플랫폼 '우버(Uber)', 숙박 공유 플랫폼 '에어비앤비(Airbnb)', 여행 플랫폼 '익스피디아(Expedia)' 등이다. 이들의 공통점은 오프라인 지점을 소유하지 않고 플랫폼만으로 사업을 한다는 사실이다. 이 밖에 Amazon(퀵 배송), Zara(패션), Siemens(전기/전자) 등 각 산업 분야에서 사례를 찾아볼 수 있다. 이 책에서는 온디맨드 서비스를 차 공유 서비스, 공유 전동킥보드 서비스, 모빌리티 서비스의 3가지 영역으로 한정하여, 그 사례를 자세히 알아보기로 한다.

[사례 1] 차 공유 서비스

'우버' 자동차 공유 서비스(Car sharing service)는 온디맨드 서비스의 대표 사례이다. 이것은 고객과 운전기사를 모바일 기기로 연결하는 글로벌 공유경제 차량 서비스로, 공유경제 기술의 플랫폼을 갖는다. 택시를 소유하지 않고도 모바일 앱(app)만으로 승객과 운

---

10) '온디맨드 서비스'는 소비자의 요구 사항과 주문에 맞추어 필요한 상품이나 서비스를 제공하는 방식으로, 모바일 기기를 통해 고객과 주변에 있는 서비스 제공자를 연결한다.

송 차량을 연결하는 서비스를 제공한다. 미국에서 처음으로 시작된 이 서비스는 현재 많은 국가와 도시로 전파되고 있다. [표 2-10]에서 이 내용을 설명한다.

[표 2-10] 우버 서비스 종류와 내용

종류	내용 설명
우버 택시 (Taxi)	합법적으로 택시를 호출하는 유사 콜택시 서비스로, 국내의 우버 택시(UT: 우티)는 '카카오T'와 같은 형태이며, 'UT 택시' 앱을 설치한 후 사용이 가능함
우버 블랙 (Black)	고급 차량으로 공유 서비스를 제공하는 프리미엄 리무진 택시 서비스로, 영업용 택시 '카카오 블랙'과 같은 형태임
우버 어시스트 (Assist)	노약자와 장애인 승객에게 제공하는 서비스로, 접히지 않는 휠체어는 운반 불가능하나 국내에서 현재 서비스 제공 중임
우버 풀 (Pool)	이용자가 같은 방향으로 이동하는 차량에 소액의 비용만 지급하고 탑승하는 카풀(Car pool) 서비스로, 현재 '카카오T' 카풀 서비스와 유사한 개념임
우버 엑스 (X)	① 일반 운전자가 기사로 참여하는 콜택시 개념으로, 우버에 개인 일반 차량을 등록하면 우버 기사로 자동 등록되고 일반 승객은 이 차량을 콜택시처럼 이용이 가능한 서비스임 ② 택시 면허가 없어도 택시 영업이 가능하므로 현재 한국에서는 불법임
우버 카고 (Cargo)	① 트럭·밴 등을 이용한 물건 운송 서비스로, 택배 개념을 갖는 탁송 운송 차량 서비스임 ② 우버 카고 앱으로 근처에 있는 화물차나 밴을 호출하면 의뢰한 물건을 목적지까지 운송해 줌

참고: Uber 서비스 및 차량 서비스 종류
https://www.uber.com/kr/ko/ride/ride-options/

우버(Uber)의 차 공유 서비스는 2014년 8월 국내에 처음 소개되었지만, 택시 업계의 반발로 무산된 바 있다. 현재는 서울에서 가맹 택시 형태로 '우버 택시(UT: 우티)' 서비스를 운영 중이다.

이와 유사한 형태의 국내 서비스는 '타다, 파파, I.M, 티머니onda, 리본 택시' 등이 있다. 이 서비스들은 고객에게 합리적인 가격과 이용의 편의성 등을 제공하기 때문에 인기가 높다.

[사례 2] 공유 전동킥보드 서비스

차 공유 서비스와 비슷한 형태로 공유 전동킥보드 서비스가 있다. 버스정류장이나 지하철역에 도착했을 때, 최종 목적지까지 가는 시간이 제법 걸리고 거리도 상당히 떨어져 있어서 한참을 걸어야 할 때 이용하면 편리하다. 또한, 약속 장소로 이동하는데 대중교통 수단이 없거나 자동차가 없을 때 이용하기에 적합한 이동 수단이다.

국내의 공유 전동킥보드 사용자는 운전면허 등록자와 헬멧 착용을 요구한다. 하지만 사용자가 이것을 준수하지 않고 사용 후에도 아무 곳에나 방치하고 있어, 사고 위험성과 여러 가지 역기능이 발생한다. 따라서 공유 전동킥보드의 주차 및 이용 관리 방안이 강화되어야 하고, 지정된 장소에 이동 수단(킥보드)을 거치하도록 강력한 법적 규제가 필요하다.

현재 국내에서 운영 중인 공유 전동킥보드 기업은 '킥고잉, 고고씽, 씽씽' 등이 있다. 해외 기업은 '라임(LIME), 버드(BIRD)' 등이 있다.

[사례 3] 모빌리티 서비스

모빌리티 서비스는 자동차 공유 서비스와 공유 전동킥보드 서비스가 연계된 새로운 형태의 비즈니스 모델이다. 자동차로 이동한 후 다음 목적지까지 남은 짧은 거리는 전동스쿠터 또는 전기자전거 등과 연계하는 방식이다. 이동 수단은 환승 거점이나 전용 플랫폼을 통해 이용하며, 시스템은 신속한 맞춤형 이동 경로를 제공한다. 현대자동차는 이러한 개념을 기반으로 미국 캘리포니아주에서 자율주행차 승차 공유 서비스를 운행 중이다.

2-5 온디맨드 서비스 문제

최근 국내에서도 온디맨드 서비스가 활성화되고 있다. 하지만 유통 분야에서 스타트업에 대한 대응 전략은 미흡한 편이며, 기존 산업의 붕괴와 스타트업의 법적 보완 조치가 맞물린 혼돈의 상태이다. 그래서 배송 근로자의 안전 보장과 물품 파손에 따른 보상 등 많은 문제점을 안고 있다. 택배로 물건을 받다 보면, 특히 농산물 또는 수산물에 변질이 있거나 상품 파손 등 하자가 발생한 상태로 배달되는 경우가 있다. [표 2-11]에서 이 내용을 설명한다.

[표 2-11] 국내 유통업체의 배송 문제와 해결 방안

배송 문제	해결 방안
신생 서비스에 관한 법·제도 개선과 대응	① 온디맨드 서비스가 급성장함에 따라 로봇의 영상 진료나 AI 변호사의 온라인 법률 상담 등 신규 서비스가 출현하고 있으나 법 제도 제정이 미흡함 ② 신기술과 서비스가 자리를 잡아가는 과정에서 법적인 문제와 이익단체 간 충돌이 자주 발생하므로 대응책 마련이 요구됨 　ⓐ 현재 각 분야에서 발생하는 문제에 관한 법률 검토와 제도화가 필요함 　ⓑ 검증되지 않은 신규 서비스와 신생산업의 판단 기준이 되는 국내 규격 또는 가이드라인을 제정하여 기업의 신속한 대응을 도와줌 　ⓒ 기존 산업과의 충돌 문제를 해결하기 위해 산업별 또는 지자체별로 '분쟁조정위원회'와 '협의회' 등 법적 제도적인 장치 마련이 필요함
기존 산업의 붕괴에 따른 보완 대책 - 기존 산업의 붕괴와 파생된 문제의 해결	① 스타트업 또는 신규 서비스를 제공하려는 자가 사업자 등록을 하지 않고 불법 영업을 함에 따라, 소비자가 범죄에 악용되거나 탈세 가능성에 노출되는 문제가 발생하지 않도록 함 ② 기존 법 규제 철폐와 개선 등을 통해 당사자 간 충돌 문제를 신속히 해결할 수 있도록 함 ③ 기존 택시와 공유 서비스 택시 간의 갈등 요인이 되는 여객자동차 운수사업법, 위치정보법, 보험법 등에 대한 보완 조치와 현실화가 필요함 ④ 배송 중에 발생하는 물품 파손이나 배송 지연 문제의 보상과 처리 방안을 제도화하고 엄격한 기준의 제정과 준수를 강제함 　- 배송 중 물품 파손이나 배송 지연, 상품 오배송은 단순히 상품 및 대금 반환으로 끝날 일이 아님 ⑤ 해외 직구로 원하지 않는 유사 상품이 배송된 경우, '반품'하겠다는 메시지를 보내도 무응답으로 일관하는 기업이 있어 소비자의 권리와 피해 보상 차원에서 처벌 강화가 필요함
배송 서비스의 제도 개선과 근로자의 사회 안전망 확보	① 신속 배송 서비스는 택배 노동자의 업무 과로사와 교통사고 유발 가능성 등 많은 위험 요인을 안고 있어 해결 방안 마련이 필요함 ② 배송 기사는 외주 업체와 계약되거나 개인사업자로 등록되어 있어 배송 중 사고가 발생할 경우, 보상을 거의 받지 못하는 문제가 발생하므로 근로자의 고용 불안 문제 해결과 생존권 확보, 일정한 생계 보장 등 제도적인 개선책 마련이 시급함 ③ 택배 업체의 과열 경쟁으로, 정부 차원에서 산업 구조조정과 고용 제도의 안전장치 마련이 필요함 ④ 회사는 정식 직원의 채용을 늘리고, 범죄자 등 고용 부적격자의 퇴출과 유자격자 검증 등을 통해 소비자의 불안 문제 해소와 범죄 예방 노력이 필요함 ⑤ 부적격자 채용과 관련하여 소비자가 범죄의 희생양이 되지 않도록 법적·제도적인 장치 마련이 필요함

배달 물품의 과대 포장에 따른 쓰레기 양산 - 과대 포장 규제와 표준화	① 배달 음식의 배송에서 스티로폼이나 플라스틱, 에어캡 등 일회용품을 과도하게 사용하여, 음식점의 신속 배송 시 이 정도까지 해야 하나 할 정도로 과대 포장 문제가 심각한 수준임 ② 일회용 봉투 사용을 규제하는 것처럼, 기업 스스로가 환경 문제를 생각해 쓰레기 배출량을 줄이도록 규제가 필요함
배송 중 파손된 상품과 부패 상품의 신속한 회수 처리 - 제도적인 장치 마련과 신고처의 지정 운영	① 배송 중 물품이 파손된 경우, 회수 절차가 명확하게 마련되어 있지 않아 플랫폼 회사와 택배 회사, 생산자 간에 반품 정보에 대한 처리 원칙이 없고, 서로 의사소통이 원활하지 않아 소비자만 골탕 먹는 경우가 종종 발생하여 가이드라인 제시가 필요함 ② 상품 판매 회사에 회수를 요청하더라도, 택배회사와 생산자는 '반품 운송장' 정보가 없다고 하며 반품 지연과 회수가 늦어짐. 특히 반송 물품이 농수산물일 경우, 회수 시점까지 물품을 보관하게 됨에 따라 부패한 물건을 처리하는 문제도 골칫거리임 ③ 이 문제를 신속히 해결해 줄 제도적인 장치 마련과 지역별 신고처의 지정 운영이 시급한 실정임

옴니채널의 확장으로 점차 비대면 채널을 통한 온라인 거래가 증가함에 따라 온디맨드 서비스는 앞으로 더욱 활성화될 것이다. 또한, 디지털 대전환(Digital transformation)이라는 패러다임 변화에 따라 기업의 경쟁력은 시장점유율(Market share)보다는 각 영역에서 세대별 고객점유율(Customer share)로 세분화하여 평가받는 시대가 곧 도래할 것으로 전망된다.

따라서 각 기업은 이러한 변화를 직시하고 고객별 맞춤형 온디맨드 서비스 개발에 집중해야 한다. 아울러 소비자가 플랫폼에 접근하여 손쉽게 상품을 구매하고, 택배 시스템을 통해 안전하게 주문 상품을 전달받을 수 있도록 유통망과 e-커머스 체계를 강화하는 것이 필요하다.

제3장

금융 정보 시스템과 온라인뱅킹

CHAPTER **03** 금융 정보 시스템과 온라인뱅킹

> 이 장에서는 금융권의 온라인뱅킹을 대표하는 인터넷뱅킹, 모바일뱅킹, 오픈뱅킹에 대하여
> 알아본다. 이어서 금융 정보 시스템의 성장 과정과 금융 전산망 구성, 금융결제원의 역할과
> 공동인증서, 금융권의 모바일뱅킹과 오픈뱅킹 현황을 차례로 살펴본다.

제3장에서 소개하는 온라인뱅킹 업무는 비금융회사가 개발한 신생 핀테크 서비스와는 전혀 다른 개념이다. 따라서 이것을 구분하여 인터넷전문은행 업무는 제4장에서, 신생 핀테크 업무는 제5장에서 각각 다룬다. 핀테크 영역은 금융회사와 비금융회사의 개발 업무를 기준으로 핀테크 유형과 서비스로 구분한다. [표 3-1]에서 이 내용을 설명한다.

[표 3-1] 핀테크 유형과 서비스 형태

구분	금융회사	비금융회사
유형	전통적인 핀테크	신생 핀테크
서비스 형태	인터넷뱅킹, 모바일뱅킹, 오픈뱅킹 등 은행 고유 계좌번호 기반의 금융 서비스를 말함	간편 결제, P2P대출, 해외 송금, 자산관리, 크라우드 펀딩, 데이터 분석 등 테크 핀 기업이 개발한 금융 서비스를 말함

1. 금융 정보 시스템의 변천

1-1 정보통신 기술과 금융 정보 시스템

정보통신 기술은 모든 산업에서 많은 영향을 미치며, 융합과 혁신의 도구로 역동적인 변화를 이끈다. 또한, 비대면 거래의 확산과 온라인쇼핑을 통한 간편 지급 결제의 활성

화는 우리 생활을 크게 변화시키고 있다. 이 기술은 정보 활용의 확장성, 유연성, 그리고 신속한 정보 처리를 통해 지식 정보화 사회 구현과 함께 우리 사회에 많은 순기능과 다양한 혜택을 제공한다. 이러한 요인으로 정치, 경제, 사회, 문화 등 각 분야에서 구조적인 변화가 나타났다. [그림 3-1]에서 이 내용을 보여 준다.

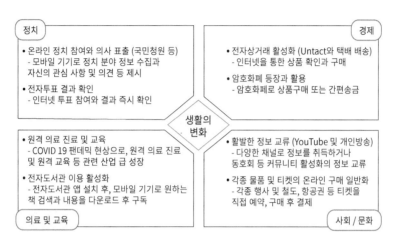

[그림 3-1] 정보통신 기술과 생활 구조 변화

하지만 신기술이 실생활에 적용되면서 일부는 역기능으로 나타나 많은 폐해를 낳기도 한다.

정보화의 역기능 사례는 그 형태가 매우 다양하고 우리 주변을 심각한 상태로 빠뜨린다. 특히 개인정보의 침해와 유출은 취득 정보가 각종 범죄에 이용되고, 해당 당사자에게는 커다란 금전적 손실이 날 수 있다. 유출 정보는 해킹이나 보이스피싱 목적으로 유통되거나 확산이 되고, 이 정보를 기반으로 한 사이버 공격은 정보 시스템을 정지시키거나 산업 시설을 파괴한다. 또한, 사이버 범죄를 유발하고 악의적 댓글로 자살을 유도하기도 한다. [그림 3-2]에서 이 내용을 보여 준다.

[그림 3-2] 지식 정보화 사회의 역기능 사례

금융회사들은 새로운 금융 서비스를 창출하기 위해 금융 업무의 혁신과 변화를 추구하며 핀테크 기업과 경쟁하고 있다.

국내 금융회사들은 핀테크 기업과 업무 제휴 등을 통해 다양한 형태로 금융 서비스를 개발하면서, 디지털 금융 혁신과 생존 전략을 위해 금융회사 공동으로 오픈뱅킹을 가동하고 핀테크 기업들과 경쟁 중이다.

한편, 핀테크 기업은 핀테크 관련 정보 기술을 확대·발전시키며, 전통적인 핀테크의 지원 방식에서 벗어나 독자적으로 한 단계 더 성장한 기술로 금융권과 경쟁하고 있다. [그림 3-3]에서 이 내용을 보여 준다.

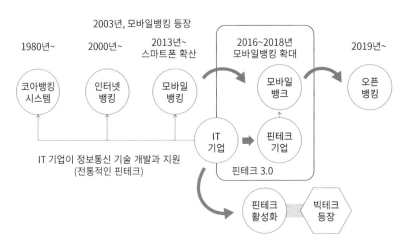

[그림 3-3] 금융 정보 시스템과 핀테크 기술의 접목

1-2 은행 정보 시스템의 성장과 발전

국내 은행의 정보 시스템은 1980년대 초반 코아뱅킹(Core banking) 시스템으로부터 출발한다. 1990년대 인터넷 개념이 확산하면서 인터넷과 PC 기반의 인터넷뱅킹(Internet banking) 시스템으로 발전하였다. 2010년 이후에는 휴대전화와 스마트폰의 보급 확산으로 모바일 기반의 모바일뱅킹(Mobile banking) 시스템이 출현한다.

핀테크와 빅테크 기업이 본격 금융업에 본격 진출함에 따라, 대형 IT 기업을 중심으로 뱅킹 관련 플랫폼이 등장한다. 이에 위기의식을 느낀 금융회사는 기존 모바일뱅킹 시스템에 음악, 게임, 채팅 등 엔터테인먼트 기능을 추가하고, 새로운 핀테크 기술을 접목한 모바일 금융 플랫폼을 구축한 후 모바일뱅크(Mobile bank) 개념으로 시스템을 발전시킨다.

　이러한 금융 환경 변화에 따라 금융 업무 영역도 크게 변하였다. 2000년대 초반까지만 하더라도 금융회사들은 은행업, 증권업, 보험업 등으로 업종별 영역이 분리된 형태로 상호 진입 장벽을 유지하며 영업하였다. 그러나 2014년부터 핀테크 산업이 본격 태동하고 핀테크 기업들이 등장하면서 그동안 유지되던 금융권의 진입 장벽은 무너지고 업종 간 경계도 파괴되었다.

　특히 '은행법'과 '금융산업구조개선법(금산법)'[1]이 개정되면서 금산분리 완화와 업종 간 영역 파괴 등으로 많은 변화를 가져온 계기가 되었다. 그 결과 핀테크 산업의 급성장과 함께 금융회사와 핀테크 기업 간 금융 서비스 경쟁이 촉발되고, 금융회사는 스마트폰의 활용성 강화를 주요 정책으로 추진한다. [그림 3-4]에서 이 내용을 보여 준다.

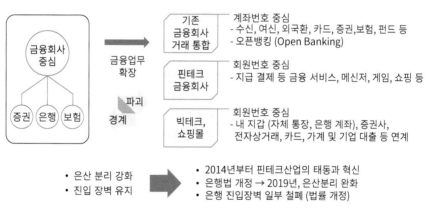

[그림 3-4] 금융권 영역 파괴와 변화 모습

　최근에는 인공지능 기술과 빅데이터 분석에 의한 고객관계관리(CRM: Customer Relationship Management)를 통해 'My 데이터'와 '내 손안의 은행'이라는 개념으로 금융 서비스가 변화하고 있다.

---

1) '금융산업구조개선법(금산법)'이란, 금융자본과 산업자본을 분리하기 위한 법률로 금융자본과 산업자본 상호 간의 지분 소유를 금한다. 우리나라는 산업자본이 실질적으로 금융자본 소유를 허가는 하되, 은행의 소유를 금지한다. 주요 내용은 산업자본의 은행 소유를 금지하는 은산 분리와 금융회사의 비금융회사 지배를 금지하는 내용이다.

2. 금융 전산망

2-1 금융 전산망 구성

'금융 전산망'이란, 금융권의 금융 서비스를 지원하고 상호 업무를 처리하기 위해 금융결제원이 국내 금융회사들과 공동으로 업무를 개발한 후 운용하는 '금융 공동 전산망'을 말한다. 금융 공동망의 참여 기관은 은행, 증권, 카드, 인터넷전문은행 등이 있으며, 자체 전산망과 공동 전산망[2] 등으로 구분한다. [표 3-2]에서 이 내용을 설명한다.

[표 3-2] 국내 금융 전산망 분류

구분		주요 시스템의 구성
자체 전산망		각 금융회사에서 본·지점 간에 온라인 업무를 처리하기 위해 구축한 전산망으로, 은행의 경우 크게 계정계, 정보계, 경영 정보 시스템의 3개로 구분하여 운영함
공동 전산망		금융결제원을 통해 금융회사 간 금융 업무를 처리하는 온라인망으로, 타행환 공동망, CD 공동망, 외환 전산망, 전자화폐 공동망, 증권 결제망, 외환 결제망, 신용 정보 공동 이용망 등을 포함함
대고객 전산망	자체 전산망	각 금융회사의 본·지점 간 온라인망으로 자행(자기 은행)의 대고객 업무 처리에 중점을 두며, 창구 업무는 물론, 비대면 채널을 통한 인터넷뱅킹, 모바일뱅킹 등 대고객 업무를 처리함 현재 참여 기관은 은행, 증권, 카드사 등이 있음
	공동 전산망	타 은행의 정보 시스템과 연계하여 대고객 업무를 처리하며, ARS 공동망, 직불카드 공동망, CMS 공동망 등을 포함함
거액 결제망		한국은행이 운영하는 금융 결제망으로 BOK-Wire가 대표적인 사례임
외부 전산망		금융회사 간 자금 결제망, 무역자동화망, 점외 CD/ATM망, 제2금융권 전산망, SWIFT 등을 포함함

'금융결제원'은 금융 공동망에서 금융회사 간에 금융 업무가 원활히 처리되도록 중간

---

2) '자체 전산망'이란, 각 금융회사가 자체적으로 정보 시스템을 개발하고, 본·지점 간에 업무를 처리하기 위해 가동하는 온라인망을 말한다. '공동 전산망'은 은행, 증권 등 금융회사를 하나의 네트워크로 연계하여 금융 서비스를 제공하는 망이다.

에 위치하며 '중계³'를 담당한다. 따라서 금융결제원의 정보 처리 시스템은 각 금융회사의 정보 시스템을 상호 연결하고, 금융 소비자(이용 고객)에게 각종 금융 서비스와 거래 정보 등을 제공하는 지급 결제 시스템의 역할을 담당한다. [그림 3-5]에서 이 내용을 보여 준다.

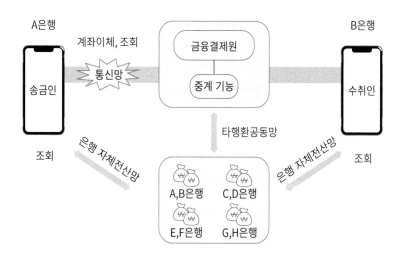

[그림 3-5] 금융결제원의 중계 역할과 온라인뱅킹 처리

이러한 업무 처리가 가능한 것은 전 금융회사를 하나의 네트워크로 묶어 준 '금융 공동망'이 있기 때문이다. 금융 소비자는 자기의 거래 은행에 가지 않고도 다른 은행에서 현금을 찾거나 계좌 송금(자금 이체)과 각종 조회 등 금융 서비스를 빠르고 편리하게 이용할 수 있다.

각 금융회사의 내부 정보 시스템에서 실제로 데이터를 처리(생성-유통-기록관리-폐기)하고, 업무에 활용ㆍ적재하는 과정을 알아보기 위해 [그림 3-6]에서 A 은행의 업무 처리 흐름을 형상화하여 보여 준다.

---

3) '중계(中繼)'는 두 대상자가 간접적으로 연결될 수 있도록 행위자가 연결 중간(접점)에서 거래에 참여하는 것을 뜻한다. 그리고 '중개(仲介)'란, 두 대상자가 직접 연결될 수 있도록 주선하는 것으로 행위자는 거래에 직접 참여하지 않는다는 것을 의미한다.

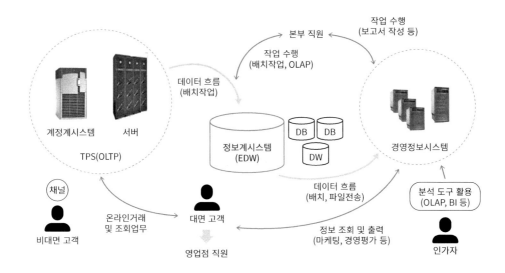

[그림 3-6] A 은행 내부 정보 시스템 간 업무 처리 흐름

아울러 A 은행의 시스템 구성 및 정보계 시스템의 데이터 적재와 활용 내용을 살펴보기로 한다. [그림 3-7]에서 이 내용을 보여 준다.

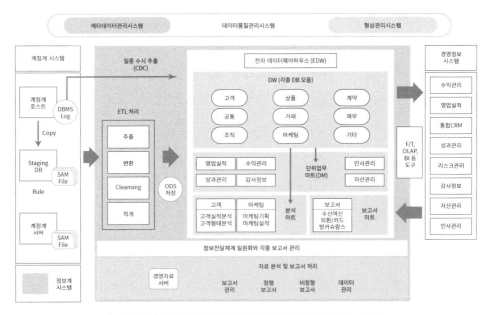

[그림 3-7] A 은행 정보 시스템 구성과 데이터의 적재 · 활용

'정보계 시스템'이란, 계정계 시스템에서 발생한 거래 정보(TPS: Transaction Processing System)를 유형별, 고객별로 분석하고 데이터웨어하우스(DW: Data Warehouse)에 축적한다. 이 정보는 본부 부서와 영업점에서 고객 마케팅 등에 활용될 수 있도록 사용 목적별 데이터마트(Data mart)와 목적별 데이터베이스(DB: Data Base)로 만들어져 경영 정보 시스템(서버)으로 전달된다.

이 내용을 자세히 설명하면 다음과 같다. 금융회사 창구 직원이 입력한 대면 거래와 금융 소비자(고객)가 모바일 기기와 자동화 기기 등에서 비대면 거래로 발생시킨 금융 거래는 계정계 시스템에서 처리된다. 처리된 이후에는 입력된 단말기(영업점 창구 단말 또는 비대면 채널의 단말)로 '거래 완료' 메시지를 내보내 준다. 그리고 이 데이터는 체계적인 관리를 위해 정보계 시스템에 축적·저장되고, 온라인과 배치 작업을 통해 본부 부서와 영업점으로 보내진다. 이 자료는 IT 본부가 미리 정한 형태로 작성한 후, 파일이나 보고서 포맷으로 전송된다. 또한, 본부 부서가 이 자료를 경영 정보 시스템에서 활용할 수 있도록 IT본부에서 데이터마트(DM) 형태로 만들어 '파일 전송'한다. 그러면 각 본부 부서에 배치된 IT 전문 인력이 경영 정보 시스템을 통해 업무 프로그램 작성과 분석 기법 툴(Tool) 등으로 경영 분석 관련 자료를 작성한다.

2-2 금융 정보 시스템의 발전

국내 금융 정보 시스템의 발전 과정에 대하여 알아본다. 금융회사들은 1970년부터 1990년대 초반까지만 하더라도 IBM 등과 같은 대형 컴퓨터를 도입하여 FORTRAN, COBOL, PL/I, C 등과 같은 컴퓨터 언어로 각종 온라인 프로그램을 개발한 후 업무를 처리한다. 그래서 이 시기를 메인프레임(M/F: Main Frame) 또는 레거시 시스템(Legacy system) 시대라고 부른다.

1990년부터 2010년대 초반은 Unix 서버를 중심으로 시스템 개발이 이루어지고, 디지털 비즈니스 플랫폼 형태로 발전한다. Java, C, C++ 등 컴퓨터 언어가 업무 프로그램 개발에 활용되고, 오픈 시스템 기반 중심의 정보 시스템으로 발전한다. 이에 따라 대외 업무의 연계성 강화와 함께 정보 시스템에 융통성이 부여되고, 다양한 업무 개발이 본격적으로 이루어진다. 2015년 이후에는 Unix와 Linux 운영체계 중심으로 정보 시스템이 활용된다. AI와 IoT 등 신기술이 클라우드 컴퓨팅과 결합하고, 새로운 디지털 비즈니스 플랫폼이 만들어지며 기존 산업과 비즈니스의 융합 형태로 성장한다. [그림 3-8]에서 이 내용을 보여 준다.

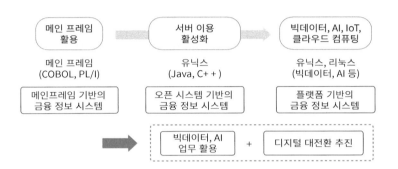

[그림 3-8] 금융 정보 시스템의 발전 과정

금융 정보 시스템의 IT 인프라는 서버, DB, Network(유·무선), 방화벽, 침입 차단 시스템(IPS), 침입 탐지 시스템(IDS), 스마트 워크(모바일 오피스) 등이 있다. 전자금융은 인터넷뱅킹, 모바일뱅킹, 자동화기기, 핀테크 관련 서비스 등을 포함한다. [표 3-3]에서 이 내용을 설명한다.

[표 3-3] 금융 정보 시스템 구성 요소

구분	구성 요소
금융 정보 시스템의 IT 인프라	① 서버(Server), ② DB(Data Base), ③ Network(유·무선),④ 방화벽(Fire Wall), ⑤ 침입 차단 시스템(IPS: Intrusion Prevention System), ⑥ 침입 탐지 시스템(IDS: Intrusion Detection System), ⑦ IT 센터 구축, ⑧ 스마트 워크(디지털 오피스와 공유 오피스 운영) 등
전자금융 (소프트웨어)	① 인터넷뱅킹, ② 모바일뱅킹, ③ 자동화기기(CD/ATM), ④ 핀테크 관련 금융 서비스 등
개인정보 및 내부정보	① 개인정보, ② 내부 정보, ③ IT Outsourcing 정보 – 내부 직원, 협력(외주) 업체 직원의 정보 유출에 유의
데이터 관리	EDW, DB, DM, 보고서, 빅데이터, 각종 매체 등 관리

출처: 김인석 외 4인, 전자금융보안론, ITForum

위 구성 요소 중 '금융 정보 시스템의 IT 인프라' 7가지 항목에 대하여 좀 더 자세히 알아보기로 한다.

(1) 서버(Server)

서버 시스템은 메인프레임보다는 시스템 증설이나 용량 확장 등 환경 변화에 뛰어난 성능을 갖고 있으나, 데이터 활용과 사용자 통제 등 보안 관리 면에서는 많은 위협 요인이 존재한다. 특히 서버로 백업 시스템을 구축할 경우, 최소 2배 이상의 하드웨어와 소프트웨어 증설 비용이 더 들어간다. 따라서 효과적인 통제 관리를 위해 서버 시스템의 통제영역과 위협 요인을 분석하여 정리한다.

통제 영역	위협 요인과 조치 사항
계정관리	사용자 식별과 인증을 필요로 하며, 사용자 계정의 생성과 변경 관리를 통한 관리 및 통제가 필요함
서버 접근 통제	사용자 시스템에 대한 자원 접근 통제가 요구됨
계정 권한관리	① 시스템 마스터(Master) 계정의 권한을 통제하고, 위험한 명령어가 입력되지 않도록 제한과 통제가 필요함 (예) 작업자 실수로 시스템 중단과 중지 등 사전 예방 ② 통제가 제대로 이루어지지 않을 경우, 시스템 장애를 유발하는 직접 요인이 됨
로깅 및 감사	① 등록된 프로그램의 유효성 검증과 함께, 부정한 루틴(Routine)을 이용한 비정상 거래의 실행을 통제하고 상시 모니터링을 함 ② 위 내용을 익일 감사 항목에 넣어 검증하고 책임자가 결재함
네트워크 보안	시스템 자원 접근에 대한 로깅 분석과 이용 현황을 모니터링하고 수시로 보안 점검을 실시하여 불법 접근을 차단함
중요 작업 통제	① 전산원장 수정이나 센터컷(Center-cut) 등 주요 배치 작업을 엄격히 통제하고, 가동 시스템의 온라인과 배치 프로그램의 등록을 철저히 검증한 후 통제함 ② 영업 시간 중 서버 교체 작업은 철저한 통제가 요구됨
운영 보안	① 주요 단말(특히, 컴퓨터실과 원격지 설치 단말)의 사용 통제와 협력 업체 직원의 운영 시스템 접근 통제가 요구됨 ② DDos 공격 등에 대한 사전 조치와 함께, 대응에 만전을 기해야 함

(2) DB(Data Base)

온라인용 DB는 비인가자의 접근이나 고객 정보의 무단 조회 및 수집, 개인정보 유출 등 정보 보안관리에 많은 위험성이 존재한다.

따라서 위험을 줄이기 위해 정보 시스템을 가동 시스템과 테스트 시스템으로 구분하여 운영하고, DB 이중화를 시행해야 한다. 이렇게 할 경우, 시스템 구성은 더 복잡해지고 구축 비용은 2배 이상 더 들어간다. 하지만 정보 시스템의 안정성 확보를 최우선 과제로 삼아야 하며, 다음과 같이 DB 시스템을 구축하고 관리해야 한다.

통제 영역	위협 요인과 조치 사항
DB 자산관리	DB 서버 관리자와 DB 담당자(Owner)를 지정 운영하고, 고객의 중요한 개인정보 항목은 암호화하여 관리함(비밀번호, 전화번호 등)
시스템 분리 운영	업무 운영 시스템(Real system)과 별도로 테스트 시스템(Test system)을 구축하고, 실행 환경(Production)과 테스트(Test) 환경에서 적용 업무 프로그램을 분리해 적용함(온라인 가동 시스템과 테스트 시스템을 완전 분리 운영)
운영 데이터	① 실제 운영 데이터와 개발/테스트 환경에서 사용하는 데이터는 분리하여 사용해야 함 ② 테스트 시스템에서 필요로 하는 데이터는 일부 변환하거나 주요 정보를 제거하고, 부분적인 암호화 작업을 통해 테스트 자료로 활용함
중요한 단말 관리	① 사용자 인증을 통해 접속하는 단말 사용자의 정당성 여부를 확인함(사전 인가 및 등록자만 접근 가능) ② 사용자에 대한 로깅 처리는 물론, 외부에서 시스템 접근 및 접속을 금지하는 제한 조치를 시행함
DB 접근통제 및 성능관리	① DB 접근통제 솔루션 구축과 우회 접속 경로를 차단함 ② 응답시간 향상을 위해 정기적인 사용량 점검과 DB 재할당 작업이 필요함
서버 정보 통제	서버 내의 고객 정보 DB 등에 대한 접근을 통제하고, DB 오너 제도를 도입함
DB 정보 유출	① DB 서버는 인터넷과 방화벽에 의해 완전히 분리 운영하도록 하고, 인터넷에서 직접 접속이 불가능하도록 조치하는 등 자원 접근 통제를 철저히 함 ② 꼭 필요한 경우는 WAS(Web Application Server)[4]와 AP 서버(Application Server)[5]를 통한 접근만 허용함

---

4) 'WAS'란, 동적인 콘텐츠(Dynamic contents)를 제공하기 위해 만들어진 애플리케이션 서버로 웹 프로그램을 실행할 수 있는 환경을 제공한다.

5) 'AP 서버'가 자체 통신망에 연결되면, 통신망을 통해 서버와 종단(End point) 단말기 간 통신이 가능하며, 응용 프로그램(Application Program)이 설치된 서버를 말한다.

(3) 네트워크(Network)

네트워크를 통한 외부 침입 경로를 차단하고, 통신망은 외부망[6]과 내부망[7]으로 구분하여 운영한다.

통제 영역	위협 요인과 조치 사항
네트워크 경로	내부 업무용 단말과 고객이 사용하는 통신망(ATM, 고객 순번대기기 등)을 물리적으로 완전 분리(망 분리)해 운영함
DDos 공격	대용량의 트래픽 전송 공격을 예방할 수 있는 차단 조치를 사전에 마련함 ① 서버: 공격 프로그램의 적재 ② 유포 서버: 접속 코드를 삽입 ③ 사용자: DDos 공격과 관련된 파일 다운로드 ④ 악성 프로그램의 자동 다운로드 ⑤ 공격 명령 실행 ⑥ DDos 공격 실행 ⑦ 모든 장비의 자원 사용률 증가로 인한 서비스 마비 ⑧ 접속 지연 또는 무응답 불만 증대 등
통신망 이중화	① 통신망 사업자를 이중화한 후, 통신 용량을 사전에 충분히 확보하고 증설함 [매년 용량 계획(Capacity Planning) 검토를 통해 검증 후 증설] 　- 이중화 조치는 서버, DB, 통신망, 정보 시스템, 전원, 컨트롤러 등 많은 부문에서, 시스템의 운영 안정화를 위해 필요함 ② 국내 기간 통신 사업자는 많이 존재함 　- 유선 분야: SK브로드밴드, SK텔링크, KT(KT스카이라이프), LG유플러스(LG헬로비전), 세종텔레콤 등 　- 이동전화: SK텔레콤, KT, LG유플러스가 있으며, 이 밖에 알뜰폰, TRS 등
통신 부하	통신 장비의 안정적인 운영과 직접 관련되는 서버 용량의 증설이 요구되며, 서버 간 통신 부하를 줄이기 위한 로드 밸런싱(Load Balancing) 작업 등이 주기적으로 필요함
인터넷 침해 사고 대응 체계	인터넷 침해 사고 방지와 신속한 대응을 위해, 정보보안 관제 시스템(ESM), 위협관리 시스템(TMS), 위험관리 시스템(RMS) 등 시스템 운영을 권고함

---

6) '외부망(인터넷이나 대외기관, 협력 업체 등과 연결하는 망)'이란, 외부에서 내부망(웹서버 접속 후 업무 처리)과의 연결 구간에서 사용하는 것을 말한다.
7) '내부망'은 인가받은 사용자가 무인 기기용 구간 또는 서버 시스템 망을 연결하여 사용할 수 있다.

(4) 방화벽(Firewall)

'방화벽'[8]은 해커(Hacker)나 크래커(Cracker)의 불법 침입을 차단하고 정보 유출, 시스템 파괴 등 문제를 사전 예방하는 데 목적이 있다.

통제 영역	위협 요인과 조치 사항
정보 통제	① 내부 통신망과 인터넷 간에 전송 정보를 선별해 수용하거나 거부하는 보안 시스템의 역할을 담당함 ② 인터넷에서 내부 통신망으로 침입하려는 행위를 차단하고 불법 접근을 통제하며, 반대로 내부 통신망에서 인터넷과 통신할 수 있도록 허용함
통신 장비 접속	라우터(Router), 응용 게이트웨이(Gateway) 등 통신 장비와 접속하여 정보 흐름을 통제함
정보 유출 방지	불법 사용자의 접근 차단과 함께, 컴퓨터 자원을 무단으로 사용하거나 교란하지 못하도록 통제하고, 중요한 정보를 불법으로 외부 유출하는 행위를 방지함
접근 통제	인가된 사용자 외에는 정보통신망의 불법 접근을 차단함

(5) 침입 방지 시스템(IPS: Intrusion Prevention System)[9]

내부 통신망으로 들어오는 모든 패킷이 지나는 경로에 설치한다. 이것은 호스트(Host)의 IP 주소, TCP/UDP 포트 번호, 사용자 인증에 기반을 두고 외부 침입자를 차단하는 역할을 하며, 허용되지 않는 사용자나 서비스에 대하여 사용을 거부함으로써 내부 자원을 보호한다.

통제 영역	위협 요인과 조치 사항
정보보안	물리적 보안, 컴퓨터 보안, 인터넷 보안, 네트워크 보안, 소프트웨어 보안 등 전반적인 보안 조치가 필요함
방지 시스템	샌드박스 운용과 함께, 방화벽, 인증, 공동인증서, 침입 탐지 및 침입 차단 시스템, 네트워크와 호스트 기반 침입 탐지 시스템, 안면 인식 시스템 등이 필요함

---

8) '방화벽'은 서로 다른 네트워크를 지나는 데이터를 허용하거나 거부 또는 검열, 수정을 담당하는 하드웨어와 소프트웨어를 말한다.

9) '침입 방지 시스템'은 외부에서 내부 통신망으로 침입하는 네트워크 패킷을 찾아 제어해 주는 기능을 가진 소프트웨어 또는 하드웨어를 말한다. 바이러스 웜이나 불법 침입, DDOS 등 비정상적인 이상 신호 발생 시 인공지능(AI)으로 적절한 침입 방지 조치를 한다는 점이 침입 탐지 시스템과 다르다.

	소프트웨어	버퍼 오버플로(Buffer overflow), Zero Day(숫자가 10, 20, 30일) 공격, 취약점 공격, 후킹 등을 방지하는 소프트웨어의 설치 및 운영이 필요함
해킹	인터넷/네트워크	서비스 거부 공격(DDoS 공격)이나 웹 해킹, 이블 트윈(Evil twin) 방지 조치가 필요함
	사이버 공간	사이버 전쟁, 사이버 테러 등을 예방할 수 있는 사전 조치가 필요함

(6) 침입 탐지 시스템(IDS: Intrusion Detection System)

침입 탐지 시스템[10]은 방화벽이 효과적인 차단에 실패하였을 때 피해를 최소화하고, 네트워크 관리자가 부재중일 때도 해킹에 적절히 대응하도록 한다. 즉 사전적 보안 조치가 취해지지 않은 인프라 자원에 대한 사후 조치이며, 향후 예상되는 추가 공격과 보안 취약점으로부터 정보보안 사고에 대비하는 것이 주목적이다.

통제 영역	위협 요인과 조치 사항
침입 즉시 대응	해킹 사실이 발견되면, 휴대전화로 즉시 SMS 문자를 보내거나, 전자우편 등을 통해 관리자에게 사실을 알림
침투경로 추적	침입탐지 사실과 침투경로 등을 추적하는 것은 해커를 잡는 데 매우 중요한 역할을 하므로 수시로 침투 및 추적데이터를 제공함

(7) 스마트워크(디지털 오피스[11], 공유 오피스 운영)

'스마트워크'는 업무 편의성은 증진되나 내부 정보 유출 가능성을 높이게 되므로, 시스템의 사용 범위를 엄격히 제한하고 보안 통제의 강화가 필요하다. 공유 오피스도 마찬가지이다. 왜냐하면 정보 유출의 약 85% 이상은 내부 직원에 의해 이루어지기 때문이다.

---

10) '침입 탐지 시스템'이란, 유해 트래픽에 대한 사전 감지와 관리, 내부 정보 유출 방지, 유해 사이트 차단 기능으로, 악성 코드 및 해킹 등에 의한 유해 트래픽 차단, 실시간 모니터링과 공격 탐지를 통해 네트워크 가용성을 확보한다. 따라서 정보 시스템 보안을 위협하는 침입이나 네트워크 공격 행위를 탐지하고 대응하기 위한 시스템이다.

11) '디지털 오피스(Digital office)'란, 사무실 내에 고정된 위치의 단말 환경 대신에 집(재택근무지) 또는 장소를 이동하는 중에 업무를 수행할 수 있도록 시스템 환경을 조성하는 것을 말한다.

통제 영역	위협 요인과 조치 사항
악성코드 감염 방지	단말 운영체제의 임의 변조 방지, 운영체제의 최신 보안패치 유지관리, 백신 프로그램 설치 및 온라인 리얼타임 갱신 등을 통해 예방 조치를 강화함
단말 분실/도난 대응	단말 잠금 기능(스크린 도어 등으로 일정 시간 동안 단말을 사용하지 않거나, 패스워드 반복 오류 시 차단) 등에 따른 조치를 강구하고, 분실이나 도난 단말기의 원격 잠금 등 조치가 필요함
정보 유출 통제	① 단말 내의 정보 저장(PC 또는 모바일 기기 내에 로그인 ID, 암호 등 보관)은 절대 금지함 ② 단말 간 정보 전송을 통제하고, 화면 캡처 등에 대한 보안 조치와 통제가 필요함(워터마킹, DLP 등 도입)
네트워크 보안	암호화 통신, 정보 보호 시스템(방화벽, IPS, DDos 대응 시스템 등) 구축 운영이 필요함
업무 서비스 보안	사용자 인증(직원 ID, 비밀번호, OTP, 인증서 등), 단말 인증 등 보안 조치가 필요함(직원 업무용 보안카드 또는 OTP 사용을 의무화)
관리보안	정보 보호 정책 수립, 조직 구성, 교육/훈련, 보안성 검증 등 관리보안에 대한 조치가 필요함

출처: 김인석 외 4인, 전자금융보안론, ITForum

2-3 금융 서비스 변화

최근 금융권의 변화는 비대면 채널의 활성화와 디지털 대전환(Digital transformation)이라고 할 수 있다. 정보통신 기술의 발전과 금융 소비자의 성향 변화에 따라, 서비스 형태도 비대면 채널로 빠르게 변하고 있다. 이에 따라 경쟁력 제고를 위해 인프라를 강화하고 다양한 서비스를 시행 중이다. [표 3-4]에서 이 내용을 설명한다.

[표 3-4] 은행의 비대면 채널 주요 금융 서비스

구분	금융 상품 출시와 금융 서비스 특징
신한	기업 고객을 대상으로 비대면 환전 서비스를 시행함 (USD, EUR, JPY 등 주요 18개 통화 환전)
우리	비대면 펀드 가입 고객의 금리 우대와 경품을 제공함
하나	비대면 개인 대출의 금리 감면 혜택을 제공함
IBK기업	특정 금융 상품 개발과 다양한 금융 서비스를 제공함
KB국민	비대면 종합 자산관리 서비스 앱을 제공하고, 자산 운용 업무를 활성화함

비대면 채널에 의한 서비스 절차를 살펴본다. 금융회사에서 비대면 방식으로 본인인증을 하거나 신규 계좌를 개설할 때는 생체 인증 기술과 영상 통화 방법을 사용한다. [그림 3-9]에서 이 내용을 보여 준다.

(1) 생체 인식 기술을 이용한 본인 인증 방법

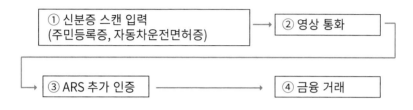

(2) 스마트폰 영상 통화를 통한 신규 계좌 개설 방법

[그림 3-9] 비대면 본인 인증과 신규 계좌 개설 방법

또 다른 특징은 고객 맞춤형 전략에 치중한다는 것이다. 금융회사는 새로운 금융 환경에 신속 대응하고 최적화하기 위해, 다양한 고객 맞춤형 전략을 추진한다. 대표 사례로 MZ세대 고객을 위한 문화 공간을 마련하거나, 학생들을 겨냥한 카페 지점을 운영한다. 또한, 비대면 환전이 가능한 '드라이브 스루' 지점 운영, 편의점과 은행을 결합한 미니 은행 설치, 은행의 유휴 공간을 활용한 스타트업 인큐베이팅 시설로 꾸민다.

이처럼 은행이 특화점포 확산에 나선 이유는 고객 접점의 확보와 차별화 전략에 있다. 은행·증권·보험 등 금융 업무를 한 장소에서 해결할 수 있는 복합 점포를 늘리고, 고액 자산가와 기업금융 전용 영업점을 개설하여 운영하는 방식 등이다. [표 3-5]에서 이 내용을 설명한다.

[표 3-5] 은행의 특화점포 전략

구분	운영 유형과 특징
신한	① 비대면 금융 강화로 점포 감축 및 '디지털 특화점포' 전환 전략을 추진함 　- 스마트텔러머신(STM), 디지털 키오스크 설치 　- 'AI 은행원' 배치 운영 ② 비대면 처리기(디지털 데스크, 키오스크 등)를 설치함 　- 전문 상담사가 근무하는 '디지로그 지점' 　- 비대면 업무 처리 기기로 운영되는 무인점포 '디지털 라운지'에서 실시간 영상 통화로 금융 상담
우리	① 본점: 금융 자산 30억 원 이상 자산가를 대상으로 '투 체어스 익스클루시브(Two chairs exclusive) 센터'를 개설함 ② 지점: 금융 자산 3억 원 이상 자산가를 대상으로 '투 체어스 프리미어(Two chairs premier) 센터'를 운영함 ③ 특화점포: '디지털 금융점', '디지털 무인점'을 운영함
하나	① 고액 자산가를 대상으로 자산관리 서비스를 제공함 　- 프리미엄 자산관리 브랜드 'Club 1(클럽 원)' 운영 ② 프라이빗뱅커(PB)가 자산관리 서비스를 제공함 　- 세무·법률·부동산 상담과 해외 투자/이주, 부동산 투자 및 자산관리 등 토탈 케어 서비스 제공 ③ 특화점포로, 특화된 금융 서비스 콘텐츠를 제공하는 'My Branch', 스마트텔러머신(STM)으로 운영되는 '금융특화 편의점' 점포를 운영함
IBK기업	① 기업 특화점포 운영과 '기업 주치의' 제도를 도입함 　- 키오스크 운영: (매일) 07:00~23:55· 개인 고객: 키오스크를 통한 예금 및 카드 신규, 통장 정리, 각종 신고 업무, 잔액증명서 발급 등 　- 화상 상담 운영: 　　(평일) 09:00~21:00 (주말) 12:00~18:00 　- 기업고객 전용 전담 창구를 운영 ② 특화점포로 IBK희망금융프라자를 운영함 　- 서민 금융 상품 상담, 각종 서민금융 지원 제도 안내 등 ③ 비대면 처리기(디지털 데스크, 키오스크 등)를 설치함
KB국민	① 금융 서비스와 AI 기술을 접목한 AI 체험 Zone 운영함 ② 키오스크(Kiosk)로 AI 가상 상담 서비스 경험을 유도함 　- 통장 개설과 주택청약, 예·적금, IRP, 대출 등 은행 업무 상담 가능한 AI 은행원 배치 　- 'KB Insight, KB디지털금융점, 디지털셀프점 플러스' 형태로 운영 ③ 'KB 9-To-6 뱅크'를 운영함(전국 72개 지점에서 오후 6시까지 영업)
NH농협	① WM(Wealth Manager, 자산관리) 특화점포로 100개를 증설함 ② 'NH All 100 종합자산관리센터'를 운영함 　- 고객 자산관리 서비스에 특화된 점포 　- 일반 영업점보다 전문적인 부동산·세무 등 각종 금융 서비스 제공, 대중적 자산관리와 평생 고객 확보 초점

출처: 각 은행 보도자료 정리

급변하는 환경 속에서 은행들은 생존을 위해 점포 폐쇄와 특화점포 전환 전략을 구사한다.

국내 은행은 비대면 채널 확장과 내부 업무 처리의 디지털 대전환을 통해 그동안 단순 업무에만 치중하던 영업점을 고객 맞춤형 특화점포로 전환 중이다. 금융감독원에 따르면, 2020년 말 국내 은행 점포 수는 총 6,405개로 2019년 말(6,709개)보다 304개 감소(신설 30, 폐쇄 334)했다. 감소 폭은 전년 대비 247개로 2017년(312개) 이후 가장 큰 규모이다. 특히 국내 5대 시중 은행은 2020년 236개 영업점을 폐쇄하고, 2021년 폐쇄 또는 점포 통합으로 축소된 영업점은 251개다. 2022년에도 점포 통폐합이 계속되어 1/4분기 중 폐쇄를 결정한 점포는 110개로 전년 대비 약 44%에 달한다. 그 이유는 금융회사의 디지털 전환 속도가 점점 더 빨라짐에 따른 생존 전략이기 때문이다.

3. 금융결제원과 인증서

3-1 금융결제원의 역할

금융결제원은 국내 5대 국가기간 전산망 중 하나인 '금융공동망'[12]을 구축 운영한다.

금융결제원은 금융회사 간에 IT 자원의 중복 투자 방지와 정보화 작업의 효율성을 높이기 위해 공인인증(yessign) 시스템과 금융정보공유분석센터(금융ISAC)를 운영하고, 주택청약과 퇴직연금 기록관리 등 금융권의 공통 업무를 공동 개발하여 운영한다. 결제와 관련해서는 송금인과 수취인 간의 거래 관계를 종결하는 결제(Payment)와 은행 간 채권·채무 관계를 종결하는 결제(Settlement)를 담당한다. 즉 Payment 단계에서 거래 정보를 중계하는 결제망의 운영과 settlement 금액을 확정한 후 최종 결제하는 청산 기관(Clearing House)의 역할을 한다(김성희). 따라서 금융회사의 영업점 창구와 자동화 기기, 인

---

12) '금융공동망'은 CD공동망, 타행환공동망, 전자금융공동망, 어음교환, 지로업무, CMS(자금관리서비스)공동망, 신용·직불카드공동망, 지방은행공동정보망, 주택청약공동망, 전자화폐(K-cash)공동망, 외환동시결제(CLS)공동망 등 지급결제시스템을 포함하고, 전자상거래의 지급결제(Bankpay PG)와 모바일 지급결제(Ubi), 전자어음 등 전자결제 서비스를 제공한다.

터넷뱅킹, 모바일뱅킹 등에서 발생하는 금융 거래를 지급 결제 채널을 통해 다른 금융회사와 연결한다.

금융결제원이 수행하는 6가지 주요 업무와 기능에 대하여 알아본다.

(1) 전자금융 업무

금융공동망을 기반으로 금융회사와 이용 고객에게 각종 금융 서비스와 거래 정보를 제공하며, CD/ATM, 타행환, 오픈뱅킹(Open banking), 전자금융, 지방은행공동정보망, 계좌이체 PG, 물품 대금 결제 등 기능을 포함한다. [표 3-6]에서 이 내용을 설명한다.

[표 3-6] 전자금융 업무의 구성과 기능

기능	내용 설명
CD/ATM	자동화 기기를 통해 현금 입·출금과 계좌 이체 등 금융 서비스를 받음
타행환	금융회사의 영업점 창구에서 현금 또는 자기앞수표를 즉시 온라인 송금이 가능하며, 비대면 채널 방식으로 타행 송금이 가능함
오픈뱅킹	① 금융 서비스를 편리하게 개발할 수 있도록 은행의 금융 서비스를 표준화된 형태로 제공하는 인프라임 ② 핀테크 기업이 오픈 API와 테스트베드를 활용해 기존 금융 서비스에 IT 신기술을 접목하고, 다양한 핀테크 서비스를 빠르고 편리하게 출시하도록 도움
전자금융	① 고객은 언제 어디서나 스마트 기기 또는 PC, 전화 등을 통해 금융거래와 금융 정보 조회 서비스를 제공함 ② 금융공동망은 고객이 거래하는 금융회사에 가지 않고도 현금 인출이나 계좌 이체, 송금, 정보 조회 등 각종 지급 결제 서비스를 편리하게 이용하도록 함
계좌이체 PG	인터넷을 통한 전자상거래에서 개인 구매자와 판매자 간에 물품 대금을 실시간 계좌 이체로 결제하게 함
물품 대금 결제	소매업자가 도매업자로부터 주류 등 물품 구매 시 휴대용 무선단말기(PDA) 또는 구매 전용카드로 구매 대금을 결제할 수 있는 기업 간 대금 결제 서비스를 제공함
현금카드 결제	고객이 현금카드를 마트나 편의점, 식당 등 카드 단말이 설치된 가맹점에서 직불카드를 사용할 수 있도록 은행과 금융결제원이 공동 인프라를 구축하고, VAN사와 연계함

출처: 금융결제원 홈페이지 내용 요약, https://www.kftc.or.kr

(2) 금융 정보 업무

금융회사 및 이용 고객의 편의성 제고와 금융회사 간 업무 효율화 등을 위해, 금융회사 간 공동 전산 업무 및 정보 공유와 관련된 업무를 한다. 여기에는 공동인증서, OTP 공동센터, 디지털 OTP(스마트 보안카드 포함), 계좌정보통합관리 등 기능을 포함한다. [표 3-7]에서 이 내용을 설명한다.

[표 3-7] 금융 정보 업무의 구성과 기능

기능	내용 설명
금융인증 서비스	① 금융인증 서비스는 금융결제원과 은행이 공동으로 마련하여, 금융, 정부, 공공민원 등에서 안전하게 이용할 수 있는 인증 서비스를 제공함 ② 금융인증서를 안전한 금융결제원 클라우드에 발급 및 보관하고, 언제든지 PC나 모바일 기기에서 클라우드로 연결 후 이용이 가능함
OTP 통합인증센터	인터넷, 휴대전화 등을 이용한 금융회사의 전자금융 거래 시 고정된 비밀번호 대신에 거래 시마다 매번 새로운 비밀번호를 사용할 수 있도록 금융회사와 연계하여 OTP 공동 시스템을 운영함
디지털 OTP	스마트폰에 설치된 디지털 OTP 공동 앱 또는 금융회사 앱에서 일회용 인증번호를 발행하는 서비스로, 고객 금융회사의 전자금융 거래를 이용할 때 기존 보안 매체를 대신해 해당 인증번호(6자리 숫자)를 이용함
계좌정보 통합관리	① 본인의 금융회사 계좌 정보를 한 번에 조회하고, 오픈뱅킹을 통해 비활동성 계좌는 잔고 이전·해지 등 업무 처리가 즉시 가능하며, 계좌에 등록된 자동 이체도 해지하거나 변경할 수 있음 ② 각 금융회사에 흩어져 있던 각종 금융 정보(보험, 카드, 대출)를 한 번에 관리할 수 있도록 통합 관리 업무를 수행함 (예) 계좌 통합(은행), 보험 가입 정보/카드 발급, 대출 정보 조회 등
바이오 인증 서비스	금융회사의 창구, ATM, 무인 점포, 고객 스마트폰 등 온·오프라인 채널에서, 바이오 정보를 이용해 금융 거래를 할 수 있도록 바이오 정보를 관리하고 인증하는 서비스임

(3) 어음 교환 업무

금융회사가 수납한 어음 중 타 금융회사를 지급지로 하는 어음을 서울어음교환소에서 전자 방식으로 교환하고, 자금 결제를 할 수 있도록 어음 교환 업무를 한다. 여기에는 자기앞수표 정보 교환, 내국신용장 어음 교환, 기업 구매 자금 어음 정보 교환, 전자채권 등 기능을 포함한다. [표 3-8]에서 이 내용을 설명한다.

[표 3-8] 어음 교환 업무의 구성과 기능

기능	내용 설명
부도 정보관리 및 거래정지처 분제도	① 어음 부도란 어음 소지인이 적법하게 지급 제시하였으나, 예금 부족, 무거래 등 사유로 발행인 등 어음 채무자가 어음 금액을 지급하지 못하는 것임 ② '부도어음 발행인'이란, 소지인이 제시한 어음을 정당한 사유 없이 결제하지 못하면, 2년간 모든 금융회사와 당좌예금(가계당좌예금 포함) 거래를 할 수 없도록 거래정지처분을 받음
전자어음 관리	① 전자어음은 약속어음을 인터넷상에서 이용할 수 있도록 전자화한 어음으로, 전자문서 형태로 발행·배서·결제를 하는 수단임 ② 전자어음 등록·관리를 위한 전자어음 관리 시스템을 운영함
전자채권 관리	① 구매 기업이 판매 기업을 채권자로 지정하여 일정 금액을 일정 시기에 지급하는 발행 채권임 ② 기업 간 상거래 구매 대금을 인터넷을 통해 결제하는 전자 지급 수단으로, 이것을 담보로 은행 담보대출이 가능함
어음정보 시스템 운영	① 어음 남발, 위·변조 등에 따른 어음 거래의 부작용을 최소화하고자 은행의 어음 발행인에 대한 모니터링을 위해 운영하는 시스템임 ② 어음 발행인이 1천만 원 이상의 약속어음을 발행할 때, 어음 교환 홈페이지를 통해 어음발행 내역을 등록하면, 어음 소지인이 해당 홈페이지 또는 전화로 어음 발행 내역과 당좌거래정지 여부를 조회할 수 있는 서비스를 제공함

(4) 금융 데이터 플랫폼 업무

금융권 공동 데이터 플랫폼을 통해 금융 결제 데이터의 안전하고 편리한 활용 환경을 제공하며, 금융 결제 데이터 개방과 금융 결제 데이터 분석을 통해 데이터 전문기관의 역할을 한다. [표 3-9]에서 이 내용을 설명한다.

[표 3-9] 금융 데이터 플랫폼 업무의 구성과 기능

기능	내용 설명
금융 결제 데이터 개방	① 금융결제원이 보유한 통계 정보와 금융 결제 데이터를 금융회사, 핀테크, 연구기관 등이 활용할 수 있도록 비식별 처리하여 정보를 제공함 ② 이용자가 원격지에서 접속하여 가상 PC 환경하에서 가명 DB를 다양한 분석 도구를 이용하여 안전하고 편리하게 분석할 수 있는 데이터 및 컴퓨팅 환경을 제공함
금융 결제 데이터 분석	금융 결제 데이터를 빅데이터·AI 분석하여 신규 서비스를 발굴하고 기존 금융 서비스를 개선함

데이터 전문기관	신용정보법에 따라 동종·이종 산업 간 데이터 결합 지원을 통해 데이터의 고부 가가치를 창출하고, 개인 신용 정보의 익명 처리에 대한 적정성 평가 서비스를 전문으로 수행하는 기관임

출처: 금융결제원 홈페이지 내용 요약. https://www.kftc.or.kr

(5) 지로 업무

일상 거래에서 발생하는 지급인과 수취인 간의 각종 자금 결제를 금융회사 계좌를 통해 결제할 수 있도록 지로 자금의 지급·수취 정보를 처리하는 역할을 한다. 여기에는 장표 지로(MICR, OCR), 자동 이체, 납부자 자동 이체, 대량 지급, 인터넷 지로 등을 포함한다. [표 3-10]에서 이 내용을 설명한다.

[표 3-10] 지로 업무의 구성과 기능

기능	내용 설명
장표 지로 (MICR, OCR)	① 다수 고객으로부터 자금을 수납하는 이용 기관이 지로 장표에 납부 내용을 표시해 납부 대상 고객에게 송부함 ② 고객이 금융회사(창구 및 전자수납 매체)에서 납부를 하면, 각 금융회사의 수납금을 합산한 후 수납 명세와 함께 해당 이용 기관의 계좌에 입금해 주는 서비스임 ③ (예) 신문 구독료, 전기 및 도시가스 요금, 기부금 등
자동 이체	다수의 고객으로부터 자금을 수납하는 이용 기관이 자동 이체를 신청한 고객의 계좌에서 출금한 후 해당 이용 기관의 계좌로 일괄 입금해 주는 서비스임
납부자 자동 이체	신청 고객의 계좌에서 타 금융회사의 계좌로 일정 금액을 지정된 일자에 정기적(매월 1회)으로 이체하는 서비스임
대량 지급 (Center-cut)	① 일시에 많은 사람에게 자금을 지급할 수 있도록 이용 기관의 계좌(모계좌)에서 출금한 후 다수의 수취인 계좌로 이체하고 그 결과를 통지해 주는 서비스임 ② (예) 보험금, 급여 이체 지급 등
인터넷 지로	고객이 국세, 지방세, 공과금 및 일반 지로 요금을 금융회사의 영업점을 방문하지 않고, 집이나 사무실에서 인터넷과 스마트폰을 이용하여 계좌 이체 또는 신용카드로 편리하게 납부할 수 있는 전자 납부 서비스임

자동차세, 수도 요금, 등록면허세 등 지방세는 은행의 영업점 창구를 통해 납부를 하거나, 지로(GIRO) 시스템을 이용하여 납부 가능하다. [그림 3-10]에서 이 내용을 보여 준다.

[그림 3-10] 다양한 형태의 지방세 납부 방법

지방세 납부 방법은 현재 7가지 유형이 있다. [표 3-11]에서 이 내용을 자세히 설명한다.

[표 3-11] 지방세 납부 방법

납부 방법	내용 설명
신용카드의 결제 승인(지정) 일자에 자동 납부	신용카드 결제를 통해 해당 납기 월의 승인(지정) 일자에 납부함
은행 계좌를 통한 자동 이체 납부	해당 납기 월의 지정 기일(납부 일자)에 자동 이체를 통해 납부함
인터넷/ARS를 통해 지방세를 입력한 후 납부	은행 계좌 이체 또는 신용카드를 통해 납부함 (재산세는 STAX, ETAX 또는 은행 홈페이지에서 납부)
은행의 지로 공과금 기기 또는 자동화 기기(ATM)를 통해 납부	지로용지와 신용카드 또는 현금카드(통장)를 투입해 계좌 이체 또는 카드로 납부함 (전자수용가번호 또는 전자납부번호 이용)
지로(GIRO)용지를 가지고 편의점을 방문하여 납부	CU, GS25, 세븐일레븐을 방문하여 신용카드 또는 현금카드 계좌 이체로 납부함
스마트폰 또는 PC로 지로용지의 은행 전용 계좌로 계좌 이체 납부	신용카드 또는 계좌 이체, 간편 결제(Pay)를 통해 계좌 이체로 납부함
스마트폰에서 카카오페이 등을 통해 QR 코드를 스캔 후 납부	QR 코드를 스캔 후, 편리하게 전기요금, 가스요금, 통신요금 등을 납부함

(6) e서비스 업무

금융공동망과 축적된 경험을 활용해 이용 고객에게 고부가가치 금융 서비스를 제공한다. 여기에는 CMS(자금관리 서비스), 지로 EDI, 카드 VAN, 뱅크포스, 휴대전화 전자서명 등 기능을 포함한다. [표 3-12]에서 이 내용을 설명한다.

[표 3-12] e서비스 업무의 구성과 기능

기능	내용 설명
CMS(자금 관리 서비스)	금융회사와 금융결제원의 중계 시스템을 연결해, 다수 금융회사와 거래하는 기업이 금융결제원과 접속만으로 모든 금융회사와 관련된 자금관리가 가능하게 한 서비스임 (예) 대량 자금의 입·출금 이체, 학교 CMS 등 서비스
지로 EDI	지로 이용 기관의 컴퓨터와 금융결제원의 지로 EDI 시스템을 연결해 각종 지로(GIRO) 자료를 온라인으로 송·수신하는 서비스임
카드 VAN	신용카드/직불카드 가맹점과 금융회사 및 신용카드사를 통신망으로 연결하여, 거래 승인, 취소 및 대금 결제 등 업무를 중계하는 서비스임
뱅크포스 (Bank POS)	금융결제원에서 제공하는 카드 조회 단말기로, 고객이 물품 구매 대금이나 서비스 대금을 신용/직불카드로 지급할 때 금융회사나 신용카드사로부터 고객의 카드 정보를 확인해 거래 승인/취소, 잔액 조회 등 서비스를 제공함
TrusBill (전자세금계산서)	세금계산서를 인터넷을 통해 발급 및 수신, 송신, 보관할 수 있도록 지원하는 인증 기반의 전자세금계산서인 ASP(application Service Provider)를 발행함
휴대폰 전자서명	PC에 저장되어 있는 공동인증서를 휴대전화로 옮겨 저장하고, 반대로 휴대전화에서 직접 전자 서명을 하도록 하는 서비스임

출처: 금융결제원 홈페이지 내용 요약, https://www.kftc.or.kr

3-2 공동인증서 운영

인증서는 크게 '공동인증서'[13]와 '범용인증서'[14]로 구분하며 발행은 금융결제원과 한국정보인증이 한다.

---

13) '공동인증서'란, 온라인에서 모든 전자거래를 안심하고 사용할 수 있도록 하는 '온라인 거래의 인감증명서'라고 할 수 있다. '공동인증서'는 은행/보험/신용카드용 업무처리가 가능하며, 금융결제원과 한국정보인증 회사가 모두 발급한다. 금융결제원이 발급하는 것은 은행이나 신용카드, 보험사의 금융거래에서 사용한다. 주로 인터넷뱅킹, 민원서류 발급, 신용카드 결제 등에서 사용하며, 발행 수수료는 무료이다
14) '범용인증서'는 한국정보인증이 발급하는 전자거래의 인증서로, 전자입찰을 포함한 모든 분야에서 사용한다. 주로 인터넷뱅킹, 민원서류 발급, 주식거래, 전자상거래 등 모든 전자서명 거래에서 사용하며 인증서 발행 수수료를 받는다.

발행기관	용도	수수료
금융결제원	① 개인 은행/신용카드/보험용 공동인증서임 ② 주로 인터넷뱅킹, 신용카드 결제, 보험 등 금융 관련 거래와 국세청 연말정산, 전자정부 민원 서비스(민원서류 발급) 등에서 사용함	무료
한국정보인증	① 모든 전자거래에서 사용하는 범용인증서로, 조달청 입찰을 제외한 개인 및 법인인증서가 필요한 모든 서비스에서 사용함 ② 주로 인터넷뱅킹, 전자상거래(인터넷쇼핑), 신용카드, 인터넷 청약, 증권, 보험, 정부민원 업무 등 모든 전자서명 거래에서 사용함	5,000원

인증서는 개인과 법인 등으로 용도에 따라 발급되며, 인증서 발급 수수료는 발급과 갱신 시에 부과된다. [표 3-13]에서 이 내용을 설명한다.

[표 3-13] 공동인증서의 처리 형태와 용도

처리 형태		용도	수수료
개인	전자거래 범용	① 금융회사와 정부 민원 업무처리 ② 기타 전자문서 관련 제반 업무	5,000원
	은행/신용카드 /보험용 (금융결제원)	① 조회, 자금 이체 등 은행 업무 ② 조회, 신청 등 보험/카드 업무 ③ 정부 민원 업무(행정안전부 민원사무편람 기준)	무료
법인	전자거래 범용	① 금융회사와 정부 민원 업무처리 ② 기타 전자문서 관련 제반 업무	11만 원
	은행/신용카드 /보험용	① 조회, 자금 이체 등 은행 업무 ② 조회, 신청 등 보험/카드 업무 ③ 정부 민원 업무(행정안전부 민원사무편람 기준)	5,000원
법인 (특수 목적)	전자세금용	① 전자세금계산서, 국세청 업무 ② 주식회사의 외부감사 관련 전자채권 채무조회 업무	5,000원
	전자수입인지용	금융결제원 전자수입인지 발급 업무	무료
	조달청 원클릭용	조달청 비축원자재 구매 업무	무료
	금융위원회 용	금융위원회 고액 현금거래 보고용	5,000원
	서버용	인터넷뱅킹, 지급결제 중계, 온라인 쇼핑몰 등 인터넷 서버를 이용해 서비스를 제공하는 업무	110만 원

출처: 금융결제원 홈페이지 내용 요약, https://www.kftc.or.kr

온라인 유료 강좌를 수강 신청하려고 한다면, 은행에서 무료 발급받은 '은행/신용카드/보험용(금융결제원) 공동인증서' 사용은 불가능하다. 이 경우는 '범용 공동인증서'를 유료로 발급받아 사용해야 한다.

인증서의 구성 요소로 인증서 일련번호, 인증 기관 식별 명칭, 인증서 유효 기간, 소유자 식별 명칭, 인증서 소유자 공개키, 공개키의 사용 목적, 인증서 정책, 발행기관 전자서명 값이 있다.

인증서 내에는 가입자의 전자서명 검증키, 일련번호, 소유자 이름, 유효 기간 등 정보를 포함한다. 이것은 거래 당사자의 신원 확인은 물론 문서 위·변조 방지, 거래 사실의 부인 방지 기능을 통해 안전한 거래를 보장한다.

공동인증서는 분실에 대비해 가능한 이동식 디스크나 다른 기기(데스크톱 또는 노트북, 스마트폰 등) 양쪽 모두에 복사하여 저장한 후 사용을 권장한다. 또한, 정보 유출로 인한 큰 피해가 발생하지 않도록 인증비밀번호(6자리)와 비밀번호(4자리)는 유출 및 보안관리에 특히 유의해야 한다.

모바일 OTP(One-Time Password: 일회용 비밀번호 생성기)는 대부분 은행에서 사용 중이다. 실물 OTP는 스마트형과 카드형이 있다. 발급 수수료는 금융회사에 따라 다르나 스마트형은 5,000원, 카드형은 11,000원을 받는다.

'본인 명의 공동인증서' 외에도, 개인정보에 대한 본인 인증 방법은 간편 인증이나 지문, 홍채 등 생체인증 기술과 휴대전화, 이메일, 신용카드 번호 등으로 인증한다.

4. 은행의 모바일뱅킹

4-1 모바일뱅킹 개요

'모바일뱅킹(Mobile Banking)'이란, 휴대전화나 스마트폰, 태블릿 PC 등과 같은 모바일 기기로 은행 관련 금융 서비스를 처리하도록 한 시스템을 말한다. 모바일 기기를 통해 비대면 방식으로 계좌 이체나 대금 결제, 잔액 조회 등 금융 거래가 가능하다. 현재는 스마트폰 기기의 사용이 일반화되었기 때문에 '스마트폰 뱅킹'이라고도 부른다.

국내의 인터넷뱅킹과 모바일뱅킹은 성숙 단계에 진입한 상태이며, 가장 잘 활용되는 금융 서비스이다. [표 3-14]에서 이 내용을 설명한다.

[표 3-14] 인터넷뱅킹과 모바일뱅킹 차이

구분	내용 설명
인터넷뱅킹	PC 또는 모바일 기기 등을 통해 금융회사의 컴퓨터에 접속한 후 금융 업무를 처리하며, 유·무선 통신망과 PC 또는 모바일 기기를 필요로 함
모바일뱅킹	① 모바일 기기와 무선인터넷을 사용해 각종 금융거래와 서비스를 온라인으로 처리하며, 이동 중에도 편리하게 금융 서비스를 받을 수 있는 장점 때문에 인터넷뱅킹보다 활성화됨 ② 무선 통신망과 모바일 기기를 사용하지만, 넓은 의미에서는 인터넷뱅킹의 범주에 속한다고 할 수 있음

국내 은행의 온라인뱅킹은 1997년 전화로 은행 업무를 처리하는 '텔레뱅킹'에서 출발한다.

1999년에 유선과 PC가 결합한 형태의 '인터넷뱅킹', 2003년에는 무선통신 기반의 '모바일뱅킹', 2009년부터는 스마트폰이 보급되면서 '스마트뱅킹' 업무가 시작된다. 2014년 이후는 스마트폰을 기반으로 한 핀테크 형태의 금융 서비스로 발전한다. [그림 3-11]에서 이 내용을 보여 준다.

텔레뱅킹 ➡ 인터넷뱅킹 ➡ 모바일뱅킹 ➡ 스마트폰뱅킹 ➡ 스마트폰 기반 핀테크
(1997)　　　(1999)　　　(2003)　　　(2009)　　　(2014 ~ 현재)

[그림 3-11] 국내 은행의 온라인뱅킹 발전 과정

2019년 12월 금융권에서 '오픈뱅킹'이 시행되면서, 그동안 각 은행의 모바일뱅킹 앱(app)을 모두 설치하는 불편함은 더 이상 필요하지 않게 되었다. 오픈뱅킹은 업무 자체가 하나의 플랫폼 형태로 처리되어 한 금융회사의 모바일뱅킹 앱(app)만으로도 충분하다. 이전에는 금융 소비자가 모바일뱅킹을 하기 위해서는 은행, 증권, 보험 등 각종 금융회사의 앱(app)을 모두 설치해야 했다. 하지만 지금은 하나의 모바일뱅킹 앱과 모바일 지점

('모바일뱅크' 플랫폼)에서 모든 업무를 처리하는 형태로 발전하였다. 즉 하나의 오픈뱅킹 앱 (app)으로 많은 금융회사의 다양한 금융 서비스를 처리하고, 비대면 채널을 통한 계좌 개설의 편리성과 신속한 업무 처리를 가능하게 한다. [그림 3-12]에서 이 내용을 보여 준다.

[그림 3-12] 은행의 개별 앱 사용 중단과 플랫폼 등장

따라서 비대면 거래가 급증하는 주요 요인이 되고, 각 은행의 다양한 앱 사용 중단과 오픈뱅킹 플랫폼 사용자의 증가로 이어졌다.

금융 서비스 채널은 대면과 비대면 채널로 구분한다. 이것은 업무 처리 과정에서 사람의 개입 여부에 따라 결정된다. [표 3-15]에서 이 내용을 설명한다.

[표 3-15] 대면과 비대면 채널

구분	내용 설명
대면 채널 (Face to Face)	금융회사의 지점 창구에서, 원하는 금융 업무를 창구 직원과 고객이 직접 마주 보며 처리함
비대면 채널 (Face to Device)	자동화 기기, 인터넷 PC, 모바일 기기 등을 통해, 금융 소비자가 직접 금융 업무를 처리함

모바일뱅킹은 2009년 이후 금융회사 온라인 거래의 가장 중요한 핵심 채널로 자리를 잡고 있다. 국내 은행의 경우, 비대면 거래 비중은 전체 금융 서비스의 약 95%에 육박한다. 이처럼 비대면 채널 비중이 증가한 요인은 크게 4가지로 볼 수 있다.

① 비대면 채널의 확대를 통한 마케팅 활동과 고객 확보 경쟁 강화

② 모바일 중심의 인터넷전문은행 등장

③ 핀테크 기업의 다양한 금융 서비스 제공과 이용 활성화

④ 비대면 거래의 급증과 디지털 금융의 접근 용이성 등

최근에 코로나19 영향으로 비대면 거래가 확대됨에 따라 모바일뱅킹 업무가 더 활성화되었다. 그러나 아직도 모바일뱅킹에 취약한 계층이 많이 남아 있다. 60대 이상 고령층과 사회 약자의 경우가 대표 사례이다. 한국은행('2019년도 지급결제보고서: 2020.3')에 따르면, 60대 이상 고령층이 은행의 모바일뱅킹 서비스를 이용한 경험은 21.3%에 불과하다. 인터넷전문은행의 모바일뱅킹을 이용해 본 경험도 3.7%에 지나지 않는다.

국내 금융 서비스 환경은 1993년 금융실명제가 시행['금융실명거래 및 비밀보장에 관한 법률(약칭: 금융실명법)' 1993.08.12]된 이후, 모든 금융 거래가 양성화되고 활성화되었다. 그러던 중 2017년 인터넷전문은행(K뱅크, 카카오뱅크)이 설립되면서 금융 서비스의 편의성은 더욱 증진된다. 2018년부터는 핀테크와 빅테크 기업이 본격 등장하며 은행과 진검승부를 펼치고 있다. 그 결과, 비대면 서비스가 급증하고 금융 생태계와 금융회사의 서비스 형태도 크게 변하고 있다. [표 3-16]에서 이 내용을 설명한다.

[표 3-16] 금융 서비스의 형태 변화

구분	과거	현재
서비스 중심	은행	고객(사용자)
중심 채널	대면(Contact)	비대면(Untact)
업무 처리 방법	고객이 영업점을 방문하여 창구 직원에게 업무 처리를 의뢰함	모바일 기기 등을 통해, 대부분 금융 업무를 고객이 직접 처리함
실명 확인 및 계좌 개설	대면 방식으로 실명을 확인하고, 필요한 금융 거래를 의뢰한 후 업무를 처리함	비대면 실명 확인과 계좌 개설 방식으로, 금융 업무와 서비스를 직접 처리함

4-2 모바일뱅킹 업무 처리

모바일 기기는 일상생활 속에서 다양한 형태로 자리를 잡고 있다. 스마트폰, 노트북 등이 대표 사례이다. 스마트폰은 그 용도에 따라 개인용과 업무용으로 구분한다. 요즈음 택시 기사의 경우, 스마트폰, 내비게이션, 회사의 콜(Call) 전화용으로 3대의 모바일 기기를 사용한다. [그림 3-13]에서 이 내용을 형상화하여 사진과 함께 보여 준다.

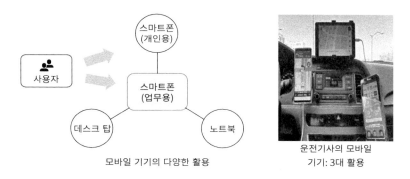

모바일 기기의 다양한 활용

운전기사의 모바일
기기: 3대 활용

[그림 3-13] 모바일 기기의 활용 형태

금융회사의 모바일뱅킹 앱과 핀테크 기업의 간편 결제 앱은 그 종류가 다양하다. 이들이 사용하는 서비스 앱과 단말 화면도 모두 다르다. [그림 3-14]에서 이 내용을 보여 준다.

[그림 3-14] 은행과 비금융사의 다양한 모바일뱅킹 앱

모바일뱅킹 등록 고객 수는 2018년 6월 말 현재 9,977만 명을 넘어섰다. 그리고 이용 고객 수는 등록 고객의 95%를 초과한 것으로 나타났다. [그림 3-15]에서 이 내용을 보여 준다.

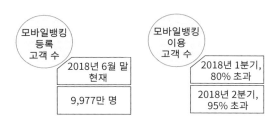

출처: 금융결제원 〉 자료실 〉 조사연구자료, https://www.kftc.or.kr

[그림 3-15] 모바일뱅킹 등록 고객과 이용 고객 수

자금 이체 시 주로 사용하는 본인 인증 방법은 3가지가 있다. ① 공동인증서 또는 보안카드를 사용하거나, ② 인증 비밀번호(숫자 6자리)를 입력 방법, ③ 공동인증서와 OTP를 동시 사용하는 방법이다. [표 3-17]에서 본인 인증 방법과 사용 비율을 설명한다.

[표 3-17] 자금 이체 시 사용하는 본인 인증 방법

순위	본인인증 방법	사용 비율
1	공동인증서 또는 보안카드 사용	41.8%
2	인증 비밀번호(숫자 6자리) 입력	28.5%
3	공동인증서와 OTP를 동시 사용	21.4%

출처: 한국은행, [지급결제조사자료 2020-2] 2019년 지급수단 및 모바일 금융 서비스 이용행태 조사 결과(2020.3)
https://www.bok.or.kr/portal/bbs/P0000559/list.do?

금융회사에서 안전한 디지털 금융을 위해 사용되는 '보안인증 기술'은 4가지가 있다. 이 중에서 안정성이 가장 높은 것부터 나열하면, 생체 기반, 소지 기반, 특징 기반, 지식 기반 기술이다. [표 3-18]에서 인증 방법과 특성을 설명한다.

[표 3-18] 보안 인증 기술의 인증 방법과 특성

인증 기술 우선순위	인증 방법 및 형태	정합성 정도	위협 대응 기술 정도
① 생체 기반	지문, 홍채, 안면, 정맥, 서명(Sign) 인증 등	높음	높음
② 소지 기반	NFC, OTP(숫자 6자리), 2채널 인증 등	중간	중간
③ 특징 기반	디바이스 번호(휴대전화 번호 등), 주민등록번호(숫자 6자리), 질의응답(Q&A 글자) 인증 등	중간	중간
④ 지식 기반	간편 비밀번호 또는 패스워드(숫자 4~6자리), 그래픽[그래픽 이미지(숫자 4~6자리)] 인증 등	낮음	낮음

5. 오픈뱅킹

5-1 정의

'오픈뱅킹'[15]은 금융결제원의 중계 기능으로 금융 업무를 처리하며, 시스템은 오픈 API와 테스트베드 등으로 구성된다. 금융 소비자는 '오픈뱅킹'이라는 하나의 플랫폼을 통해 다른 금융회사의 '계좌 조회와 거래 내역 조회', '계좌관리(오픈뱅킹 계좌 등록 및 해지)', '잔액 가져오기(조회와 출금)' 등을 한다.

오픈뱅킹 시스템은 금융 산업의 글로벌 트렌드가 되고 있다. 많은 해외 주요 국가들은 이미 관련 법과 지침 등을 개정한 후, 이 제도를 도입·시행 중이다. [그림 3-16]에서 업무 처리 흐름도를 형상화하여 보여 준다.

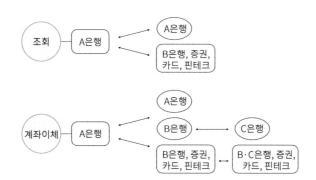

[그림 3-16] 오픈뱅킹 시스템의 업무 처리 형태

오픈뱅킹 시스템을 통해 잔액 조회와 계좌 이체 등 다양한 형태로 금융 업무를 처리한다. 업무 처리 유형을 자세히 알아본다.

첫째, A 은행에서 잔액 조회하는 경우이다. A 은행과 다른 은행에 대한 잔액 조회, 거래 내역 조회, 증권사 계좌 조회 및 거래 내역, 카드사 청구 기본 조회, 등록된

---

15) '오픈뱅킹(Open Banking)'이란, 핀테크 기업이 금융 서비스를 편리하게 개발할 수 있도록 하기 위해 은행, 인터넷 전문은행, 증권사 등 참가 기관의 금융 서비스를 표준화된 형태로 제공하는 인프라를 말한다.

핀테크 기업의 조회가 가능하다.

둘째, A 은행에서 계좌 이체 하는 경우이다. A 은행에서 A 은행의 본인 계좌 또는 B 은행의 타인 계좌로 자금을 이체한다. 또한 A 은행에서 B 은행에 있는 계좌 잔액을 C 은행의 본인 또는 타인 계좌로 즉시 이체하거나, A 은행에서 B, C 은행의 계좌 잔액을 조회한 후 '금액 끌어오기'로 A 은행의 내 계좌로 이체할 수 있다.

5-2 오픈뱅킹 운영 현황

오픈뱅킹에 참여하는 핀테크 기업은 다양한 금융 모델을 가지고 오픈뱅킹센터(금융결제원)를 통해 참가 기관(금융회사)에 접속한다.

금융공동망(금융결제원 오픈뱅킹센터)에 등록할 수 있는 금융 계좌는 한 번에 10개까지만 가능하다. 따라서 등록된 타 금융회사 계좌를 대상으로 신속한 잔액 조회와 입출금 이체 등이 가능하다. [그림 3-17]에서 이 내용을 보여 준다.

출처: 금융결제원, https://www.kftc.or.kr

[그림 3-17] 오픈뱅킹 이용 기관과 참여 기관 연계도

오픈뱅킹 참가 기관은 은행, 인터넷전문은행, 증권사, 카드사, 핀테크 기업이 포함된다. [표 3-19]에서 이 내용을 설명한다.

[표 3-19] 오픈뱅킹 참가 기관 구성

구 분	참가 기관
은행	시중 은행, 특수 은행, 외국계 은행(한국씨티은행, SC제일은행 등), 지방 은행, 신협, 산림조합중앙회, MG새마을금고, 우정사업본부 등
인터넷전문은행	카카오뱅크, 케이뱅크, 토스뱅크
증권사	교보, 미래에셋, 삼성 등
카드사	신한, 우리, 하나, KB국민, 롯데, 삼성, 현대 카드 등
선불전자지급 수단 발행 업체	① 핀테크 및 전자금융 거래에서 등장하는 선불전자지급 수단 발행 업체와 전자지불 대행 서비스(PG)[16] 사업자 ② 선불금으로 충전한 교통 요금, 상거래 대금을 지급·송금할 수 있도록 선불금을 발행하고 관리하는 업체

오픈뱅킹 참여자(Player)는 금융 소비자(사용자), 핀테크 사업자, 참가 기관, 유관 기관으로 구분한다. [표 3-20]에서 이 내용을 설명한다.

[표 3-20] 오픈뱅킹 참여자

구분	내용 설명
금융 소비자 (사용자)	사용자는 반드시 본인 명의 휴대전화를 갖고 있어야 하며, 본인 확인과 인증 후 오픈뱅킹 서비스에 가입해야 이용할 수 있음
핀테크 사업자	정보통신 기술 또는 그 밖의 기술을 활용해 금융회사의 업무 효율성을 증대시키거나, 금융 소비자(사용자)의 편의성 향상에 공헌하는(또는 기여가 예상되는) 금융 서비스 제공자를 말함
참가 기관	참가 기관은 오픈뱅킹 공동 업무 제공자 역할을 담당하는 참가 금융회사를 말하며, 은행이나 인터넷전문은행, 제2금융권, 증권사 등을 포함함
유관 기관	금융위원회 금융감독원 은행연합회 금융보안원 한국핀테크지원센터 Fintech Center Korea

출처: 금융결제원, https://www.kftc.or.kr

---

16) '전자지불 대행 서비스(PG: Payment Gateway)'란, 전자상거래에서 구매자가 대금 결제를 위해 신용카드 또는 기타 결제 수단으로 상품 대금을 결제하는 경우, 판매자를 대신해 구매자가 거래하는 신용카드사 또는 은행, 통신 사업자로부터 대금을 수금한 후 일정한 수수료를 공제하고 나머지 금액을 판매자에게 지급해 주는 서비스를 말한다(김성희).

5-3 오픈뱅킹 채널 연계

국내 오픈뱅킹 시스템은 2019년 12월에 은행과 핀테크 기업 등 48개 회사가 참여하는 형태로 시작한다.

오픈뱅킹 시행 초기에는 뱅킹 앱의 월별 사용자 수와 점유율이 미약하였으나, 은행 앱의 점유율이 점차 늘어나면서 오픈뱅킹으로 이동하는 속도도 빨라졌다. 주요 요인은 오픈뱅킹 이용이 일반화되며, 비대면 온라인뱅킹 사용자도 늘어났기 때문이다. 하지만 오픈뱅킹을 등록하려면 약간의 제약 사항이 있다. [표 3-21]에서 이 내용을 설명한다.

[표 3-21] 오픈뱅킹 등록 시 제약사항

구분	내용 설명
공통 사항 (타 금융회사: 은행·증권·카드·핀테크)	① 다른 금융회사의 계좌는 한 번에 10개까지만 등록할 수 있으며, 금융회사의 입·출금과 예·적금, 펀드, 증권 계좌 중에서 활동성 계좌만 클릭하여 등록해야 함 ② 핀테크 회사는 계좌를 직접 등록해야 함
증권사	① 증권 계좌는 입출금이 가능한 계좌로, 오픈뱅킹 총한도 수 10개 이내로 등록할 수 있음 ② 증권 계좌(종합 계좌)는 금융투자회사(증권사) 상품에 따라 출금 계좌로 등록하는 것이 제한됨
카드사	① 청구 기본 조회와 잔액 조회가 가능함 ② 오픈뱅킹이 가능한 카드는 다음과 같음 　- 신한, 우리, 하나, KB국민, NH농협, BC, 롯데, 삼성, 현대, 산업, 수협, 광주, 제주, 전북, 카카오뱅크, 케이뱅크, 토스뱅크, 씨티카드 등

5-4 오픈뱅킹의 발전

오픈뱅킹은 채널 연계성 강화와 서비스의 확장성을 통해 계속 발전하고 있으며, 금융회사와 핀테크 간의 플랫폼 경쟁도 더욱 치열해지고 있다. [그림 3-18]에서 이 내용을 보여 준다.

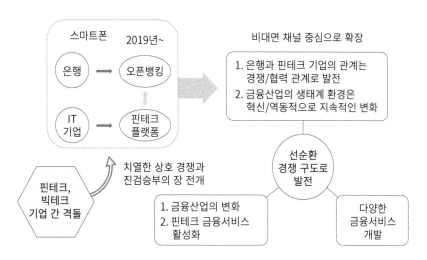

[그림 3-18] 금융회사와 핀테크 기업 간 경쟁 관계

현재 진행되는 오픈뱅킹의 기능 확장과 이들 간의 경쟁 관계를 그려 본다. 금융권은 인공지능 기술과 빅데이터 활용 등을 통해 신금융의 디지털 전환을 구현한다. [그림 3-19]에서 이 내용을 보여 준다.

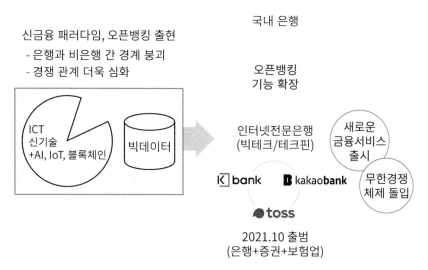

[그림 3-19] 오픈뱅킹 이후 은행과 비은행 간 경쟁 관계

정보통신 기술 분야도 많이 발전하고 있다. 1990년대 초반 월드와이드웹(WWW: World Wide Web)이 출현하면서 컴퓨터 시스템과 통신망 분야에서 대변혁이 일어났듯이, 2019년 이후에 금융회사들은 블록체인과 AI, IoT 등 새로운 기술을 업무에 적용하며 또 다른 혁신을 낳고 있다. [그림 3-20]에서 이 내용을 보여 준다.

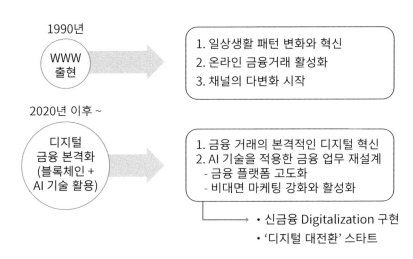

[그림 3-20] 디지털 금융과 금융 혁신을 위한 새로운 변화

오픈뱅킹 시스템 운용과 함께, 현재 진행 중인 금융회사의 디지털 대전환 작업은 '쉽고 편리한 새로운 금융의 시발점'이 되고 있다. 금융회사들은 이러한 정보 기술을 활용해 금융 산업을 더욱 발전시키며 성장할 것이다.

따라서 금융 플랫폼과 핀테크 서비스 기능이 한 단계 더 발전된 형태의 새로운 금융 디지털화(New financial digitalization) 실현이 전망된다. 향후 디지털 금융과 금융 혁신의 변화 모습을 기대해 본다.

제4장

인터넷전문은행

CHAPTER 04 인터넷전문은행

이 장에서는 인터넷전문은행에 대하여 알아본다. 따라서 그동안 국내에서 추진되었던 설립 과정과 내용 등을 살펴보고, 이 분야에서 우리보다 한 발 앞선 글로벌 인터넷전문은행의 설립 형태 등을 알아본다.

1. 인터넷전문은행 특징

1-1 정의

'인터넷전문은행'은 영업점을 소유하지 않고 오직 온라인 통신망으로 영업하는 은행을 말한다. 이에 따라 고객은 영업점을 방문하지 않고도 비대면으로 금융 거래를 처리하고, 은행은 무인점포 전략과 24/365 운영체제를 통해 연중무휴로 영업하는 것이 특징이다. [표 4-1]에서 인터넷전문은행의 정의를 설명한다.

[표 4-1] 인터넷전문은행 정의

구분	정의
금융위원회	① 영업점을 소수(少數)로 운영하거나, 영업점을 설치하지 않고 은행 업무의 대부분을 자동화기기나 인터넷 등 전자 매체를 활용하여 영위하는 은행임 ② 은행업을 주로 전자금융거래(전자금융거래법에 따른 거래)의 방법으로 영위하는 은행임
한국은행	① 점포(오프라인 영업점) 없이 또는 소수의 영업점만을 두고 인터넷, 모바일, 자동화 기기 등 전자 매체를 주된 영업 채널로 활용하는 온라인 기반의 은행임 ② 이는 은행 서비스를 인터넷으로 제공하는 영업 방식을 뜻하는 은행의 인터넷뱅킹과는 다른 개념임

금융보안원 (금융보안연구원)	① 별도의 영업점이 없이 계좌 개설이나 자금 이체 등 주요 은행 업무를 인터넷을 통해 처리하는 은행임 ② 점포에 기반을 두고 전자적인 서비스를 제공하는 기존의 '인터넷뱅킹'과는 달리, '인터넷전문은행'은 은행의 한 형태를 의미하며 해외에서는 'Direct Bank'라고 부름[1]

따라서 인터넷전문은행은 비대면 거래 중심의 무점포(No branch) 전략과 모바일 기기를 기반으로 은행 업무를 처리한다. 한정된 판매 채널의 한계를 극복하기 위해 자동화 기기(은행 또는 은행과는 별도로 설치한 '점외 현금자동지급기' 회사의 단말), 자체 고객센터, 24시간 편의점과 카페 등에 설치된 기기를 활용한다. 아울러 이용 접근성과 편의성, 신속성을 무기로 경쟁우위를 확보하기 위해 실명 확인 절차에서 ARS 음성 녹취와 OTP 비밀번호를 입력하고, 화상 통화로 본인 인증과 생체 인증(홍채, 얼굴 인식 등) 수단을 활용한다.

1-2 관련 법 제정

국내 금융 시장은 그동안 은행권을 중심으로 영업 활동을 전개하며 은행업, 증권업, 보험업 등으로 그 영역을 구분한 상태에서 은산 분리와 진입 장벽을 유지하고 있었다.

그러나 핀테크 산업의 태동과 정보통신 기술의 발전에 따라 금융 당국은 2015년에 인터넷전문은행의 도입 방안을 발표하고, 2016년 설립 인가 등 본격적인 업무를 추진한다. 그 결과 2017년에 2개의 인터넷전문은행(케이뱅크, 카카오뱅크)이 제1금융권 은행으로 출범한다.

2019년에는 은산 분리 완화를 위한 은행법이 개정되며 인터넷전문은행에 대한 '은산 분리(산업자본의 은행 지분 보유 제한)' 규제가 완화된다. 이것은 금융권에서 또 다른 변화가 시작됨을 알리는 신호탄이 되었고, '인터넷전문은행 설립 및 운영에 관한 특례법(약칭: 인터넷전문은행법)'의 시행으로 국내 금융 환경은 많은 변화가 일어났다. [표 4-2]에서 관련 법 내용을 설명한다.

---

1) 금융보안원 홈페이지, 보도자료. 그 외 한국은행 > 경제교육 > 경제 용어사전 > '인터넷전문은행', https://www.bok.or.kr 등

[표 4-2] 인터넷전문은행 운영 관련 법

법령	제 · 개정 주요 내용
인터넷전문은행법	법률 제15856호, 2019.01.17 제정 법률 제17294호, 2020.06.19 개정
	① 인터넷전문은행을 '은행업을 주로 전자금융거래 방법으로 영위하는 은행'으로 정의하고, 인터넷전문은행의 법정 최저 자본금을 250억 원으로 정함 ② 비금융 주력자는 인터넷전문은행의 의결권 있는 발행주식 총수의 100분의 34 이내에서 주식을 보유할 수 있도록 함
동 시행령	대통령령 제29494호, 2019.01.17 제정
	① 인터넷전문은행의 대주주 자격을 일부 완화하여 산업자본의 인터넷전문은행 진출을 열어 줌 ② 금융회사와 달리 각종 규제 위반의 가능성에 노출된 산업자본의 특수성 등을 고려하여 대주주에 대한 승인 요건을 한정함으로써, 혁신적인 금융 서비스 발전에 이바지하게 함

인터넷전문은행법과 시행령의 제 · 개정으로 다음과 같은 기대와 함께, 우려의 목소리도 나온다.

첫째, 「은행법」에서 비금융 주력자(산업자본)의 인터넷전문은행 지분 보유를 기존 10%(의결권 주식 4%)에서 34%로 상향함으로써 은행과 산업자본을 분리하는 은산 분리 규제 완화 효과를 기대한다.

둘째, 법에서 정보 기술(IT) 기업 등 '비금융 주력자'만 인터넷전문은행의 대주주가 될 수 있도록 함에 따라 은행권(금융 지주사, 은행 자회사 포함)은 상대적으로 불리하고 불평등한 상태에 놓여 있다. 그래서 금융권은 이것을 두고 '기울어진 운동장'으로 이야기한다.

셋째, 인터넷전문은행은 빅데이터 분석을 통해 중금리 대출을 활성화하고, 금융 소비자의 편의성 제고와 신금융 서비스 창출 등을 통해 경쟁력을 한층 강화한다. 그러나 부실 발생에 대한 우려도 있다.

따라서 정보통신 기술의 주력 대기업은 일반 은행과 똑같이 개인 및 기업(중소기업 · 개인사업자) 대출을 모두 취급하게 된다. 하지만 금융권은 금융 지주사와 은행 자회사 등을 통해 인터넷전문은행으로 진입하려던 계획이 무산된다. [표 4-3]에서 법 조항의 주요 내용을 간단히 설명한다.

[표 4-3] 인터넷전문은행법 주요 내용

조항	내용 설명
제2조	인터넷전문은행은 '은행업을 주로 전자금융거래에 따른 거래를 하는 은행'으로 정의함
제4조	인터넷전문은행의 법정 최저 자본금은 250억 원으로 함
제5조	① 비금융 주력자는 인터넷전문은행의 의결권 있는 발행주식 총수의 100분의 34 이내에서 주식을 보유하도록 함 ② 은행법의 한도를 초과하여 인터넷전문은행의 주식을 보유할 수 있는 비금융 주력자의 자격 및 주식 보유와 관련한 승인요건은 출자 능력, 재무 상태 및 사회적 신용, 경제력 집중에 대한 영향, 정보통신업 영위 회사의 자산 비중 등을 감안하여 정함
제6조	인터넷전문은행은 중소기업을 제외한 기업에 대하여 대출을 할 수 없도록 함
제7조	① 인터넷전문은행은 동일 차주에 대하여 자기 자본의 20/100, 동일 개인이나 법인 각각에 대하여 자기 자본의 15/100를 각각 초과하는 신용 공여를 할 수 없음 ② 다만, 인터넷전문은행이 추가로 신용 공여를 하지 않았음에도 자기 자본의 변동, 동일 차주 구성의 변동 등으로 신용 공여 한도를 초과하게 되는 경우는 그러하지 아니함
제8조	① 인터넷전문은행은 그 대주주에게 신용 공여를 할 수 없도록 함 ② 다만, 기업 간 합병 또는 영업의 양수, 동일인 구성의 변동 등에 따라 대주주 아닌 자에 대한 신용 공여가 대주주에 대한 신용 공여로 되는 경우 등에는 그러하지 아니함
제9조	인터넷전문은행은 그 대주주가 발행한 지분의 증권을 취득할 수 없음. 다만, 담보권 실행 등 권리 행사에 필요한 경우와 그 밖에 불가피한 경우로 대통령령으로 정하는 경우는 그러하지 아니함
제10조	인터넷전문은행의 대주주는 그 인터넷전문은행의 이익에 반하여 부당한 영향력을 행사할 수 없도록 함
제16조	이용자의 보호 및 편의 증진을 위해 불가피하다고 인정되는 경우 인터넷전문은행이 대통령령으로 정하는 방법으로 은행업을 영위할 수 있도록 함

출처: 인터넷전문은행법, 국가법령정보센터 https://www.law.go.kr

1-3 출현 배경

인터넷전문은행의 출발은 은행 간 경쟁을 통해 금융 소비자의 편의성을 제고하고 신 성장 동력을 창출함으로써 국내 금융 산업의 성장과 글로벌 금융 경쟁력을 높이는 데 있 다. 이 목적을 달성하기 위한 추진 배경은 크게 4가지로 요약된다.

첫째, 핀테크 산업 발전으로 신금융 환경 변화에 대한 금융 소비자의 요구가 증대된 다. 스마트폰 사용자의 확산과 핀테크 기술의 급성장으로 관련 법 개정과 규제 완화 등 이 이루어지고 사회적 공감대가 형성된다.

둘째, 신속성과 편의성에 대한 금융 서비스의 개발 요구가 급부상한다. 1995년 미국 에서 인터넷전문은행(SFNB)이 최초로 설립되면서 은행, 증권, 보험 등 금융회사는 자회 사, 비금융 IT 기업과 독자적 또는 연합 형태로 설립을 추진한다. 그 결과, 미국과 유럽 에서 다양한 형태의 인터넷전문은행이 틈새시장 진입 전략으로 등장한다.

셋째, 핀테크 기업이 신금융 서비스를 개발하여 제공한다. 국내의 증권, 보험 분야는 이미 온라인 전문회사가 시장에 진입하여 '00증권', '00 다이렉트 자동차보험' 등으로 무점포 영업을 시작한다. 이에 따라 금융 당국은 관련 법 개정을 적극적으로 검토한다.

넷째, 국내 은행 간 서비스 경쟁의 심화이다. 각 은행은 금융 서비스의 개발 확대와 금융 시장에서 경쟁우위를 확보하기 위해 한층 더 경쟁이 치열해진 상황이다. [그림 4-1] 에서 이 내용을 보여 준다.

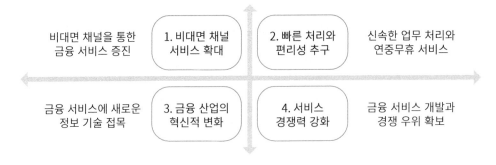

[그림 4-1] 국내 인터넷전문은행의 출현 배경

따라서 금융 당국은 2015년 6월 인터넷전문은행 도입 방안을 발표하고 컨소시엄 형태로 참여 업체를 대상으로 심사한다. 그 결과, 2017년 카카오뱅크와 케이뱅크가 설립되고, 2021년에는 토스뱅크가 출범한다. 일반 은행과 특성을 비교하면, 영업 방식과 채널 전략, 판매 상품 등에서 큰 차이가 있다. [표 4-4]에서 이 내용을 설명한다.

[표 4-4] 일반 은행과 인터넷전문은행의 특성

구분	일반 은행	인터넷전문은행

영업
방식
	영업 시간 중에는 대면 업무 중심으로 서비스를 제공하고, 그 외는 비대면 채널로 영업함
	① 영업 시간 09:00~16:00
	  – 평일, 대면 업무처리
	② 영업 시간 외(주말, 공휴일)
	  – 24/365 체제로 운영
		자동화 기기와 고객센터의 상시 운영을 통해, 평일과 공휴일, 영업 시간을 구분하지 않고 24/365 영업함
		① 무점포 운영 전략
		  – 24/365 무인·무점포 운영
		② 빅데이터 분석을 통한 마케팅 지원과 신속한 업무 처리

채널 전략	① 대면 채널 중심으로 채널 다각화 차원에서 인터넷뱅킹, 모바일뱅킹 등 비대면 채널을 사용하고, 비대면 채널은 보조 수단으로 활용함 ② 지점 단위로 금융 상품을 취급·판매함에 따라, 영업점 축소와 역할의 약화가 불가피함	① 비대면 채널을 통해 금융 업무뿐 아니라 다양한 서비스를 제공함 ② 자동화 기기, 고객센터 등 최소의 설비와 공간으로 운영하고, 자동화 기기를 직접 설치하거나 은행과 업무 제휴로 연계 활용함
거래 유형	① 대면 채널로 제공되는 금융서비스를 비대면 채널에서도 대부분 제공함 ② 통상적 특별 금리 제공 및 수수료 우대는 없고, VIP 및 특정 고객으로 한정함	① 인터넷전문은행의 특성에 따라, 제공하는 매체와 서비스의 종류가 다양함 ② 은행별로 특화 서비스를 제공하며, 금리와 수수료 우대 정책을 적극적으로 추진함
판매 상품	온라인과 오프라인 상품으로 구분하고, 별도 판매함	동일 금융 상품을 온라인으로만 판매함 (오프라인 판매는 없음)
특징	① 대면 업무 처리와 상담 서비스를 통해 업무 전문성을 확보함 ② 고객 충성도 제고에 초점을 맞춘 감성적 영업 활동을 전개함	① 무점포 전략에 따른 비용 절감과 비대면 거래에 의한 신속한 업무 처리가 가능함 ② 고객의 금리 우대, 수수료 감면 혜택, P2P 대출 확대 등에 초점을 맞춤

1-4 인터넷뱅킹과 차이

인터넷뱅킹과 인터넷전문은행의 서비스는 무엇이 다른가?

인터넷뱅킹은 주로 금융회사 내부 업무 처리에 중점을 두며, 자체 금융망과 금융공동망을 중심으로 운영된다. 인터넷뱅킹의 범주에는 모바일뱅킹을 포함한다. 인터넷뱅킹은 영업점 창구 단말과 개인의 PC 단말 또는 스마트폰, 영업점 내·외부에 설치된 자동화 기기를 통해 금융회사의 고유 업무를 취급한다.

반면에 '인터넷전문은행'은 비금융 IT 기업이 주도하는 형태로, 다양한 채널을 활용하면서 온디맨드 금융 서비스를 제공한다. 따라서 인터넷전문은행의 홈페이지와 자동화기기, 모바일 기기(스마트폰), 고객센터 등을 통한 비대면 채널만으로 금융 업무를 한다. 이 방식은 고객의 접근성과 편의성을 높이면서, 비용 경쟁력을 통해 예금과 대출 업무를 확장한다. [그림 4-2]에서 이 내용을 보여 준다.

금융회사 주도, 자체 금융망 중심의
금융 서비스 구조

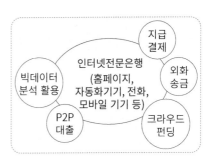
핀테크 기업 주도, 다양한 채널을 활용한
On-Demand 금융 서비스 구조

[그림 4-2] 인터넷뱅킹과 인터넷전문은행의 특징

그러나 인터넷전문은행은 법인 통장(입출금 및 정기예금) 개설은 가능하지만, 법인 대출은 취급하지 못한다. 계좌 개설과 가입 방법 등 업무 처리에서도 많은 차이가 있다. [표 4-5]에서 이 내용을 설명한다.

[표 4-5] 인터넷뱅킹과 인터넷전문은행의 업무 처리

구분	인터넷뱅킹(모바일뱅킹 포함)	인터넷전문은행
계좌 개설	① 최초 통장 개설을 해야 하는 경우, 영업점을 방문하여 계좌 개설을 신청함 ② 기존 계좌가 있는 경우는 인터넷에서 추가로 계좌 개설이 가능함	① 인터넷 PC 또는 모바일 기기로 본인이 직접 계좌를 개설함 ② 본인인증은 영상통화 또는 주민등록증 사진 촬영과 전송, 스마트 인증 등으로 본인임을 확인함
가입 방법	① 인터넷뱅킹에 가입하고 은행 공동인증서를 발급받아야 함(필수 사항) ② 모바일뱅킹의 가입은 인터넷뱅킹에 먼저 가입하고, 모바일뱅킹 순서로 진행함	① 은행 공동인증서는 불필요하며, 계좌 개설 즉시 가입됨 ② 비대면 영상 인증(주민등록증 등 본인 확인 증표)이나, 신설된 다른 은행 계좌로 인증이 가능함
로그인 방식	① 은행 공동인증서 입력이 필요함 ② 생체 인증(홍채, 지문 등), 이미지 패턴, 비밀번호(6자리 숫자) 중 1~2개 종류를 사용함	① 은행 공동인증서는 입력이 불필요함 ② 생체 인증(홍채, 지문 등), 이미지 패턴, 비밀번호(6자리 숫자) 중 1~2개 종류를 사용함
제공 서비스	① 은행 상품 중 일부만 특화하여 제공함 ② 이체 거래의 대면과 비대면 거래를 확대한 형태임	① 은행, 증권, 카드, 보험사가 보유한 일부 상품을 제공함 ② 고객 맞춤형의 금융 상품 제공과 접근 편의성 등이 강점임
이용 시간	① 영업점 창구와 홈페이지를 통한 상품 안내와 가입을 상담함 - 연중무휴로 제한적 운영 ② 대면(09:00~16:00)과 비대면 업무를 병행 처리함	① 연중무휴로 서비스를 제공함 - 시스템은 완전 24/265 체제로 운용함 ② 취급하는 모든 금융 업무를 비대면 방식으로 처리함
금리 적용	은행별 공시 금리를 원칙적으로 적용하고, 내부 기준에 따라 고객 우대 금리를 별도 적용함	일반 은행 대비, 낮은 대출 금리와 높은 예금 금리를 제공하고, 고객별 우대 금리를 추가 적용함
대출 심사	① 영업점을 방문해 대면 확인 방식으로 최종 승인받게 됨 ② 일반 대출은 오프라인 형태로 서류 제출과 승인을 받아야 함(소액 주택 담보 대출 등은 예외 적용)	① 신속한 비대면 대출 심사가 가능함 (소요 시간은 5분~3시간) ② 인터넷 PC와 모바일 기기에서 대출 심사와 최종 승인함 ③ 법인 대출은 취급 불가능함 - 개인사업자 대출만 가능
특징	① 영업 보조 수단으로 출발하여 은행의 주요 업무로 부상함 ② 2019년 12월, 오픈뱅킹 시스템에서 서비스를 제공함	① 모든 업무를 비대면으로 제공하며, 모바일 앱을 활용함 ② 2019년 12월, 오픈뱅킹 시스템에서 서비스를 제공함

결론적으로 인터넷전문은행은 영업점이 없이 인터넷과 고객센터 등 비대면 채널로 계좌 개설과 입출금 처리 등 금융 업무를 처리하는 온라인 은행이며, 무점포 운영의 저비용 구조로 수익을 창출하는 강점을 갖는다. 주 고객은 20~40대 연령층이며, 일반 은행에서 대출이 어려운 저신용자의 중금리 대출을 빠르고 쉽게 처리해 경쟁력을 높인다.

1-5 인터넷전문은행 선호와 성공 요인

일반은행과 인터넷전문은행을 모두 이용하는 금융 소비자를 대상으로 한국은행이 설문조사한 결과를 보면, 인터넷전문은행의 선호도와 선호 사유를 알 수 있다. [표 4-6]에서 이 내용을 설명한다.

[표 4-6] 인터넷전문은행 선호도와 선호 사유

구분	분석 내용
설문조사 및 분석	전체 응답자(2,597명) 중, 일반 은행과 인터넷전문은행을 모두 이용하는 응답자(319명)를 대상으로 인터넷전문은행의 선호도를 조사함
선호도 분석	연령층이 낮고 소득이 높을수록 일반 은행보다는 인터넷전문은행을 더 선호하는 것으로 나타남
선호 사유(순위)	① 편리한 이용 절차: 50.2% ② 다양한 혜택 부여: 21.6% ③ 다양한 서비스 제공: 12.7% ④ 편리한 고객 상담 서비스: 7.1% 순으로 나타남
선호 사유 중, '① 편리한 이용 절차' 내용 분석	60대 이상을 제외한 모든 연령대에서 인터넷전문은행을 선호하고 있으며, 선호 사유는 '① 편리한 이용 절차' 때문이라고 응답함

출처: 모바일 금융 서비스 이용 행태 조사 결과, 한국은행(2019.05)

인터넷전문은행의 성공 요인은 다양하다. 그러나 '충분한 자금 확보, 고품질 서비스, 안정적인 정보 시스템 운영' 3가지로 요약할 수 있다.

첫째, 충분한 자금 확보이다.

은행 설립 후 안정적인 수익을 내는데 약 4~5년이 소요된다.

따라서 이 시기에 필요한 충분한 자금을 사전에 확보해야 한다. 왜냐하면 일반 은행과 유사한 형태로 비대면 금융 시스템을 구축할 경우, 많은 초기 투자 비용과 별도의 마케팅 비용이 요구된다.

둘째, 차별화와 경쟁 우위를 위한 고품질 서비스이다.

성공을 위한 차별화 전략과 서비스가 요구되며, 원클릭 결제와 빅데이터를 활용한 업무 개발 등 IT 혁신을 통한 서비스 경쟁력 확보가 필요하다.

셋째, 안정적인 정보 시스템의 운영과 효율성 보장이다.

비대면 거래가 중심이 되므로 무중단 서비스는 필수적이며 고도의 보안 시스템 운영이 요구된다. 정보 시스템의 장애와 전자금융 사고 발생은 큰 손실과 피해 규모도 크므로, 완벽한 시스템 구성과 전이 전략으로 보험 가입 등이 필수적이다.

따라서 시스템 장애와 업무 중단 사태로 인한 고객 손실과 평판 리스크를 예방하고, 시스템 장애를 예방하기 위한 3중 데이터 백업과 재해복구센터의 운영이 절대적 요건이다.

2. 국내 인터넷전문은행 설립

2-1 설립과 추진 과정

국내 인터넷전문은행은 설립과 추진 과정에서 많은 우여곡절을 겪었다. 2001년 ㈜브이뱅크컨설팅이 국내 최초로 '브이뱅크'라는 인터넷전문은행 설립을 시도하였으나, 금융실명제법과 자금 확보 등 문제로 무산된 바 있다. 2008년에도 금융당국이 은행법을 개정하여 인터넷전문은행을 도입하려고 하였으나, 금융실명제법과 자금 확보, 은산 분리 규제 문제 등 문제로 좌절된다. 2014년에 금융 당국이 본격적으로 앞장서 설립을 추진함에 따라 2016년 2개 인터넷전문은행이 설립을 인가받고 2017년부터 영업한다. [표 4-7]에서 이 내용을 설명한다.

[표 4-7] 국내 인터넷전문은행 추진 과정

년도	내용 설명
2008	금융 당국이 은행법을 개정하여 인터넷전문은행 도입을 시도하였으나, 금융실명제법과 자금 확보 문제, 은산 분리 규제 등 문제로 무산됨 - 산업자본(비금융 주력자)의 은행 지분 소유 한도를 4%로 제한한다는 은산 분리 규정 때문에 은행이 대기업이나 대주주의 사금고가 되는 것을 막는 조치이나 은행 설립에 걸림돌로 작용함

2014	설립 논의를 본격화하면서 국내 30대 그룹과 상호출자제한 대상 그룹에 설립을 제안하고, 다른 기업에 참여 기회를 주고 인터넷전문은행 설립을 허가한다는 방침으로 추진함 - 삼성, LG 등 30대 그룹 계열사의 금융회사 설립은 제한하지만 네이버, 카카오 등 IT 기업의 출현 가능성을 열어 둠
2016	케이뱅크와 카카오뱅크가 본인가를 승인받고, 2017년부터 영업을 시작함
2021	토스뱅크가 본인가를 승인받아, 2021년부터 영업을 시작함
현재	케이뱅크, 카카오뱅크, 토스뱅크 3개 은행이 영업 중임

2-2 케이뱅크와 카카오뱅크 특징 비교

인터넷전문은행의 설립 인가는 카카오뱅크가 케이뱅크보다 빨랐지만, 실제 영업일은 케이뱅크가 조금 더 빨랐다. 그래서 케이뱅크가 국내 1호 인터넷전문은행이 된다. [표 4-8]에서 이 내용을 설명한다.

[표 4-8] 케이뱅크와 카카오뱅크의 특징 비교

구분	케이뱅크(국내 1호)	카카오뱅크(국내 2호)
법인 명칭	㈜케이뱅크(약칭: 케뱅)	㈜카카오뱅크(약칭: 카뱅)
창립 일자	2016.01.17. (영업 개시일 2017.05.27)	2016.01.22 (영업 개시일 2017.07.27)
대주주	BC카드(34%),우리은행(12.68%), NH투자증권(4.84%)	카카오(지분 18%→34% 확대)

서비스 특징	① 신규 계좌 개설 단계
	→ '본인인증', '회원 가입', '통장 만들기' 3단계로 진행
	  ⓐ 본인 명의 휴대전화 또는 공동인증서로 인증함
	  ⓑ 신분증(주민등록증 또는 운전면허증) 촬영으로 인증함
	  ⓒ 본인 명의 타행 출금 계좌 또는 상담원과 영상통화로 본인 인증을 함
	② 계좌개설, 체크카드 발급 시, 신분증 촬영 대신에 비대면 본인인증 절차로 진행함
		① 100% 모바일 전용으로 운영되며, 오픈뱅킹을 이용할 경우, 타행 앱을 활용하여 카카오뱅크 계좌 이체와 거래 내역 등을 조회함
		② 가입 방법은 카톡 계정과 연동하거나 다른 인증 방법을 사용함
		③ 로그인 시, 비밀번호 사용은 안되고, 지문 또는 패턴인식 인증 기술만 사용함

인터넷전문은행의 계좌 개설은 영업점 창구를 찾아가 '온라인 개설 신청서'를 작성하는 기존 은행의 업무 처리 방식보다 훨씬 편리하고 시간도 절약된다. 스마트폰에서 인터넷전문은행의 뱅킹 앱을 내려받아 단계별 처리 절차에 따라 요구 사항을 입력하면 된다. 신분 인증은 주민등록증 또는 운전면허증을 스마트폰 카메라로 찍어 업로드하고, 고객센터와 영상통화를 하거나 본인 명의 은행 계좌에서 인터넷전문은행 계좌로 소액 송금(1원 이상 입금)을 하면 본인 인증이 된다. 계좌 개설을 하는 데 약 20분이 소요된다.

한편, 일반 은행은 계좌 개설 시 대면과 비대면 방식이 모두 가능하다. 비대면 계좌 개설은 위에서 설명한 인터넷전문은행의 개설 절차와 같은 방식으로 업무 처리를 한다.

3. 글로벌 인터넷전문은행

인터넷전문은행은 해외에서 이미 수년 전부터 금융 산업의 중요한 축으로 자리를 잡아 왔다. 글로벌 사례를 살펴보기 위해 은행의 설립 주체와 형태, 현황과 특징, 운용 형태 등을 알아본다.

3-1 설립 주체와 형태

인터넷전문은행의 설립 주체와 형태는 매우 다양하다. 설립 주체는 은행 또는 비은행 금융회사, 은행과 타 업종 간 합자 등으로 이루어진다. 설립 형태는 은행 내에 사업부를 신설하거나, 독립 법인의 설립 또는 다른 업종과 업무 제휴 등으로 추진된다. 즉 은행 주도 방식, 은행과 타 업종 간 제휴 방식, 비금융회사 또는 산업자본 주도 방식 등으로 다양하다. [표 4-9]에서 이 내용을 설명한다.

[표 4-9] 글로벌 인터넷전문은행 설립 형태

구분		설립 형태
은행		내부 조직에서 사업부 형태로 신설함
		독립 법인의 형태로 설립함
		별도 법인과 연계하여 설립함
비은행 금융회사	증권사	서비스 확장과 상품 교차 판매를 함
	보험사	보험 저축, 연금 등 상품을 판매함
	카드사	카드 연계 서비스 형태로 확장함
타 업종과 합자	통신사	통신업체와 업무 제휴로 설립함
	유통회사	고객 기반을 활용, e-커머스를 강화함
	자동차사	자동차 관련 금융 상품을 특화해 판매함 (자동차 담보대출 등)

인터넷전문은행은 현재 전 세계적으로 약 60개 은행이 영업 중이며, 계속 증가 추세에 있다. 단일 국가로는 미국이 20개로 가장 많고, 그 뒤를 이어 EU(유럽연합)가 22개, 일본 10개, 중국 8개, 한국 3개 등이다.

인터넷전문은행은 오프라인 지점이 없는 것이 특징이다. 점포 운영비와 인건비 절감 등 운용 비용을 최소화함으로써 경쟁력을 확보한다.

이러한 영업 전략을 통해 고객에게 수수료 등 혜택을 환원하고, 소매 금융에 특화한다. [표 4-10]에서 이 내용을 설명한다.

[표 4-10] 글로벌 인터넷전문은행의 특징과 장점

구분	특징과 장점
특징	온라인 무점포 전략으로 소매 금융에 특화된 형태로 영업하며, 영업력 확대를 위해 은행의 자동화 기기를 활용하거나 전용 카페 등을 개설하여 금융 상담과 금융 서비스 등을 처리함
장점	점포 운영비와 인건비 등을 절감하여, 은행보다 예금 금리를 높게 하거나 대출 금리를 낮게 하여 경쟁력을 확보하고, 낮은 수수료 등 혜택을 부여함

3-2 지역별 운용 형태

글로벌 인터넷전문은행의 국가별 사례를 통해 설립 목적과 운용 형태를 알아본다.
[표 4-11]에서 이 내용을 설명한다.

[표 4-11] 글로벌 인터넷전문은행 설립 목적과 운용 형태

구분	설립 목적	운용 형태
프랑스 (HelloBank)	젊은 고객을 유치하는 채널로 활용한다는 전략을 수립함 ① 수익성과 성장성 한계에 직면한 BNP paribas가 유럽 20~30대 고객을 유치하기 위해 모바일 채널을 이용하는 개념으로 출발함 ② 'Y세대를 위한 은행'이란 개념으로 모바일에 친숙한 고객을 주 고객으로 선정함 ③ 모든 서비스를 모바일 환경에서 제공하고, 젊은 고객층에게 좋은 반응을 얻자는 취지로 설립함 ④ 계좌번호를 스마트폰 번호나 QR 코드로 대체하여 자금 이체를 쉽게 함	① 스마트폰과 태블릿 PC 등 모바일 기기 앱을 이용하는 유럽 최초 모바일뱅크로 출발함 ② 처리의 신속성과 간결함을 선호하는 20~30대를 주요 고객으로 선정함 ③ 저금리와 수수료 면제 등 서비스를 제공하며, 매출과 지출 항목별 확인 기능을 통해 가계부로 활용함 ④ 채팅, 이메일, 트위터, 음성통화 등을 지원하여 편의성을 극대화함 ⑤ 스마트폰과 태블릿 PC, 웹에서 직접 계좌를 개설함
포르투갈 (Activo Bank)	① 인터넷과 모바일뱅킹을 선호하는 금융 소비자를 대상으로, 단순함과 편리함을 추구하는 취지로 설립함 ② 당좌계좌, 직불카드, 신용카드 개설과 이용은 물론, 모바일 앱에서 신규 상품 가입을 포함한 모든 거래가 가능하게 함	① 리스본을 중심으로 점포를 설치 운영하며, 외관상 '은행스럽지 않음'을 강조함 ② 평일 영업 시간은 10:00~20:00이며, 주말과 공휴일은 고객센터를 운영함 ③ 이동통신사와 업무 제휴로 지점 내에서 스마트폰 판매와 젊은 세대와 소통 전략을 추구함
독일 (Fidor)	2010년 SNS와 연동한 예금 및 대출 금리 인하 서비스로 은행 영업을 시작하여 큰 호응을 받겠다는 전략을 수립함	4년간(2011~2014) 연평균성장률(CAGR: Compound Annual Growth Rate)을 30% 이상 달성함

일본 (Jibun Bank)	① 2000년~2018년 중 10개의 인터넷전문 은행을 설립한 후 성업 중이며, 글로 벌 인터넷전문은행 강국으로 도약함 ② 2000년부터 출발하여 현재 안정적인 시장 궤도에 진입함 ③ 대부분 산업자본과 협업 형태로 설립 한다는 방침임 　- 지분뱅크는 2008년 일본 2위 통신사 　 KDDI와 일본 최대 은행인 미쓰비시 　 도쿄UFJ은행이 50:50 출자 형식으 　 로 설립됨	① 산업자본에 인터넷전문은행 설립을 허용함 ② 산업자본 지분율을 20% 수준 으로 허용하고, 금융 당국의 별도 승인받는 경우는 그 이 상도 허용함 ③ 지분뱅크는 설립 4년 후 흑자 를 달성하는데, 이동통신사 고객을 은행 고객으로 가입시 켜 20~30대 젊은 층의 선호도 가 매우 높았음
중국 (My bank)	① 국가 전략으로 접근하여 은행을 설립함 　- 2015년 WeBank(텐센트), My 　 bank(알리바바)로 출발 ② 마이뱅크는 알리바바 등 2개 그룹이 출자해 만들게 됨	① 마이뱅크는 소액 예금과 대출 중심으로 영업함 ② 알리바바 고객과 전자상거래 업체, 알리페이 사용자를 대 상으로 대출을 실행함
싱가포르	비대면 거래 및 무인점포 운영, 영업 시 간 확대 등을 통해 각종 금융 서비스 분야 에서 경쟁력을 높임	최근 5~8개 인터넷전문은행을 추가 선정하고, 설립 형태에 따 라 차별화된 인가 기준을 규정하 여 운영함
홍콩	비대면 거래 및 무인점포 운영, 영업 시 간 확대 등을 통해 각종 금융 서비스 분야 에서 경쟁력을 높임	① 중국과 일본에 비해 인터넷전 문은행 설립은 늦었지만, 2019년 8개 인터넷전문은행 을 설립함 ② 인터넷전문은행의 가이드라 인 제시와 별도 기준을 마련 해 운영함

4. 미국과 일본 사례

4-1 추진 현황

인터넷전문은행은 1995년 미국 SFNB(Security First Network Bank)에 의해 세계 최초로 설립된다. 일본은 2000년부터 산업자본의 은행 산업 진출을 허용하면서 등장한다. [표 4-12]에서 이 내용을 설명한다.

[표 4-12] 미국과 일본의 추진 현황 및 형태

구분	미국	일본
추진 현황	1995년 세계 최초 인터넷전문은행 SFNB 은행이 등장하고, 이어서 Charles Schwab(2003), Simple(2009), Ally(2010), Capital One(2011) 등이 출현함 ㈜ SFNB: 1998년, 자진 폐업 형식으로 퇴출됨	① 2000년 산업자본의 은행 산업 진출이 허용되고, 비금융회사는 은행 지분의 20% 이상까지 소유함 ② 2000년부터 e-Bank(현 Rakuten Bank), The Japan Net Bank(현 Pay-Pay Bank), Sony Bank 등이 출현함
추진 형태	증권, 보험 등 비은행 금융회사가 주도적으로 인터넷전문은행 설립을 추진하고, 금산 분리 원칙을 적용함	비은행 금융회사와 IT 기업 등이 합자 형태로 추진되거나, 금융회사와 통신사, 제조사, 유통사 등 연합 및 업무 제휴 형태로 설립함

미국의 인터넷전문은행은 예금, 송금, 수표 활용 중심의 서비스를 제공한다. 반면에 일본은 예금, 송금, 대출, 외환 거래, 해외 송금, 보험, 복권 등 다양한 서비스를 제공하는 것이 특징이다. [표 4-13]에서 이 내용을 설명한다.

[표 4-13] 서비스 특성과 계좌 개설 방법

구분	미국	일본
서비스 특성	① 예금, 송금, 수표 활용 중심으로 금융 서비스를 제공하며, 송금은 본인 계좌 간 송금만 허용함 ② 이용은 쉽고 편리하나, 송금 시 유연성이 부족함(이체 지연과 대상자 제한 등 존재)	① 예금, 송금, 대출, 외환 거래, 해외 송금, 보험, 복권 등 다양한 부가 서비스를 제공함 ② 온라인 실시간으로 임의 대상 송금은 가능하나, 가입 절차가 까다롭고 불편함 ③ 주로 모기업의 고객기반을 활용하면서 단기간에 많은 핵심고객을 바탕으로 높은 성장률을 달성함
계좌 개설 방법	① 온라인 자동화 처리로 계좌를 개설함 ② 본인 확인 정보(사회보장번호, 연락처)를 입력하면, 실시간으로 정보를 검증한 후 즉시 계좌를 개설해 줌	① 수작업 처리로 계좌를 개설함 ② 본인 확인 서류를 은행으로 우편 발송(전용 앱을 활용해 사진 촬영 및 전송)한 후, 은행 직원이 서류를 검토하고 계좌를 개설해 줌

출처: 금융보안원

4-2 설립 형태와 성공 요인

일본의 경우, 출범 초기부터 금융업과 산업자본이 다양한 형태로 연계되어 많은 금융 모델과 서비스를 제공한다. 성공 요인은 산업자본의 지분 규제 완화와 차별화된 서비스 제공에 있다고 할 수 있다.

한국은행(2021.12)에 따르면, 일본의 전체 금융기관은 1,526개이다. 그중에서 인터넷 전문은행은 10개이다. [표 4-14]에서 7개 은행을 대표 사례로 설명한다. 나머지 3개인 신세이뱅크(Shinsei Bank), 이온뱅크(Aeon Bank), 오릭스뱅크(ORIX Bank)는 설명을 생략한다.

[표 4-14] 일본 인터넷전문은행의 설립 형태

대표사례	설립 형태
페이페이뱅크(PayPay Bank: 구 Japan Net Bank)	① 야후와 미쓰이스미토모은행이 각각 41%씩 출자하고, 은행과 소프트뱅크 모기업 고객을 은행 고객으로 흡수하여 우대 금리 적용과 포인트 통합 등 혜택 제공함 ② 2020년부터 현재 이름으로 명칭이 변경됨
지분뱅크 (Jibun Bank)	이동통신사 KDDI와 미쓰비시도쿄UFJ은행의 연합 회사로 출발함
소니뱅크(Sony Bank)	소니 그룹의 보험과 은행 업무를 담당하는 소니 파이낸셜 홀딩스의 자회사로 출발함
스미신SBI넷뱅크 (Sumishin SBI Net Bank)	① SBI 홀딩스와 스미토모 신탁이 공동 설립함 ② 최근 BaaS(Banking as a Service) 사업을 시작하며, 이 은행 시스템을 기반으로 야마다 전기, JAL 등이 독자적인 은행 서비스를 시작함
라쿠텐뱅크 (Rakuten Bank)	일본 최대 전자상거래 업체인 라쿠텐이 설립하고, 라쿠텐과 야후의 모기업 고객을 은행 고객으로 흡수하여 우대 금리 적용과 포인트 통합 등 혜택을 제공함
다이와넥스트 뱅크 (Daiwa Next Bank)	모회사인 다이와증권이 설립하고, 다이와증권과 연계를 통해 은행의 보통예금 계좌와 증권 거래 계좌 간 자금 이체 자동 서비스를 활용함
세븐뱅크 (Seven Bank)	일본 세븐일레븐이 대주주이며, 소수의 오프라인 창구가 있음

일본 인터넷전문은행 중에서 신세이뱅크, 이온뱅크, 세븐뱅크는 소수의 오프라인 창구를 운용하기도 한다.

일본 인터넷전문은행의 성공적인 발전 과정에는 많은 어려움이 있었다. 그 어려움은 크게 3가지로 요약된다.

첫째, 초기 투자 비용이 과다하다.

IT 설비 등 초기 투자 비용이 과다하고, 흑자 전환 기간이 오래 걸렸다. 수익성 확보와 흑자 전환에 걸린 시간은 평균 5년으로, 최단 2년(다이와넥스트뱅크)에서 최장 9년(라쿠텐뱅크)까지 소요되었다.

둘째, 수익성 확보와 흑자 유지가 어렵다.

소규모 투자로 다양한 금융회사와 비금융회사 간 업무 제휴를 하고, 대형 시중 은행과 차별화하며 수익성을 확보하는 데 많은 어려움이 있었다. 특히 성장성과 수익성을 고려한 업무 추진에 어려움이 많았다.

셋째, 모기업을 활용한 성공 전략을 추구할 수밖에 없었다. 이것은 일본 인터넷전문은행의 어려움이기도 하지만 성공 요인이 되었다.

4-3 계좌 개설 절차

미국과 일본의 인터넷전문은행 계좌 개설 절차를 알아본다. 미국 알리뱅크(Ally Bank)는 '거래 계좌 선택, 본인 확인 정보 입력, 사용자 약관 동의, 예금 입금, 예치금 사용 목적' 5단계로 개설한다. 일본 페이페이뱅크와 라쿠텐뱅크는 '고객의 온라인 개설 신청서 작성, 금융회사의 본인 확인, 고객의 등록 확인서 및 보안장치 수취, 로그인 및 초기 설정' 4단계로 계좌를 개설한다. [표 4-15]에서 이 내용을 설명한다.

[표 4-15] 미국과 일본의 계좌 개설 절차

미국(Ally Bank)	일본(PayPay Bank)
① 거래 계좌의 종류를 선택함 - 당좌예금과 저축예금 중 선택	① '온라인 개설 신청서'를 작성함 - 개인정보 사항을 기재(성명 등) - 본인 확인 절차(전화번호, 이메일) 및 보안 매체 지정(OTP 등)
② 본인 확인 정보를 입력함 - 고객 성명, 사회보장번호, 이메일 주소, 휴대전화 번호 등	② 이메일 전송 후, 본인 확인을 함 - 우편 또는 이메일 발송 - 전용 웹을 다운로드 후, 신분증(운전면허증, 보험증서)을 촬영하여 전송하면, 본인 확인 및 인증 처리

③ 은행의 계정 생성과 사용자 약관에 동의함 - 개설 절차에 따라, 신청서(양식)가 전자적 형태로 은행에 제출	③ 등록 확인서와 보안 매체, 카드를 수취함 - 은행으로부터 보안 매체(OTP 또는 보안 카드)와 현금카드 또는 체크카드를 우편 으로 수취
④ 예금 통장에 현금 입금 또는 계좌 이체함 - 일정 금액을 예치(은행별 상이) - 동일 은행은 실시간으로 이체되나, 타행은 2~3일이 소요됨	④ 계정을 로그인하고, 비밀번호, OTP 번호 등을 설정함 - 웹사이트에 접속 후, 초기 설정 - 설정 내용: 비밀번호, OTP 등
⑤ 은행 계정을 생성함 - 계정은 금액 예치 후 곧 사용함 - 신용 및 체크카드는 우편 송달로 인하여, 카드 도착 후 사용 가능	–

출처: 한국인터넷진흥원

4-4 비대면 금융 실명 확인

금융 실명 확인 절차는 세계 각국의 은행 관련 법규와 그 상황에 따라 조금씩 다르다. 미국 찰스슈왑뱅크(Charles Schwab Bank)는 고객의 기본 정보 수집과 부가적인 인증으로 본인 확인을 하고 계좌 개설을 한다. 호주 유뱅크(UBank)는 실명 확인과 증표 수집 방법이 비교적 쉬운 편이다. 그러나 일본의 세븐뱅크(Seven Bank)와 지분뱅크(Jibun Bank)의 업무 처리 방법은 조금 다르다. [표 4-16]에서 이 내용을 설명한다.

[표 4-16] 비대면 금융 실명 확인 절차

구분	처리 방법	확인 및 처리 내용
미국 (찰스슈왑 뱅크)	정보 수집 인증과 계좌 개설	① 고객이 인터넷뱅킹에서 계좌 개설 신청서를 작성함 - 성명, 주소, 사회보장번호 등 입력 ② 은행은 입력 정보를 토대로, 신용평가기관에 개인신용정보를 조회한다. 조회 완료 후, 고객 입력 정보 및 신원조회 과정에서 습득한 정보를 고객에게 질문/답변 형식으로 확인하고, 계좌를 개설함 ③ 계좌개설 후, 고객 요청에 따라 체크 또는 직불카드를 발급한 후 고객에게 우편 발송함
호주 (유뱅크)	정보 수집 인증과 계좌 개설	① 고객은 인터넷뱅킹에 접속하여 회원 가입을 한 후, 고객 기본 정보를 입력함 - 성명, 생년월일, 휴대전화 번호 등 - 온라인으로 실명 확인 증표를 입력(2개 이상) ② 은행 조치 사항 각 실명 확인 증표 발급 기관을 통해 입력 정보의 진위 여부를 확인하고, 내용을 확인 후 즉시 계좌를 개설함

일본 (세븐뱅크)	정보 수집 및 실명 확인, 계좌 개설	① 고객이 인터넷뱅킹으로 '계좌 개설 신청서'를 작성함 　- 고객 성명, 주소, 휴대전화 번호, 이메일 주소 등 ② 은행은 고객 주소로 우편을 통해 현금카드, 보안카드 등을 발송함 ③ 고객은 실명 확인 증표를 제시한 후, 우편물을 접수함 ④ 은행은 배송 완료를 확인 후 거래를 허가함(옵션)
일본 (지분뱅크)	정보 수집 및 실명 확인, 계좌 개설	① 고객은 인터넷뱅킹에서 '계좌 개설 신청서'를 작성함 　- 성명, 주소, 휴대전화 번호, 이메일 주소 등 　- 실명 확인 증표를 은행에 온라인 전송 　　ⓐ 스마트폰 앱으로 실명 정보를 입력 　　ⓑ 스마트폰으로 여권, 운전면허증 등을 촬영한 후 인터넷뱅킹 　　　으로 업로드 ② 은행은 실명 확인 증표를 확인하고 고객의 주소로 체크카드와 보 　안카드, 보안 매체 등을 발송함 ③ 고객은 우편물을 받고, 은행 거래를 바로 시작함

출처: 한국인터넷진흥원

4-5 사용자 인증

사용자 인증 방법은 공통 사항과 선택 사항으로 구분한다. 공통 사항은 로그인 아이디(ID)와 패스워드(PW)로 모든 금융 서비스가 가능하다. 은행은 고객에게 보안성 강화를 위해 '개인 로그인 화면' 사용과 '주 PC 설정'을 권고한다. '개인 로그인 화면'을 설정해 사용하거나, '주 PC 설정' 등록과 함께 본인 인증을 한다. OTP 매체와 추가 질문 등을 통해 사용자를 확인하거나, 보안 소프트웨어 설치와 FDS 시스템을 구축해 본인 확인 절차를 강화한다. [표 4-17]에서 이 내용을 설명한다.

[표 4-17] 사용자 인증 방법

구분	내용 설명	비고
로그인 화면	로그인 화면에서, 본인이 사전에 설정한 이미지가 있는 경우만 로그인이 되도록 통제함	사용자의 위조 웹사이트 접근 방지를 위해 필요함
사용 PC 검증	쿠키를 활용하여, 이전에 접속한 PC IP와 현재 접속한 IP를 비교하고, 서로 다른 경우는 추가 인증 절차(추가 질문 등 2채널 보안 인증)를 요구함	추가인증 방법을 활용하거나, 추가 질문 또는 이메일 주소, 휴대전화 번호 등을 등록하게 함
PC 지정 등록제	주 사용 PC를 사전 등록하게 해, 허가된 PC가 아니면 접근 차단하고, 아닐 경우는 2채널 보안 인증을 적용함	등록되지 않은 PC는, 로그인 시 매번 OTP 인증을 요구하게 함

가상 보안 키보드	보안 값 입력 시, 화면에 특별히 표시된 치환 값을 입력하는 방식임 – 화면 키보드에 숫자가 나타남(숫자가 동적 으로 수시 변경)	키로거와 스파이웨어 방지를 위해 키보드 방식으로 입력하게 하고 치환 값을 매번 변경함
추가 질문의 요청	개인이 사전 등록한 질문에 대한 답변을 입력 하도록 요구함 (예) 1.존경하는 인물은? 세종대왕,이순신, 아버지, 어머니 이름 등 2. 졸업한 초등학교는? 서울00 등	보안 수준이 취약하다고 판단될 때는 시스템 요구 사항에 따라, 동 적(Dynamic)으로 특정 번호를 입 력하게 함
정보보안 프로그램	백신 프로그램과 개인방화벽 소프트웨어를 설 치하고 주기적으로 변경함	설치는 사용자의 선택 사항임
FDS 시스템	원격으로 사용자의 행위를 모니터링한 후, 이 상 거래와 거래 부정행위를 탐지하여 조치함	은행에서 FDS(Fraud Detection System: 이상 거래 탐지 시스템) 를 설치 운영함

출처: 금융보안원

㈜ 모바일뱅킹은 스마트폰을 등록하고 동일 방식으로 처리함

비밀번호 활용 방법은 공통 사항과 선택 사항으로 한다.

공통사항은 로그인 및 조회의 경우, 아이디(ID)와 패스워드(PW)를 입력하게 한다. 거래 이체 시는 '이체 비밀번호 (숫자 6자리 또는 4자리)' 또는 'OTP[2] 비밀번호 (숫자 6자리)', '보안카드(숫자 각각 2자리)' 중 하나를 선택해 입력하도록 한다. 계좌 개설 시는 OTP 비밀번호나 이메일 보안코드를 사용한다. 이것을 위해 금융회사는 OTP를 제공하거나 이메일 보안코드와 같은 소프트웨어 형식으로 된 비밀번호(6자리)를 발생하여 보안을 강화한다. [표 4-18]에서 이 내용을 설명한다.

[표 4-18] 비밀번호 활용 방법

방법	로그인 방법	추가 내용 설명
1	계좌번호, 비밀번호 등을 입력함(예: 간편 비밀번호, 지문, OTP 인증 등)	등록된 비밀번호 대신에, 간편 비밀번호(6자리) 또는 OTP 비밀번호(6자리)를 선택하여 입력함
2	사용자 ID, 간편 비밀번호, OTP 또는 이미지 비밀번호를 입력함	간편 비밀번호(6자리), OTP 비밀번호(6자리) 또 는 추가 질문에 대한 응답 내용을 입력함

---

2) OTP(One-Time Password): 휴대전화에서 2단계 인증 코드로 일회용 비밀번호를 생성할 때 사용한다. 2단계 인증 은 로그인할 때 인증을 위한 추가 단계로 요구한다.

| 3 | 이메일 주소, 간편 비밀번호 또는 생체인증 정보, OTP 인증 번호를 입력함 | 이메일 주소, 간편 비밀번호, OTP 인증번호 (보안코드 또는 보안카드 번호), 생체인증 정보를 입력함 |

5. 국내 동향과 전망

5-1 일반 은행 대응 전략

국내 시중 은행들은 인터넷전문은행 설립 이전부터 핀테크 기업의 출현과 인터넷전문은행 설립에 대비하여 새로운 조직 구성과 신금융 플랫폼을 개발한 후 업무에 적용한다. 모바일뱅킹 업무에 새로운 서비스와 콘텐츠를 업그레이드한 형태로 개발하여 '모바일뱅크' 플랫폼을 만든다. [그림 4-3]에서 이 내용을 보여 준다.

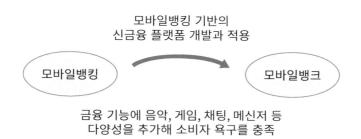

[그림 4-3] 모바일뱅킹에서 모바일뱅크로 전환

이것은 은행의 차별화 전략의 일환이며, 새로운 도약의 첫걸음이라고 할 수 있다. 일반 은행은 모바일뱅크 서비스를 경쟁적으로 개발하면서 새롭게 적용한다. 스마트폰을 이용한 비대면으로 실명 확인이나 환전, 송금 등 서비스를 타 금융회사의 고객들에게 무료 제공하고, 금융 업무에 메신저, 더치페이 등 부가가치 기능을 더해 편의성을 증진한다.

'내 손 안의 은행'이라는 개념으로 출발한 모바일뱅크는 2016년부터 본격적인 서비스를 시작한다. 이것은 스마트폰을 통해 모든 은행 거래를 하는 모바일뱅킹 서비스로 비대면 거래를 활성화하는 계기가 된다.

5-2 모바일뱅크 특징

이전의 금융 거래는 통장이나 현금카드, 신용카드 등을 반드시 소지해야만 했다. 하지만 모바일뱅크는 이러한 기능을 모두 통합해 금융 거래의 불편함을 많이 해결해 주었다. 즉 스마트폰에 저장된 고객의 기본 정보와 계좌 정보를 이용해 편리하고 안전한 금융 거래를 하게 하고, 간편 송금과 간편 결제, 신용카드 사용, 대출 및 환율 조회 등 기본 서비스를 제공한다. 또한, 자동화 기기를 통해 무통장 또는 스마트폰으로 현금을 인출하고, 스마트폰으로 직접 송금과 출금을 하게 한다.

은행의 여러 가지 앱(App)을 통해 비대면 거래를 활성화하고, 금융 업무를 신속히 처리하게 한다. 모바일뱅크의 특징을 선순환 구조로 형상화하고, [그림 4-4]에서 이 내용을 보여 준다.

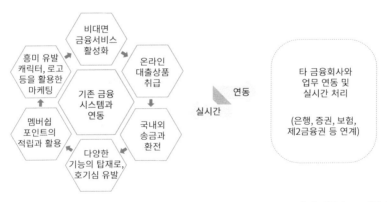

출처: 신무경(2018), "인터넷전문은행"

[그림 4-4] 모바일뱅크의 특징

금융 소비자에게 호기심과 흥미를 일으키면서, 멤버십 포인트 적립 등을 통해 고객 충성도를 높이는 효과를 가져왔다. 이러한 업무 처리 개념은 더욱 발전하며 새로운 서비스 형태로 나타났다. [그림 4-5]에서 이 내용을 보여 준다.

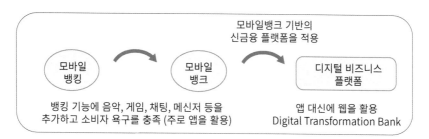

[그림 4-5] 모바일뱅크의 새로운 전환

5-3 은행과 비은행 간 오픈뱅킹 연계

오픈뱅킹 시스템 가동(2019.12)과 함께 메신저, 더치페이 등 다양한 기능이 추가되고, 한 은행 내에서 전 금융회사를 연결하여 다양한 금융 업무를 처리한다. 타 금융회사 계좌번호 등록은 최대 10개까지 된다. [그림 4-6]에서 이 내용을 보여 준다.

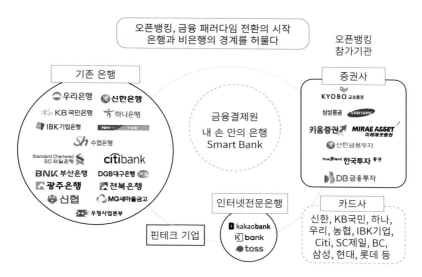

[그림 4-6] 국내 오픈뱅킹 시스템의 연계와 구성도

최근에 카드사도 오픈뱅킹 시스템에 들어왔다. 카드사는 이 서비스를 시작하면서, 앱을 통해 은행 계좌를 조회하거나 자금 이체 또는 카드를 결제한다. 즉 금융 소비자가 카드사의 앱에서 직접 은행과 증권사 등에 있는 본인 계좌 정보를 조회하거나 다른 금융회사 자금을 출금 등이 가능하다. 은행은 월별 카드사의 청구 금액과 결제 계좌번호, 카드 사용 내역 등을 확인하고, 카드 결제 정보를 통한 고객의 소비 성향과 매출 자료 분석을 통해 새로운 사업 영역을 창출할 수 있다.

따라서 오픈뱅킹은 은행뿐 아니라 상호저축은행, 증권사, 우체국, 핀테크 기업, 카드사 등의 앱 활용성 증진과 신속한 업무 처리로 시너지 효과를 거두게 된다. 현재까지 보험사는 오픈뱅킹에 가입하지 않은 상태이다.

5-4 인터넷전문은행 강점

인터넷전문은행의 금융 서비스는 일반은행과 비교할 때 비교적 사용이 편리하다는 강점이 있다. 대표 사례로 간편 송금이 있다.

케이뱅크의 '퀵 송금'에 대하여 자세히 알아본다. 이 서비스를 이용하려면, 먼저 공동인증서를 등록해야 한다. 그리고 '#송금 금액'과 '계좌로 보내기' 중 한 방법을 선택하여 송금하면 된다. 이때 상대방의 전화번호를 입력하거나 클릭하고, '#송금 금액'으로 보내면 상대방은 곧바로 은행의 앱 알람을 통해 입금액을 확인할 수 있다.

만일 이용자가 '퀵 송금' 서비스 미가입자일 경우는 '계좌번호'를 입력하고, '계좌로 보내기'를 선택한다. 이어서 수취인의 은행 선택과 계좌번호를 입력하고 간편 비밀번호를 입력하면 계좌이체가 된다. 은행의 인터넷뱅킹이나 모바일뱅킹과 비교할 때 매우 간편하고 신속하게 송금 업무 처리가 가능하다.

오픈뱅킹과 인터넷전문은행은 과연 소문만큼이나 사용 편의성이 있는 걸까? 많은 사람이 '한 번도 이것을 이용해 보지 않은 사람은 있을지 몰라도, 이것을 한 번만 이용해 본 사람은 결코 없다'라고 말한다. 그만큼 접근 편의성이 뛰어나고, 신속한 업무 처리가 가능하여 사용 만족도가 매우 높다는 것을 뜻한다.

일반 은행과 인터넷전문은행의 서비스 구조와 유사성 관계를 위치(Position) 관점에서 살펴보면, 'K-뱅크'는 그 중간에 있음을 알 수 있다. 'K-뱅크'의 업무 처리 방식은 기존 은행과 유사한 점이 많이 있으며, '카카오뱅크'와 '토스뱅크'와는 다른 구조를 갖는다.

[그림 4-7]에서 이 내용을 형상화하여 보여 준다.

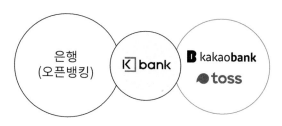

[그림 4-7] 일반 은행과 인터넷전문은행의 포지션

케이뱅크와 IBK기업은행의 빠른 송금 서비스를 [표 4-19]에서 여러 항목으로 비교하여 설명한다.

[표 4-19] 케이뱅크와 기업은행의 빠른 송금 서비스 비교

구분	케이뱅크	IBK기업은행
상품명	퀵 송금	톡톡 송금
서비스 형태	① 계좌번호 또는 연락처로 간편 송금을 처리함 ② 본인 명의 스마트폰에서만 이용할 수 있음	① i-ONE뱅크 앱에서, '톡톡송금'을 클릭하거나 스마트폰을 흔들어 실행함 (메인화면 오른쪽 위에 위치) ② 본인 명의 스마트폰에서만 이용할 수 있음
송금 방법	① 휴대전화 번호로 송금함 – 상대방 계좌번호 없이 연락처로 식사비, 경조사비 등 송금 ② 받는 분의 금액 수령 문자로 발송되는 URL에 계좌번호를 입력하여 금액을 받음 – 계좌번호는 익일 자정까지 입력 – 성명은 반드시 실명을 입력 ㈜ 계좌번호 미입력 또는 실명 불일치 시는 익일 자정에 자동 환불 처리함	① 표시되는 '출금 계좌 잔액'을 확인하고 계좌를 선택함 – 등록된 '송금 계좌'를 선택하거나, '입금 계좌추가' 기능으로 수취인 계좌를 신규 등록 – 송금(수취인 입금) 계좌는 총 6개까지 등록이 되고, 타행과 증권사를 포함 ② 계좌 선택 후 바로 송금함 – 총 3번 터치로 거래 완료 입·출금 계좌는 사전 등록 가능
OTP, 공인 인증서	OTP와 공동 인증서의 인증이 불필요함 – 간편 비밀번호를 입력하거나, 지문 인증으로 송금 – 계좌 정보 복사 시 자동으로 앱에 입력	OTP와 공동 인증서의 인증이 불필요함

부가 기능	'요청하기' 기능으로 간편하게 더치페이 기능을 사용함 - 요청과 입금 내용이 일목요연하게 관리 가능 - 메시지 기능으로 지출 내용 전달 및 상대방에게 송금 요청 메시지를 전달 (지정 인원은 최대 9명)	① 공유 내용을 입력함 'SMS 문자'(보낸 사람, 받는 사람 연락처), '카카오톡'(카톡 상대방을 클릭), '라인'('Play스토어'에서, '라인' 앱을 사전 설치가 필요) ② SMS 문자, 카카오톡, 라인 중 1가지 매체를 선택해, 메시지가 통지되도록 함
이체 한도의 설정	① 이체 한도를 설정함 - 1회 1억 원, 1일 1.5억 원 ② 비회원 받기 한도를 설정함 - 발신인(이용자) 한도와는 무관 - 비회원 대상 휴대전화로 보내기/ 대기 금액 포함(1회 100만 원까지 가능)	① 보내기 총한도는 300만 원임 - 범위 내, 매 1회씩 입력 ② 횟수 제한은 없음 - 총한도 내에서 무제한 ③ 입금액은 1, 5, 10, 100만 원 단위로 선택하거나, 임의 금액을 입력함(단수 입력도 가능)
송금 수수료	없음	① 동일 은행 내 송금은 무료임 ② 타행, 증권사 송금은 유료임 - 고객에 따라 수수료 발생 (500원)
서비스 종류	계좌 송금, 휴대폰 송금, ATM 출금, 제로페이, 경조금 보내기, 외화 환전, 선물하기 내역 조회 등	계좌 송금, 휴대폰 송금, ATM 출금, 제로페이, 경조금 보내기, 외화 환전, 선물하기 내역 조회 등

출처: 케이뱅크 홈페이지, https://www.kbanknow.com
IBK기업은행 홈페이지, https://www.ibk.co.kr

최근 국내 금융지주사가 은행의 인터넷전문은행 영업을 정부에 요청함에 따라 승인 여부에 관심이 높아지고 있다. 앞으로 승인이 날 경우, 은행 안의 은행(BIB: Bank In Bank) 또는 금융 지주사 내의 100% 금융 자회사 형태로 인터넷전문은행 탄생을 기대한다.

현 상태에서 은행은 인터넷전문은행에 비해 경쟁력이 떨어진다. 금융 소비자에 대한 혜택도 상대적으로 작아 공정한 경쟁 상대자가 될 수 없다. 만일 금융 지주사가 인터넷 전문은행 설립을 인가받게 된다면 은행은 현재보다 더 늘어날 수밖에 없고, 이들 간에 더 치열한 경쟁이 예상된다.

비대면 거래의 급증으로 은행의 인터넷뱅킹, 모바일뱅킹의 이용 건수와 이용 금액도 늘고 있다. 그러나 아이러니하게도 금융 당국은 금융업 종사자의 고용 안정과 금융 시스템의 안정화 등을 이유로 지점을 기반으로 한 대면 서비스 영업을 권고한다. 이에 따라 은행들은 금융 시장에서 생존 위협을 느끼며 경쟁력 상실에 대한 우려에 직면하고 있다.

5-5 인터넷전문은행 상품 비교

인터넷전문은행은 예·적금을 비롯한 대출, 외환 등 금융 업무를 처리하며, 증권사, 카드사 등과 연계해 각종 서비스를 제공한다. 아직은 일반은행보다 영업 규모가 작은 편이나, 그 영역을 확장해 가고 있다. [표 4-20]~[표 4-22]에서 각 사의 주요 상품을 비교 설명한다.

[표 4-20] 카카오뱅크 상품 안내

예 · 적금	대출	서비스	제휴 서비스	mini
입출금 통장	비상금 대출	내 신용정보	증권사 주식계좌	카카오뱅크 mini
모임 통장	마이너스 통장 대출	해외 송금 보내기	제휴 신용카드	mini 카드
세이프박스	신용대출	해외 송금 받기	제휴 신용카드	mini 26일 저금
저금통	개인사업자 대출	프렌즈 체크카드	제휴 신용카드	mini 26일 저금
정기예금	전월세보증금 대출	프렌즈 체크카드	제휴 신용카드	mini 26일 저금
자유적금	전월세보증금 대출	프렌즈 체크카드	제휴 신용카드	mini 26일 저금
26주 적금	전월세보증금 대출	프렌즈 체크카드	제휴 신용카드	mini 26일 저금

출처: 카카오뱅크 홈페이지, https://www.kakaobank.com

[표 4-21] 케이뱅크 상품 안내

예 · 적금	대출		카드	보험	서비스
모으기 통장	신용	신용대출	PLCC (SIMPLE 카드)	연금저축 (저축)	각종 조회
파킹 통장		신용대출 플러스	체크카드 (3종)	암(2종)	이체 (자동, 대량)
정기예금		마이너스 통장대출	해외송금 받기	건강(2종)	퀵송금
자유적금		사잇돌 대출	프렌즈 체크카드	사고(2종)	간편 결제
코드K 자유적금	담보	비상금 대출			공과금
핫딜적금 x 우리카드		전세대출			자동화 기기
MY 입·출금 통장		아파트 담보대출			고객센터
		예·적금 담보대출			인증센터

출처: 케이뱅크 홈페이지, https://www.kbanknow.com

[표 4-22] 토스뱅크 상품 안내

통장	대출	카드	고객센터
토스뱅크 통장	토스뱅크 신용대출	토스뱅크 카드	이용 안내 (금리, ATM 등)
토스뱅크 모으기	토스뱅크 마이너스통장		소비자 보호 (관련 내용 공시)
토스뱅크 서브 통장	토스뱅크 비상금 대출		자료실 (약관, 상품 설명서)
토스뱅크 법인 통장	토스뱅크 사장님 대출		
토스뱅크 법인 정기예금			

출처: 토스뱅크 홈페이지, https://www.tossbank.com

제5장

모바일 결제와
금융 서비스

이 장에서는 모바일 결제의 종류, 모바일 금융과 서비스에 대하여 알아본다. 따라서 모바일 결제란 무엇이고, 결제 방식의 유형과 특징, 모바일 금융 거래의 이용 현황 등을 살펴본다.

1. 모바일 결제

'모바일 결제'[1]란, 본인 명의의 스마트폰에 신용카드나 은행 계좌 등 결제 정보를 등록해 놓고, 간편하게 결제하기 때문에 '모바일 간편결제'라고도 한다. 따라서 현금과 신용카드(플라스틱 카드)를 소지하지 않고도 스마트폰 하나로 쇼핑하는 것이 가능하다.

온라인에서 앱과 온라인카드로 간편 결제를 하지만, 오프라인에서는 NFC, QR코드, MST, 바코드 등 기술을 이용한다. [표 5-1]에서 이 내용을 설명한다.

[표 5-1] 온라인과 오프라인 결제 방식의 유형

구분		내용 설명
온라인	'pay', 온라인카드, 생체 인식 기술	① 앱 또는 온라인카드, 생체 인식 정보를 활용하여 온라인으로 결제하며, 다양한 보안 기술을 사용함 ② 대표 사례로 지문, 홍채, 정맥, 패턴인식, 비밀번호 등이 있음
오프라인	NFC	① Near Field Communication의 약어로 근거리 무선통신을 의미함 ② 모바일 결제뿐 아니라, 모바일 사원증, 가전, 자동차 등 분야에서 폭넓게 사용됨 ③ 대표 사례로 자동차의 문을 스마트폰으로 개폐하거나 앱 연동으로 차량 시동을 걸게 함

---

1) '모바일 결제'란, 모바일 기기 등을 통해 온라인과 오프라인에서 상품과 서비스를 구매하는 기술을 말하며, 간편한 방식으로 결제를 지원하는 시스템을 의미한다.

QR코드	① Quick Response code의 약어로 **빠른 응답 코드**를 의미하며, 흑백 격자무늬 패턴 방식으로 정보를 나타내는 매트릭스 형식의 2차원 바코드임 ② 대표 사례로 전자출입명부(다중 이용 시설 입장 QR 출입증 등), POS 결제, 예방접종 증명, 승차권 구매(버스, 기차, 항공 등), 운전면허 확인증, 무인 매장 출입증 등에서 사용됨
MST	① Magnetic Stripe Transmission의 약어로 카드 등에 부착된 마그네틱 띠(Stripe)를 전송함 ② 대표 사례로 은행 통장, 신용카드, 체크카드 등에 부착 사용됨
바코드 (Bar code)	① 흑백 막대로 조합시켜 만든 코드로 주로 제품 포장지에 인쇄하여 사용함 ② 바코드는 종이 등에 인쇄하며, RFID보다 바코드가 활성화된 요인은 칩을 사용하는 RFID보다 생산비가 훨씬 저렴(1/100 수준)하기 때문임
앱카드 (App card)	① 스마트폰에 앱('pay' 또는 카드사 앱)을 설치한 후, 신용카드 번호를 등록하여 사용함 ② 결제 시 바코드, QR코드, NFC(근거리 무선통신) 등을 통해 비밀번호 6자리를 입력하면 간편 결제가 가능함 ③ 대표 사례로 교통, 상품 구매, 식사, 여행 등 대금 지급으로 광범위하게 사용됨

모바일 결제는 온라인 클라우드 방식과 오프라인 NFC 방식으로 구분한다. 결제 환경에 따라 2가지 방식 중 1가지를 선택해 사용한다. [표 5-2]에서 이 내용을 설명한다.

[표 5-2] 클라우드와 NFC 방식 비교

구분	활용 방법	활용 사례
온라인 클라우드 방식	① 정보를 서버에 저장하고, 무선통신 기술을 이용해 필요할 때마다 모바일 기기로 불러오는 방식임 ② 서버에서 정보를 받을 스마트폰과 해당 앱만 있으면 간편 결제가 가능함	삼성페이, 애플페이, 구글페이 등의 앱을 통해 결제함
오프라인 NFC 방식	카드에 내장된 USIM 칩(Chip)이나 스마트폰에 들어 있는 모바일 카드를 이용해 NFC 단말 접촉으로 간편 결제가 가능함	교통카드, POS 시스템, 스마트폰 온라인카드 등을 통해 NFC 단말에 접촉한 후 결제함

2. 모바일 결제의 종류

2-1 결제 방식 유형과 특징

모바일 결제 처리 방법은 일반 결제와 간편 결제가 있다. [표 5-3]에서 이 내용을 설명한다.

[표 5-3] 일반 결제와 간편 결제 차이

구분	처리 방식	특징
일반 결제	상품 대금을 결제할 때마다, 카드번호를 입력하고 추가적인 본인 인증 정보를 통해 결제함	대금 결제 시 매번 카드번호와 추가 정보(비밀번호 등)를 입력함
간편 결제	① 카드 정보를 한번 등록한 이후는 추가 정보를 입력하지 않고, 본인 인증(지문 등)만으로 결제함 ② 일반 결제보다 훨씬 간편하고 빠르게 처리함.	로그인 시 등록한 ID와 비밀번호로 대금을 지급하거나, 생체 인증 기술(지문 또는 안면 인식 등)로 결제 처리함

온라인상에서 상품을 구매하고 결제할 경우, 결제 수단[2]으로 '신용카드' 또는 '계좌이체' 등을 요구하는 메시지가 나온다. '신용카드'를 선택하면, '일반결제', '원클릭 결제', '앱카드(간편결제)' 중에서 결제하기에 편리한 방법을 클릭(Click)하라고 한다. 어떤 방식을 선택해야 할지 혼란스럽고 잠시 당황할 때가 있다. [표 5-4]에서 이 내용을 설명한다.

[표 5-4] 원클릭 결제와 모바일 간편 결제 차이

구분	내용 설명	비고
원클릭 결제	① '신용카드 자동 결제'로 상품을 구매하려고 할 때, 카드 정보와 공동 인증서를 미리 1회만 등록하면 다음부터 결제 정보를 입력하지 않고 클릭(Click)으로 즉시 결제처리 됨 ② 상품 구매 시 매번 복잡한 입력 절차와 추가 인증이 필요 없이 한 번의 [결제하기] 클릭만으로 빠르고 간편하게 안전 결제함	온라인 결제 방식에서 주로 사용함

---

2) '결제 수단'이란, 상품을 구매하고 대금 결제를 위해 사용하는 수단을 말한다. 그 종류에는 신용카드, 간편 결제, 휴대폰 소액 결제, 자동이체·계좌이체, 가상계좌 입금, 빌링(자동 결제), 상품권 결제, ARS 결제 등이 있다.

모바일 간편 결제	① 앱을 통해 발급받은 온라인 카드로, 플라스틱 카드를 대신해 사용함 ② 앱카드를 사용하려면, 먼저 카드사가 제공하는 앱을 모바일 기기에 설치한 후 신용카드 번호를 등록해야 함 ③ 오프라인 상점에서 바코드나 근접 무선통신(NFC) 등을 통해 즉시 결제가 가능함 ④ 신용카드 정보는 모바일 기기에 내장되지 않고 해당 회사의 서버에 보관되므로 상대적으로 안전하며, 대금 결제 시 결제정보를 받아 인증 또는 간편 비밀번호(6자리 숫자)를 입력하게 함으로써 안전 결제를 보장함	온라인과 오프라인 결제 방식에서 모두 사용이 가능함

온라인으로 구매한 상품을 결제하려고 할 때, 이전에는 결제 수단으로 무통장 입금(계좌이체)과 신용카드 지급 결제 방식을 주로 사용하였다. 하지만 최근에는 이 방식 외에도 '원클릭 결제'와 '모바일 간편 결제' 방식을 많이 사용한다. [그림 5-1]에서 이 내용을 보여 준다.

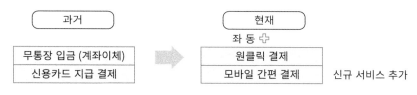

[그림 5-1] 온라인 결제 수단의 변화

오프라인 상점의 경우, 온라인 결제 방식보다는 더 다양한 형태로 결제가 이루어진다. 사용 매체의 이용 건수를 보면, 소비자가 어떤 결제 수단을 많이 사용하는지를 알 수 있다. 이용 건수는 '모바일 카드, 직불 전자 지급 수단, 전자지갑, 휴대폰 소액 결제, 직불 전자 지급 수단' 순으로 나타난다. [표 5-5]에서 이 내용을 설명한다.

[표 5-5] 오프라인 모바일 결제 방식

순위	이용 건수별	결제 이용 금액별	주 사용 결제 방식
1	모바일 카드	모바일 카드	바코드 스캔
2	선불 전자 지급 수단	선불 전자 지급 수단	QR코드 스캔
3	전자지갑	전자지갑	마그네틱 결제 단말
4	휴대전화 소액 결제	휴대전화 소액 결제	NFC 터치
5	직불 전자 지급 수단	직불 전자 지급 수단	기타

출처: 한국은행

이용 건수와 결제 이용 금액은 직불 전자 지급 수단과 전자지갑보다는 모바일 카드와 휴대전화 소액 결제 비중이 점차 높아진다. 결제 방식도 '바코드'보다는 'QR코드 스캔' 방식을 선호한다.

2-2 간편 결제 유형과 특성

간편 결제는 핀테크 서비스 중에서 가장 빠른 성장세와 확장성을 갖고 있다. '한국핀테크산업협회'에 따르면, 국내 간편 결제 서비스의 종류는 56개로 나타났다. 국내에서 가장 많이 활용되는 모바일 간편 결제 서비스 사례는 카카오페이, 네이버페이(N pay), 삼성페이 등이 있다. [그림 5-2]에서 이 내용을 보여 준다.

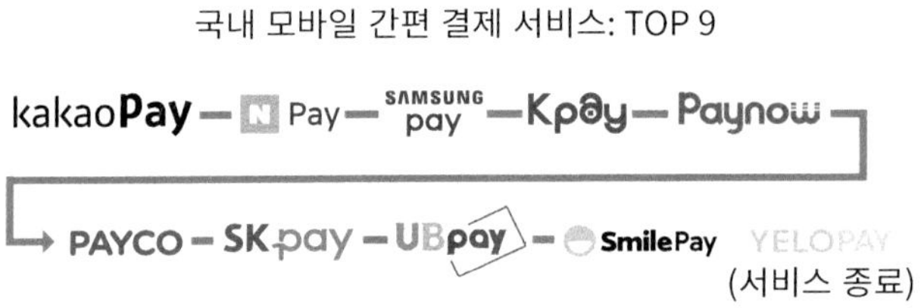

국내 모바일 간편 결제 서비스: TOP 9

[그림 5-2] 국내 모바일 간편 결제 서비스 Top 9

간편 결제를 위해서는 신용카드 또는 체크카드를 발급받거나, 사용하려는 카드사 앱을 발급받는다. 그렇지 않으면, 회사가 발급한 오프라인 카드에 미리 현금을 충전하는 (적립금) 형태로 잔액을 쌓고 상품 구매 시 사용한다.

금융권과 비금융권에서 발급하는 신용카드는 일반적으로 후불형이며, 은행의 체크카드는 선불형 성격을 띤다. 비금융권의 경우 카드 제공사에 따라 후불형과 선불형 충전 카드로 구분한다. [표 5-6]에서 이 내용을 설명한다.

[표 5-6] 카드 종류와 결제 서비스 유형

발행 주체		제공회사	카드 종류와 결제 서비스
금융권		신용카드사	BC카드, 신한카드, 하나카드, 우리카드, 국민카드, NH농협카드 등
비금융권	신용 카드	신용카드사	삼성카드, 롯데카드, 현대카드 등
	후불형 간편 카드	유통회사(백화점, e-커머스 등)	SSG PAY(신세계), L pay(롯데), SmilePay 등으로 자사 상품 결제
		온라인플랫폼 기업	네이버페이(N pay), 카카오페이, 쿠팡, 카카오모빌리티, 라이더, Syrup 등
		PG사 [3]	토스페이먼츠(LGU+), KG이니시스, KCP, 올더게이트 (All The Gate), KG모빌리언스(올앳페이), 스마트PG, KSPAY, EasyPay 등
		스마트폰 제조사	삼성페이(Samsung Pay), 페이나우(Paynow)로 연결 사용
		이동통신사	SK pay 등 적립금 연계 사용
		교통(운송)카드	모바일 T-money, Cashbee 등 T-money는 삼성 갤럭시 '스마트워치'와 연결해 사용
	선불형 충전 카드	커피 전문점	Starbucks, Angelinus, TOMnTOMS, EDDIYA COFFEE, HOLLYS 등 모바일 카드, 선불카드 또는 포인트 적립금을 사용

출처: 한국소비자원, https://www.kca.go.kr/home/main.do

한국소비자원(조사 대상자: 1,609명)에 따르면, 간편 결제가 주로 이용되는 장소는 인터넷 쇼핑몰, 커피 전문점, 백화점·마트, 편의점 순으로 나타났다. [그림 5-3]에서 이 내용을 보여 준다.

출처: 한국소비자원, https://www.kca.go.kr/home/main.do

[그림 5-3] 간편 결제가 주로 이용되는 장소

---

3) 'PG(Payment Gateway)사'는 전자상거래 시장의 핵심인 전자 지불 서비스를 대행하는 회사를 말한다.

3. 모바일 금융과 서비스

'모바일 금융'이란, 모바일 기기(스마트폰, 태블릿 PC 등)를 가지고, 금융 앱을 통해 편리하게 금융거래를 하는 것을 의미한다.

'금융 서비스'란 간편 송금, 잔액 조회, 간편 결제 등으로 은행, 증권, 보험, 카드 업무 처리와 재테크 상담 등 업무를 하는 것을 말한다.

코로나19 영향으로 비대면 업무 처리는 일상화되고, 금융 소비자는 모바일 금융에 더 많이 참여하게 된다.

국내에서 가장 인기 있는 모바일 금융 서비스의 앱은 무엇일까? 금융회사 앱을 제외하면, 카카오페이, 네이버페이(N pay), 삼성페이 등이라고 할 수 있다.

3-1 모바일 금융 거래

'모바일 금융 서비스'[4]는 모바일 기기로 모바일뱅킹과 앱카드 등과 연계하여 간편 결제, 송금, 상품 구매, 신용도 평가 등 업무를 처리하고, 금융 사고 여부의 확인도 가능하다. 최근에는 AI를 활용한 금융 서비스가 등장해 개인 자산관리와 My 데이터까지 그 영역을 확장하고 있다.

3-2 모바일 금융 거래의 이용 현황

한국은행에 따르면, 모바일 거래를 선호하는 이유는 '이용 절차의 간편성과 많은 매장에서 모바일 거래가 가능하고, 보안의 높은 신뢰도와 분실 위험성이 매우 낮아서 좋다'고 한다. 모바일 금융 거래는 주로 간편 결제, 간편 송금, 휴대전화 소액 결제, 앱카드 등을 많이 이용한다.

모바일 결제 서비스 이용 행태와 이용 빈도는 모바일 결제 서비스의 선호도와 연령별

---

4) '모바일 금융 서비스'란, 모바일, 빅데이터, AI 등 정보기술(IT)과 유비쿼터스 개념을 기반으로, 사용자의 편의성과 신속한 업무 처리를 지향하는 차별화된 신금융 서비스를 말한다.

이용률을 보면 알 수 있다. 서비스 선호도는 간편 결제, 휴대폰 소액 결제, 간편 송금, 앱 카드 순으로 높았고, 이용률은 연령대가 낮고 소득이 높을수록 높게 나타났다. [그림 5-4]에서 이 내용을 보여 준다.

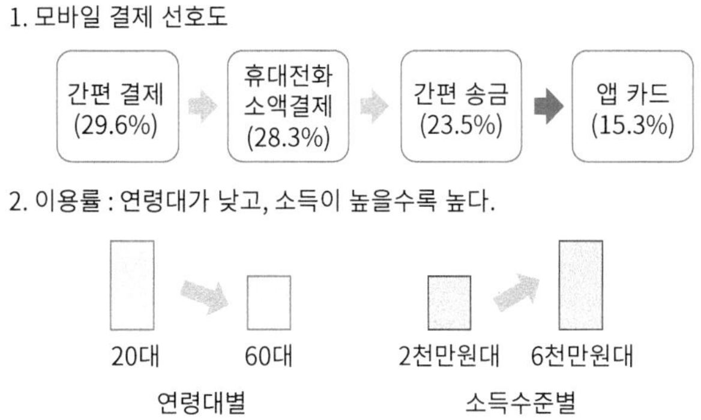

1. 모바일 결제 선호도

간편 결제 (29.6%) ➡ 휴대전화 소액결제 (28.3%) ➡ 간편 송금 (23.5%) ➡ 앱 카드 (15.3%)

2. 이용률 : 연령대가 낮고, 소득이 높을수록 높다.

20대 ➡ 60대   2천만원대 ➡ 6천만원대
연령대별   소득수준별

[그림 5-4] 모바일 결제 선호도와 이용률

이용 빈도와 최근 사용한 결제 서비스의 유형을 살펴보면, 모바일 결제의 활성화 정도를 알 수 있다. [표 5-7]에서 이 내용을 설명한다.

[표 5-7] 이용 빈도와 결제 서비스 형태

순위	이용 빈도	결제 서비스 형태
1	주 1~2회	온라인 구매 대금 결제
2	월 1~3회	오프라인 상점 대금 결제
3	월 1회 미만	대중교통 요금 지급
4	–	공과금 등 납부

3-3 모바일 금융 거래의 위협 요인

스마트폰의 보안 설정 방식은 잠금 패턴과 비밀번호 설정, 지문 인식 등 생체 인증 기술을 사용한다. 그런데 이러한 방식으로 보안 설정을 한 경우에도 금융 서비스에서 보안 문제는 여전히 남아 있다. 불안 요인으로, 개인정보와 계좌정보 유출 및 악용을 제일 우려하고 있다. 다음으로 휴대전화 분실 또는 도난, 악성 코드·바이러스 감염을 꼽는다.

'보안 문제가 어느 정도 해결된다면, 이용할 의향이 있는가?'라는 질문에는 교통요금 지급, 온라인 구매 대금 지급, 오프라인 구매 대금 지급 등으로 사용하겠다고 응답하였다. 점차 이용 의향은 상승 추세에 있으며 사용이 일반화되고 있다. [표 5-8]에서 이 내용을 설명한다.

[표 5-8] 보안 설정 방식과 우려되는 보안 문제

순위	보안 설정 방식	우려되는 보안 문제	설정 해제 방법
1	잠금 패턴 설정	개인정보 유출 및 악용	패턴 또는 지문 터치
2	비밀번호 설정	계좌정보 유출 및 악용	인증 또는 간편/핀번호 입력
3	생체 인증 기술 채택	휴대전화 분실 또는 도난	홍채, 안면 등 정보 인식
4	보안 설정 안 함	악성코드·바이러스 감염	해당사항 없음

개인정보의 '3자 제공'과 개인정보보호 만족도는 이전보다 많이 긍정적이며 제공 의사가 있다고 응답한다. 모바일 업체에 대한 개인정보 제공 의사 질문에는 맞춤형 혜택을 받기 위해 '3자 제공' 의사가 있다고 대부분이 응답하였지만, 재산 상태를 묻는 항목에는 여전히 부정적 의견이 높았다.

이러한 결과를 볼 때, 모바일 금융 거래의 위협 요인 축소와 개인정보보호 만족도를 높이기 위한 개선과 보완이 필요하다.

첫째, 모바일 결제 서비스 이용 확산에 대한 지속적인 노력이다.

모바일 결제 서비스는 최근에 이용률이 급성장하고, 확대 잠재력도 높아졌다. 따라서 전략적인 면에서 모바일뱅킹은 이용자의 사용 편의성 강화에 초점을 맞추어야 하며, 모바일 결제는 계층별로 고객 맞춤형 서비스 제공과 활성화 방안 마련이 요구된다.

둘째, 서비스 확산의 장애 요인을 제거해야 한다.

서비스 확산의 장애 요인은 업체별로 가맹점이 제한되고, 가맹점에 따라 별도의 앱 설치와 인증 절차를 요구한다. 이것은 사용상 불편함이 있고, 간편 결제 이용 시 결제 오류가 발생하는 경우 많은 불편함이 따른다.

따라서 소비자 이용 편의성 증진을 위한 간편 결제 서비스의 범용성 확보가 요구되며, 결제 처리의 기술적 미비점에 대한 개선이 요구된다.

셋째, 모바일 금융 서비스 이용의 다변화가 필요하다.

계좌 잔액 조회와 계좌 이체, 온라인 결제로 서비스가 제한되어 있어 업무 확대가 필요하고, 빅데이터와 인공지능으로 핀테크 혁신을 가속화 하는 등 모바일 금융의 기반 확충이 요구된다. 또한, 비대면 인증 편의성과 안전성을 높여야 하고, 모바일에 특화된 금융 상품 개발이 필요하다.

넷째, 모바일 금융의 안전성 강화가 시급하다.

서비스 이용 과정에서 개인정보 유출 등 안전성 확보를 위해, 개인정보 유출 방지 대책의 추가적인 수립 시행과 개인정보 제공에 대한 우려 등 부정적 인식의 불식이 필요하다. 아울러 보안 문제를 강화하기 위해 다양한 생체 인증 기술의 도입 활용과 모바일 기기에 대한 보안 설정 등 강화 조치가 계속 요구된다.

3-4 모바일 거래의 안전한 사용

모바일 거래의 안전성을 확보하기 위해서는 보안 위험 요소가 무엇인지를 먼저 알아야 한다. 전자금융의 보안 위험 요소는 크게 4가지로 분류할 수 있다.

첫째, 모바일 기기와 금융 거래의 위협이다.

보안 위협을 줄이기 위한 노력으로 최근 하드웨어 보안 기술이 많이 도입되었지만, 모바일 기기와 금융 거래의 보안 위험 요소도 계속 증가하는 추세이다. [표 5-9]에서 이 내용을 설명한다.

[표 5-9] 모바일 기기와 금융 거래의 보안 위협 요인

구분	내용 설명
신기술 적용	하드웨어 보안 기술들이 새롭게 출현하고, NFC와 생체 인증(지문, 정맥, 홍채, 안면 인식) 등이 간편 결제 서비스에 적용되어 많이 사용되고 있음
정보 유출과 위험성 증가	전화번호, 단말 정보 등을 하드웨어에 별도로 보관하고 있지만 생체 인증 정보가 유출될 경우는 큰 문제를 일으키게 되므로, 금융 보안 솔루션과 핀테크 보안 기술 간의 접목 과정에서 문제가 발생하지 않도록 철저한 보안 강화와 유기적인 협조가 필요함

둘째, 사물인터넷의 연결이 증가하면서 관련 보안 위협의 증가이다. [표 5-10]에서 이 내용을 설명한다.

[표 5-10] 사물인터넷 관련 보안 위협 요인

구분	내용 설명
신기술 적용	사물인터넷과 인공지능 등 신기술이 적용되는 과정에서 발생할 수 있는 예상 문제에 대하여 충분한 사전 검토가 필요함
금융사고 발생 취약점	자동화 기기, 공유기 등 사물인터넷의 취약성을 이용한 신용카드 복제와 악성 프로그램 설치 등으로 금융 사고가 발생한 바 있어, 이에 대한 충분한 검토는 물론, 핀테크 산업과 금융 산업 간의 보안 표준화와 인증 체계 마련 등 대책 마련이 요구됨

셋째, 공인인증서 폐지에 따른 대체 수단의 활용이다. [표 5-11]에서 이 내용을 설명한다.

[표 5-11] 공인인증서 폐지와 대체 수단

구분	내용 설명
공인인증서 폐지와 대체 수단	① 전자금융감독규정 개정으로, ActiveX 사용과 보안 프로그램의 설치 의무 규정이 폐지됨 ② 현재 ActiveX 프로그램은 거의 사용하지 않으며, 공인인증서는 공동 인증서 또는 핀코드 사용으로 대체되었음
FDS 시스템의 보완과 안정화 조치	공인인증서 폐지로 금융 당국은 공동인증서 또는 핀코드 등 사용을 권고하고 있으나, 조직 자체에서 FDS 시스템의 보완과 안정화 조치 등 강화가 요구됨

넷째, 간편 결제 '원클릭 결제'와 'O2O' 방식의 진화이다. [표 5-12]에서 이 내용을 설명한다.

[표 5-12] '원클릭 결제'와 'O2O' 활성화

구분	내용 설명
결제 방식의 변화	이전에는 온라인 쇼핑몰과 PG사 중심으로 간편 결제가 이루어졌으나, 현재는 카드사가 이들과 업무제휴를 통해 '원클릭 결제' 방식을 채택하고 있으며, 온오프라인 결제가 가능한 '모바일 앱 기반 간편 결제'로 전환됨
'O2O' 결제와 가맹점 확보	'원클릭 결제'와 '앱 기반 간편 결제'가 확대됨에 따라 핀테크 기업과 신용 카드사 간에 경쟁이 촉발되어, 'O2O' 결제 인프라 활성화와 가맹점 확보가 필수적임

금융사기 피해를 방지할 수 있는 대책은 사전 예방이 최선책이다. 따라서 다음과 같은 예방 조치가 필수적이다.

(1) 금융 거래 정보는 타인에게 절대 알려 주어서는 안 된다.

(2) '전자금융 사기 예방'을 위해 금융회사가 제공하는 각종 서비스에 가입한다.

(3) 통장이나 카드를 타인에게 대여 또는 양도해서는 안 된다.

　- 범죄 목적의 '대포통장'으로 활용 가능성이 큼

(4) 금융회사 사칭 대출 광고(스팸메일)에 현혹되어 응해서는 안 된다.

최근에 전자금융 사기는 '단순형'에서 '결합형' 형태로 진화하며 다양한 형태로 발전하고 있다. [표 5-13]에서 이 내용을 설명한다.

[표 5-13] 전자금융 사기에 대한 대책

구분	내용 설명
사기 유형과 기법 개발	① 불특정 다수를 대상으로 한 무작위적 피싱의 경우, 대상 인물의 맞춤형 정보를 수집한 후 정교화된 상태에서 금융 사기 범죄로 발전함 ② 최근에 '결합형'으로 금융 사기 수법이 진화하면서, 파밍(Pharming)이나 큐싱[QR코드+낚는다(Fishing)의 합성어] 형태로 발전함에 따라 관련 기법 개발과 법 제도 강화가 필요함(강력한 법 집행으로 중벌 구형이 필요)
사기 인지와 신속한 대응 조치	① 모바일 금융 소비자가 사기 피해를 인지하거나, 탐지 또는 대처하는 데 많은 어려움이 있음 ② 금융 사기에 대한 지속적인 기술 대응과 차단이 필요하며, 국가 또는 금융회사 차원에서 적극적인 대국민 홍보와 캠페인 등을 통해 더 이상의 국민 피해가 발생하지 않도록 해야함

안전한 금융 거래의 보장과 금융사기 예방을 위해서는 금융 소비자가 평상시에 다음과 같은 '금융보안 안전 수칙'을 숙지하는 것도 필요하다. [표 5-14]에서 이 내용을 설명한다.

[표 5-14] 금융보안 안전 수칙 숙지와 보완 사항

숙지 내용	보완 조치 사항
PC 단말 화면에서 자동 로그인 설정 금지 및 보안 설정 필요	① 계좌번호 또는 비밀번호, 보안카드 이미지 등을 스마트폰이나 PC 저장 장치에 보관하거나, 자동 로그인 상태로 컴퓨터 시스템을 설정하여 사용하지 않도록 함 ② 스마트폰 분실 시는 등록된 정보의 유출이 높고, 이것을 통해 금융 사고에 악용할 소지가 있으므로 사전 대비가 필요함
스마트폰 분실 시, 공동인증서 즉시 재발급	① 스마트폰에 공동인증서나 모바일 카드 등 중요한 정보가 저장된 상태로 분실되었다면, 큰 문제가 발생할 수 있음 ② 이 경우는 공동인증서를 즉시 재발급받아야 하며, 기기에 저장된 주요 정보는 금융회사로 연락하여 즉시 변경 요청해야 함(특히 카드 분실신고 등을 통해 카드의 부정 사용을 방지하고, 사고 신고로 불법 인출을 예방함)
스마트폰의 운영체제 및 백신 프로그램 갱신	① 스마트폰 제조사에서 배포하는 운영체제는 정보보안과 관련된 중요한 사항이 포함되므로, 즉시 다운로드와 업데이트가 필요함 ② 컴퓨터 바이러스 등 백신 관련 프로그램을 정기적으로 갱신하여 안전성을 확보함
공공장소에서 'WiFi'보다는 'LTE' 통신망을 이용	모바일 기기의 정보 유출 위험성을 낮추기 위해, 카페나 PC방 등 공공장소에서 금융 거래를 할 경우는 'WiFi'보다 'LTE' 통신망을 이용함
SMS와 OTP 응답 메시지를 적극 활용	① 금융 거래 시 '2중 보안인증'을 위해, SMS 또는 ARS, 비밀번호와 생체 인증 등으로 추가 보안 조치를 요구하도록 함 ② '2중 보안 인증' 없이 공동 인증서와 보안카드 번호만을 사용하는 것은 보안에 매우 취약하므로, OTP 또는 핀코드를 함께 사용하여 금융 거래의 안정성을 확보해야 함

이 밖에도 이에 대한 적극적인 대응과 예방 대책이 필요하다. '보이스피싱'으로부터 사기 피해를 방지하기 위해서는 다음 사항에 특히 유의해야 한다.

(1) 친척이나 낯선 사람에게 금융 거래 정보를 절대로 알려 주지 마라.

(2) 상대방이 현금자동지급기로 유인하면 100% 피싱 사기라고 생각하고 일단 의심하라.

(3) 자녀 납치 협박과 긴급 송금 요청 등은 100% 피싱이라고 의심하고, 가족에게 먼저 연락하여 확인하는 선 조치가 필요하다.

(4) 메신저로 금전을 요구할 경우, 전화를 걸어 당사자 본인임을 확인하고 대응한다.

(5) 이메일이나 메신저의 제목과 내용을 확인한 후 조치한다. 모르는 사람이 보낸 이메일의 URL 링크는 절대 클릭하지 않는다. 즉 출처가 불분명한 파일 또는 이메일의 인터넷 주소(특히 URL 링크)는 클릭하지 말고 즉시 삭제한다. 최근에는 이러한 수법을 통해 택배 주문 안내와 대출 안내 메시지(SMS, 카카오톡 등)를 보내서 내 정보를 빼내 범죄에 이용한다.

제6장

핀테크 산업의 등장

CHAPTER **06** 핀테크 산업의 등장

> 이 장에서는 핀테크 산업의 출현 배경과 핀테크 서비스 모델의 유형, '탈중개화', '핀테크 도입
> 지수'에 대하여 알아본다. 이어서 글로벌 및 국내 금융회사의 현황을 파악하고 국내 기업과
> 정부의 대응 방안을 살펴본다.

1. 핀테크

1-1 출현 배경

국내에서 최초로 핀테크[1] 개념이 출현하고 기술 발전이 시작된 것은 1980년대 초반
부터이다. 당시에 IT 기술은 은행의 내부 업무를 처리하고 지원하는 형태로 발전한다.
IT 기업은 주로 자동화 기기와 뱅킹 단말 사용을 중심으로 기술 지원과 업무 개발에 집
중한다. 따라서 우리는 이 시기를 '전통적인 핀테크'라고 부른다.

2009년 이후 '스마트폰뱅킹'이 출현하고, 은행들은 IT 기업과 협업을 통해 새로운 개
념의 금융[2] 서비스를 개발한다. 반면에 핀테크 기업은 신기술을 적극적으로 도입하여
금융권과 협업 형태로 경쟁하고, 2013년부터는 핀테크 산업이 본격 태동하면서 다양한
형태로 자체 서비스를 개발하여 제공하기 시작한다.

금융권은 이에 맞서 '모바일뱅크' 개념을 도입하고, 이후에는 '오픈뱅킹'의 신금융 서

---

1) '핀테크(Fintech)'란, '금융'과 'IT 기술'의 융합으로 금융 서비스 솔루션을 제공하는 행위와 과정을 모두 포함한다.
2) '금융(金融)'이란, '자금(金)'과 '융통(融)'의 합성어로 돈을 주고받는 일 또는 돈을 빌려주고 빌리는 행위와 활동을
뜻한다.

비스를 개발하여 고객에게 다가선다. 최근에는 블록체인과 인공지능, e-커머스 등 기술을 접목하여, 다양하고 혁신적인 금융 서비스를 제공한다. [그림 6-1]은 이러한 금융 IT의 발전 과정을 형상화하여 보여 준다.

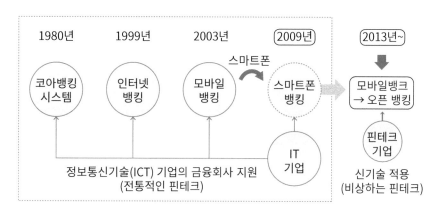

[그림 6-1] 핀테크 기술과 금융 IT의 발전 과정

위 그림은 매체 사용과 주요 서비스 내용을 중심으로 발전 과정을 표시한다. 그런데 이것을 다시 핀테크 세대별로 분류해 보기로 한다. [표 6-1]에서 이 내용을 설명한다.

[표 6-1] 핀테크 세대 분류

세대 분류	년도	사용 매체	주요 서비스 내용
핀테크1.0	1980년대	자동화 기기	ATM/CD를 통한 자동화 서비스
핀테크2.0	2000년대	인터넷 PC	인터넷뱅킹 서비스
핀테크2.5	2009~2013	모바일 기기	모바일뱅킹 서비스(모바일+IT기술)
핀테크3.0	2014~2019	스마트폰	모바일뱅킹 서비스(모바일+핀테크)
핀테크3.5	2019~2020	스마트폰	모바일뱅크, 오픈뱅킹(2019.12)도입 – 모바일뱅크 ⇔ 핀테크, 빅테크 경쟁
핀테크4.0	2021~	스마트폰	신기술(블록체인·AI·빅데이터) 적용

전통적인 핀테크와 신생 핀테크의 개념은 약간의 차이가 있다. [표 6-2]에서 이들의 차이점을 설명한다.

[표 6-2] 전통적인 핀테크와 신생 핀테크

전통적인 핀테크 (Traditional Fintech)	신생 핀테크 (Emerging Fintech)
① IT 기업이 정보 기술을 활용하여, 금융권의 금융상품과 서비스를 개발한 후 업무를 지원하는 형태로 발전함 ② IT 기업은 금융회사에 IT 기술을 직접 지원하거나, 새로운 금융 서비스를 개발한 후 접목하는 형태로 간접 지원함	① 정보통신 기술 기업과 신생 핀테크 기업은 정보 기술을 기반으로 한 혁신 금융 서비스를 개발하고, 고객에게 직접 서비스를 제공함 ② 핀테크 스타트업이 주도하여, 기존 금융 서비스를 대체하는 혁신 서비스를 개발하고, 이용자에게 직접 제공하는 형태임

비금융 IT 기업(핀테크, 테크핀 기업)은 자체 정보 기술의 강점을 이용하여 신 금융 서비스를 개발한 후 금융 소비자에게 직접 제공한다. [그림 6-2]에서 이 내용을 보여 준다.

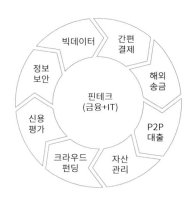

[그림 6-2] 핀테크 기업의 금융 서비스 유형

핀테크 기업의 혁신 서비스는 금융 소비자로 하여금 금융 거래에서 시간과 비용을 절약하게 하고 금융 생활을 한층 편리하게 하였다. 이에 따라 그동안 금융회사 이용 시 불편 사항으로 여겨졌던 신속한 업무 처리와 각종 서류 제출 등의 감축 문제를 일부 해소하고, 금융회사의 문턱도 낮아지게 하는 결과를 가져왔다.

신생 핀테크 기술을 수식으로 표현해 보면 어떨까? 엉뚱함에도 잠시 흥미로운 생각이 든다. 다음과 같은 질문을 통해 생각을 정리한 후 수식으로 표현하려고 한다. [그림 6-3]에서 이 과정을 보여 준다.

[그림 6-3] 핀테크를 수식으로 표현하기

위 내용을 다음의 수식으로 표현하고, 그 의미를 부여해 본다.

> (수식) $F=I*I^2$
>
> ㈜ 신생 핀테크(Fintech)=I(ICT)*I(Information)^2

이럴 경우, '신생 핀테크(Fintech)'는 단순한 금융정보 기술이 아니라, 정보통신 기술 (ICT)과 각종 정보(Information)의 융·복합체로써 금융산업과 금융 서비스 혁신을 추구하는 디지털 전환의 도구로 새롭게 볼 수 있다. 따라서 신생 핀테크 기술은 금융권에서 디지털 대전환의 기폭제 역할을 담당하게 될 것이다.

1-2 핀테크 산업의 태동

세계이동통신사업자연합회 인텔리전스 보고서(2021.10)는 코로나19로 인해 전 세계의 모바일 데이터 트래픽이 최근 2년 동안에 2배 이상 증가한 것을 보여준다. 이것은 글로벌 모바일 결제 시장의 규모 확대에도 큰 영향을 미치고 있다.

국내 시장은 신속한 결제 처리와 편의성을 앞세운 '원클릭 결제' 서비스가 증가하고, 국내 신용카드보다는 페이팔(Paypal) 등과 같은 국제 결제 서비스를 선호하고 있다. 온라인 모바일 카드의 결제 비중도 계속 증가하여, 2016년 말을 기점으로 오프라인 카드 거래의 비중을 추월하기 시작한다.

핀테크 산업이 급성장함에 따라 관련 용어들도 많이 생기고, 모델과 기반 기술도 여러 형태로 나타났다. [표 6-3]에서 이 내용을 설명한다.

[표 6-3] 핀테크 서비스 모델과 용어

(1) 대표 서비스 모델

구분	내용 설명
간편 결제	간편 결제를 지원하는 시스템의 형태는 2가지가 있음 ① 스마트폰 제조사나 금융회사가 만든 앱(App)에 신용카드(또는 체크카드) 정보를 저장하고, 지문 등 간편 인증 수단을 이용하여 결제하는 방법 　- 대표 사례로, 삼성페이, 애플페이 등이 있음 ② 은행 계좌나 각 핀테크 기업이 만든 시스템에 미리 현금을 충전하고 온오프라인 매장에서 결제하는 방법 　- 대표 사례로, 카카오페이, Npay 등이 있음
P2P 대출	① 금융회사를 거치지 않고 자금 공급자와 수요자를 플랫폼상에서 직접 연결하여 대출을 실행함 ② P2P 대출은 온라인 플랫폼에서 개인끼리 직접 자금을 빌려주고 빌리는 형태의 개인 간(Peer-to-Peer) 대출 서비스로 절차가 자동화되어 신속한 업무 처리가 가능함
크라우드 펀딩	① 자금이 필요한 수요자(개인이나 기업, 단체 등)가 온라인 플랫폼을 통해 불특정 다수로부터 자금을 끌어모으는 방법 ② 모은 자금은 P2P 대출이나 스타트업의 신규 프로젝트 등에 소액 자금으로 투자하게 되며, 투자 유형에는 지분을 획득하는 투자형, 금전적인 보상과는 상관이 없는 후원형, 기부형 등이 있음

(2) 테크핀/빅테크/레그테크

구분	내용 설명
테크핀	① '테크핀'은 기술(Technology)과 금융(Finance)의 합성어임 ② '핀테크'가 기존 금융업에 정보 기술을 접목하는 개념이라면, '테크핀'은 처음부터 IT 기업이 고객에게 금융 서비스를 제공하는 것이 다름 ③ 따라서 '테크핀'은 IT 기업이 금융 혁신을 이끄는 형태로, 해당 기업이 구축한 플랫폼을 통해 다양한 금융 상품과 금융 서비스를 제공함
빅테크	① 거대 IT 기업이 구축한 플랫폼을 활용하며, 고객에게 다양한 상품과 금융 서비스를 제공함 ② 대표 사례로, Naver, kakao, Google, Amazon, Tencent, Alibaba 등이 있음
레그테크	① '레그테크'란 규제(Regulation)와 기술(Technology)의 합성어임 ② 금융 사업이나 핀테크 등 혁신적인 서비스를 제공할 때, 각종 규제와 법규에 효과적으로 대응하고 소비자의 신뢰와 준법성을 높이기 위한 것임 ③ 인공지능(AI) 등 신기술을 활용하여 규제 관련 법률 대응을 자동화하고 실시간으로 이것을 신속히 활용하도록 함

(3) 금융망 접속과 테스트 환경

구분	내용 설명
오픈 API	① 핀테크 기업이나 인터넷 이용자가 응용 프로그램 등을 직접 개발한 후 새로운 금융 서비스를 제공할 수 있도록 하는 공개된 API[3]를 말함 ② 대표 사례로, 구글은 '구글맵 API'를 통해 친구 찾기와 부동산 정보 등 다양한 서비스를 제공함
금융 규제 샌드박스	① 금융 신기술과 서비스에 대하여 현행 규제를 적용하지 않고, 테스트와 검증을 임시로 허용하는 제도를 말함 ② 핀테크 기업의 혁신 금융 기술과 서비스가 법률 등 진입 장벽에 막혀서 신상품을 출시하는 데 어려움을 겪지 않도록 테스트 신청자에 한 해 현행 법상의 규제 적용을 일시적으로 해제해 주는 제도임
테스트 베드	① 신기술을 적용한 제품 및 서비스의 성능과 효과를 시험할 수 있도록 테스트 환경을 제공하는 것을 말함 ② 신 금융 서비스가 시장에 성공적으로 안착할 수 있도록, 실제 환경이나 결과 예측이 가능한 가상환경을 만들어 주고, 핀테크 기업이 개발한 신기술을 실제 현장과 같은 모의 환경에서 안전하고 신속하게 테스트할 수 있도록 도와줌

(4) 핀테크 응용 기술

구분	내용 설명
로보어드바이저	① 금융권에서 인공지능 로봇이 개인 자산 운용을 자문하고 관리해 주는 자동화된 금융 서비스를 말함 ② 고객이 온라인상에서 직접 계정을 만들고 자신의 수익 목표와 수익률 등 개인 성향의 정보를 입력할 경우, 로보어드바이저는 주식, 상장지수펀드(ETF) 등 금융 상품으로 고객에게 적합한 투자 포트폴리오를 구성하고 개인 자산을 운용할 수 있도록 도와줌 ③ 통상 3개월마다 금융 시장의 환경 변화에 따라 리밸런싱을 통해 포트폴리오를 수정하며 개인 자산의 운용을 도움 ④ 연평균 수익률은 4~5% 선으로, 수수료는 금융회사마다 각기 다름
인터넷전문은행	① 대부분의 은행 업무를 취급하여 제1금융권으로 분류되며, 무점포 전략과 비대면 온라인 전자금융 방식으로 금융 업무를 처리함 ② 다양한 상품과 엔터테인먼트 등 혁신 서비스를 제공함 - 대표 사례로, 케이뱅크, 카카오뱅크, 토스뱅크가 있음

---

3) 'API(Application Programming Interface)'란, 운영체제와 응용 프로그램 간의 통신에 사용되는 언어를 말한다.

인슈어테크	① '인슈어테크'란 보험(Insurance)과 기술(Technology)의 합성어로, 인공지능(AI), 블록체인, 핀테크 등 IT 신기술을 보험 산업의 혁신을 위해 적용한 개념임 ② 생체 인증, 빅데이터 분석 등 기술을 활용하여 보험금 청구 간소화, 고객 맞춤형 상품 추천 등 혁신 서비스를 제공함 ③ 보험 소비자가 채팅창에 보험에 관한 사항을 챗봇(Chatbot)으로 문의할 경우, 적절한 답을 찾아 자동으로 즉시 응답함 – 대표 사례로, 인공지능 기술을 통해 보험 신청이나 보험금 청구 서비스를 제공하여 보험 계약과 보험금 청구 시간을 대폭 감축함

5) 핀테크 기반 기술

구분	내용 설명
정보통신 기술 (ICT)	① 정보(Information)와 통신 기술(Communications Technologies)의 합성어임 ② 컴퓨터 시스템과 미디어, 영상 기기 등 정보 매체를 운영·관리하는 데 있어 필요한 소프트웨어 기술과 정보를 수집·생산·가공·저장·전달·활용하는 기술을 통칭하며, 4차 산업혁명의 핵심 기술로 산업 전반에 활용됨
블록체인	① 누구나 열람할 수 있는 디지털 장부(분산원장)에 거래 내용을 투명하게 기록하고, 여러 대의 컴퓨터에 이것을 복제해 저장하는 데이터 분산 처리 기술을 말함 ② 금융회사의 데이터는 일반적으로 중앙 집중 시스템인 서버(또는 메인프레임)에서 처리된 거래 내용을 기록(Logging) 관리하지만, 블록체인 기술은 거래에 참여한 모든 사용자에게 거래 내용을 보내서 그 내용을 각자 보관 및 공유하게 하므로, 블록체인을 거래장부 분산 시스템이라고 함
빅데이터	① 디지털 환경에서 생성되는 숫자 데이터(Numeric data)나 텍스트, 음성, 동영상 등 정형과 비정형 데이터가 혼재된 대규모의 데이터를 말함 ② 스마트폰 사용의 확산으로 다양한 비정형 데이터가 폭발적으로 증가함에 따라 이 데이터를 이용한 스마트폰 사용자의 행태(Behavior) 분석은 물론, 위치 정보와 SNS 댓글 분석을 통해 미래 예측과 전망을 함
마이데이터	① '마이데이터(My Data)'는 여러 곳에 흩어져 있던 나의 개인정보를 받아서 본인이 직접 관리할 수 있도록 함 ② 주민등록번호, 계좌번호 외에 현재 나의 위치, 하루의 활동 사항, 금융 거래와 상품 구매 내역, 소비 취향 등 다양한 고객의 개인정보를 포함함 ③ 각종 정보를 수집해 고객 맞춤형 서비스를 제공하려는데 목적이 있으며, 소비 패턴 분석과 진단을 통해 소비 지출 관리, 개인의 금융 거래 패턴 분석과 금융 상품 추천, 고객 자산관리 등에 활용함

1-3 핀테크 금융 서비스 모델

핀테크 모델은 현재 다양한 형태로 개발되어 활용 중이다. 대표 사례로 간편 결제, 금융 데이터 분석, 금융 플랫폼 등이 있다. [그림 6-4]에서 이 내용을 형상화하여 보여 준다.

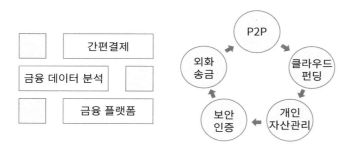

[그림 6-4] 핀테크 금융 서비스 모델과 서비스 유형

핀테크의 주요 금융 서비스로는 간편 결제, 해외 송금, P2P 대출 등이 있으며, [표 6-4]에서 이 내용을 설명한다.

[표 6-4] 핀테크 금융 서비스 모델

구분	내용 설명
간편 결제	신용카드 거래와 은행 계좌이체, 모바일 결제를 대신하는 신금융 서비스로, 고객 편의성과 신속한 업무 처리가 주목적이며, 핀테크 분야에서 가장 활성화된 분야임
P2P 대출	대출자와 대출 수요자(차입자)를 온라인 플랫폼에서 연결하며, 중개자 역할을 담당하거나 금융회사를 거치지 않고 비대면 거래 방식으로 소액 대출을 직접 취급함
외화 송금 (해외송금)	은행의 외화 송금 업무는 송금 은행-중계 은행-수취인 은행(3개 중개 기관의 개입)을 통해 서비스를 제공하지만, 핀테크 기업이 개발한 업무는 탈중개화 개념을 도입하여, 온라인 플랫폼에서 송금인과 수신인을 직접 연결하므로 송금 수수료 절감과 송금 시간을 대폭 단축할 수 있고 신속한 업무 처리를 하게 함
자산관리	소액 투자자에 적합한 온라인 기반의 투자 서비스를 제공하면서, 투자자(고객)에게 최적화된 자산 포트폴리오를 구성하고 자산 운용을 대행함
크라우드 펀딩	소액 투자자를 모집한 후 스타트업과 연결하는 금융 서비스 모델로, 투자자는 소액 투자금으로 투자 위험을 분산하기에 좋고, 핀테크 기업은 불특정 다수로부터 신속한 투자 유치가 가능함

핀테크 서비스를 정보 활용과 서비스 면에서 금융 시스템과 비교하면, 접근 편의성이나 업무 자동화 실현 등에서 큰 차이가 있다. [표 6-5]에서 이 내용을 설명한다.

[표 6-5] 핀테크 서비스의 특징

구분	금융회사 시스템	핀테크 서비스
접근 편의성	① 고객이 금융회사의 영업점을 방문해 대면 방식으로 업무 처리를 의뢰하거나, 비대면 채널(인터넷 또는 모바일뱅킹, 자동화 기기)로 금융 업무를 본인이 직접 처리함 ② 비대면 채널의 금융 서비스 비중은 약 91%를 넘음	① 모바일 간편 결제 등 비대면 방식으로 본인이 모든 금융 업무를 직접 처리함 ② 스마트폰 내에 신용카드를 등록한 후 온라인 카드로 결제함 ③ 탈중개화 개념의 온라인 플랫폼에서 다양한 금융 업무를 처리함
업무 자동화 구현	로보어드바이저, 인공지능 등 기술을 활용하여 업무 자동화와 디지털 전환을 구현하고, 생체 인증 기술로 보안성을 강화함	전 금융 업무 영역에서 업무 자동화를 구현하고, 업무 처리 절차를 간소화함으로써 금융 서비스의 처리 시간과 비용을 감축함
거래의 안정성 확보	① 금융 거래의 안정성을 확보하기 위해 체계적인 보안정책 수립과 정보 시스템을 구축 운영함 ② 안정적인 시스템 운영과 무장애를 실현하기 위해, 실시간 백업 시스템 등을 구축·운영함 (독자적인 백업센터 운영)	① 신기술 접목과 다양한 서비스를 제공함에 따라, 금융회사에 비해 상대적으로 보안 취약점 노출과 문제 발생의 소지가 커짐 ② 문제를 최소화하기 위해 오픈 API와 테스트베드 제도를 활용하고, 무장애 시스템 운영을 목표로 함
정보 분석과 활용	발생 정보는 조직 내부의 분석 자료로 활용하고, 취득한 정보는 자체 업무 처리를 위해 사용함	실시간 온라인으로 정보를 신속·정확하게 분석하고, 이 정보를 고객과의 소통이나 마케팅 활동에 활용함
빅데이터 활용	고객의 개인 성향 등을 파악하기 위해 빅데이터를 수집·분석하고, 고객 맞춤형 상품 개발이나 업무 지원을 위한 보조 수단으로 활용함	수집한 고객 정보는 경쟁력 확보와 최적의 의사결정을 지원하기 위해 다양한 형태로 사용되고, 고객 신뢰도 향상과 수익성 확보 측면에서 적극 활용함

1-4 국내 핀테크 산업의 활성화

활성화 요인은 여러 가지가 있다. '가장 중요한 것은 정부의 정책 지원과 금융회사-핀테크 기업 간 협업 체계 강화'라고 할 수 있다. 정부는 핀테크 산업을 체계적으로 육성하기 위해 2015년부터 현재까지 여러 번에 걸쳐 핀테크 혁신 활성화 방안과 정책을 추진해 왔다. 자세한 사항은 '제6장, 2-4 정부의 대응' 부분을 참고 바란다.

또 다른 요인은 '금융회사-핀테크 기업 간의 업무 협조와 선의 경쟁'이다. 따라서 고객의 금융 서비스 면에서 이들 간의 상호 경쟁과 협조 체계, 전략 등을 알아본다. [표 6-6]에서 이 내용을 설명한다.

[표 6-6] 금융회사-핀테크 기업 간 경쟁과 협조 체계

구 분	내용 설명
금융회사	① 금융회사는 온라인뱅킹(인터넷, 모바일뱅킹 등)을 통해 고객에게 다양한 금융 서비스를 제공하면서, 인공지능(AI) 등과 같은 신 정보 기술을 수용함으로써 금융시장에서 디지털 변환과 혁신을 가져오고 있음 ② 전통적인 금융 서비스에 새로운 정보 기술을 접목하거나, 다양한 신금융 상품을 출시하면서 고객 요구에 부응하는 금융 서비스와 이용률 확대에 초점을 맞춤
핀테크 기업	① 자신만의 강점이 있는 정보 기술을 활용하여 고객이 이용하기에 편리한 상품과 금융 서비스를 개발한 후, 금융회사 또는 금융 소비자에게 제공함 ② 획기적인 금융 모델과 금융 서비스를 개발하여 제공함으로써 금융 블루오션 시장을 개척함 ③ 비금융회사(테크핀, 빅테크)가 금융업에 쉽게 진출할 수 있는 환경과 토대가 마련되어, 금융 서비스 혁신 업무 개발에 신속한 대응이 가능해 짐
고객	① 금융 업무에 핀테크 기술이 적용됨에 따라, 금융 거래의 편의성과 금융회사에 대한 접근성이 쉽게 됨 ② 한층 진화된 금융 서비스(다양한 거래 형태와 오픈뱅킹 서비스 활용 등)로, 업종 간 연계 처리가 활성화되고 금융 업무 처리가 편리해 짐

1-5 탈중개화

탈중개화[4] 현상은 이미 형성된 관련 산업의 축소와 소멸을 가져오지만, 새로운 대체

---

4) '탈중개화(Disintermediation)'란, 고객이 기존의 유통 경로에서 현재 사용하는 판매 경로(Marketing channel)를 탈피함으로써 공급 사슬의 중개자가 제거되는 현상을 말한다. 이것은 재화와 용역의 유통 과정에서 기존에 이용하던 경로(중개기관)를 탈피하려는 현상으로, 핀테크와 정보통신 기술의 발전에 따라 금융 분야뿐 아니라 최근에는 다른 산업으로까지 확산 중이다.

산업을 출현시키는 촉매제 역할을 하기도 한다. 따라서 각 산업의 환경 변화에 따라 대체 산업이 출현하고 소멸하는 사례도 많아졌다. [표 6-7]에서 이 내용을 설명한다.

[표 6-7] 탈중개화 대표 사례

구분	환경 변화	대체 산업의 출현
부동산 중개업	① 부동산 매물과 가격 정보 등을 고객에게 직접 제공해 온라인으로 부동산 거래를 성사함 ② 가상현실, 증강현실 등 신기술을 활용하여 온라인에서 매물 확인과 계약을 체결하게 함에 따라 부동산 중개업자 입지가 약화되고 중개료 수입도 감소함	① 부동산 중개업 온라인 플랫폼 등장으로, 부동산의 물건 확인과 즉시 계약이 가능해 짐 ② 대표 사례로, '다방, 직방' 등 비즈니스 모델이 등장하여 앱과 플랫폼 형태로 영업 중임
컴퓨터 조립 및 주문 생산	① 고객이 원하는 사양으로 컴퓨터를 즉시 생산하고 직접 판매하는 방식으로 트렌드가 변화됨 ② 컴퓨터 주문·생산 시장의 유통 체계와 역할이 약화 되고 오프라인 시장은 대폭 축소됨	① 최단 시간 내에 고객이 원하는 사양으로 PC를 제작하고, 신속 배송함 ② 고객은 주문 상품을 12시간 이내에 택배 형태로 지정 장소에서 직접 받을 수 있어 만족도가 높음
음원 판매	① '탈중개화'로 소비자는 '구글 PLAY 스토어'와 '삼성 스토어' 등 온라인 플랫폼에서 음원을 즉시 구매가 가능함 ② 오프라인 산업의 축소와 해당 기업의 폐업으로 이어지고, 기존 산업의 붕괴 현상이 나타남	① 소비자가 원하는 음원을 온라인 플랫폼 또는 앱에서 다운로드로 구매함 ② 구매 대금은 원클릭 결제 또는 일반 결제, 계좌이체 등 방법으로 결제하며 온라인으로 신속한 음원 구매가 가능함

탈중개화 개념은 금융업으로부터 시작되었다. 이것이 나오게 된 배경과 동기는 크게 2가지로 요약된다.

첫째, 정보 기술의 발전은 혁신 금융 서비스를 요구하게 된다.

그동안 금융 소비자는 고가의 서비스 비용(자동화 기기 수수료, 환전 수수료 등) 지급에 대한 불만이 많았으며, 서비스 측면에서도 신속하고 편리한 금융 업무 처리를 요구하게 된다.

둘째, 금융 서비스는 탈중개화와 빠른 업무 처리를 요구한다.

핀테크 기업의 등장과 신금융 서비스가 활성화됨에 따라, 핀테크 기술이 금융회사의 중개자 역할을 대신하는 새로운 업무 처리 방식을 요구한다.

금융권의 탈중개화는 금융회사에 많은 변화와 영향을 주고 있다. 핀테크 기업과 스타트업의 등장은 신기술을 무기로 한 다양한 금융 서비스를 만들면서, 금융업 중개자가 제거되거나 그 비중이 축소되는 현상으로 나타났다. [그림 6-5]에서 이 내용을 보여 준다.

[그림 6-5] 핀테크 기술과 탈중개화

따라서 비금융회사는 금융 산업에 진출하는 것이 쉬워졌고, 업무 제휴 등으로 금융 시장에서 이그나이터(불쏘시개) 역할을 담당하고 있다. 그 결과 금융회사는 고객 접점의 많은 부분을 잃게 되고, 핀테크 기업은 은행의 가장 위협적인 경쟁자인 동시에, 상생과 협력의 동반자로 발전한다.

최근에 구글, 삼성전자 등 빅테크 기업이 금융회사의 최대 경쟁자로 급부상함에 따라 금융회사들은 수익 구조 변화와 매출 감소에 많은 영향을 받으며 소매 금융 분야에서 계속 시장을 잠식당하고 있다.

1-6 핀테크 도입 지수

글로벌 컨설팅 회사 EY(Ernst&Young)에 따르면, 우리나라는 2019년 말 현재 '핀테크 도입 지수'[5]가 67%로 나타났다. 이것은 2017년 대비 2배 이상 증가하지만, 싱가포르, 홍콩과 같은 수준이다. 핀테크 산업 성장률도 71%인 영국과 비슷하다. 이 자료는 27개국 27,000명을 대상으로 온라인 인터뷰를 통해 얻은 결과이다. [표 6-8]에서 이 내용을 설명한다.

---

5) '핀테크 도입 지수'란, 온라인 금융 거래 이용자 중에서 핀테크 서비스를 이용하는 사람들이 차지하는 비중을 말한다.

[표 6-8] 국가별 핀테크 도입 지수 (단위: %)

구분	2017년	2019년	2019년 순위
글로벌 평균	33	64	
대한민국	32	67	공동 4위
중국	69	87	공동 1위
인도	52	87	공동 1위
영국	42	71	3위
홍콩	32	67	공동 4위
싱가포르	23	67	공동 4위
독일	35	64	
미국	33	46	
일본	14	34	

출처: EY(Ernst&Young), 2019 Fintech Adoption Index, 내용 요약

한편, 글로벌 100대 핀테크 기업 수는 미국이 15개, 영국 11개, 중국 10개, 호주 7개, 한국 2개 등으로 나타나, 미국과 영국이 이 분야에서 글로벌 선도 국가임을 보여 준다.

2. 핀테크 추진 전략

2-1 글로벌 금융회사

글로벌 금융회사들은 핀테크 기업에 의한 '탈금융화'에 적극적으로 대응하고 있다. 주요 대응 전략으로 '기술 투자, 인수 및 업무 제휴, 핀테크 창업 지원 및 육성'이라는 3가지 형태 중 하나로 접근한다.

첫째, 기술 투자이다. 이것은 핀테크 기술 수준을 높이는 방법으로 금융회사가 자체 솔루션의 개발과 적용 등을 통해 기술에 투자하는 방식이다. [그림 6-6]에서 이 내용을 설명한다.

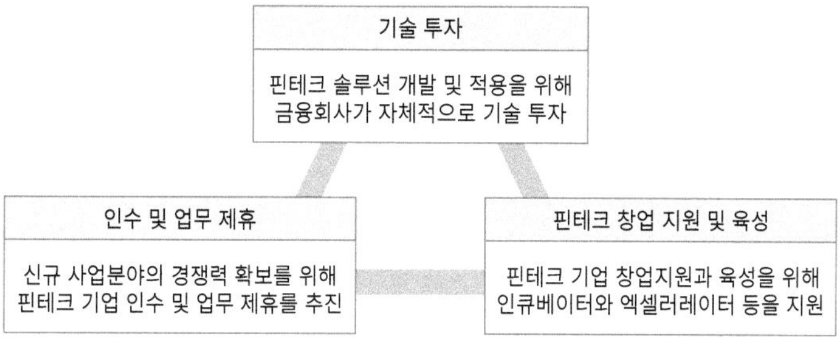

[그림 6-6] 글로벌 금융회사의 핀테크 기업 투자 전략

둘째, 핀테크 창업 지원 및 육성이다. 모바일 등 신규 사업 분야의 경쟁력 확보를 위해 기술력이 검증된 핀테크 기업을 인수하거나 그들과 업무 제휴를 하는 방식이다.

셋째, 창업 지원과 육성이다. 금융회사는 핀테크 기업의 창업 지원과 육성을 위해 인큐베이터[6]와 엑셀러레이터[7] 등 제도를 활용한다.

또 다른 전략으로, 핀테크 산업을 체계적으로 육성하기 위해 '금융 시장의 경쟁 촉진, 금융 시스템의 안정성 제고, 금융 소비자의 효용성 제고' 측면에서 종합적인 검토와 업무추진을 요구한다. [표 6-9]에서 이 내용을 설명한다.

[표 6-9] 핀테크 산업의 육성 방안

구분	글로벌 시장	국내 시장
금융 시장의 경쟁 촉진	핀테크 기업은 인수합병과 플랫폼 사업의 확장을 통해 금융회사의 경쟁자로 급부상하며, 빅테크 기업은 금융업으로 본격 진출하기 시작함	현재까지 핀테크 기업의 금융회사 의존도는 높은 편이나, 기업 간 인수합병은 없으며, 빅테크 기업의 금융업 진출도 일부 제한적임

---

6) '인큐베이터(incubator)'란, 저체중으로 태어난 미숙아나 출생 때 이상이 있는 아기를 넣어 키우는 기기로, 온도와 습도, 산소 공급 등이 자동 조절되는 기기 안에서 아기가 정상적으로 성장하도록 도와준다. 이처럼 핀테크 기업이 설립 초기 단계에서 육성 프로그램 등을 통해 잘 성장할 수 있도록 돕는 역할을 한다.

7) '엑셀러레이터(Accelerator)'란, 창업 초기에 기업이 빨리 성장 궤도에 오를 수 있도록 필요한 자금과 멘토링 등을 지원하는 프로그램을 말한다. 즉, 초기 창업 기업을 발굴하여 스타트업이 계속 성장할 수 있도록 투자금 지원이나 커뮤니티 연결, 판매 대행과 홍보, 멘토링과 교육, 컨설팅 그리고 성장을 가속화 할 수 있는 이벤트 행사 등을 지원한다.

금융 시스템의 안정성 제고	금융회사는 핀테크·빅테크 기업 간 경쟁이 치열해지고, 외부 서비스의 의존도가 높아져 블록체인 등 신기술 적용이 확대됨	핀테크와 빅테크 기업의 금융 서비스 경쟁력은 아직 미약한 편이나, 외부 서비스의 도입 활용과 블록체인 등 신기술 적용은 점차 확대 중임
금융 소비자의 효용성 제고	신기술의 계속된 유입과 적용으로, 금융회사-핀테크-빅테크 기업 간의 경쟁이 촉발되면서 상품과 금융 서비스의 향상은 물론, 수수료 인하 효과가 나타남	핀테크와 빅테크 기업의 본격 출현으로 소비자의 편의성과 선택권이 제공되어 금융 서비스는 확대되었으나, 신기술 적용에 따른 수수료 인하 효과는 미미함

2-2 국내 금융회사

핀테크 산업이 본격 태동하기 이전까지만 하더라도 금융회사는 IT 기술을 활용해 금융 업무의 효율화와 프로세스 혁신, 사무 자동화, 비용 절감 등을 추진하는 것이 주목적이었다. 하지만 핀테크 기업이 본격 출현하면서 새로운 변화가 시작된다. 핀테크 기업의 쉽고 편리한 금융 거래는 기존 금융 서비스에 대한 인식 변화와 함께, 금융회사의 고객 만족도는 떨어지게 하였다.

핀테크 기업은 혁신적인 금융 서비스를 제공하고, 금융권의 디지털 전환에 대한 기폭제와 새로운 동력을 찾게 한다. 이러한 변화는 금융회사의 거래가 핀테크 서비스로 대체되고 금융회사의 수익 감소와 시장 잠식으로 이어진다. 이에 따라 금융회사는 이들과 경쟁하면서, 신기술 도입과 디지털 전환을 통해 적극적으로 변화를 모색하게 된다.

따라서 국내 은행들은 조직 자체의 디지털 대전환에 전념하고, 경쟁 관계에 있는 금융회사는 물론 핀테크 회사와의 디지털 경쟁에서 경쟁우위를 점하기 위해 전력 투구하는 모습을 보여 준다.

단적인 예로, 금융회사는 최고정보관리책임자(CIO)와는 별도로 최고디지털책임자(CDO) 조직을 신설하고 외부 인사를 영입하고 있다. CIO와 CDO는 모두 IT 관련 임원이지만, 이들 간에는 역할과 책임에서 많은 차이가 있다. [표 6-10]에서 이 내용을 설명한다.

[표 6-10] CIO와 CDO 역할

구분	내용 설명
최고정보관리책임자 (CIO)	Chief Information Officer의 약어로, 조직의 경영과 전략적 관점에서 정보 기술과 정보 시스템을 총괄 관리하며, IT 업무와 컴퓨터 시스템 부문을 총괄적으로 책임지는 임원임
최고데이터책임자 (CDO)	Chief Data Officer의 약어로, 조직의 데이터 처리와 분석, 데이터 마이닝, 정보 교류 및 기타 수단으로 기업의 IT 거버넌스(IT Governance) 차원에서 정보 관리와 이용을 책임지는 임원임
최고디지털책임자 (CDO)	① Chief Digital Officer의 약어로, 기업이 보유한 방대한 디지털 콘텐츠를 고객과 연계하여 효과적으로 사용함으로써 수익 성장을 견인하고, 이전의 아날로그 비즈니스를 디지털로 전환(Digital Transformation)하여 조직이 성장을 주도하는 임원임 ② 주요 역할은 기업이 보유한 방대한 디지털 자원(모바일 응용 프로그램, 소셜미디어 및 관련 응용 프로그램, 가상 상품, 웹 기반 정보관리 및 마케팅 등)을 통해 이익으로 전환하고 디지털 콘텐츠 개선 등을 통해 빠르게 변화하는 디지털 부문의 운영을 담당하는 최고디지털정보책임자(CDIO) 임

핀테크 산업의 이해관계자는 크게 '고객-금융회사-핀테크 기업'으로 구분할 수 있다. 비대면 채널의 확산과 핀테크 시장의 급성장으로 이들의 기대효과도 달라지고 있다. [표 6-11]에서 이 내용을 설명한다.

[표 6-11] 핀테크 산업의 이해관계자와 기대효과

구분	기대효과
고객	① 비대면 채널 확대에 따른 신속하고 편리한 금융 업무의 수혜자임 ② 신정보 기술과 결합한 다양한 금융 서비스를 활용하게 됨
금융회사	① 신기술을 적용한 융·복합 상품 개발로 신성장 기회를 마련하고, 핀테크 서비스를 통해 금융 시장 활성화와 금융 산업 발전에 공헌함 ② 핀테크 기업의 체계적인 육성과 새로운 수익원을 개발하게 됨
핀테크 기업	① 핀테크 혁신 기술을 통한 신서비스 개발과 운영으로 수익을 창출함 ② 핀테크 정보 기술의 지속적인 개발과 시장 확대에 노력함

이에 따라 국내 은행들은 해외 솔루션 기업과 제휴하거나 은행 계좌와 연계된 은행 간 금융 서비스를 제공한다. 또한, 금융회사 공동으로 오픈뱅킹을 시행하여 거래 회사

(은행, 증권, 카드사) 간에 '계좌 조회 및 계좌관리, 자금 이체, 잔액 끌어오기' 등 업무를 신속하고 편리하게 제공한다.

2-3 국내 기업의 대응

빅테크 기업은 금융산업 분야에 핀테크 기업보다는 조금 늦게 진입하였지만, 그동안 축적된 고객 데이터를 기반으로 급성장하면서 금융회사와 온라인 유통 산업에 큰 위협이 되고 있다.

대표적인 빅테크 기업은 카카오, 삼성전자, 네이버 등이 있고, 핀테크 서비스는 카카오페이, 삼성페이, N 페이, 페이나우 등이 있다. 핀테크 간편 결제 서비스는 다음과 같은 2가지 결제 방식을 사용한다.

① 스마트폰이나 금융회사가 만든 애플리케이션(앱)에 신용카드와 체크카드 정보를 저장하고, 지문 또는 홍채 인식 등 생체 인증 기술을 통해 결제한다. 대표 사례로 삼성페이가 있다. 이것은 각종 신용카드와 체크카드 정보를 스마트폰에 저장하고 연계해 활용한다.

② 은행 계좌나 각 회사가 만든 자체 시스템에 미리 현금을 충전하고 온라인과 오프라인 매장에서 결제한다. 이 방식은 현재 다양한 업종에서 활용한다.

핀테크 간편 결제 서비스는 수수료 절감, 간편화와 신속한 처리, 그리고 보안성 강화 측면에서 장점이 있으므로 계속 발전하고 있다.

첫째, '수수료 절감'이다. IT 기술을 활용한 인력 자원 투입 최소화와 표준화된 온라인 플랫폼을 제공하기 때문이다.

둘째, '간편화와 신속한 처리'이다. 거래 시 ID와 비밀번호만으로 간편하게 결제한다. 애플페이는 지문 인증 한 번만으로 결제하며, 대부분의 간편 결제 방식은 원클릭으로 신속하게 결제한다.

셋째, '보안성 강화'이다. 이 문제를 해결하기 위해 각 금융회사는 이미 도입한 생체 인증 기술과 이상 거래 탐지 시스템(FDS) 기능을 더욱 강화하고, 블록체인 기반의 인증 서비스를 개발해 적용한다.

2-4 정부의 대응

금융위원회는 핀테크 산업을 체계적으로 육성하기 위해 다음과 같은 단계별 접근 방법을 채택하고 업무 추진을 도와준다. [표 6-12]에서 이 내용을 설명한다.

[표 6-12] 핀테크 산업 육성을 위한 추진 전략

단계	추진 연도	단계별 추진 내용
1	2015년	핀테크 산업 육성에 대한 프레임워크 수립과 정책을 발표함
2	2018년	'핀테크 혁신 활성화 방안'을 발표하고, 핀테크 활성화 정책 방향을 제시함
3	2020년~	금융 산업의 추진 전략과 핵심 과제를 선정한 후, 업무를 추진함

정부는 핀테크 산업 육성에 대한 프레임워크를 2015년에 발표한다.

2018년에는 핀테크 산업의 체계적인 육성을 위해 '핀테크 혁신 활성화 방안'을 발표하고, 핀테크 활성화 주요 정책 방향을 제시한다.

① 혁신 금융 서비스 기업의 인가와 개별 규제의 면제 기간을 최대 4년으로 함.

② 비대면 거래 확대 등 신기술을 활용하여 자산관리 서비스와 자금 조달 업무를 활성화함.

③ 가맹점과 소비자의 수수료 부담 완화를 위하여 모바일 간편 결제 서비스를 활성화하고 강화함.

④ 핀테크 기업에 대한 금융 투자를 확대하고 지원함.

⑤ 레그테크(Regtech)를 활용하여 핀테크 혁신과 리스크 대응 등을 구현함.

2020년 금융 당국은 금융 산업의 중점 추진 전략과 핵심 과제를 발표하고, 핵심 과제는 18개, 세부 과제로 73개를 선정한다. 그중 일부를 발췌하여 [표 6-13]에서 이 내용을 설명한다.

[표 6-13] 금융 산업 발전과 핵심 과제

추진 전략	핵심 과제(총 18개)	세부 과제(총 73개)
금융 부문 쇄신	금융 당국 혁신	직원 행동 강령 마련 등
	금융산업 쇄신	금융회사 지배 구조 개선
	금융 분야 경제 민주주의	금융 그룹 통합 감독 도입, 회계 투명성 제고
생산적 금융	혁신성장과 생태계 조성	혁신 기업 창업 촉진, 코스닥을 통한 도약 기반 강화
	금융 자금 중개 기능 강화	금융업 자본규제 개편, 기술 금융의 활성화
	중소기업 금융 지원 강화	조선업 협력 업체 지원, 크라우드펀딩 이용 지원
포용적 금융	서민 금융 인프라 정비	중금리대출 활성화 등
	주거 안정 금융 지원 강화	전세보증 이용자(신규 주택 중도금 보증) 등
	국민 자산 형성 지원	ISA 혜택 강화, 투자자문·일임 제도 개선
	금융권의 사회적 책임 강화	사회적 금융 활성화
금융 산업 경쟁 촉진	금융 산업 혁신도전자 출현 유도	금융 산업 진입 장벽 완화
	핀테크 활성화	혁신적인 금융 서비스 확대 금융 규제 샌드박스 활성화, 빅데이터 활성화
	전통적 금융 산업의 경쟁력 제고	금융 혁신을 위한 규제 개혁

출처: 금융위원회

금융 산업 추진 전략을 보면, '금융 부문 쇄신, 생산적 금융, 포용적 금융, 금융 산업 경쟁 촉진'의 4개 부문으로 구분한다.

특히 '핀테크 활성화' 분야는 '금융 산업 경쟁 촉진' 부문이 핵심 과제이다. 세부 과제로 '혁신적인 금융 서비스 확대', '금융 규제 샌드박스 활성화', '빅데이터 활성화'를 추진한다.

핀테크 활성화와 빅데이터 활용, 크라우드펀딩 활성화에 대해 자세히 알아본다.

첫째, 핀테크 활성화 부문이다.

핀테크 창업 활성화와 혁신 서비스를 위해 '핀테크 활성화 로드맵'을 마련하고, '금융 혁신지원특별법' 제정 등 규제 혁신으로 다음과 같은 성과를 거둔다.

① 혁신 서비스에 대한 시장 테스트 기회를 제공하고, 시범 인가, 개별 규제 면제 등을 통해 테스트 기회를 제공함.

② '금융 규제 테스트 베드' 운영을 활성화함.

③ 로보어드바이저의 비대면 일임 계약 허용 등 규제 합리화를 함.

모바일 간편 결제 등 혁신 핀테크 서비스 출시를 지원함으로써 다음의 성과를 거둔다.

① 핀테크지원센터 기능 확대와 '핀테크지원센터-핀테크 기업-금융회사' 간 네크워크 강화, 정책 금융 지원 등 지원 체계를 강화함.

② 핀테크지원센터 기능은 상담 위주로 진행하며, 교육이나 투자, 해외 진출 등을 지원함.

③ 새로운 서비스 출시를 위해 각종 지원과 환경을 조성함.

- 모바일 결제 업체의 오프라인 결제 제공 기준을 마련하고, 블록체인 인증 기술을 금융권에 도입해 활용함.

둘째, 빅데이터 활성화 등 금융 정보 활용 여건을 마련한다.

세부적으로 '빅데이터 활성화, 금융 분야 데이터 산업 육성, 정보보호 내실화' 등 3대 전략을 추진해 안전한 금융 정보 환경을 조성한다.

① 빅데이터를 활성화한다.

- 빅데이터 분석·이용 근거 마련 등에 관한 법·제도 정비와 정보 인프라 구축으로 창업·핀테크 기업을 지원함.

- 금융 정보 외에 통신·온라인 쇼핑 등 각종 빅데이터를 활용하여 금융회사의 개인 신용평가체계 등을 고도화함.

② 데이터 산업을 육성한다.

- 신용정보 산업 진입 규제를 정비하고, 빅데이터 분석·컨설팅 업무 허용 등 규제를 합리화함.

- 금융회사 간, 금융-공공기관 간 정보 공유 범위를 확대함.

③ 정보 보호의 내실화를 기한다.

- 정보 활용 동의 제도를 실질화·합리화하여 정보 주체를 보호하고, 데이터 활용 결과에 대한 설명 요구·이의 제기권을 도입함.
- 금융권 정보 보호 상시 평가제를 도입해 금융회사를 감독함.

셋째, 크라우드펀딩 활성화를 추진한다.

크라우드 펀딩 시장에 투자자와 기업이 적극적으로 참여할 수 있도록 투자 한도의 확대와 업종 제한 완화 등 규제를 개선한다.

① 투자자의 참여 확대를 유도한다.

- 일반 투자자 총투자 한도를 확대하고, 투자 경험이 많은 일반 투자자에게는 적격 투자자 인정을 통해 참여를 유도함.
- 투자자에게 소득 공제 혜택을 주는 크라우드 펀딩 투자 대상 기업의 범위를 확대함.

② 크라우드펀딩 참여를 유도한다.

- 소규모 음식업, 이·미용업 등의 크라우드 펀딩 참여를 허용하고, 우수 창업 기업이 추가 자금 조달을 위해 소액 공모를 하는 경우 자금 모집 한도를 확대함.

③ 크라우드 펀딩 중개업자 규제 합리화와 지원 인프라를 개선한다.

- 투자자 보호와 관련 없는 중개업자의 규제 합리화와 모바일 전용 사이트 구축, 검색 기능 강화 등을 조치함.

이에 따라 금융회사들은 디지털 대전환을 가속화하면서, 자동화·인공지능·클라우드 컴퓨팅을 기반으로 새로운 금융 환경 변화와 차별화를 통해 경쟁하고 있다.

제7장

핀테크 산업과 시장 동향

이 장에서는 핀테크 산업과 핀테크 시장 동향을 파악하고, 핀테크 산업의 발전 저해 요인과 활성화 방안에 대하여 알아본다. 따라서 저해 요인의 내용과 활성화를 위한 정부의 정책 지원과 규제 완화 방안 등을 살펴본다.

1. 글로벌 산업 동향

코로나-19로 인한 대혼란에도 불구하고 글로벌 핀테크 산업은 다양한 서비스를 제공하며 새로운 도전에 신속히 대응하고 있다. 글로벌 시장은 미국과 영국이 리딩 그룹을 형성하며, EU와 중국 등이 그 뒤를 따르는 형국이다. 따라서 핀테크 산업 분야에서 창업 인프라가 가장 잘 갖춰진 미국과 영국을 중심으로 글로벌 산업 동향을 알아본다.

미국의 경우, 실리콘밸리와 뉴욕은 핀테크 산업의 인큐베이터와 엑셀러레이터 역할을 한다.

실리콘밸리에는 'FAANG(Facebook, Apple, Amazon, Netflix, Google)' 등 주요 IT 기업이 자리를 잡고 있으며, 글로벌 핀테크 산업 투자의 약 1/3이 이곳에 집중된다. 하이테크 산업의 인력 집중도 세계 최고 수준이며, 고급 창업 인력이 계속 유입되는 중이다. 핀테크 산업의 형태도 하드웨어 부문에서 소프트웨어와 '플랫폼' 중심으로 발 빠르게 변화한다.

뉴욕은 연방정부와 주정부, 대학으로부터 많은 자금을 지원받기 때문에 지금까지 누적된 뉴욕의 핀테크 산업 성장률은 실리콘밸리보다도 훨씬 높은 편이다.

영국의 경우, 핀테크 산업은 클러스터 형태로 균형 있게 발전하며 뛰어난 생태계 조성으로 이 분야를 선도한다.

이밖에 이스라엘, 독일, 홍콩, 싱가포르 등은 대규모 투자와 정부의 전폭적인 지원 정책으로 핀테크 산업을 육성하고 있다.

우리나라도 다양한 핀테크 모델과 서비스를 개발하여 제공하며 주로 온라인 플랫폼과 앱 형태로 운영된다. 핀테크 기업 중 '비바리퍼블리카'와 모인(MOIN)'은 '세계 100대 핀테크 기업' 명단에 등재될 정도로 최근 급성장하고 있다. 핀테크 서비스 사용률은 중국, 인도와 거의 비슷한 수준으로 발전한다.

1-1 영국

영국은 글로벌 핀테크 시장에서 가장 약진하는 국가로 두각을 나타낸다. 선구자 역할을 하는 요인을 살펴보면, 정부의 적극적인 지원 정책과 과감한 투자 등에서 그 해답을 찾을 수 있으며, 다음과 같은 4가지 성장 요인이 있다.

(1) 금융 시장 대변환으로 금융 산업의 리딩 국가로 부상한다.

영국의 금융 산업은 1986년에 발생한 금융 빅뱅과 2008년 글로벌 금융 위기를 거치면서 급성장한다. 이 과정에서 글로벌 금융 시장의 선두 그룹을 형성하며 다양한 금융 서비스를 제공한다. [그림 7-1]에서 이 내용을 보여 준다.

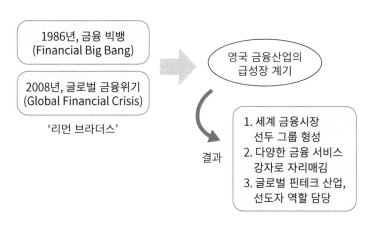

[그림 7-1] 영국 핀테크 산업의 글로벌 강자 부상

핀테크 산업의 성장은 체계적이고 적극적인 지원 정책이 원동력이 된다. 정부는 금융 규제 샌드박스를 설치·운영하고, 금융 시장에 혁신 기술 도입과 촉진자의 역할을 담당함으로써 글로벌 시장을 선도한다. 개방 경쟁을 촉진하는 금융 환경을 제공함으로써 글로벌 시장에서 핀테크 산업이 성장하는데 좋은 환경을 조성한다.

따라서 핀테크 산업은 영국에서 가장 빠르게 성장하는 분야가 되고, 핀테크 기업은 글로벌 핀테크 시장에서 경쟁력을 확보하게 된다.

(2) 핀테크 산업의 체계적인 분류와 균형 잡힌 투자이다.

영국무역투자청(UK Trade&Investment)은 핀테크 산업을 '지급 결제', '금융 데이터/분석', '금융 소프트웨어', '플랫폼'의 4개 영역으로 분류하고 육성 전략을 추진한다. [그림 7-2]에서 이 내용을 보여 준다.

① 지급 결제(Payment)   ③ 금융 소프트웨어(Software)

② 금융 데이터/분석(Data & Analytics)   ④ 플랫폼(Platform)

출처: 영국무역투자청: UK Trade&Investment, 2015

[그림 7-2] 핀테크 산업의 분류 체계화

(3) 핀테크 산업의 탁월한 지원 정책과 비약적인 발전이다.

초기 단계에서 간편 지급 결제 서비스는 전체 핀테크 시장의 약 60% 이상을 차지하며 비약적으로 발전한다. 이것은 이후에 다양한 형태의 핀테크 서비스를 제공함으로써 여러 분야에서 선두를 달리게 한다. 영국 정부의 적극적인 지원과 다양한 업무 추진이 크게 공헌한 결과이며, 지원 정책의 사례로 다음과 같은 것이 있다.

① 런던 중심가에 기술 창업기업 클러스터인 '테크시티'를 조성한다.

② 창업 기업 지원 프로그램 '퓨처피프티(Future Fifty)'를 통해 핀테크 기업을 지원한다.

③ '테크시티'와 영국 정부가 만든 '레벨39' 클러스터를 운영한다.

이러한 노력으로 영국의 핀테크 산업은 글로벌 강자로 자리 잡고, 여러 분야에서 선두 그룹을 형성한다. [표 7-1]에서 이 내용을 설명한다.

[표 7-1] 영국 핀테크 산업의 영역과 선두 분야

영역	선두 분야
데이터/분석	자본 시장, 신용 분석 및 조회, 보험
플랫폼	P2P 대출, 애그리게이터(Aggregator)[1]

(4) 핀테크 산업에 대한 투자 규모가 크다.

초기 단계에서 영국의 투자 거래량은 연간 74% 성장한다. 이것은 미국의 실리콘밸리보다 약 6배 이상 높은 결과다. 투자 규모도 연간 51% 성장하여 2배 이상이 된다.

정부의 규제 정책 완화와 금융-IT 기업 간 상호 협력 등으로 런던은 세계 최고 글로벌 핀테크 산업의 허브가 된다. 이에 따라 런던 시내에 있는 핀테크 기업은 약 1,800개에 달한다. 테크시티(런던 중심지에 있는 기술 창업기업 클러스터)에는 약 5,000개 기업이 입주하게 된다.

1-2 미국

미국은 글로벌 핀테크 시장을 선도한다. 핀테크 기업의 수와 투자 규모 면에서도 단연 세계 1위를 달린다. 미국이 이처럼 핀테크 산업에서 급성장하며 성공한 요인은 무엇일까? 그것은 다음과 같은 4가지에서 해답을 찾을 수 있다.

① 실리콘밸리 기술은 금융 중심인 뉴욕 자본과 융합되는 형태로 발전한다.

② 핀테크 혁신 랩 개설로 핀테크 스타트업 선정과 운영의 체계적인 접근이 가능하다.

③ 초기 투자 기금의 성공적인 확보가 가능하다.

④ 모바일과 인터넷 기반이 핀테크 기술 적용에 좋은 여건을 갖추고 있다.

---

1) 'Aggregator'란, 여러 회사의 상품이나 서비스에 대한 정보를 추출한 후 웹사이트에서 디지털 콘텐츠를 제공하는 인터넷 회사 또는 사이트를 말한다.

이러한 관점에서, 미국 핀테크 산업의 성장 요인을 좀 더 자세히 분석하고 그 내용을 정리한다.

(1) 실리콘밸리의 기술과 뉴욕 자본의 융합

실리콘밸리에 설립된 핀테크 기업은 기술만을 소유한 스타트업이 대부분이다. 따라서 초기 단계에서 많은 자금이 필요하고, 회사가 본격 성장하는 단계에서는 인프라 구축과 기술 도입을 위한 뉴욕의 투자금과 안정적인 자금 공급이 요구된다.

(2) 핀테크 혁신 랩 개설과 핀테크 스타트업 선정

2번째 성공 요인은 핀테크 혁신 랩(FinTech Innovation Lab) 개설과 핀테크 스타트업 선정 및 체계적인 육성이다. 랩 개설은 미국 15개 주요 금융회사와 벤처 캐피털, 정부 기관이 참여한다. 핀테크 스타트업 선정 및 육성은 1회당 약 7~8개의 핀테크 스타트업을 선정한 후 집중 육성하는 방식을 채택한다.

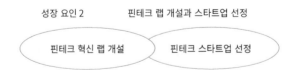

(3) 초기 투자금의 성공적인 확보

3번째 성공 요인은 초기 투자금의 성공적인 확보이다. 즉 혁신 랩을 바탕으로 투자가 이뤄짐으로써 다양한 형태의 단계적 투자금 조성과 성공적인 자금 확보가 가능하다.

성장 요인 3. 초기 투자 기금의 성공적인 확보

구분	펀드 제공자
유형 1	액센추어 및 뉴욕시 파트너십 펀드 조성
유형 2	런던, 주요 정부 기관 및 은행의 출자
유형 3	홍콩, 10개 주요 금융회사 및 액센추어

(4) 핀테크 기술 적용 시기와 적절한 타이밍

4번째 성공 요인은 핀테크 생태계 조성과 신기술 탄생의 조합이다. 즉 잘 발달된 인터넷 기반 환경은 소비자의 접근성과 편리성을 극대화함으로써 전통적인 금융 서비스의 축소를 만든다. 또한, 전자상거래와 스마트 플랫폼 등 환경 변화는 스타트업이 신 금융 시장에 진출하는 데 도움을 준다.

성장 요인 4. 핀테크 생태계의 조성과 신기술 탄생

구분	대표사례
지급 결제	페이팔(PayPal)은 온라인 가상계좌에 현금을 충전해 사용하는 방식으로 시장 점유율을 확대함
신용카드	애플페이(ApplePay)는 NFC 단말에서 지문 인식에 의한 본인 인증과 계정, 비밀번호만으로 비대면 결제가 가능하게 함

이 밖에도 '비조치 의견서'를 통해 규제 예측력을 강화하고, 비합리적인 규제 개선과 철폐 등을 통해 합리적인 규제의 틀(Frame)을 마련함으로써 핀테크 산업의 성장을 돕는다. 그 결과, 핀테크 기업에 대한 투자 중심을 실리콘밸리에서 뉴욕의 대형 투자은행으로 이동하게 한다.

1-3 중국

중국의 인터넷 보급 확산과 모바일 결제 시장의 확대는 핀테크 산업을 크게 성장시키는 계기가 된다. 대표 기업으로 알리바바, 텐센트, 바이두 등이 있다. 이들 기업이 급성장한 요인은 다음 3가지로 요약된다.

첫째, 정부 주도의 강력한 핀테크 산업 육성 정책을 추진한다.

일상생활을 포괄하는 플랫폼을 구축한 후, 핀테크 관련 서비스의 사용 범위를 대폭 확대한다. 대표 사례로 앤트파이낸셜이 있다. 이 회사는 알리바바 그룹의 금융 계열사이다. 기존의 금융 서비스를 넘어 교통, 외식, 게임, 경조사비 송금 등 다양한 형태로 핀테크 기술을 적용하여 서비스한다.

둘째, 핀테크 산업에 대한 정부의 적극적인 지원이다.

금융 후진국인 중국이 글로벌 핀테크 기업을 많이 만들고 성장시킨 것은 정부의 적극적인 지원 정책 때문이다. 현재 세계 100대 핀테크 기업과 상위 Top 10에 앤트파이낸셜, 징둥디지털과학기술 등이 있다.

셋째, 핀테크 기술을 일반화하고 활성화한다.

일상생활에서 QR코드 사용을 활성화한 것이 대표적인 예이다. 모든 상품의 포장지에 QR코드를 인쇄하여 사용함으로써 금융 소외 계층을 제외한 모든 사람이 핀테크 기술을 활용하도록 한다.

1-4 아시아 국가

아시아 국가들은 핀테크 산업의 급성장으로 금융산업과 금융시장에서 많은 변화를 겪고 있다. 최근에는 기업의 인수 · 합병도 늘고 있다

핀테크와 빅테크 기업이 금융 시장에 진출하게 됨에 따라 금융회사는 생존 위협을 느끼고 있다. 특히 개인 금융(Retail banking) 부문에서 수익과 거래량 감소에 따른 영향을 많이 받는다. 이에 따라 금융회사는 조직의 업무 혁신과 디지털 대전환을 추진하고 있지만 상당한 위험에 직면해 있다.

2. 글로벌 시장 동향

2-1 주요 국가

영국은 핀테크 산업과 핀테크 기업이 성장하기에 아주 좋은 생태계 환경을 갖추었다. 코로나19 확산과 브렉시트로 인하여 불확실성이 높아졌음에도 불구하고, 글로벌 핀테크 허브로써 리더 역할을 다한다.

최근에 영국 핀테크 기업들은 거액의 투자 유치를 계속하여 독일, 스웨덴, 프랑스, 스위스, 네덜란드를 합친 금액보다도 더 많은 계약과 자본을 끌어들이고 있다. 총투자 규모도 미국보다는 낮지만, 유럽에 투자된 자본의 거의 50% 이상을 유치하고 있다. 이러한 성장은 풍부한 투자금과 기술 혁신 지원 정책, 개방적인 글로벌 금융 환경 등에서 그 요인을 찾을 수 있다. 또한, 오픈뱅킹 시스템을 조기에 도입하여 사용자가 금융 데이터를 안전하게 핀테크 기업과 공유하고 있으며, 규제 당국(FCA, Financial Conduct Authority)이 규제 샌드박스를 운영하는 것도 순기능으로 작용한다.

미국은 글로벌 핀테크 시장에서 선구자 역할을 하며, 세계 1위 자리를 고수한다. 따라서 미국의 핀테크 시장과 기업을 중심으로 핀테크 산업의 발전 역사를 알아본다.

2010년대 초반에는 'TGiF[2]'와 'FANG[3]' 시대가 있었다. 2016년 이후는 'FAANG[4]' 기업으로 중심이 이동하였고, 이 흐름은 2020년 이후까지 PANDA[5], AAAMM[6]로 계속 이어졌다. 여기에서 언급한 용어들은 '빅테크(거대 IT 기업)'의 앞 첫 글자를 따서 만들어졌다. [그림 7-3]에서 빅테크 주요 기업의 성장 과정을 형상화하여 보여 준다.

---

2) TGiF: Twitter, Google, i-apple, Facebook(현재 Meta Inc.) 기업의 첫 글자로 표시
3) FANG: Facebook, Apple, Amazon, Netflix, Google 기업의 첫 글자로 표시
4) FAANG: Facebook, Apple, Amazon, Netflix, Google 기업의 첫 글자로 표시
5) PANDA: Paypal, Amazon, Nvidia, Disney, Alphabet(구글 모회사)의 첫 글자
6) AAAMM: Amazon, Apple, Alphabet, Microsoft, Meta(구. 페이스북)의 첫 글자

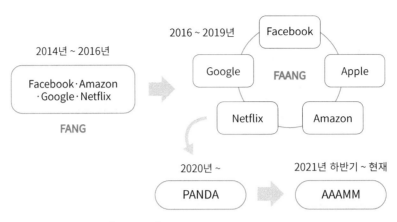

2014년 ~ 2016년

Facebook·Amazon ·Google·Netflix

FANG

2016 ~ 2019년

Facebook

Google   FAANG   Apple

Netflix   Amazon

2020년 ~

PANDA

2021년 하반기 ~ 현재

AAAMM

[그림 7-3] 미국 빅테크 기업의 성장 과정

위 그림을 기반으로 [표 7-2]에서 미국 주요 핀테크 기업의 사업 내용과 성장 동력을 설명한다.

[표 7-2] 미국 주요 빅테크 기업과 사업 내용

기업명	사업내용	성장동력
Alphabet	구글의 모회사로, 알파벳은 구글 클라우드, 유튜브, 자율 주행 사업자 웨이모와 협업으로 시장에 진출함	광고 수익 증가와 유튜브 호조
Amazon	미국 e-커머스 시장에서 약 50%의 시장 점유율을 갖고, 클라우드 사업(AWS)과 콘텐츠, 인공지능 등 분야로 진출하여 크게 성장함	AI 분야 진출, 1일 배송과 디지털 헬스케어 등
Apple	아이폰, 아이패드, 애플 워치, 아이맥, 애플 TV, 맥북 등 하드웨어와 iOS, iPadOS, macOS 등 소프트웨어를 설계하고 디자인하는 기업으로 성장함	아이폰, 아이패드의 판매량 증가
Disney	스트리밍 플랫폼 훌루(Hulu) 지분을 인수하고, 막강한 콘텐츠를 배경으로 스트리밍 사업에서 네플릭스, 아마존을 위협함	소프트웨어의 '원 소스 멀티 유즈' 전략
Meta	페이스북은 최근 Meta 플랫폼 기업으로 회사명을 변경하고, 메타버스(Metaverse) 기술을 통해 커뮤니티 활동과 비즈니스 성장에 도움을 주는 기술을 개발함	광고 수익 증가와 메타버스 사업의 진출

Microsoft	다양한 컴퓨터 기기에 사용되는 소프트웨어와 하드웨어 제품을 개발, 생산, 판매, 관리하는 회사로, 컴퓨터 운영체제뿐 아니라, MS Office가 정보 기술 비즈니스 업계의 표준으로 자리매김	클라우드 사업 활성화 – MS 오피스 프로그램에서 애저(Azure)로 중심 이동
Nvidia	게임 시장에서 견고한 입지를 차지하고 대용량 데이터 시장에 진출한 후 급성장 중이며, 인공지능 컴퓨팅 분야의 글로벌 선도 기업으로 컴퓨터 그래픽을 재정의하고 병렬 컴퓨팅의 변혁을 이룸	그래픽 처리 장치(GPU)의 수요 급증과 메타버스 사업의 지평 확대
Paypal	디지털 결제 시장에서 선두 주자로 등장하면서, 플랫폼 내에서 거래량 증가와 온라인 결제 증가세를 유지함	e-커머스 증가와 다양한 결제 방식 도입

핀테크 서비스의 초기 단계에서 개발된 지급 결제, P2P 대출, 간편 송금 등 분야는 안정기에 접어들면서 성장성도 완만해지고 있다.

국내외 산업시장 조사보고서 전문 업체인 '리서치 컴퍼니(Research company)'에 따르면, 글로벌 핀테크 시장은 2019년 1,112억 달러를 기록하였고, 2025년은 1,918억 달러, 2030년에는 3,253억 달러까지 급성장이 기대되는 산업으로 전망한다. [표 7-3]에서 이 내용을 설명한다.

[표 7-3] 글로벌 핀테크 시장의 투자 규모와 전망

년도	투자 규모	대비 증가율	전망
2019	1,112	–	–
2025	1,918	172.4%	성장예상치
2030	3,253	292.5%	"

출처: ㈜ 리서치 컴퍼니, 글로벌 핀테크 시장(2022.1) https://researchcompany.co.kr

글로벌 핀테크 시장이 확장됨에 따라 신규 투자 규모도 급상승하고 있다. [표 7-4]에서 이 내용을 설명한다.

[표 7-4] 글로벌 핀테크 시장의 성장률

구 분		2013년	2018년	성장률
신규 투자 규모	원화	23조 원	134조 원	582.6%
	달러	27억6천 달러	160억8천 달러	
투자 1건당 금액	원화	200억 원	611억 원	305.5%
	달러	240억 달러	733억2천 달러	

출처: 핀테크 산업 분석보고서, 윤태호 외 3인(2019.05), 요약 정리

2-2 기업 현황

핀테크 글로벌 시장에서 금융회사와 빅테크·핀테크 기업 간의 경쟁은 더욱 치열해지고 있다. 국가별로 다양한 접근 방식과 적극적인 투자는 계속 진행 중이다. 이들은 생존 경쟁을 위해 다양한 수익 모델의 개발과 확산에 치중하며, 윈-윈 전략으로 협력 관계를 강화한다.

특히 금융회사는 디지털 대전환에 따른 수익 구조 변화에 대응하기 위해 새로운 수익원 발굴과 금융 플랫폼을 강화하고 있다. 성공적인 디지털 생태계를 만들기 위해 IT 기술과 각종 디지털 기술에 대한 투자와 신금융 서비스의 수익 모델을 개발하며 전략적으로 대응한다.

기업가치가 10억 달러(약 1조 원) 이상인 기업을 '유니콘(Unicon) 기업'이라고 한다. CB Insights(2022.02)에 따르면, 2022년 2월 말 현재 전 세계에는 900개 이상의 유니콘 기업이 있다. 이 중에서 Top 10 국가의 기업 수는 892개에 달한다. Top 10 국가는 미국, 중국, 인도, 영국, 독일, 프랑스, 이스라엘, 캐나다, 브라질, 싱가포르 순으로 나타났다.

미국의 유니콘 기업은 510개(57.2%), 중국은 167개(18.7%)로, 두 나라가 차지하는 비율은 75.9%을 넘는다. 그 뒤를 이어서 인도가 59개, 영국 39개, 독일 25개 등이다. 한국은 유니콘 기업이 11개로 11위이며, 핀테크 기업도 2개로 11위이다. 2년 전까지만 하더라도 모두 6위였으나 이번에는 11위로 하락한다.

글로벌 유니콘 기업 대비, 핀테크 기업의 구성 비율도 계속 증가하여 19.7%까지 높아
졌다. 이 내용을 보면, 핀테크 기업들은 매년 승승장구하고 있음을 알 수 있다. [표 7-5]
에서 이 내용을 설명한다.

[표 7-5] 글로벌 유니콘 기업 Top 10

순위	국가	유니콘 기업	핀테크 기업	핀테크 비율
1	미국	510	106	20.8
2	중국	167	8	4.8
3	인도	59	14	23.7
4	영국	39	23	59.0
5	독일	25	6	24.0
6	프랑스	24	5	20.8
7	이스라엘	24	3	12.5
8	캐나다	17	4	23.5
9	브라질	15	4	26.7
10	싱가포르	12	3	25.0
합계		892	176	19.7

출처: CB Insights 2022 글로벌유니온 클럽(2022.02)

미국 빅테크 기업의 핀테크 시장 진출도 활발해진다. 대표 사례로 아마존의 대출 서
비스, 페이스북과 구글의 간편 결제 서비스 등이 있다. 이들 기업은 전통적인 금융회사
와 경쟁하며 다양한 서비스를 제공함으로써 금융회사를 위협한다. 삼정KPMG 보고서
에 따르면, 글로벌 서비스의 주요 분야는 P2P 대출, 지급 결제, 자본 시장, 보험 등으로
발전한다. [그림 7-4]에서 이 내용을 보여 준다.

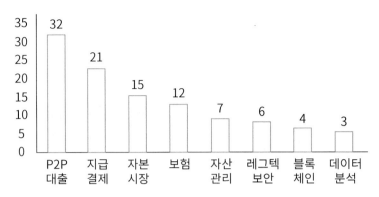

출처: KPMG(2018)

[그림 7-4] 글로벌 핀테크 기업의 사업 분야

3. 국내 산업 동향

3-1 산업 현황

국내에서도 모바일 기기 사용과 간편 결제 서비스가 활성화됨에 따라, 모바일 지급 결제 시장도 급성장 중이다. 스마트폰 보급률 전 세계 1위와 정보통신 기술의 급속한 발전은 한국이 간편 결제 서비스의 이용률을 높이는 데 주요인이 된다. 하지만 핀테크 기술이 지급 결제와 P2P 대출 분야에만 너무 편중된 문제가 있다. 대표 사례로 삼성페이, 카카오페이 등이 있으며, 한국핀테크산업협회에 등록된 핀테크 기업 수는 약 300여 개이다. 다양한 핀테크 모델을 개발하여 서비스 중이지만, 대부분이 간편 결제 등 5개 분야에 집중되어 있어 앞으로 균형 발전이 요구된다.

국내에서 핀테크 산업이 관심을 끌며 본격적으로 도입된 것은 2014년 이후이다. 그런데 아직도 다양성과 균형 발전이 되지 못하는 이유는 무엇일까? 그 요인은 다음의 3가지에서 찾을 수 있다.

첫째, 핀테크 기업의 플랫폼 개발 지연으로 인해 서비스 제공이 제때 활성화되지 못했다.

둘째, 금융회사는 그동안 자체 생존 방안 모색에만 전념하고, 핀테크 기업에 대한 기술력 증진과 정책 지원이 미흡하였다.

셋째, 정부가 핀테크 기업의 금융업 진출을 돕기 위한 규제 정비와 지원 정책이 미약하였다.

따라서 핀테크 산업 활성화를 위해서는 정부, 금융회사, 핀테크 기업의 3자 간 상호 협조 체계 강화는 물론, 체계적인 육성 정책과 지원이 요구된다.

3-2 기업 현황

핀테크 시장을 이끌어가는 한국 기업은 분야별로 다양하다. 삼정KPMG('2020 상반기 핀테크 동향 보고서', 2020.9)에 따르면, 핀테크와 빅테크 플랫폼 기업 간의 경계는 희미해지고 경쟁은 더 치열해지고 있다.

스타트업으로 시작한 국내 핀테크 기업 중 일부는 크게 성장하여 증권 시장에 상장되고 있다. 웹케시, 세틀뱅크, 핑거, 카카오페이 등이 대표적인 예이다. 앞으로 더 많은 기업이 나오며 이러한 성장세는 계속될 것으로 전망된다.

최근 시행된 데이터 3법(개인정보보호법·신용정보법·정보통신망법)으로 '마이데이터', '마이페이먼트', '종합지급결제 사업' 등이 도입됨에 따라, 핀테크 산업은 활성화를 위한 토대가 마련되어 더욱 성장이 기대된다.

4. 국내 시장 동향

4-1 기업 규모

국내 핀테크 기업의 규모는 매년 크게 성장함을 알 수 있다. 자본금 규모는 1억 원 미만에서 10억 원 이상으로 비중이 높아지고, 종사자 수도 10인 이하에서 31인 이상으로 고르게 분산되고 있다. [표 7-6]에서 이 내용을 설명한다.

[표 7-6] 국내 핀테크 기업의 규모

구분		점유율	비고
자본금 규모	10억 원 이상	34.7%	
	1억 원 이상~10억 원 미만	45.1%	최대
	1억 원 미만	20.2%	
종사자 수	31인 이상	28.0%	
	11인 이상~30인 이하	31.1%	최대
	10인 이하	40.9%	

국내 핀테크 기업의 설립 시기와 기업 개수를 보면, 핀테크 기업의 업력(業歷)도 높아지고 있음을 알 수 있다. 2013년~2015년에 설립된 회사는 137개로 가장 많다. 전체 기업 중 45.4%의 점유율을 차지한다. 2013년 이전에 설립된(약 10년 경과) 회사도 80개에 이른다. [표 7-7]에서 이 내용을 설명한다.

[표 7-7] 국내 핀테크 기업의 설립 시기와 기업 수

설립 시기	기업 수	점유율	비고
2016년~2018년	85개	28.1%	
2013년~2015년	137개	45.4%	최다
2013년 이전	80개	26.5%	
합계	302개	100%	

4-2 기업 현황

한국인터넷진흥원과 한국핀테크지원센터, 한국핀테크산업협회는 매년 공동으로 《대한민국 핀테크 기업 편람》을 발간한다. 국내 핀테크 기업의 현황과 주요 서비스, 산업 전반 현황 등을 소개하는데, 수록되는 기업 수는 매년 증가한다. 여기에 포함되지 않은 기업까지 합치면 약 600개 이상이 된다. 이것은 정보 기술과 금융의 융합이라는 핀테크 산업의 특성상 핀테크 기업은 물론 빅테크 기업까지 금융업에 쉽게 뛰어들 수 있는 여건이 마련되었기 때문이다.

국내 핀테크 산업은 2014년 말에 본격 태동하여 금융권의 관심을 받게 된다. 금융 비즈니스 모델은 소규모의 핀테크 기업 주도로 사용 편리성과 소액 거래 중심에 초점을 맞춰 다양하게 개발된다. 2020년 말 한국핀테크산업협회에, 현재 한국핀테크협회에 등록된 핀테크 기업은 분야별로 다양하다. [표 7-8]에서 이 내용을 설명한다. 자세한 내용은 한국핀테크산업협회 홈페이지(MEMBER→ 회원사 현황→ 핀테크 분야)를 참고 바란다.

[표 7-8] 국내 핀테크 기업의 분야별 현황

비즈니스 모델	기업 수	비즈니스 모델	기업 수
P2P 금융	56개	로보어드바이저	20개
간편 송금 및 지급 결제	55개	크라우드펀딩	13개
금융 플랫폼	41개	소액 해외송금	8개
보안 및 인증	35개	자산관리	8개
블록체인 및 가상통화	27개	기타	39개
합계			302개

출처: 한국핀테크산업협회, 등록 기업 요약

이러한 흐름에 따라 금융권의 서비스 형태도 조금씩 변화한다. 대표 사례로 빅데이터를 활용한 고객 맞춤형 서비스 제공과 AI를 활용한 금융 서비스 개발 등이 있다. 그 결과는 다음과 같이 나타난다.

첫째, 상대방 계좌번호를 몰라도 송금할 수 있다.

간편 송금과 계좌이체 거래 시, 스마트폰 번호를 평생 계좌번호(스마트폰 번호를 등록하고, 계좌번호로 사용)로 대체 사용한다. 공인인증서는 의무 사용이 폐지(2020.12)되고, 명칭도 '공동인증서'로 변경된다. 하지만 아직도 일부 업무에서는 계속 사용 중이다.

둘째, 고객 맞춤형 서비스 제공과 개인정보 관리가 강화된다.

본인이 발급받은 신용카드 중 특정 매장에서 가장 좋은 혜택을 제공하는 신용카드를 추천한 후 카드 사용을 유도하는 고객 맞춤형 서비스와 개인정보를 내가 관리하도록 하는 'My 데이터' 제도가 시행 중이다.

셋째, 다양한 금융 서비스가 개발되어 적용된다.

정보 기술이 계속 발전함에 따라, 국내 핀테크 기업들은 이러한 신기술을 활용하여 금융 서비스를 개발하고 금융권 업무에 적용한다.

넷째, 정부의 정책 지원이 강화된다.

핀테크 기업의 증가와 정보 기술 발전에 따라 정부도 핀테크 산업을 '혁신 성장 선도 사업'으로 지정하고 적극적인 투자와 지원을 한다. 금융위원회는 규제 완화와 등록 절차 간소화 조치 등을 통해 핀테크 활성화 정책을 추진하고, 과학기술정보통신부는 핀테크 스타트업 발굴과 육성, 핀테크 신기술과 서비스 개발 등을 지원한다.

5. 핀테크 산업 발전과 미래

5-1 발전 저해 요인

국내 핀테크 산업 발전을 저해하는 요인에는 문화적인 차이와 비즈니스 모델의 상충 등 여러 가지 문제가 존재한다. 이 요인들은 크게 일반적인 요인과 법적/제도적 요인으로 구분할 수 있다.

첫째, 일반적인 저해 요인을 살펴본다. 이 요인은 문화적인 차이, 금융 모델과 금융 서비스 차이 등 크게 5가지로 구분한다. [표 7-9]에서 이 내용을 설명한다.

[표 7-9] 핀테크 산업 발전의 일반 저해 요인

저해 요인	내용 설명
문화적인 차이	국내 금융 서비스가 외국과 다른 방식으로 처리됨에 따라, 시스템 적용 시 문제점이 발생할 수 있음
금융 모델과 금융 서비스 차이	핀테크 기업이 개발한 금융 모델이 금융권 서비스와 다르고 서비스 관점도 차이가 있어, 연계 처리와 프로그램 접목에서 문제가 발생함
기업 간 주도권 싸움	서비스 플랫폼의 적용 시 금융회사와 핀테크 기업 간에 주도권 싸움과 충돌하는 문제가 생기고 이견이 있을 수 있음
금융보안 우려	금융권에서는 '개인정보보호법'이 매우 민감한 사항이므로 외국의 핀테크 사례와 모델을 그대로 국내에 도입할 경우, 업무 적용 시 실패할 가능성이 있음
금융 서비스 규제 철폐와 완화	금융회사 설립 자본금이나 금융 시장 진입 등에서 관련 법에 대한 규제 철폐와 완화 조치가 필요함

둘째, 국내 핀테크 산업 발전을 저해하는 요인으로 법적/제도적인 문제가 있다. 이것은 데이터센터 소재지, 대부업법 문제 등 4가지로 구분할 수 있다. [표 7-10]에서 이 내용을 설명한다.

[표 7-10] 핀테크 산업 발전의 법적/제도적 저해 요인

문제 및 개선 사항	관련 법령
데이터센터 소재지 관련 지침 내용 다양화와 불일치 - 블록체인 기술 활성화 및 클라우드 컴퓨팅 기술 활용 제한적	· 신용정보법 제17조(수집, 조사 및 처리의 위탁) · 전자금융감독규정 제11조(전산실 등에 관한 사항): 분산 데이터 처리 시스템 도입에 어려움 · 전자금융감독규정 제15조(해킹 등 방지책) · 전자금융감독규정 시행세칙 제2조의2(망 분리 적용 예외)
이용자 편익과 핀테크 산업 활성화를 위한 대부업법 문제	· 대부업법 등록 및 금융 이용자 보호에 관한 법률 제6조 등 적용
투자자문사 수익률 공개와 게시	· 금융투자회사(투자자문사)의 영업 및 업무에 관한 규정 제2-38조 제3호 - 수익률 관련 내용을 불특정 다수가 볼 수 있는 곳에 게시 불가
금융위원회 등록 대상 대부업자 기준의 제정	대부업 등의 등록 및 금융이용자 보호에 관한 법률 시행령(제3조제3항) 등

5-2 규제 이슈

금융 당국은 그동안 핀테크 산업 발전을 위해 많은 규제 철폐와 다양한 업무를 추진해 왔다. 하지만 아직도 많은 규제와 개선 과제가 남아 있다. 규제는 국내 핀테크 산업 관련 규제와 주요 국가의 감독 규제 측면에서 알아본다. [표 7-11]에서 이 내용을 설명한다.

[표 7-11] 국내 핀테크 산업 규제사항

규제 내용	관련 법률 및 규정
금융회사 OTP와 보안카드, 공동인증서 의무 사용은 폐지되었으나, 아직도 선택적 또는 제한적으로 사용 중임	금융감독규정
언택트(Untact)[7] 거래가 일반화되면서 금융실명제법상 대면 확인 의무제도는 완화되었으나, 입출금 계좌의 신규 및 입금액의 출금 제한은 그대로 유지됨 ① 입출금 통장을 만든 후 20일 경과 시점(영업일 기준)에서만 신규 계좌 개설이 가능함 ② 타인이 송금한 금액은 30분 경과 이후 출금이 가능하도록 제한함 ③ 위 사항은 개설된 통장이 보이스피싱과 대포통장으로 악용되거나, 잘못 입금되는 등 금융 사고 예방 차원에서 금융감독원 행정지도로 도입된 제도임	금융실명제법, 금융감독규정
핀테크 기업의 금융 정보 공유를 제한함(개인정보의 '3자 제공'으로 정보 유출 문제가 심각하여 제한)	개인정보보호법
금융회사가 핀테크 자회사를 두거나, 합작 회사 형태로 인터넷전문은행을 설립하는 것이 불가능함 - 인터넷전문은행법에서 정보 기술 기업 등 '비금융 주력자'만 인터넷전문은행의 대주주가 될 수 있도록 함에 따라 금융권(금융지주회사, 은행 자회사 포함)은 상대적으로 불평등한 위치에 놓임	은행법, 인터넷전문은행법, 금융지주회사법

5-3 활성화 전략

핀테크 산업의 활성화를 위해서는 정부의 정책 지원과 규제 완화가 최우선 과제이다. 또한, 다양한 핀테크 서비스 개발 및 이해관계자 간 협업 체계 구축, 금융 서비스 정책과 규제기관 등이 관련된다. 따라서 이에 대한 다각적인 검토가 요구된다.

(1) 미국

핀테크 산업 규제는 네거티브 방식을 채택한다. 핀테크 기업이 다양한 서비스를 제공

---

7) '언택트(Untact)'란, 접촉을 뜻하는 '컨텍트(Contact)'에 'Un'이 붙어서 '접촉하지 않는다'라는 의미를 내포한다. 즉 고객과 직접 마주하지 않고 서비스와 상품 등을 판매하는 비대면 방식의 마케팅 수단을 말한다. 과거에는 주로 키오스크(Kiosk)와 자판기(Banding machine), 은행의 자동화기기 등을 통해 상품을 판매하거나 서비스를 제공하였다. 그러나 최근에는 모바일 기기의 간편 결제 앱이나 NFC 기능을 이용하여 즉시 거래하거나, 로보어드바이저 등 인공지능 기능을 통해 업무 처리를 하는 형태로 발전하고 있다.

하고 모바일뱅킹 시장에서 비중을 확대함에 따라 금융 당국은 금융 서비스의 피해 예방과 저감을 위해 핀테크 산업과 기업에 대한 각종 규제를 강화하였다. 규제는 각 연방정부와 주정부의 감독기관이 담당하며, 모바일과 인터넷 등 온라인 자금 이체에 대한 규제와 감독을 한다.

(2) 영국

핀테크 산업 규제는 네거티브 방식을 채택한다. 2012년 제정된 금융 서비스법에 따라 각종 규제 조치와 규제 관련 기관의 통제하에서 핀테크 산업이 발전하도록 한다. 지원 정책은 재무부와 기술혁신기술부의 정책 지원과 주도적인 업무 추진을 통해 스타트업과 중소기업을 대상으로 '쉬운 창업과 기업 성장'을 추진하며, 투자 확대와 창업 촉진 등으로 초기 시장 진입을 장려한다.

'무역투자청'은 기업의 경쟁력 강화 등을 통해 핀테크 기업이 성장하도록 업무를 지원한다. 핀테크 관련 규제 및 감독기관은 3개가 있다.

여기에서 감독기관의 역할과 규제 사항, 정책 추진 방향을 살펴보기로 한다. [표 7-12]에서 각국의 감독기관 역할과 규제 사항을, [표 7-13]에서는 각국의 정책 추진 방향을 설명한다.

[표 7-12] 각국 감독기관의 역할과 규제

구분	감독기관 역할과 규제
미국	① 감독기관으로 연방정부와 주정부의 감독기관이 있음 ② 자금 서비스업자(MSB)는 주 정부의 인가, 감독, 규제 하에서 업무 수행을 하며, 비금융회사의 지급 결제 등 금융 서비스 제공 요건을 통제하기 위해 반드시 MSB 면허를 취득해야 함
	네거티브 방식을 적용하므로 신규 사업을 먼저 허용하고, 규모가 커지면 기존 제도를 정비하는 방식으로 진입 장벽을 낮춰 줌 ① 핀테크 기업이 금융 서비스 사업에 쉽게 진출하도록 도움 ② 문제 발견 시 즉시 보완하고 부작용 방지 조치를 시행함
	비용 편익 분석으로 비합리적인 규제의 개선과 핀테크 산업 발전에 조력함 ① 만일 규제 비용이 기업 또는 소비자의 이익보다 크다면 해당 법안과 규제를 폐지하도록 함 ② '비조치 의견서' 제도를 도입하여 활용함

영국	① 금융정책위원회: 시스템 리스크를 감시함으로써, 거시 건전성을 규제하는 역할을 담당함(영란은행 내에 설치) ② 금융정책위원회 산하 기관으로, 건전성감독기구(PRA: Prudential Regulation Authority)와 금융업무행위감독기구(FCA: Financial Conduct Authority)를 설치하고, 금융 서비스법의 감독 기능을 수행함

중국	금융과 핀테크 산업의 규제 및 감독기관을 구분하여 운용함
	 ① 상무부(한국의 "기재부"에 해당)
	    중국 국무원에 속한 행정 부서로, 중국의 경제와 무역을 총괄하는 중앙정부기관
	 ② 은행업감독관리위원회(한국의 "금감원"에 해당)
	    은행, 자산운용회사, 투자신탁회사, 비은행 금융회사 등에 대한 인허가 및 감독·검사 업무, 은행 산업 전반에 대한 감독 정책과 관련 법률 규정을 제정
	 ③ 중국인민은행(한국의 "한국은행"에 해당)
	    통화정책의 수립, 집행 및 외환시장, 은행 간 채권시장 등을 통합하며, 통화정책을 결정·승인하는 국무원 소속 정부기관

한국	금융과 핀테크 산업의 규제 및 감독기관을 구분하여 운용함
	 ① 금융위원회
	    정부 행정기관으로, 금융감독원의 상위조직임. 주요 정책 및 기획 업무를 담당함
	    – 금융위원회는 금융감독원의 업무·운영·관리에 대한 지도·감독을 하며, 금융감독원의 정관 변경과 예산 및 결산 승인, 금융감독원을 지도·감독하기 위한 사항 등을 심의·의결함
	 ② 금융감독원
	    민간 법인으로, 금융감독업무를 수행함(집행기관)

[표 7-13] 각국의 정책추진 방향

구분	정책추진 방향
미국	① 규제를 통해 비 일괄적인 규제 및 사후 규제, 기술 중립성 등 시장 자율성을 인정하고, 기업 자율적인 기술창업 생태계를 조성함 ② 비합리적인 규제를 개선하고, 핀테크 산업 발전에 조력함 –문제 발견 시 즉시 보완하고 부작용 방지 조치를 시행하고, 만일 규제 비용이 기업 또는 소비자의 이익보다 크다면, 해당 법안과 규제를 폐지하고 '비조치의견서' 제도를 도입함
영국	① 정부 기관(FCA, 재무부, 무역투자청) 간 업무협력을 통해 창업지원과 생태계를 조성하고 지원함(세제 혜택, 투자지원, 데이터 공유 등) ② 기업의 금융 서비스 신규 개발 및 투자를 유도함 ③ 금융업무행위감독기구(FCA) 내에 지급결제 시스템 감독본부를 신설하고, 건전성감독기구(PRA)는 소규모 신설 은행의 자본규제와 인허가 절차를 간소화함

중국	① 비금융사업자의 핀테크 서비스는 중국인민은행(중앙은행)의 허가를 받도록 함 ② 인터넷금융은 '제한'보다는 '지원'을 강조하고, 금융회사와 핀테크 기업 간 정보 기술 협력을 적극적으로 지원함 -인터넷전문은행 신설, 자산관리업무 허용 등 ③ 정부의 강력한 의지 표명과 함께 빅테크 중심으로 지원함
한국	금융당국(금융위원회)은 핀테크 산업과 관련된 규제 완화 조치와 개선을 위해 아래 사업을 적극적으로 추진함 ① 금융회사 간 계좌이동제 ② 비대면 실명확인 허용 ③ 인터넷전문은행 설립 ④ 공인인증서와 OTP 의무 사용 폐지 ⑤ 모바일 카드 발급허용 등

그동안 국내에서 추진했던 정책과 내용을 알아본다. 금융 당국은 다양한 핀테크 산업 지원 정책과 업무를 추진하면서 많은 성과를 거둔다.

첫째, 핀테크 산업 활성화와 생태계 조성을 위해 핀테크 관련 육성 프로그램과 플랫폼 등을 제공한다. 인터넷전문은행 설립과 함께 다양한 금융 활성화 조치를 시행하고, 빅데이터 활성화를 위해 '개인정보 보호법'을 개정한다.

둘째, 핀테크 산업 육성을 위해 여러 방안을 수립하고 시행한다.

① IT·금융 융합 지원 방안을 발표함	④ 인터넷전문은행을 설립함
② 한국핀테크지원센터의 설치와 핀테크지원협의체를 구성함	⑤ '크라우드펀딩법'을 제정하고 시행함
③ 비대면 실명 확인 허용 방안을 발표함	⑥ 기타 각종 개선 사항을 추진함

위 내용을 추진한 결과, 다음과 같은 성과를 거둔다.

① 온라인 모바일 카드와 QR코드 등 핀테크 금융 서비스를 시행함	④ 간편 결제의 편의성 증대와 모바일 거래가 급증함
② 핀테크 기업과 금융회사 간 업무를 제휴함	⑤ 핀테크 산업의 생태계 조성과 금융 비즈니스 업무 활성화를 이룸
③ 인터넷전문은행, 크라우드 펀딩 등 신 금융 모델이 출현함	⑥ 금융 서비스의 쉬운 접근성과 편의성을 제공함

아울러 핀테크 기업의 시장 진입 원활화와 금융회사의 핀테크 기업에 대한 투자 활성
화도 이루어진다. 이를 통해 기업의 자금 조달과 핀테크 기술 활용 등 제약 요인이 해소
되고, 핀테크 산업과 관련된 여러 가지 문제들도 자연스럽게 해결될 것으로 전망한다.

① 규제 및 법 제도를 정비함	⑤ 데이터 공유 기반을 구축함
② 금융 서비스와 수익 모델을 개발함	⑥ 금융 사고 위험 관리 체계를 마련함
③ 핀테크 창업 생태계를 조성함	⑦ 데이터 분석 기술을 강화함
④ 보안 기술 고도화·표준화를 구현함	⑧ 금융회사와 IT 기업 간 협업 체계를 구축함

출처: 박혜영, 《한국통신학회지 제33권 제2호》

제8장

핀테크 비즈니스 모델

이 장에서는 핀테크 금융 서비스의 모델을 알아본다. 따라서 이들의 현황과 국내·외 핀테크 기업의 서비스 사례를 먼저 살펴본다. [표 8-1]은 이 내용을 정리하여 보여 준다.

[표 8-1] 핀테크 금융 서비스 모델과 분야별 사례

모델		분야별 대표사례
간편 결제	국내	삼성페이, 카카오페이, N pay, 페이나우 등
	해외	Stripe, Paypal, Apple Pay, Alipay 등
P2P 대출	국내	8퍼센트, 마이뱅크, 렌딧, 펀다, 펀딩클럽 등
	해외	LendingClub, Zopa, Alibaba, Dwolla, Lenddo 등
해외 송금	국내	토스(비바리퍼블리카), 모인(Moin), 다날, 한패스 등
	해외	TransferWise, CurrencyFair, Azimo, Bitcoin 등
자산관리	국내	쿼터백투자자문, 라이프가이드, 위버플 등
	해외	Nutmeg, Rplan, Blue Speek Finacials 등
크라우드 펀딩	국내	텀블벅(Tumblbug), 와디즈(wadiz), 오픈트레이드 등
	해외	Indiegogo, Kickstarter, Crowdcube 등
데이터 분석	국내	투이컨설팅, 뉴로어소시에이츠, 뱅크샐러드, 펀다 등
	해외	ZestFinance, Billguard, Progressive 등

1. 간편 결제

1-1 서비스 내용

핀테크 서비스에서 가장 활성화된 분야는 간편 결제[1]이다. 일반적으로 지급의 형태는 '자금 이동', '자금 송금', '전자상거래 지급', '빌링(과금) 결제'로 분류되는데, 이 중에서 핀테크 기업들이 주로 진입하는 분야는 '전자상거래 지급'에 속한다.

전자상거래 시장에서 간편 결제의 수단은 2가지 형태로 이루어지며, 기존 인프라 기반을 활용하는 방법과 핀테크의 '탈중개화'[2]된 우회형 수단을 활용하는 방법이 있다. [표 8-2]에서 이 내용을 설명한다.

[표 8-2] 간편 결제 수단의 활용 방법

구분	내용 설명
기존 간편 결제 수단을 이용함 - 기존 인프라를 그대로 사용	① 기존에 만들어진 간편 결제 시스템 인프라(계좌이체, 현금 인출 또는 신용카드 결제 등)를 그대로 이용함 ② 간편 결제의 편의성을 확보하면서 금융 서비스를 보완하는 형태로 접근함 ③ 대표 사례로, Paypal, Apple Pay, Stripe, 삼성페이 등이 있음
'탈중개화'된 우회형 수단을 새롭게 개발함 - 신규 플랫폼을 구축한 후 간편 결제	① 기존 금융회사의 결제 시스템을 이용하지 않고, '탈중개화'된 결제 플랫폼을 신규로 구축해 활용하거나, 간편 결제 수단을 새롭게 개발하여 적용함 ② 대표 사례로, M-Pesa, Dwolla, PayNearMe 등이 있음

(주) 1. Dwolla(드월라): 온라인 결제 시스템과 모바일 결제망을 제공하는 미국의 전자상거래 회사

---

1) '간편 결제'란, 간단한 방식으로 핀테크의 간편 결제 서비스를 지원하는 시스템을 말하며, 통상 '간편 지급 결제' 또는 '간편 결제'라고 한다.
2) '탈중개화'란, 재화와 용역의 유통 과정에서 기존에 이용하던 경로를 탈피하여 금융업무를 처리하는 것을 말한다. 즉 금융 서비스가 기존 금융 시스템과는 달리 중계기관을 거치지 않고 금융거래 당사자 간에 직접 이뤄지는 것이다. 이 용어는 금융권에서 처음으로 등장하여 사용되기 시작하였다.

2. PayNearMe(페이니어미): 고객이 원하는 방식(직불·신용카드, 현금, Googlepay, Apple Pay 등)의 지급 가능 결제 플랫폼으로, 27,000개 이상의 소매점(7 ELEVEN, FAMILY DOLLAR 등) 24/365 코너에서 카드와 현금 지급이 가능한 시스템

간편 결제에서 핀테크 기술을 적용하는 이유는 고객의 편의성을 증진하고 수수료를 절감하는 데 있다. 이것을 위해 3가지 방법으로 간편 결제 시스템을 개발하여 활용하며, [표 8-3]에서 이 내용을 설명한다.

[표 8-3] 간편 결제 시스템 개발 방법과 활용

개발 방법	정보 기술 구현 방안	활용 방안
기존 간편 결제 시스템에 기능을 추가함	금융 결제 시스템이나 모바일 뱅킹에 바코드, QR코드 기능을 추가함	생성된 결제 프로세스는 기존 금융회사 시스템과 연계하여 활용함
독립적인 인프라 또는 신시스템을 구축 후 활용함	독자적인 금융 결제망을 구축하고 결제 시스템으로 활용함	M-Pesa, Dwolla 등과 같이 결제 시스템을 별도 구축한 후 활용함
신기술 적용으로 업무 절차를 혁신함	블록체인이나 P2P 거래 인증 기반의 암호화폐 등 신기술을 적용함	간편 결제 과정에 블록체인과 암호화폐 등 다양한 신기술을 적용함

이 밖에 API(Application Program Interface: 응용 프로그램 인터페이스)를 이용하여, 신규 개발된 핀테크 기술을 금융망에 접목하거나 금융 소비자의 사용 편의성을 확보하는 방법 등이 있다.

핀테크 기술을 금융 시스템에 접목하기 위해서는 현재 운영되는 API 프로그램과 UI(User Interface: 사용자 인터페이스)를 활용하면 좋다. 핀테크 기업과 금융권은 이것을 이용하여 금융결제원의 금융망과 테스트베드에 접속한 후 테스트를 쉽게 진행할 수 있다.

1-2 대표 사례

간편 결제의 대표 사례로 스트라이프, 심플, 엠페사가 있다.

[사례 1] 스트라이프(Stripe)

스트라이프의 특징과 차별화 전략, 성공전략, 서비스 내용을 알아본다. [표 8-4]에서 이 내용을 설명한다.

[표 8-4] 스트라이프의 차별화 전략과 성공 전략

구분		내용 설명
특징		① 모바일 간편 결제 서비스를 제공하며, 온라인쇼핑을 위한 결제 플랫폼을 갖춤 ② Paypal과 같은 간편 결제 대행 서비스를 제공하지만, 결제 기능의 구현과 유지보수 노력을 대폭 감축시키는 강점이 있으며, E-mail ID를 기반으로 간편 송금 서비스를 제공함 ③ 타 결제 플랫폼에 비해, 웹이나 모바일에 빠른 적용이 가능하여 현재 13,000개 이상의 웹사이트에서 사용되고, 19개 국가에서 결제 서비스를 제공함 ④ 139개 이상의 통화로 계좌이체, 비트코인, Alipay 등을 지원하며, Twitter, Apple Pay, Alibaba 등에 솔루션을 제공하여 자사 결제 플랫폼을 확장하려는 전략을 추구함
차별화 전략	Paypal, Square	이용자(고객, 가맹점) 관점에서 편의성 제고 전략을 추진함
	Stripe	판매자(개발자) 관점에서 편의성 제고와 서비스 영역의 확대 전략을 구사하며, 온라인 거래를 단순화하고 사용하기 쉬운 사용자 환경(User Interface)을 조성함

구분	내용 설명
성공 전략	① 참신한 사용자 환경(UI) 제공과 각종 수수료 면제, 그리고 독특한 자산관리 기능으로 고객 친화 전략을 추구함 ② 은행과 수수료 수익을 공유함으로써, 성공적인 시장 진입과 시장에 조기 안착을 유도함
서비스 내용	① Bancorp Bank, VISA 카드, AllPoint(ATM) 등과 업무 제휴를 통한 계좌관리로 수수료를 절감하며, 미국보다는 해외 시장에서 더 성장 중임 ② 지출액 분석을 통해 재정 건전성 파악과 재정 목표를 수립하고, 저축 유도 등 개인 자산관리 기능을 강화함 ③ 제휴 은행 계좌의 발생이자 수익과 Simple 체크카드 결제 시 가맹점 수수료 일부를 제휴 카드사와 공유하여 수익을 창출함 ④ 신용카드 결제는 스트라이프 서버에서 이루어지고, 수수료를 제외한 결제 금액을 즉시 송금하므로 처리 시간이 매우 빠름 ⑤ 데이터 분석에 기반을 둔 고객 맞춤형 상품 제안이 가능함

스트라이프(Stripe) 홈페이지에 들어가 보면, 판매자가 간편 결제를 쉽게 할 수 있도록 Stripe 화면 구성을 도와주고, 고객에게는 금융 서비스를 신속히 처리할 수 있도록 편의성을 제공한다. 이것은 스트라이프의 강점이라고 할 수 있다.

[사례 2] 심플(SIMPLE)

'SIMPLE'은 은행과 VISA 카드, AllPoint(ATM) 등과 업무 제휴를 통해 카드 결제나 예금, 자금 이체, 입출금 등 금융 서비스를 제공한다. 수익은 주로 예대 마진과 카드 수수료 분배 과정에서 발생한다. 성공 요인은 카드 이용량 증대와 예금계좌 유지, ATM 수수료 면제 등을 통해 자사 고객을 확대하고, 카메라를 활용하여 원격지에서 수표 입금이 가능하게 한 것이다.

[사례 3] 엠페사(M-Pesa)

'M-Pesa'는 모바일뱅킹과 간편 결제 서비스의 융합 방식인 모바일 결제 서비스라고 할 수 있다. 2006년 케냐의 이동통신사 사파리콤(Safaricom)과 남아프리카 공화국의 통신사 보다콤(Vodafone)이 업무 제휴를 통해 출시한 개인 간 모바일 간편 결제 및 송금 서비스이다.

송금인이 휴대전화 대리점에서 현금으로 크레딧을 구매한 후 크레딧을 문자 메시지로 전송해 주면, 상품 구매 및 송금 과정에서 사용할 수 있다. 또한, 휴대전화를 이용해 이것을 상대방에게 송금하고 대리점을 통해 자금 예치와 수취도 가능하다. 이러한 방식으로 대출이나 소액 보험 등 업무를 취급하면서, M-Pesa는 케냐의 주요 4대 은행 대비 약 50배 이상의 성장률을 기록한다.

2. P2P 대출

2-1 서비스 내용

'P2P 대출'[3]은 금융회사에서 대출이 어려운 개인이나 기업을 대상으로, 고도의 데이터 분석 기술을 활용하여 빠르게 대출을 실행하거나 중개한다. 금융회사를 거치지 않고 금융 공급자(투자은행 또는 대부업체)와 수요자(대출자 개인 또는 회사)를 플랫폼상에서 직접 연결하는 핀테크 서비스이다. 그러므로 대출자는 '중금리'를, 투자자에게는 '중수익'을 제공하는 장점을 갖고 있다.

많은 사람이 P2P 대출을 크라우드 펀딩과 혼동하곤 한다. 'P2P 대출'은 소수의 투자기관(투자자인 은행, 대부업체)으로부터 돈을 빌릴 수 있는 플랫폼이고, '크라우드 펀딩'은 불특정 다수의 개인으로부터 돈을 빌릴 수 있게 만든(모금하는) 플랫폼이라는 점에서 서로 다르다.

2-2 대표 사례

P2P 대출의 대표사 례로 미국의 렌딩클럽, 영국의 조파, 중국의 알리바바닷컴이 있다.

'렌딩클럽'은 P2P 대출의 글로벌 대표 기업이다. 2007년 Facebook 앱(App)으로 출발하고, 2008년 발생한 글로벌 금융 위기로 급성장한다.

'조파'는 이 분야에서 세계 최초로 설립된 회사이다. P2P 대출형 플랫폼을 갖고 지속적으로 성장하여 현재는 유럽에서 가장 큰 P2P 대출 회사가 되었다.

P2P 대출의 특징과 업무 처리를 알아보기 위해, 렌딩클럽과 조파, 알리바바의 프로세스 절차와 내용을 살펴본다.

---

3) 'P2P(Peer-to-Peer)'란, 개인 간 직거래 방식의 금융 서비스를 말하며, 금융회사를 통하지 않고 탈중개화된 형태로 온라인에서 직접 금융 거래를 하는 것을 뜻한다. 이 용어는 대출에 한정하여 'P2P 대출'로 사용한다.

[사례 1] 렌딩클럽(LendingClub)

렌딩클럽에서 P2P 대출을 받기 위해서는 다음과 같은 절차를 따른다.

첫째, 대출이 필요한 고객이 대출신청서를 작성한다. (렌딩클럽 홈페이지에서 신청서를 작성한 후 제출)

둘째, 렌딩클럽은 다음 업무 처리 절차에 따라 대출을 실행한다.

① 렌딩클럽: 대출 신청자 중에서 10% 정도를 추출해 대출 가능자를 선정한 후, 이들을 A~G 7단계 신용등급으로 분류하고 '온라인 대출 장터'에 게시

② 개인 투자자: 대출 신청자 명단을 보고 자신이 원하는 사람에게 투자하되, 대출 희망자 리스트에서 원하는 신청자를 선정하고 본인이 원하는 노트만을 선택

ⓐ 투자 금액: 최소 금액, 소액으로 분산투자한다. 투자자는 한 노트에 최대 U$2,500까지 투자하거나, 최소 금액인 U$25로 최대 100노트 내에서 분산 투자

ⓑ 대출 금리: 개인 신용등급에 따라, 대출 금리를 적용

③ 렌딩클럽과 개인 투자자: 수익률을 계산하여 적용

ⓐ 개인 투자자: 일부 대출자의 채무 불이행을 예상하여, 일반 은행의 대출금 이자보다 높은 수익률을 보장

ⓑ 렌딩클럽: 투자자로부터 매월 상환 금액 약 1%를 수수료로 징수

렌딩클럽의 P2P 대출은 신용도가 낮은 사람을 대상으로 하므로 대출 마진율은 높은 편이나, 상대적으로 부실화 위험성도 매우 높은 편이다. 렌딩클럽은 글로벌 P2P 대출에서 현재 세계 1위를 달리고 있다. 하지만 최근에 실적이 악화되고 실행된 대출금도 부실이 급증하는 추세이다.

[사례 2] 조파(Zopa)

'조파(Zopa)'는 투자자와 차입자를 직접 연결하여 모두에게 유리한 대출 조건을 제시한다. 따라서 대출 취급 비용을 줄이고, 투자자와 차입자가 모두 만족하는 이자율을 적용하여 기존 은행 대비 유리한 조건으로 거래가 성사되게 한다. 투자자에게는 은행보다 높은 수익률을 보장하여 대출 자금을 확보한다. 대출 기간은 1~5년으로 하되, 대출금은 1,000~25,000£(파운드)로 한정한다. 대출 금리는 대출 기간과 대출 금액, 개인의 신용등급에 따라 모두 다르게 적용한다.

조파에서 대출 중개 서비스를 받기 위해서는 투자자와 차입자가 모두 P2P 대출 중개

서비스에 가입해야 한다. [그림 8-1]의 초기 화면에서 차입자가 대출 금액과 기간을 입력하면, 조파는 투자자(1, 2, …, n)로부터 받은 대출 금액과 이자율을 가지고 이것을 조합하여 차입자 요구 조건에 맞는 대출 서비스를 실행한다.

[그림 8-1] 조파 대출 중개 프로세스 화면

조파의 대출 중개 절차를 투자자와 차입자의 관점에서 정리한다. [표 8-5]에서 이 내용을 설명한다.

[표 8-5] 조파의 대출 중개 절차

구분	중개 서비스 처리 절차
투자자 (Lender)	① Zopa 중개 서비스에 가입함 ② 대출 요구 사항(대출금, 이자율)을 Zopa에 제시함 ③ 대출 확정 시 Zopa에 중개수수료(연 1%)를 지급함
차입자 (Borrower)	① Zopa 중개 서비스에 가입함 ② 대출 금리를 확인하고 비교함 ③ Zopa는 차입자 요구에 맞춘 대출(안)을 조합 후 제시함 ④ 투자자로부터 대출금을 받음 ⑤ 투자자에게 매월 이자를 입금함 ⑥ 후일, 만기일에 대출금을 상환함

이 밖에도 Zopa는 신용카드, 저축 계정 개설, 자동차 금융 등의 상품을 취급한다.

[사례 3] 알리바바(Alibaba)

알리바바는 자사의 간편 결제 시스템인 알리페이(Alipay)와 전자상거래 플랫폼을 이용해 금융 자회사 알리파이낸스(AliFinance)를 설립하고, 자사가 운영하는 온라인 전자상거래 플랫폼인 Taobao.com[4]과 Tmall.com[5]에서 거래하는 중소 사업자를 대상으로 소액 대출을 취급한다. [그림 8-2]에서 이 내용을 보여 준다.

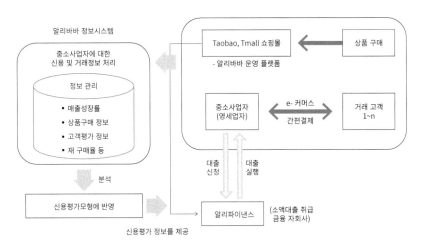

[그림 8-2] 알리바바 중소 사업자 대출 중개 처리 절차

알리바바는 평상시, 온라인 전자상거래 플랫폼에 입점한 중소 사업자를 대상으로 매출 성장률, 상품 구매 정보 등 자료를 수집해 데이터베이스(DB)에 축적하고, 이 정보를 분석하여 신용평가 모형에 반영한다.

중소 사업자가 대출(운전자금, 시설자금 등)을 신청하게 되면, 이들을 대상으로 적합성을 판정하고 금융 자회사인 알리파이낸스(AliFinance)가 소액 대출을 하도록 연계한다. 이곳에 입점한 영세업자들은 신용등급이 낮아 기존 금융회사에서 대출받지 못하는 사람들이 대부분이다. 그래서 알리바바는 쇼핑몰에 입점한 거래 중소 사업자(영세업자)를 대상으로, 축적된 거래 정보와 신용평가 내용을 바탕으로 대출해 준다.

---

4) 'Taobao.com'은 e-커머스 플랫폼을 제공하는 회사로, 우리나라의 11번가, G마켓 등과 같은 C2C 형태의 온라인 쇼핑몰이다.

5) 'Tmall.com'은 소비자에게 온라인 판매뿐 아니라, 브랜드 상품을 판매하는 B2C 플랫폼이다.

핀테크 기업은 기술력이 아무리 뛰어나도 자금력이 부족하고 업무 처리 시스템이 메가 플랫폼(Mega platform)에 탑재되지 않으면, 생존 그 자체가 불가능하고 성공할 수도 없는 것이 현실이다. 따라서 온라인 전자상거래 플랫폼 구축은 필수적이다. 그런 이유로 구글, 삼성, 카카오, 네이버 등 글로벌 기업은 자체의 온라인 전자상거래(e-커머스) 시스템을 플랫폼 형태로 구축한 후 운영 중이다.

2-3 시장 동향과 전망

2005년 세계 최초로 영국에서 P2P 금융 서비스가 만들어지고. 미국과 유럽 등에서 이 모델이 빠르게 성장하면서 영국과 미국을 중심으로 온라인 직거래 형태로 발전한다.

국내 시장에서도 P2P 대출은 급성장하고 있다. '한국P2P금융협회'에 따르면, 협회에 속한 기업의 대출 취급액은 3조 2,800억 원을 상회한다. 현재 8퍼센트, 마이뱅크, 렌딧, 펀다, 펀딩클럽, 머니옥션 등 다수 기업이 영업 중이다.

3. 해외 송금

3-1 서비스 내용

해외 송금 핀테크 기업은 온라인 플랫폼을 통해 송금 의뢰인과 수취인을 직접 연결해 줌으로써, 고객에게 송금 수수료와 업무 처리 시간을 대폭 단축해 준다.

금융 소비자 입장에서 보면, 금융회사의 해외 송금 처리 방식은 수수료(송금·중개·취급은행의 3개)를 많이 내야 하는 구조이다. 처리 시간도 3~8일로 긴 편이다. 핀테크 기업은 이 문제를 해결하기 위해 IT 기반의 저비용 구조로 변환하는 새로운 해외 송금 서비스를 개발한다. 이 분야의 선두 기업으로는 트랜스퍼와이즈, 커런시페어, 모니 테크놀로지, 아지모, 토스 등이 있다.

기존 은행과 핀테크 기업의 업무 처리 과정에서 발생하는 송금 수수료와 업무 처리 시간에는 많은 차이가 있다.

금융회사에서, 국내에 거주하는 송금 의뢰인이 해외에 있는 수취인에게 외화 금액을 송금하려고 할 때 그 처리 절차를 생각해 보자. 기존의 해외 송금 방식은 [그림 8-3]과 같이 중간 단계에서 3개 은행(송금-중계-수취인 계좌은행)이 중계기관으로 관여한다.

[그림 8-3] 은행과 핀테크 플랫폼의 해외 송금 절차

이 과정에서 고객은 업무 처리 시간이 길어지고 많은 수수료를 내야 한다. 그러나 핀테크 기업이 개발한 온라인 플랫폼을 이용할 경우, 수수료뿐 아니라 업무 처리 시간도 대폭 감축하고, 플랫폼에서 여러 개의 통화로 동시에 송금도 가능하다.

핀테크 기업을 통한 해외 송금 방식은 중간 단계인 중계기관(3개 은행)의 전 과정을 해외 송금 업체 플랫폼으로 대체되는 '탈중개화' 현상이 발생한다. 또한, 해외송금은 플랫폼을 통해 N:N 방식으로 신속히 처리되며, 수수료도 대폭 절감된다.

3-2 대표 사례

해외 송금의 대표 사례로 트랜스퍼와이즈와 커런시페어가 있다.

[사례 1] 트랜스퍼와이즈(TransferWise)

'트랜스퍼와이즈'는 P2P 해외 송금 서비스를 제공하는 회사로, 해외 송금을 원하는 전 세계의 금융 소비자를 대상으로 상호 연결해 준다. 국내 송금 방식으로 한 국가 내에서 자금을 이체하는 형태로 송금이 이루어지므로 환전 수수료가 발생하지 않는다. 실제 해외 송금이 아닌 자국 내에서 이뤄지는 송금에서 수수료를 얻는다. 언뜻 보기에 환치기 같다는 생각을 할 수 있으나, 은행과 협력해서 업무 처리를 진행하므로 합법적이다.

은행의 해외 송금 방식과 비교하면, 수수료는 1/10 수준에 불과하다. 미국, 유럽, 영국, 프랑스, 스페인, 포루투칼, 이탈리아, 독일, 폴란드, 인도 등 많은 국가가 여기에 참여하여 다양한 화폐로 송금 서비스를 제공한다. [표 8-6]에서 이 내용을 설명한다.

[표 8-6] 트랜스퍼와이즈의 해외 송금 처리 내용

구분	영국 은행	핀테크 기업	비 고
송금 수수료	3.4~5.4%	0.5%	주요 은행 대비, 약 1/10 수준임
처리 시간	3~8일	1~3일	기존 은행보다 2배 이상 단축함

[사례 2] 커런시페어(CurrencyFair)

'커런시페어'는 온라인상에서 개인과 개인 간의 환전 거래를 중개하는 P2P 환전 플랫폼이다. 이종 통화 교환을 원하는 금융 소비자가 자신이 원하는 환율 가격을 제시하면 경매 방식에 따라 거래가 성사된다. 2010년 이후 매년 10억 달러 이상을 환전 거래하고 있으며, 경매 방식을 통해 환전한다. 직접 환전할 경우, 수수료는 은행 대비 1/10 수준으로 매우 낮은 편이다. 또한, 경매 방식으로 환전하게 될 경우, 성사 금액의 일부를 별도 수수료로 내야 한다.

이 방식은 수요자와 공급자 간의 협상에 의한 시장 가격을 제시함으로써, 유학생이나 수출입을 하는 중소기업체, 해외 자산 보유가 등으로부터 큰 호응을 얻고 있다.

3-3 환전과 해외 송금

외화 환전과 해외 송금을 위해서는 외화 통장 개설이 필수적이며, 이와 관련된 통장 개설 서류 등을 알아본다.

[절차 1] 외화통장 개설

외화 송금을 위한 필수 요건은 외화통장 개설이며, 다음과 같은 방법으로 처리한다.

(1) 먼저, 원화 입출금통장을 개설한다.

만일 기존에 사용 중인 입출금통장 계좌가 있는 경우, 그중에서 한 개 계좌를 원화 입출금통장으로 지정한다. 이 경우에 별도의 통장 개설은 필요 없다.

(2) 은행의 모바일뱅킹 서비스에 가입한다.

만일 기존에 사용하는 원화 입출금통장으로 모바일뱅킹이 연결된 경우, 별도로 모바일뱅킹에 가입 신청할 필요는 없다.

(3) 외화종합통장을 개설한다.

영업점 창구 또는 모바일을 통해 신규 통장을 만든다. 이 경우에 통합용 통장(일부 은행은 통화별로 통장을 구분하여 발행)으로 개설한다.

[절차 2] 통장 개설 서류와 우대환율

외화통장을 개설하고 환전하려면 다음과 같은 과정을 거친다.

(1) 신규 외화통장을 개설한다.

주민등록상의 거주지 또는 회사 근처 은행에서 개설할 수 있고, 통장 개설에 필요한 증명 서류를 지참한 후 제출한다(재직증명서 또는 주민등록등본, 공과금 또는 자동이체 영수증 지참).

(2) 환거래 목적의 의사 표현과 함께 원화 현금이 필요하다.

"외화종합통장개설" 의사 표시와 "환거래(외화매입)" 목적임을 금융회사 직원에게 알린다. 그리고 환전하려는 원화 현금을 미리 준비하거나, 지정한 원화 입출금통장 계좌로부터 이체한다.

(3) 우대환율 적용은 은행마다 조금씩 다르다.

거래 은행의 고객 기여도에 따라, 주요 통화의 경우 90%~50%, 기타 통화는 50%~30%로 우대환율을 적용받을 수 있다. 현재 적용되는 5개 주요 통화는 미국(USD), 일본(JPY), 유로(EUR), 중국(CNY), 영국(GBP) 통화이며, 5개 기타 통화는 캐나다(CAD), 스위스(CHF), 홍콩(HKD), 호주(AUD), 싱가포르(SGD)이다.

[절차 3] 환테크

'환테크'[6]는, 환율 변동에 따라 자금을 운용하는 방식이다. 예를 들어 U$인 경우, 원/달러 환율(U$)이 떨어지기를 기다렸다가 저점에서 U$를 현금으로 매입(현금 매입)하고, 원하는 목표 가격에 도달하면 이것을 다시 되팔아서(현금 매도) 수익을 남기는 구조이다.

환율은 주로 거시경제와 연관되므로, 정부의 관여와 관리에 의해 방어된다. 따라서 외환 시장은 주식보다 안정적이며, 더 안전자산이라고 할 수 있다. 또한, 환율 상승과 하락 패턴은 일반적으로 상당히 완만하고, 변동성이 적기 때문에 대응하기가 쉽다. 반면에, 주식은 하루 상·하한선이 30% 이상으로 매우 변동 폭이 큰 편이다.

◆ 환테크의 강점은 무엇인가? 다음과 같이 4가지로 요약할 수 있다.
(1) 환차익의 수익은 예금금리보다 훨씬 크다.
   즉 환차익 수익 〉〉 예금금리 수익의 공식이 성립
(2) 환차익 수익이 발생해도 세금은 없다.
   즉 세금은 없고, 다만 절세 효과만 존재
(3) 헷지(hedge) 역할과 위험 요인을 제거한다.
   달러(U$)는 주식이나 펀드에 비해 안전자산이라고 할 수 있으므로, 헷지를 통해 변동성 위험을 제거할 수 있으며, 환 헷지는 환율 변동에 따른 위험 요인을 제거하게 됨.
(4) 일반적으로 경기 불황기에는 U$ 환율이 상승하고 부동산과 주식은 하락함에 따라, 리스크 분담 차원에서 개인의 자산 일부를 외화예금으로 예치해 놓는 것도 좋은 방법이다.

---

4. 자산관리

4-1 서비스 내용

핀테크 기업은 소액 투자자를 주 대상으로 포트폴리오를 구성하고, 저렴한 수수료와 투명한 자산 운용으로 기존 자산 운용사와 차별화 전략을 추구한다. 소액 투자에 적합한 24/365 온라인 기반의 실시간 서비스로, 포트폴리오의 구성 수수료와 운용 수수료를 절감할 수 있는 장점을 갖고 있다.

최근에 핀테크 자산관리 기업과 금융회사는 로보어드바이저를 활용하여 다양한 금

---

6) '환(換)테크'란, 환(환율 교환과 비율을 포함하는 개념)과 테크(Technology)의 합성어이다. 원하는 외국 통화를 가격이 쌀 때 샀다가(매입), 비쌀 때 다시 되팔아(매도) 환차익을 얻는 재테크 기법을 말한다.

융 상품과 서비스를 제공한다. 로보어드바이저에 대한 자세한 내용은 '제12장 로보어드바이저'를 참고 바란다.

4-2 대표 사례

자산관리 서비스의 대표 사례로 넛메그와 알플랜이 있다.

[사례 1] 넛메그(Nutmeg)

미국의 JP모건체이스 은행은 2012년부터 핀테크 사업을 시작한 영국의 온라인 자산 운용사 넛메그를 2021년 6월 인수한다. 넛메그는 로보어드바이저를 활용하여 영국 최대의 온라인 디지털 자산관리 플랫폼으로 성장하며, 주로 개인종합자산관리계좌(ISA)와 연금 등 금융 상품을 취급해 왔다. JP모건체이스가 넛메그를 인수한 목적은, 경쟁사인 골드만삭스나 모건스탠리 등 전통적인 금융회사뿐 아니라, 최근 급부상하는 핀테크 업체와의 경쟁에서 경쟁 우위를 확보하겠다는 전략이다. 넛메그와 기존 자산 운용사의 자금 운용 방식은 조금 차이가 있다. [표 8-7]에서 이 내용을 설명한다.

[표 8-7] 넛메그와 자산 운용사 자금 운용 방식 비교

구분	넛메그(Nutmeg)	기존 자산 운용사
가입 방법	온라인 방식을 통한 가입 절차로 매우 빠르고 간단함 (약 10분 소요)	상호 대면 상담 방식으로 진행되므로 많은 시간이 필요함 (최소 약 30분 소요)
최소 투자금액	1,000파운드	25만 파운드 (투자자문사는 5만 파운드)
자산운용 방식	① 포트폴리오 재조정과 리뷰 제공함 ② 지속적으로 다양한 지능형 포트폴리오를 구성하며, 대면 서비스도 병행함	① 자산 운용 방식과 계약에 따라 서비스 영역이 매우 다름 ② 통상 연 2회 리뷰를 제공함
운용 투명성	지속적인 모니터링이 가능하고, 위험 수준 그룹별로 포트폴리오 운용 상황을 모니터링 가능함	매 분기 또는 반기에 자산 운용 보고서를 작성하여 고객에게 통지함(이메일 또는 우편으로 알림)

운용 수수료	0.3~1.0% (동종 업계 평균: 1.37%)	1.5% 이상
포트폴리오 구성 수수료	평균 0.23% (동종 업계 평균: 1.0%)	평균 약 1.0%
추가 비용	추가 비용 없음 (무료)	추가 비용이 발생함 (약 2.0%)
해약 및 투자금 회수	해약 수수료를 지급하지 않으며, 투 자금은 수시 회수가 가능함	해약 수수료를 지급하고, 계약기간 종료 이후에 해약할 수 있음

[사례 2] 알플랜(Rplan)

알플랜 자산관리 서비스의 절차는 다음과 같다.

(1) 고객이 자금 수요에 맞춘 자산관리 계획을 입력한다.

(2) 재정 계획에 맞춘 포트폴리오를 구성한다.

(3) 펀드 등 자금 운영과 함께, 자동으로 실시간 모니터링을 한다.

(4) 운용 결과를 갖고 대체 포트폴리오 시뮬레이션을 수행한다.

[그림 8-4]에서 이 내용을 보여 준다.

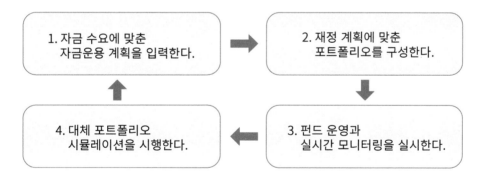

[그림 8-4] 알플랜 자산관리 서비스 처리 절차

5. 크라우드 펀딩

5-1 서비스 내용

2008년 설립된 인디고고(Indiegogo)는 세계 최초의 클라우드 펀딩 회사이다. 펀딩 유형은 후원형과 기부형 2가지로 운용되며, 펀딩 방식은 'Keep what you raise(의역하면, 당신이 게시하는 것을 그대로 유지)'을 채택한다. 이 방식은 모금액이 목표 금액에 도달하지 못하더라도, 모금자에게 모금액을 전달하여 펀딩의 실패 위험을 투자자가 부담하도록 한다.

인디고고와 글로벌 시장에서 경쟁 관계에 있는 미국의 킥스타터는 세계 최고의 클라우드펀딩 플랫폼을 소유한 기업이다. 펀딩 방식은 'All or Nothing(의역하면, 전부 아니면 전무, 모 아니면 도)'을 채택한다. 이것은 모금액이 목표 금액을 초과하면 모금자에게 전달하고, 모금액이 목표 금액에 미달할 경우는 투자자에게 모금액을 전액 환불해 줌으로써 기업이 펀딩의 실패 위험을 부담하도록 한다. [표 8-8]에서 이 내용을 설명한다.

[표 8-8] 크라우드 펀딩 서비스 비교

구분	해외 대표 사례			국내 대표 사례	
	인디고고	킥스타터	크라우드큐브	텀블벅	와디즈
국적	미국	미국	영국	한국	한국
펀딩 종류	후원형, 기부형	후원형	지분투자형	후원형	후원형
펀딩 방식	Keep what you raise	All or Nothing	All or Nothing	All or Nothing	2개 방식 모두 사용

5-2 대표 사례

크라우드 펀딩 회사는 미국의 인디고고(Indiegogo)와 킥스타터(Kickstarter), 영국의 크라우드큐브(Crowdcube), 그리고 한국의 텀블벅(Tumblbug), 와디즈(Wadiz) 등이 있다. 여기서는 인디고고와 킥스타터 사례를 알아본다.

[사례 1] 인디고고(Indiegogo)

인디고고는 누구나 원하는 크라우드펀딩 관련 홍보와 캠페인 등을 등록하여 프로젝트를 진행한다.

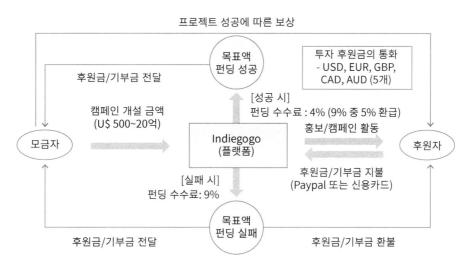

출처: 김인현 · 최인규 외 18, 핀테크와 디지털뱅크, 2e 투이컨설팅

[그림 8-5] 인디고고 크라우드 펀딩 처리 절차

[그림 8-5]에서 이 내용을 보여 준다. 이 모델은 홍보와 캠페인을 수행할 수 있는 2개의 플랫폼으로 구성된다. 등록 과정에 복잡한 심사 절차가 없고, 다양한 프로젝트를 무료로 등록할 수 있는 장점이 있다. 인디고고에 등록이 가능한 펀딩 카테고리는 총 24개이고, 결제는 페이팔 또는 신용카드 방식 중 하나를 선택한다. 최소 유치 금액은 U$ 500이며, 최대 금액은 U$20억으로 제한된다. 수수료는 통상 모금액의 9%를 받지만, 목표 금액을 달성한 경우는 5%를 환급하고 4%만 받는다. 그러나 중개 수수료는 3~5% 선에서 별도 지급해야 한다. 프로젝트 실패 시, 모금액의 환불 여부는 모금자가 결정한다.

[사례 2] 킥스타터(Kickstarter)

크라우드 펀딩의 다른 사례로, 미국의 킥스타터(Kickstarter)가 있다. 이 회사는 2009년에 설립되어 2015년 4월 이후 미국 최대의 클라우드 펀딩 플랫폼으로 성장하였다. 이 플랫폼에는 창의적인 아이디어를 실현하고 싶은 사람들과 그 아이디어에 필요한 자금을 조달하려는 사람들이 모인다. 킥스타터에 올라오는 아이디어는 영화, 음악, 공연예술, 출판, 사진전, 만화와 비디오 게임 등 창작물이 대부분이며, 그 분야도 매우 다양하다.

킥스타터의 펀딩 덕분에, 발명자의 머릿속에 머물렀던 아이디어나 프로젝트가 빛을 보게 되고, 기업은 펀딩을 통해 성공의 발판을 마련한다. 이 회사는 투자나 대출이란 말 대신에 '후원'이라는 단어를 사용한다. 그 이유는 금전적인 수익을 기대하기 어려운 프로젝트가 많기 때문이다.

국내 기업으로는 텀블벅(Tumblbug), 와디즈(wadiz), 굿펀딩 등이 있으며, 유사한 방식으로 운영된다. 이처럼 크라우드 펀딩은 앞으로 나올 신제품이나 영화, 음악 등을 미리 구매하는 형태로 제공되고, 시민단체나 사회운동을 후원하는 등으로 발전한다.

6. 데이터 분석

6-1 서비스 내용

핀테크 산업에서 데이터 분석 부문이 차지하는 비중은 점점 더 커지고 있다. 그 이유는 데이터 분석이 회사의 경쟁력에 직접적인 영향을 미치고, 수익과도 직결되기 때문이다. 최근에는 실시간으로 비정형 데이터와 그래프를 기반으로 한 빅데이터 분석과 그래프 작성까지 가능한 제품이 판매된다. 데이터 분석 모델에는 다음과 같은 3가지 유형이 존재한다.

(1) 금융회사와 핀테크 기업이 필요한 데이터를 모아 판매한다.

(2) 개인이나 기업이 보유한 데이터를 가공해 정보를 판매한다.

(3) 데이터 분석을 핵심 역량으로 하는 특정 고객이나 금융회사를 대상으로 컨설팅을 제공한다.

데이터 분석 분야에서 금융 서비스를 제공하는 글로벌 회사는 제스트파이낸스(ZestFinance), 어펌(Affirm), 앨고미(Algomi) 등이 있다.

6-2 대표 사례

데이터 분석의 대표 사례로 '제스트파이낸스'가 있다. 이 회사는 미국의 핀테크 스타트업으로, 데이터 분석 분야에서 글로벌 선두 기업이다. 이 회사는 전화기의 사용 패턴 등을 포함한 다양한 데이터를 분석하고, 온라인 대출 신청자에 대한 은행의 대출 심사(대출 자격 여부 등)를 인공지능을 통해 의사결정을 하도록 도와준다. 즉 빅데이터와 머신러닝 기술을 활용하여 고객의 신용도를 산출하고 신용평가 정보를 제공한다. 그리고 신용평가 모델로 대출 대상자를 선정한 후 대출을 실행하도록 돕는다. 주로 은행에서 대출받지 못하는 신용도가 낮은 고객을 대상으로 온라인 대출 상품을 제공함으로써, 짧은 시간에 높은 실적을 올린다.

특히 인공지능 기술로 수집된 약 1만 개 이상의 변수로 신용도를 분석하고, 대출 여부를 결정한다. 신용평가를 위해 소요하는 시간은 약 10초 정도에 불과하다. 7만 개의 변수를 분석하여 대출자의 채무 불이행 리스크를 사전 진단하는 알고리즘을 개발하고, 그 분석 내용으로 금융 소비자의 대출 상환 능력과 상환 의사를 판단한다.

제스트파이낸스 대출금리는 금융권의 대출금리보다도 낮은 수준의 금리를 제공한다. 금리 산정을 위해 SNS와 인터넷 사용 내역 등 정보를 분석하고 개인 신용도를 측정한다. 여기에서 나타난 신용평가 정보를 기반으로 개인별 금리를 결정한다.

제스트파이낸스 신용평가 모델은 전통적인 모델과는 달리, 전화의 통화 습관이나 SNS 정보, 웹사이트 체류 시간, 대출 신청서 작성 방식 등 고객 정보에서 데이터 분석 모델을 도출한 후 개인 신용도를 산정한다. 이것은 기존 금융회사가 사용하는 개인 신용평가 모델 대신에 FICO(Fair Isaac Corporation) 신용 점수를 통해, 은행이 대출을 꺼리는 신용도가 낮은 금융 소비자 중에서, 대출금 회수가 가능한 우량고객을 주 대상으로 틈새시장을 공략한다.

'FICO 신용점수(FICO Score)'란, 미국 페어아이잭코프사가 개발한 개인 신용평가 서비스를 말한다. 이것은 금융 거래 내용뿐 아니라, 세금 및 공과금 납부 실적, 직업 여부 등 광범위한 정보를 취합해 종합적으로 개인 신용도를 평가한다. 그래서 금융 거래 정보가 부족한 소외계층의 신용도를 객관적으로 평가할 수 있다는 장점을 갖고 있다. 이것은 SNS, 모바일, 인터넷 데이터 등을 활용한 개인 신용평가 모델을 제공하기 때문에, 신용도가 낮은 저소득층에게 빅데이터 방식의 신용평가 모델을 적용하여 금융 서비스 기회를 만들어 준다.

금융회사는 개인 신용평가 정보를 조회하기 위해 다양한 개인정보와 은행 거래 정보를 활용한다. 이 과정에서 주민등록번호, 휴대전화 번호, 거주지 및 직장 주소, 그리고 통화 기록이나 SNS 등 각종 데이터를 이용한다. 그 결과 부실 채권의 발생 가능성과 금융사고 등을 사전 예방할 수 있으나, 개인정보 유출과 남용으로 인한 여러 가지 부작용을 낳기도 한다.

따라서 개인정보의 취득과 활용은 반드시 고객의 허가를 받아야 하고 그 목적에 맞게 제한된 범위 내에서만 사용해야 한다. 개인정보를 활용성에만 중점을 두고 정보 노출을 편하게 생각한다면, 개인은 물론 이를 활용하는 금융회사도 나중에 큰 어려움을 겪게 된다. 특히 '개인정보의 3자 활용'과 온라인 핀테크 기업의 P2P 대출의 가부 결정에 활용하는 것은 법적으로 매우 민감한 사항이다. 기업은 정보 유출에 특히 유의하고, 유출 시 손해 배상과 책임을 명확히 해야 한다.

6-3 데이터 분석 활용

데이터를 분석하고 실무에서 활용하는 방법은 산업과 업무 분야별로 매우 다양하다. [표 8-9]에서 이 내용을 설명한다.

[표 8-9] 데이터 분석의 활용 사례

구분	활용 기업	데이터 분석과 업무처리 내용
P2P 대출	어펌 Affirm (미국)	① 거주 지역이나 학력, 통신료 등 SNS 기반 빅데이터를 활용해 개인별 이자율을 산출하고, 개인의 소비 성향과 SNS로부터 획득한 정보를 바탕으로 대출 조건을 제시함 ② 증권사는 증권의 실시간 기술적 분석을 통하여 매도·매수 의견을 즉시 제공함

	8퍼센트, 렌딧, 어니스트 펀드 (한국)	빅데이터와 머신러닝 기술을 바탕으로, 인공지능(AI)에 기반한 신용평가시스템을 구축하고, 인공지능을 활용한 대출자 신용분석을 실시함
은행 및 신용카드	빌가드 Billguard (미국)	① 고객의 금융 거래 정보를 분석하고, 평상시 거래 패턴에서 벗어난 부정 사용과 잘못된 청구 내용 등을 탐지함 ② 최근에 머신러닝을 활용한 예측 알고리즘을 통하여 고객의 신용카드 사용 내역과 은행의 계좌이체 내용 등을 감시함 ③ 의심스러운 신용카드 청구나 수수료의 과다 인출 등 거래 징후를 포착하면 즉시 고객에게 알림
	IBM (미국)	① 비즈니스 분석 솔루션을 통하여 빠르고 정확한 의사결정을 하도록 도와주고, 계획과 분석 프로세스를 자동화하여 시간과 업무를 절감함 ② 데이터 분석으로 결과 예측과 성과 최적화를 하고, 시나리오를 통한 사전 테스트로 변화에 민첩하게 대응함
	국내 금융회사 (한국)	① SNS에 고객이 남긴 댓글 내용과 음성인식시스템을 통한 감성 분석과 기업 평판, 금융상품에 대한 불만 사항 등 파악함 ② 기업의 평판 리스크를 관리하고, 소비자 불만을 신속히 해결함은 물론 이것을 마케팅 활동에 활용함
신용평가	Paypal (미국)	WebBank와 제휴를 통해 대출 중개 서비스를 운영하고, Paypal 계정을 통한 거래 내역을 분석하여 대출 가능성, 대출한도 등을 결정함
	신용보증기금, 기술신용보증기금 (한국)	① 기업에 대한 기술 평가와 신뢰도 분석 정보를 제공함 ② 개인의 다양한 비금융 빅데이터를 기반으로 새로운 신용평가모델 개발한 후 활용함
증권	Markit Der went Capital (영국)	① 빅데이터 분석으로 금융 데이터 분석과 기존 금융 서비스와 차별되는 혁신 서비스를 제공함 ② SNS 데이터를 분석하여 해당 정보를 투자 포트폴리오 조정에서 활용함
	국내 증권회사 (한국)	증권 데이터의 수집과 분석을 통하여 시각화함으로써, 실시간 시계열 주가 데이터를 다양하게 보여줌
보험	Progressive (미국)	자동차에 운행기록 센서를 부착하고, 측정된 데이터를 활용하여 운전자의 운전 습관이나 사고 이력을 분석하고, 이것을 토대로 적정한 자동차보험료를 산정함
	국내 보험회사 (한국)	데이터 분석을 통해 보험사기와 부정행위 탐지, 보험 가격의 최적화, 고객 맞춤형 마케팅 추진, 보험금 청구 분석 등을 하고, 한국신용정보원과 연계하여 고객의 보험금 청구와 지급 업무를 신속히 처리함

제9장

핀테크 글로벌 리더: 영국

CHAPTER 09 핀테크 글로벌 리더: 영국

이 장에서는 핀테크 글로벌 리더인 영국 사례를 가지고 핀테크 산업의 성장 배경과 핀테크 추진 전략에 대하여 살펴본다.

1. 핀테크 성장 배경

1-1 산업 규모와 특징

2008년 세계 금융위기는 기존 금융 시스템에 대한 불신으로부터 시작되었다. 이 사건을 계기로 영국 정부는 핀테크 산업을 영국의 차세대 성장 동력으로 채택하고, 각종 규제 완화와 자금 지원 등을 통해 육성 정책을 추진한다. 그 결과 당시 5년간의 핀테크 산업 연평균 성장률은 약 74%로 나타났고, 영국은 글로벌 시장의 선두 주자로 급부상한다. [표 9-1]에서 이 내용을 설명한다.

[표 9-1] 영국의 핀테크 산업 성장률

구분	연평균	내용 설명
영국의 핀테크 산업	74%	유로(EU) 선두 주자로 급부상함
글로벌 핀테크 산업	27%	글로벌 핀테크 산업의 평균 성장률임
실리콘밸리 성장률	13%	글로벌 IT 산업 메카의 평균 성장률임

당시 영국의 금융 산업은 GDP의 약 9.4%를 차지하고 있었기 때문에 정부는 런던을 세계 금융의 중심지 역할을 하며 신생 핀테크 산업에 최적화된 생태계를 조성하려고 하

였다. 환경 요인으로 국민의 약 70%가 스마트폰을 보유하여 모바일 금융에 대한 인식이 좋았고, 핀테크 시장 접근성에 대한 이해도는 매우 높은 편이었다.

무엇보다도 영국 핀테크 산업이 성장하게 된 가장 큰 요인은 정부의 적극적인 지원 의지라고 할 수 있다. 정책 지원과 인재 확보, 환경 조성, 투자 혜택 등은 핀테크 산업의 성장 핵심 요인이 되었다. [표 9-2]에서 이 내용을 설명한다.

[표 9-2] 핀테크 산업의 성장 요인

구분	성장 요인
정책 지원	① 기업 경쟁력을 확보하기 위해 금융 시장의 진입 장벽을 낮추고 핀테크 클러스터를 여러 지역에 조성함 ② 핀테크 기업이 혁신 정보 기술을 바탕으로 우수한 금융 모델을 만들 수 있도록 금융 서비스의 개선 정책을 추진함
인재 확보	① 금융 전문가 육성과 함께 핀테크 관련 국내·외 기술 인재의 확보와 공급에 적극적으로 노력함 ② 금융 전문지식을 갖춘 우수 인력을 다수 확보하고 체계적으로 인력을 공급할 수 있도록 '인력풀 제도'를 운영함
환경 조성	① 금융 소비자를 대상으로 전자상거래에 대한 이해 증진에 노력함 ② 혁신과 금융 서비스 제고에 대한 요구가 높아져 핀테크 산업이 성장하고 정착하기에 좋은 생태계를 조성함
투자 혜택	① 자산관리 및 운영에 대한 개인 투자의 접근성이 좋아지고 스타트업에 대한 투자 인식이 높아짐 ② 핀테크 기업에 대한 규제 완화와 세제 감면 혜택 등을 부여함

1-2 투자 규모와 비율

영국의 핀테크 산업에 대한 투자 규모는 유럽 최대를 자랑한다. 특히 유럽 지역에서 개인 간 P2P 대출 점유율은 약 75%에 달하는데, 이는 영국 정부가 설치한 'Tech city UK'에 기인한다고 할 수 있다. [표 9-3]에서 이 내용을 설명한다.

[표 9-3] 핀테크 산업의 규모와 특징

구분	규모	내용 설명
핀테크 산업 종사자	약 77,000명	금융 산업의 5%를 차지함(2019. 6월 현재) - 2030년 105,500명(38% 증가)을 전망함
핀테크 기업체 수	약 1,800개	유럽 핀테크 기업의 50%가 런던에 위치함 - TransferWise, FundingCircle 등
생태계 특징		핀테크 생태계 조성률이 세계 1위이며, 핀테크 기업 유치에 좋은 환경을 보유함

핀테크 서비스 모델에 대한 투자에도 많은 변화가 일어났다. 초창기에는 주로 간편결제, P2P 대출, 외화 송금 등 소매 금융과 대체 금융에 치중하였으나, 점차 데이터 분석, 크라우드 펀딩 등으로 이동하면서 투자금액도 증가하고 있다. [표 9-4]에서 이 내용을 설명한다.

[표 9-4] 핀테크 분야별 투자금액과 투자비율

구분	투자금액(억 파운드)	투자비율(%)
은행 업무/지급 결제	2.43	46.4
신용대출	2.33	44.5
투자관리/도매금융	0.22	4.2
소매금융/연금	0.21	4.0
보험	0.05	0.9
합계	5.24	100

출처: 영국 핀테크 분야별 투자액, EY(2017.5)

1-3 성장 요인

영국이 핀테크 산업에서 글로벌 리더로 성장할 수 있었던 요인은 '개방화된 금융 시장, 풍부한 인력 자원, 정부의 지원 정책' 3가지로 요약된다. 이것은 세계 금융 허브로써 접근 용이성과 금융 생태계 조성에 최적 조건을 갖추게 하였다.

[성공 요인 1] 개방화된 금융 시장

글로벌 금융 위기는 은행에 대한 신뢰도를 크게 하락시켰다. 영국의 경우 47%에서 23%까지 하락하여 미국, 독일 등 주요 선진국에 비해 매우 큰 폭으로 나타났다. [그림 9-1]에서 이 내용을 보여 준다.

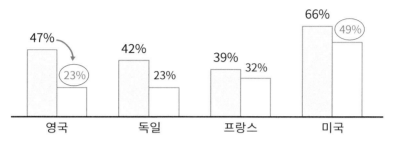

출처: KOTRA(2019)

[그림 9-1] 주요 국가의 은행 신뢰도 비교

이 결과는 개방적인 소비 행태로 인식 변화를 가져왔고, 혁신과 변화를 포용하는 개방화된 금융 시장으로 발전하는 계기가 되었다. 이에 따라 스타트업의 창의적인 아이디어를 통해 새로운 금융 모델과 금융 서비스를 개발하게 하고, IT 기업이 금융업에 진입하는데 수월한 환경이 조성되었다.

[성공 요인 2] 풍부한 인력 자원

최고의 인재 확보를 위해 체계적인 인력 육성과 지원 정책을 추진하고, 전문기술 비자 제도 등을 도입함으로써 풍부한 인력 자원을 확보하도록 하였다. [표 9-5]에서 이 내용을 설명한다.

[표 9-5] 금융 전문가 육성과 인적 자원 확보 방안

구분	정책 추진 방향	추진 성과
최고 인재의 확보	세계 1위의 금융 전문 인력 풀(Pool)을 보유하고, 풍부한 전문 인력을 확보함	① 영국 금융 분야 종사자는 약 120만 명에 달함 ② 런던 소재지 외국 은행은 250개가 존재함

인력 육성과 지원정책 추진	① 정부는 핀테크 시장의 지속 성장을 위해, 전문 인력을 자체적으로 배출하도록 정책 수립과 지원을 추진함 ② 학교 교육을 강화하고, 과학, 기술 및 수학 분야 중심의 인재 육성에 주력함	① 코딩 수업 등 방과 후 교육 프로그램을 도입함 (Science Technology Engineering Mathematics) ② 대표사례로, 관련 과목의 클럽 활동 등 제도를 도입, 운영함
전문기술 비자 제도 도입	맨체스터, 리버풀 등 영국 북부 10개 도시 디지털 산업단지의 인력자원에 대하여 빠른 비자 신청 절차(Fast Track)를 도입함	2015년 11월, 전문기술 비자 제도(Tech Nation Visa Schemes)를 도입하고, 세계 각지의 기술 분야 인재를 적극적으로 유치함

[성공 요인 3] 정부의 지원 정책

정부의 지원 정책은 '스타트업에 대한 지원 정책, 정부의 지원 정책 수립, 정부의 강력한 의지 표명' 3가지로 나눌 수 있다.

첫째, 스타트업에 대한 지원 정책이다.

스타트업에 대한 지원 정책을 수립하고 적극적으로 추진함으로써 많은 성과를 거둔다. [표 9-6]에서 이 내용을 설명한다.

[표 9-6] 스타트업 지원 정책

구분	지원 추진내용	비고
투자 유치 지원	초기 단계에서 투자자의 세금 감면 등을 통해 기업의 투자 유치를 적극적으로 지원함	미국에 비해 상대적으로 활발하고, 다양한 혜택 등을 제공함
정부의 종합 지원 체계 구축	테크시티(Tech city UK)를 중심으로 종합 지원 체계를 만들어 정부 차원에서 적극적으로 추진함	① 스타트업 기업에 사무실 공간을 제공함 ② 멘토링 서비스 등을 통해 각종 정보를 제공하고 지원함
협업 체계 조성	유망한 투자자들과 네트워크를 형성하는 등 각종 서비스를 제공함	핀테크 기업 간 상호 교류와 투자자를 연결함

둘째, 정부의 지원 정책 수립이다.

정부 개입을 최소화하면서 민간 주도의 산업 발전을 장려하고, 타 산업 분야와 연계를 권장한다. 정부 지원 정책은 3가지 측면에서 스타트업 창업을 지원한다. [표 9-7]에서 이 내용을 설명한다.

[표 9-7] 스타트업 창업 지원 체계

창업 지원체계	내용 설명
창업 육성 프로그램을 운영함 - '액셀러레이터'	① 스타트업이 창업자의 사업 아이디어를 현실화·체계화하여 안정적인 기업으로 성장할 수 있도록 창업 및 육성 프로그램을 마련한 후 지원함 ② 금융·부동산·출판·미디어 및 패션 등 각 산업 분야별로 특화하여 지원함으로써, IT 기업 위주로 지원되는 미국의 실리콘밸리와 대비됨
런던 시내에 테크시티를 조성함 - 'Tech city UK'[1]	'Tech city UK'를 핀테크 산업 클러스터로 육성하고자 페이스북, 구글 등 IT 기업을 대거 투자 유치함
IT 육성 협력 기구를 발족함 - 'Innovative UK'	① 런던과 캠브리지 사물인터넷 클러스터는 R&D 프로젝트를 수행하는 스타트업을 지원함 ② 정부 지원 스타트업 선정 기준을 수립·적용하고, 핀테크 산업에 직접 적용 및 부가가치 창출 여부를 결정함

셋째, 정부의 강력한 의지 표명이다.

핀테크 산업을 적극적으로 육성하고자 하는 정부 당국자의 의지 표명이 있었다. [표 9-8]에서 이 내용을 설명한다.

[표 9-8] 정부의 강력한 의지 표명

당국자	의지 표명
오스본 재무장관	오스본 재무장관은 다음 사항을 제시하고 시행할 것을 선언함 ① 핀테크 산업에 대한 비전을 제시함 　- 2014년까지 런던을 "Fintech Capital of the World"로 육성하겠다는 의지와 비전을 제시 　- 2015년 3월, 영란은행으로 하여금 "향후 5년간 15개 이상의 신생 은행을 인가하겠다"고 언급 ② 핀테크 산업의 활성화 대책을 수립하고 추진함 　- 대안 금융, 디지털화폐 발행, 소비자의 은행 데이터 접근성 제고 등 추진 ③ 금융감독 규제와 개혁을 역설하고 시행 의지를 표명함
존 보리스 런던시장	글로벌 금융위기 이후, 기존 금융 서비스에 대한 불만 요인이 증가하고 있어 이에 대한 대비가 필요하다고 역설함

---

1) 'Teck city UK'는 2011년 15개 기업으로 공식 출범한 런던 동부지역의 스타트업 단지를 말한다. 현재 약 1,800개 이상의 스타트업이 입주해 있다

1-4 시장 활성화 배경

핀테크 시장의 활성화 배경을 살펴보면, 런던 금융 시장은 세계 금융 중심지로서 접근성은 물론, 디지털 경제력의 확보가 쉽다는 강점을 갖고 있다. 이것은 시장 활성화 요인으로 연결성이 뛰어나고, 핀테크 생태계의 조성과 발전에 최적 조건을 갖추고 있다. [표 9-9]에서 이 내용을 설명한다.

[표 9-9] 핀테크 시장의 성장 동력과 활성화 배경

성장동력	활성화 배경
스마트폰 보급의 확산과 전자상거래 시장의 활성화	① 세계 최고 수준의 모바일 기기와 인터넷 보급률에 따라, 전 국민의 90% 이상이 스마트폰을 보유하고 있음 ② 유럽 최대의 전자상거래 시장을 형성하면서 활성화됨
금융 서비스에 대한 불만과 개선 요구 사항의 증가	글로벌 금융 위기 이후, 금융 서비스에 대한 불만 제기와 함께 획기적인 개선 요구 사항이 증가함
혁신 의지와 투자 부족	금융회사의 혁신 의지 부족과 투자 부진 등을 극복하기 위한 새로운 금융 시장의 불씨(Igniter) 역할을 하게 함

2. 핀테크 추진 전략

2-1 성장 전략과 생태계 조성

영국 정부는 런던 시내 동부 지역에 'Tech city UK'를 설립하고, 다음과 같은 3가지 목표를 갖고 정책을 추진한다.

첫째, 스타트업에 사무실 공간을 마련하고 멘토링 서비스와 함께 핀테크 관련 다양한 정보를 제공한다.

둘째, 유망한 투자자들과 네트워크 등으로 연결하고 각종 정보 교류와 서비스를 제공하도록 돕는다.

셋째, 각종 프로그램을 통해 핀테크 기업과 스타트업의 성장을 지원한다.

이와 같은 정책 추진은 많은 성과를 거둔다. [표 9-10]에서 이 내용을 설명한다.

[표 9-10] 정책 추진 내용과 성과

추진 내용	성과
정부와 대형 은행이 주도적으로 핀테크 스타트업을 육성함	런던 시내에 위치하는 핀테크 기업 수가 1,800개까지 약 38% 증가함
핀테크 클러스터 'Level39'을 조성함	핀테크 기업과 대형 금융회사 간의 중계와 연결고리 역할을 함
	핀테크 기업에 대한 자금 지원과 경영 자문 역할을 함

[생태계 조성 1] 핀테크 허브: 테크시티(Tech city)

창업 기업이 밀집해 있는 '테크시티'는 다음과 같은 5가지 특징을 갖는다.

첫째, 런던 북동부 지역에 위치하며 창업 기업의 클러스터를 형성한다. 미국의 실리콘밸리와 뉴욕에 이어 세계 3번째로 큰 규모로 '실리콘밸리'와 경쟁하도록 클러스터를 조성한다.

둘째, 2010년 카메론 총리에 의해 빠르게 성장하였고 이후에도 계속 성장 중이다. 그 결과 스타트업과 투자자, 파트너를 연결하는 글로벌 스타트업의 허브로 부상한다. 이곳에는 액셀러레이팅센터인 '바클레이즈 라이즈(Barclays Rise)', 구글의 '구글 포 스타트업스 캠퍼스(Google for Startups Campus)' 등 창업 기업 보육 시설이 많이 있다.

셋째, 핀테크 기업은 테크시티를 통해 금융회사와 연계된 금융 솔루션과 플랫폼 산업에 진출한다. 이들은 Techstars, Startup Boot Camp, Level 39 공동체 등을 활용할 수 있게 된다.

넷째, 테크시티(Tech city) 운영은 '테크네이션(Tech nation)'이라는 기관이 담당한다. 테크시티에는 액셀러레이터, 벤처캐피탈, 인큐베이터 기관과 글로벌 스타트업 등이 많이 입주해 있다.

다섯째, '테크시티'에 진출한 한국 기업은 거의 없다.

국내에는 이와 비슷한 형태로 서울핀테크랩 등이 운영된다. 서울핀테크랩은 서울시가 운영하는 국내 최대 규모의 핀테크 스타트업 육성 공간으로 여의도에 위치한다.

2022년 3월 현재 국내 기업 69개, 해외 기업 85개의 핀테크 스타트업이 있으며, 이들과 함께 금융감독원, 한국핀테크산업협회, 하나은행 등 협력 기관도 입주해 있다.

입주한 핀테크 스타트업은 최대 3년간 사무실 공간을 사용할 수 있고, 기업별 성장 단계에 따라 사업화나 투자·마케팅·홍보 등 업무 지원을 받는다. 또한, 대기업이나 금융회사와 연계해 투자자금 유치와 해외 진출 시 도움을 받을 수 있다.

한편, 서울시는 2025년까지 서초구 서리풀터널 주변에 블록체인, 빅데이터 등 관련 기업들이 입주하는 4차 산업혁명 클러스터를 구축하고 첨단 비즈니스 허브를 조성한다.

[생태계 조성 2] 핀테크 클러스터: Level 39

'테크시티(Tech city)'의 기술과 경쟁력을 확보하고 금융 산업과의 시너지 효과를 극대화하기 위해 유럽 최대 규모의 핀테크 클러스터를 조성한다. 설립 목적은 자금 조달, 경영 자문 등 핀테크 창업 기업의 인큐베이터 역할을 담당한다. 여기에는 시스코, 페이스북, 구글, 인텔 등 투자자와 런던 왕립대학, 런던 시립대학 등 연구기관이 파트너로 참여한다.

이 밖에 간접 성과로 시장 매출의 증대, 일자리 창출, 디지털 테크 사업 비중의 확대, 디지털 총부가가치 성장 등 기대 효과가 있다. [표 9-11]에서 이 내용을 설명한다.

[표 9-11] 디지털 테크 클러스터의 지원 성과

구분	추진 내용	직접 성과
일자리 창출	디지털 산업과 관련된 일자리를 조성하고 육성함	평균 임금과 총부가가치 1위를 달성함
유니콘 기업 탄생 지원	이윤 창출보다는 기업을 도와주고 새로운 기술을 구체화시켜, 스타트업이 향후 세계적인 기업으로 발돋움할 수 있도록 기회를 제공함	유니콘 기업이 20개 이상 탄생함
핀테크 생태계 조성	핀테크 산업 발전을 위해, 인큐베이터, 액셀러레이터 등 역할을 충실히 수행하도록 도와줌	체계적인 성장을 위해 지원함
사무 공간 제공	스타트업 사무실 공간을 확보한 후 기업에 제공함	약 100개 이상의 사무 공간을 제공함

2-2 성장 지원 정책

지원 정책은 '정부의 정책 과제', '산업 지원과 정책 방향', '해외 진출 전략' 등 3가지 측면에서 체계적으로 추진된다.

[지원 정책 1] 정부의 정책 과제

영국 정부는 핀테크 수도(Capital)의 고수와 브렉시트 영향력 축소라는 2가지 관점에서 접근한다.

첫째, 핀테크 수도(Fintech capital)의 고수이다.

핀테크의 수도는 과연 계속하여 가능할 것인가? 이 목표를 위해 정부는 핀테크 산업의 경쟁력과 지속 가능성 유지를 위한 3가지 방안을 추진하게 되는데, 그 주요 내용은 다음과 같다.

(1) 정책을 주도하는 실행 기구 설립과 글로벌 진출의 중개자 역할을 한다.

(2) 영역별로 성장 지표를 정하고 정보 분석을 통해 핀테크 산업의 종주국 위상을 유지하도록 지원한다.

(3) 기술 인력의 공급 채널을 다양화하고 이해관계자의 유대 강화에 노력한다.

둘째, 브렉시트의 영향력 축소이다.

브렉시트(Brexit)로 인하여 유럽(EU)의 경쟁국과 이 분야에서 치열한 경쟁이 이루어짐에 따라, 핀테크의 수도 대체 장소로 룩셈부르그, 프랑크푸르트 등이 부상한다. 이에 대한 대응책으로, 영국은 '패스포팅(Passporting)'[2] 권리 유지에 집중하면서 런던이 금융 산업의 중심지 역할을 유지하며 경쟁력을 강화하는 데 노력한다.

현재 영국은 EU에서 탈퇴한 입장이지만, 패스포팅 제도가 계속 보장되기를 원하고 있다. 그럴 경우 런던에 있는 금융회사들이 다른 국가로 빠져나가는 요인은 약화될 것이다.

---

2) '패스포팅'이란, 금융회사가 유로(EU) 국가 중 한 곳에서 설립을 인가받게 되면, 다른 모든 EU 국가에서는 별도로 인가받지 않아도 자유롭게 영업할 수 있게 한 제도이다.

[지원 정책 2] 산업 지원과 정책 방향

브렉시트(Brexit) 문제로 유로(EU) 시장의 접근과 투자 위축 등 핀테크 산업에 대한 부정적인 견해가 우세하다. 하지만 영국이 그동안 구축해 놓은 견고한 금융 생태계와 핀테크 산업의 위상은 흔들리지 않을 것이다. 즉 글로벌 핀테크 시장에서 영국의 위상과 중요성은 앞으로도 강화될 것으로 전망된다.

따라서 이 목표를 달성하기 위한 다음의 5가지 사항에 대한 지속적인 노력과 업무 추진이 요구된다.

첫째, 핀테크 기업이 자체 경쟁력을 갖출 수 있도록 금융 당국과 기업 간의 원활한 의사소통과 협조 체제가 필요하다.

둘째, 스타트업을 혁신적인 핀테크 기업으로 육성하기 위해 분야별로 창업과 사업 운영에 필요한 육성 프로그램과 컨설팅 등을 지원한다.

셋째, 금융 비즈니스 모델과 금융 서비스를 신규 개발할 경우, 신속하고 원활한 테스트 환경을 조성하고 표준화된 테스트 베드 제공이 필요하다.

넷째, 핀테크 산업의 투자 위축과 런던에 있는 핀테크 기업들이 유럽의 다른 지역으로 빠져나가거나 분산되는 문제를 해결해야 한다.

다섯째, 경쟁력을 갖춘 금융 클러스터를 구축하기 위해 지속적인 노력이 필요하다.

[지원 정책 3] 해외 진출 지원 전략

영국 정부는 핀테크 기업이 해외로 진출하는 데 실질적인 도움을 주기 위해 많은 정보 제공과 함께 적극적인 지원에 나서고 있다. 특히 핀테크 스타트업을 체계적으로 육성하기 위해 정부 차원에서 'Tech city'와 'Innovate UK' 등을 만들어 운영함으로써 기업이 잘 성장하도록 돕고 있다. 정보 기술의 융합 산업 육성을 위해서도 여러 가지 제도를 만들어 운영한다. 글로벌 핀테크 시장에서 시장점유율과 장악력을 높이기 위해, 기업 간 업무 제휴, 인수합병 등을 통한 기술력 확보와 해외 시장 진출에 적극적인 지원을 한다.

영국의 지원 정책과 전략을 모델로 삼아 핀테크 육성 정책을 추진하는 우리나라도 체계적인 핀테크 산업의 육성과 지원이 요구된다. [표 9-12]에서 이 내용을 설명한다.

[표 9-12] 활성화 방안과 정책 지원

구분	정책과 지원 내용
핀테크 스타트업 활성화	① 글로벌 시장의 경쟁력 강화에 중점을 두고 정책 우선순위를 결정함 ② 핀테크 생태계를 조성하여 적극적인 일자리 창출과 투자유치 노력이 필요함 　ⓐ 경영 컨설팅과 세제 혜택 등을 지원 　ⓑ 인큐베이팅, 엑셀러레이팅 등 스타트업 지원 프로그램과 생태계를 조성 　ⓒ 정부-금융회사-기업 간 상호 협력체계를 구축해 시너지 효과를 제고
규제 철폐와 혁신	① 경쟁력 확보를 위해 새로운 금융환경에 맞지 않는 규제 철폐 등을 과감히 추진함 ② 금융 경쟁력 제고와 혁신을 위해 제도 개선 사항을 발굴하여 추진함 　ⓐ 스타트업이 창의적인 방법으로 금융시장에 진입하도록 생태계 환경을 조성 　ⓑ 은행업 진입 규제 완화와 벤치마킹 등 활성화를 위한 조치 　ⓒ 규제와 개선의 일관성, 실효성을 유지하기 위한 마스터플랜 수립과 시행
해외 시장 진출 지원	글로벌 핀테크 시장에 대한 진출과 경쟁우위를 확보하기 위해, 정부와 핀테크 기업은 활성화 측면에서 상호 협조와 적극적인 업무추진이 요구됨 ① 정부 　ⓐ 생태계 조성과 가치사슬망(SCM) 시스템 구축을 통해 지원 　ⓑ 기술 및 제품, 서비스 등에서 글로벌 기업과 다각적인 협력과 협조가 될 수 있도록 제도적인 지원과 강화가 필요 ② 핀테크 기업 　ⓐ 정부 지원과 협력을 통해 해외시장 진출에 전념하고, 적극적인 의지와 노력이 필요 　ⓑ 최신 동향과 변화 등을 주시하며, 이에 대한 대응 전략 마련과 신속한 업무추진이 필요

2-3 지원 성과

영국 정부는 핀테크 산업을 육성하기 위해 '핀테크 혁신 랩(FinTech Innovation Lab)' 등을 설립하고, 여러 가지 지원 정책을 추진하며 많은 성과를 거두었다. [표 9-13]에서 이 내용을 설명한다.

[표 9-13] 핀테크 산업의 투자 성과

① 세계에서 가장 빠른 성장세를 유지함

구분	성장률	비고
투자 거래량	연간 74%	미국 실리콘밸리 대비 6배가 증가함
투자 규모	연간 51%	미국 실리콘밸리 대비 2배가 증가함

② '핀테크 혁신 랩' 등을 설치·운영함

추진 내용	세부 내용
'핀테크 이노베이션 랩 (Fintech Innovation Lab)' 설립	정부와 대기업이 스타트업을 적극적으로 지원하며, 핀테크 육성 프로그램을 통해 핀테크 산업 활성화에 공동으로 노력함
'스타트업 부트캠프 핀테크 (Startupbootcamp Fintech)' 설치·운영	① 스타트업이 글로벌 시장에 진출하여 지경을 넓힐 수 있도록, 세계 최대 규모의 다국적 기업 지원 액셀러레이터 네트워크와 연계하는 데 도움을 줌 ② EU 스타트업 엑셀러레이터의 역할과 핀테크 관련 업무를 지원함

③ 다양한 핀테크 기업의 육성 프로그램을 지원함

주체	육성 프로그램	내용 설명
정부	테크 네이션 (Tech Nation)	영국 전역의 모든 클러스터에 테크 산업에 필요한 성장 프로그램과 이벤트, 기술 데이터 자원 등을 다음과 같이 지원함 ① 테크 네이션 성장 프로그램을 제공함 ② 스타트업의 스케일업을 도와주고, 해외 진출 기회를 제공함 ③ 스타트업 성장을 위해 6개월간 필요한 자금과 도구를 제공함(워크샵, 멘토링, 네트워킹, 국제 무역 사절단 등)
	핀테크 노스 (Fintech North)	핀테크 생태계 구축을 위해 아이디어와 도전과제, 모범 사례 등을 공유하고, 스타트업과 협업을 위해 개방형 협업 플랫폼을 구축한 후 핀테크 커뮤니티를 조성함
	핀테크 스코틀랜드 (Fintech Scotland)	커뮤니티 지원과 핀테크 산업의 입지 확보를 위해 설립된 스코틀랜드의 핀테크센터로, 금융 혁신과 협력 등을 통해 핀테크 기회를 포착하도록 도와줌
기업	바클레이즈 액셀러레이터 (Barclays Accelerator)	Techstars와 Barclays가 함께 13주간의 멘토십 중심의 액셀러레이터 프로그램을 진행함
	내트웨스트 기업가 액셀러레이터 (Natwest Entrepreneur Accelerator)	① 6개월간의 전문 코칭과 함께 기술 및 법률 검토, 투자 전략 등을 지원하며, 국제적인 네트워킹 기회를 제공함 ② 영국 '내트웨스트(Natwest)' 은행에서 운영하며, 핀테크 스타트업을 위한 무료 오피스 공간과 멘토링 기회를 제공함
	핀테크 이노베이션 랩 (Fintech Innovation Lab)	'액센츄어'가 운영하는 랩으로, 3개월간 글로벌 네트워크에 대한 도움과 함께 각종 지원과 액세스를 제공함

출처: 영국의 핀테크 성장 배경과 비결 – Kotra 해외시장 뉴스 요약
https://news.kotra.or.kr 〉 kotranews (KOTRA 런던무역관)

제10장

금융회사의
핀테크 기술 도입

CHAPTER **10** 금융회사의 핀테크 기술 도입

> 이 장에서는 금융회사의 핀테크 도입 배경과 기술의 적용, 그리고 이것을 추진하기 위한 전담 조직 구성과 핀테크 서비스 도입 전략을 살펴본다.

1. 도입 배경

1-1 핀테크의 요건

'핀테크' 기술은 금융회사의 기능을 대신하며, '핀테크 플랫폼과 콘텐츠'가 중개 역할을 담당한다. 그 역할과 구성 요소를 형상화한 후 [그림 10-1]에서 보여 준다.

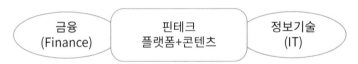

[그림 10-1] 핀테크의 역할과 구성 요소

많은 사람이 핀테크[1]를 테크핀[2], 빅테크[3]와 혼용하여 사용한다. 그러나 개념상으로는 의미가 조금씩 다르다. [표 10-1]에서 이 내용을 설명한다.

---

1) '핀테크(Fintech)'란, 금융 분야에 정보기술(IT)을 접목하여 만든 새로운 형태의 금융 서비스를 말한다. 이것은 금융이 중심이 되고 여기에 IT 기술이 접목된 상태를 의미한다.
2) '테크핀(Techfin)'이란, IT 회사가 중심이 되고 IT 기술에 금융 서비스를 접목한 형태로 이루어진다.
3) '빅테크(Bigtech)'는 인터넷 플랫폼 기반의 대형 정보기술(IT) 기업을 의미한다. 글로벌 빅테크 기업은 구글, 애플, 아마존, 메타 등이 있으며, 국내 빅테크 기업은 네이버, 카카오 등이 있다.

[표 10-1] 핀테크와 테크핀의 금융 서비스 차이

구분	핀테크(Fintech)	테크핀(Techfin)
정의	① 금융회사가 정보통신 기술을 활용해 신 금융 서비스를 개발한 후 고객에게 편익을 제공함 ② 금융회사가 주도하며, 금융업무에 IT 기술을 접목한 형태임	① 정보통신 기술(ICT) 기업이 개발한 신 기술에 금융 서비스를 접목해 고객에게 편익을 제공함 ② 핀테크와는 달리 IT 회사가 주도하며, IT 기술에 금융업무를 접목한 형태임
사용자	금융회사 정보 시스템에 신규로 접속하는 금융 소비자와 기존 금융 서비스를 이용하는 고객임	① 온라인 플랫폼에서 새로운 금융 서비스를 이용하는 사용자임 ② SNS를 통해 금융 서비스를 이용하는 금융소비자임
비즈니스 형태	인터넷 통신망과 모바일 기기를 통해 새로운 금융 업무와 금융 서비스를 제공함	모바일 기기의 사용자에게 맞춤형 서비스 형태로 다양한 금융 업무를 제공함
시스템 특성	금융회사 정보 시스템에, 정보통신 기술 기업이 아웃소싱(외주) 형태로 개발한 금융 서비스를 접목함	IT 회사가 자체 보유한 플랫폼에, 정보통신 기술 기업이 자체 또는 협력 개발한 서비스를 접목함
데이터 수집	금융회사의 서비스와 관련된 금융소비자(고객)를 대상으로 정보를 수집함	온라인 플랫폼을 이용하는 다양한 사용자를 대상으로 각종 정보를 수집함
특장점	그동안 축적된 금융 기술과 안전성 확보는 물론, 높은 신뢰도를 바탕으로 영업함	빅데이터, AI, 블록체인 등 새로운 정보 기술을 활용해 다양한 금융 서비스를 제공함
대표 사례	금융회사의 인터넷뱅킹, 모바일뱅킹 등 서비스가 있음	데이터 분석을 통한 사용자 맞춤형 서비스로, 간편결제, P2P 대출, 개인자산관리 등이 있음

빅테크 기업들은 대부분 온라인 플랫폼을 제공하는 사업을 하다가 금융 시장에 진출하고 있다. 이에 따라 빅테크 기업들은 금융 산업에 다양한 혁신과 경쟁을 가져왔고 소비자의 편의성 등을 증진해 왔다. 하지만 온라인 플랫폼의 특성상 시간이 지날수록 기존 금융업보다 더 큰 시장 지배력을 갖게 되어 시장을 독점화할 가능성이 높다는 우려가 제기되고 있다.

테크핀과 빅테크 기업들은 금융회사와 업무 제휴를 하거나, 경쟁 IT 기업과 협업을 통해 새로운 금융 모델과 다양한 서비스를 제공하며, 자산관리, 보험 판매, 데이터 분석 업무 등 영역으로 지경을 넓히고 있다.

따라서 지속적인 금융 산업 발전을 위해서는 핀테크 산업이 혁신을 선도하면서, '금융당국, 금융회사, 핀테크 기업' 간의 소통과 협력이 절대적으로 필요하다. 아울러 핀테크 산업의 도약을 위해 정부의 적극적인 지원과 규제 철폐 등이 요구된다. [표 10-2]에서 이 내용을 요약하여 다시 한번 설명한다.

[표 10-2] 핀테크, 테크핀, 빅테크 개념 정의

구분	내용 설명
핀테크 (Fintech)	① 금융 분야에 IT를 접목하여 만든 새로운 형태의 금융 서비스로 금융이 중심이 되고 여기에 IT 기술을 접목한 형태임 ② 대표 사례: 금융회사의 모바일뱅킹, 오픈뱅킹 등
테크핀 (Fintech)	① IT 회사가 주도하며 IT 기술에 금융 서비스를 접목한 형태임 ② 핀테크보다는 더욱 혁신적인 금융 서비스를 출현시킴 ③ 대표 사례: 케이뱅크, 카카오뱅크, 토스뱅크와 카카오페이, 뱅크샐러드, 8퍼센트 등 금융 서비스 기업
빅테크 (Bigtech)	① 인터넷 플랫폼을 기반으로 한 대형 정보기술(IT) 기업을 말함 ② 대표 사례: 구글, 애플, 마이크로소프트, 아마존, 메타(Meta Platforms Inc. '페이스북'에서 개명), 네이버, 카카오 등 대기업

1-2 핀테크 산업의 발전

《디지털뱅크》의 저자, 영국의 크리스 스키너는 핀테크 산업 발전을 5단계로 구분한다. [표 10-3]에서 이 내용을 설명한다.

[표 10-3] 핀테크 산업 발전의 5단계

구분	특징	내용 설명	비고
1기 (2005~2014)	붕괴의 시기 (Disruption)	앱과 API, 분석 기반의 오픈 금융이 실현되는 초기 단계임	① 2005년 세계 최초로 P2P대출 회사인 영국 조파(Zopa)에서 핀테크가 출발함 ② 은행과 핀테크 스타트업의 협업이 시작됨 ③ 은행의 스타트업 투자와 신 금융 서비스가 소개되는 시기임
2기 (2014~2017)	토의의 시기 (Discussion)	은행은 다양한 혁신과 이벤트를 제공하기 시작하나, 은행과 핀테크 스타트업 간의 진정한 파트너십은 등장하지 않은 단계임	① 은행은 내부의 혁신을 위해, '규제 샌드박스'와 자체 육성프로그램을 운영함 ② 두 회사 간에는 실질적인 거래나 파트너십은 구축되지 않은 상태이며, 상호 협의를 통해 이해 증진과 현실을 파악하게 됨
3기 (2017~2022)	협력의 시기 (Partnership)	붕괴와 토의의 시기를 지나, 협업과 파트너십을 적극적으로 모색하는 단계임	① 은행과 핀테크 산업 간에 협업과 파트너십을 모색하고 상호 협력하는 분위기가 조성됨 ② 국내 대표 사례로, 신한금융이 핀테크 '해커톤'을 개최함
4기 (2022~2027)	통합의 시기 (Integration)	오픈뱅킹, 오픈 API 등을 통해 핀테크가 기존의 은행 뱅킹 시스템에 완전하게 통합되는 단계임	① 상호 경쟁과 함께, 오픈뱅킹과 오픈 API 등이 활성화되는 시기임 ② 본격 통합 이전에 유럽연합(EU) 지불 결제 서비스 지침은 PSD 3[4]로 이행되어야 한다는 의견을 피력함
5기 (2027~)	재편의 시기 (Renewal)	API, 애플리케이션, 분석 등이 완벽히 구현된 오픈 플랫폼과 마켓플레이스가 열리게 될 것으로 예상되는 단계임	① 모든 금융 서비스가 인터넷에서 실시간으로 연결되는 진정한 통합의 시기가 도래함 ② 전통적인 금융과 핀테크, 빅테크 등을 명확히 구분하지 않는 시기가 도래할 것으로 전망됨

출처: LENDiT(렌딧) 공식 블로그, "NO.1 테크핀 온투금융 렌딧" 요약
https://blog.naver.com/lendit/221917554759

---

4) 'PSD 3'은, Payment Service Directive 3 약어로, 결제 서비스 지침 3을 의미함

따라서 국내 산업은 핀테크 산업 발전 5단계로 볼 때, 3기 '협력의 시대'에서 4기 '통합의 시기'로 진입하려는 단계로, 본격적인 '성장기'에 진입하고 있다는 것을 알 수 있다. 이 책에서는 성장 단계를 태동기, 진입기, 성장기로 분류하고, [표 10-4]에서 이 내용을 설명한다.

[표 10-4] 핀테크 산업의 태동과 성장 단계

구분	현상	발전 형태
태동기	글로벌 금융위기로, 기존 금융 서비스에 대한 소비자 불만이 표출되면서 새로운 변화를 모색함	기존 금융 질서를 파괴하는 창의적인 혁신에 기반을 두고 신 금융 서비스가 태동하는 시기임
진입기	신속한 금융 업무를 처리하기 위해 간편 결제 등 각종 핀테크 서비스가 출현함	기존 서비스에 대응하는 다양한 형태의 핀테크 기술이 등장하면서, 새롭게 발전하는 시기임
성장기	다양한 형태로 등장한 새로운 금융 서비스가 활성화되면서 사용이 일상화됨	① IT 융·복합 상품 개발로 개인 자산관리, 보험업 등에서 다양한 금융상품이 출현함 ② 보험업에서는 고객정보와 신용분석, 금융사고 이력 등을 빅데이터로 분석하고, 보험료 계산과 개인 자산관리서비스 등에서 활용함

핀테크 산업에 신기술이 적용되고, 그 결과로 나타난 금융 서비스는 금융 산업에도 많은 영향을 미친다. 특히 AI, 빅데이터 등 정보 기술의 융합으로 새롭게 등장한 혁신 금융 서비스 기업과 빅테크 기업은 금융회사를 바짝 긴장시키고 있다.

국내 은행들은 인터넷전문은행, 빅테크 기업과 무한 경쟁을 벌이고 있다. 비대면 거래가 증가함에 따라 은행들은 플랫폼 형태의 '디지털뱅크'로 발전하였지만, 여전히 자체 전산망과 금융 공동망 내에서 전통적인 금융 상품 위주의 금융 서비스를 하는 모습이다.

반면에 핀테크 기업들은 자체 통신망에 연결된 채널을 활용하고, 한정된 채널의 한계를 극복하기 위해 은행이나 다른 기업 등과 업무 제휴를 한다. 은행과 협력하여 은행의 자동화 기기를 이용하거나 24시간 편의점, 카페 등과 연계하여 다양한 서비스를 제공한다.

1-3 핀테크 영역의 분류

영국 투자무역청은 핀테크 산업 분야를 4개 영역으로 분류한다.

① 은행업 및 금융 데이터 분석 (Finance data analysis)	② 지급 결제(Payment)
③ 자본시장 관련 기술 (Capital market technology)	④ 금융 자산관리 (Financial asset management)

최근에는 여기에 덧붙여, 정보 기술 서비스, 정보보안 등 영역으로 확대하고 있다. 그러나 금융회사의 관점은 조금 다르다. 사업 영역의 분류 기준을 간편 결제와 송금, 금융 데이터 분석, 금융 소프트웨어 활용, 금융 플랫폼으로 구분한다. [표 10-5]에서 이 내용을 설명한다.

[표 10-5] 금융회사 관점의 사업 영역 분류

구분	추진 전략	서비스 활용 형태
간편 결제와 송금	개인 고객을 중심으로, 사용이 편리하고 수수료가 저렴한 간편 결제와 송금 서비스를 점차 확대함	간편 결제, 송금, 해외송금, 환전 서비스 개발과 업무를 제휴함 (예) 전자지갑, 000 pay 등
금융 데이터 분석	고객의 다양한 금융 데이터를 수집·분석한 후 새로운 영역(Blue ocean)을 찾아 고부가가치를 창출함	AI와 빅데이터 기반의 개인 데이터 분석을 활성화함 (예) 개인 신용조회와 평가, 자산관리 컨설팅, My데이터 활용, 인슈어테크 도입 등
금융 소프트웨어 개발 및 활용	디지털 전환과 금융 서비스 혁신을 위해 필요한 솔루션을 개발하고, 기업의 인수·합병을 적극적으로 추진함	새로운 솔루션을 개발하고 활용함 (예) RPA(로봇 프로세스 자동화), 신분인증 및 정보보안, 레그테크(Regtech) 등
금융 플랫폼 구축 활용	다양한 형태의 금융 거래를 할 수 있도록, 금융회사에 적합한 새로운 플랫폼을 구축하여 활용함	플랫폼 구축과 금융 서비스를 개발해 활용함 (예) P2P 대출, 크라우드 펀딩 등 핀테크 기업과 업무 제휴

2. 핀테크 기술 적용

2-1 적용 분야

핀테크 기술을 적용한 주요 금융 서비스는 지급 결제, 해외 송금 등으로 다양하다. [표 10-6]에서 이 내용을 설명한다.

[표 10-6] 핀테크 기술을 적용한 주요 분야

구분	내용 설명
지급 결제 (Payment)	은행 신용카드 결제, 금융회사 간 계좌이체, 모바일 결제 등을 통해 대금을 지급하거나 이체함 (사례) 삼성페이, 카카오페이, 구글페이, 네이버페이 등
P2P 대출 (P2P Loan)	대출자와 고객을 연결해 주는 중개 기능을 담당하거나, 소액대출을 직접 취급함 (사례) Zopa, LendingClub, Alibaba 등
해외 송금 (Overseas remittance)	은행에서 해외 송금을 할 경우, 기존의 송금은행-중계은행-수취인은행의 3단계 절차를 수행하던 것을, 탈중개화된 핀테크 송금 플랫폼으로 대체함 (사례) TransferWise, Azimo, CurrencyFair 등
자산관리 및 투자 (Asset management)	소액투자에 적합한 온라인 기반의 자산관리와 투자 모델로, 투자자를 대상으로 개인 포트폴리오를 구성하고 자금을 운용함 (사례) Nutmeg, Rplan, Blue Speek Finacials 등
크라우드 펀딩 (Crowd funding)	소액투자자 모집과 스타트업을 연결하는 서비스로 투자자와 기업에 성과 기회를 제공함 ① 소액투자자: 소액 투자를 통한 투자 위험을 분산함 ② 핀테크 기업: 신속한 투자 유치에 성공함 (사례) Seedrs, Funding Circle 등

이 밖에도 핀테크 기술은 모바일 전용 통장 개설이나 웨어러블 뱅킹, 온라인 카드, 보험료 납부 등 분야에서 다양한 형태로 활용된다. 최근에는 로보어드바이저, 인슈어테크, 데이터 분석 등 분야로 확대되어 점차 활성화되고 있다. [표 10-7]에서 이 내용을 설명한다.

[표 10-7] 핀테크 기술의 응용 사례

적용 분야	내용 설명
모바일 통장	오프라인 통장을 발급받지 않고, 다양한 방식으로 금융 거래를 할 수 있도록 온라인 모바일 전용 통장을 발급함 (사례) '네이버 통장', 미래에셋 '네이버 통장', 카카오뱅크 '세이프박스' 등 발급
웨어러블 뱅킹	모바일 기기를 통해 간편한 조회와 자금 이체 등 금융 업무를 처리함 (사례) 스마트워치(Smartwatch) 등 활용
스마트 아파트론	스마트폰을 이용하여 간편하게 아파트 담보대출을 실행함 (사례) 스마트폰 기반의 주택담보대출(약칭, 주담대) 취급 – 카카오뱅크 주택담보대출 등
e-커머스	e-커머스 거래에서 이메일(ID), 비밀번호 등 간단한 정보 입력만으로 간편 결제를 하거나, 지급 결제 수단을 다양화하여 업무 영역을 확대함 (사례) 원클릭 결제, 'oo Pay', 온라인카드 등 활용
인터넷전문은행	비대면 온라인 거래와 무점포 전략을 기반으로 영업하며, 금융회사와 업무 제휴 및 상호 경쟁을 통해 다양한 모델을 개발하고 금융 서비스를 제공함 (사례) 국내의 경우, 케이뱅크, 카카오뱅크, 토스뱅크

2-2 적용 애로 사항

새로운 핀테크 기술을 금융회사에 적용하는 경우, 아직도 여러 가지 문제가 남아 있다. [표 10-8]에서 이 내용을 설명한다.

[표 10-8] 핀테크 기술 적용 시 문제

구분	애로 사항과 문제점
금융회사	① 핀테크 기술의 업무 적용을 위한 전문가가 부족함 ② 핀테크 관련 보안성 심의와 평가, 법규 등 체계적 지원을 위한 통제 기능이 미약함(금융회사 내에 '핀테크 지원센터'를 운영하고 핀테크 기업을 지원하는 조직 체계는 갖춤) ③ 핀테크 기업에 대한 애로 사항 청취와 자문 컨설팅 등이 부족함

핀테크 기업	① 핀테크 기술 혁신성과 금융 산업에 대한 이해가 부족함 　(변화와 혁신을 추구하는 금융 비즈니스 모델이 없으며, 업무 프로세스 　에 대한 이해가 부족) ② 핀테크 기업 간 업무 협조 체계가 미미함(핀테크 기업 간에 협조가 안되 　고, 자기 생존만을 위한 과열 경쟁사회(Dog eat dog society)만 존재함 ③ 금융회사의 적극적인 협조와 핀테크 기업에 대한 지원 　체계 강화가 필요함 ④ 핀테크 산업에 대한 규제 완화와 정부의 적극적인 지원정책이 필요함
금융감독원	① 애로 사항 상담(Trouble counseling)과 지원 정책의 확대가 필요함 ② '핀테크 지원센터' 기능과 업무 역할의 강화가 요구됨 　ⓐ 센터 개설일: 2014.11(금융감독원, IT 정보사업단) 　　– 금감원·코스콤·금융결제원·금융보안원 등이 합동으로 태스크포스 　　(TF)를 구성하고 직원 파견 형태로 조직을 운영함 　ⓑ 주요 상담 및 업무 처리 내용으로, 창업과 규제 법률, 보안성 심의 및 　　지원 등 업무를 지원함 　　– 해외 송금, 모바일 결제, 개인자산관리, 크라우드 펀딩, P2P 대출 등 　　을 중심으로 상담 　　– 핀테크 기업과 창업자를 대상으로 상담을 진행하나 대부분 일회성 　　상담임
금융위원회	① 핀테크 산업을 체계적으로 육성하고 관련 기업이 잘 성장할 수 있도록 　정책적인 지원을 함 ② 최근에 추진한 주요 내용은 다음과 같음 　– '핀테크 활성화 로드맵' 발표(2018, 2020) 　– 금융 규제 샌드박스 생성과 금융혁신지원특별법을 제정 (2020.02) 　– 핀테크 발전 전략과 활성화 방안 등 정책을 발표하고, '코리아 핀테크 　　위크 2021'를 개최(2021.05) 　– '디지털금융협의회'를 출범(2021.9)

'코리아 핀테크 위크 2021'에서 발표된 주요 내용을 보면, '디지털 금융 혁신, 핀테크 산업의 발전 전략, 금융 서비스 활성화, 디지털 혁신을 위한 금융 인프라 구축' 등이 포함된다.

금융위원회가 2021년 9월에 출범시킨 '디지털금융협의회'는 업종별 규제 혁신 방안, 기존 금융사와 빅테크 간 건전한 경쟁 질서 확립, 금융 데이터의 공유와 금융이용자 보호 등 디지털 금융 혁신과 관련된 주제를 정기적으로 심도 있게 논의한다. '핀테크 데모 데이' 행사를 통해 핀테크 기술의 적용 애로 사항을 파악하고, 여기에서 제기된 건의 사항과 디지털 금융 혁신과제 등을 논의한다. 그리고 간담회를 통해 현장 의견을 청취하고 정책에 반영한다.

　최근 금융회사가 건의하여 수용된 과제는 '은행의 플랫폼 비즈니스 진출 허용 확대, 보험설계사의 계약자 대면 의무 완화, 모바일 보험 상품 청약 시 서명 방식 간소화' 등이 대표적이다.

2-3 금융 서비스 활용

　핀테크 기술을 금융 서비스에 적용할 경우, 예상되는 기대 효과는 수수료 절감, 처리 절차 간소화, 보안성 강화 등으로 다양하다. [표 10-9]에서 이 내용을 설명한다.

[표 10-9] 핀테크 기술의 활용 효과

구분	활용 효과
신속한 업무 처리와 수수료 절감	① 정보 기술을 새롭게 적용하여 사람의 개입을 최소화하고, 신속한 업무처리를 하게 함 ② 많은 서비스가 수수료 절감에 초점을 맞추어 개발됨 　ⓐ 해외송금 사례: TransferWise 　　기존 금융회사의 10% 수준으로 수수료를 징수 　ⓑ 신용카드 결제 사례: Paypal 　　기존 금융회사의 40% 수준으로 수수료를 징수
금융 거래 처리의 간소화	① 핀테크 업무는 업무처리 간소화로 편의성이 강조됨 　- 공동인증서 사용과 복잡한 인증 절차를 간소화하고, 　　ID와 비밀번호만으로 간편결제를 처리하도록 함 ② 대표 사례: Apple Pay 　- 신용카드 번호, ID, 비밀번호 등 입력이 불필요하며, '지문', '홍채' 등 생체인증 기술을 적용하여 결제 편의성을 제공함
금융보안 강화	① 최근 5년간 30개국 약 100개 은행에서 해킹이 발생하여 그 피해 규모가 10억 달러에 달함 ② '이상 거래 탐지 시스템(FDS)' 구축과 블록체인 기반의 인증 서비스를 통해 금융보안을 강화함

　핀테크 분야에서 금융회사와 빅테크 기업의 강·약점을 파악하기 위해 스왑(SWOT) 분석을 하기로 한다. [표 10-10]에서 이 내용을 설명한다.

[표 10-10] 금융회사와 빅테크 기업 SWOT 분석

금융회사(은행)	SWOT 분석	빅테크 기업
① 그동안 축적된 고객 신뢰도를 바탕으로 고객 밀착형 영업활동을 전개함 ② 다양성과 조직 응집력을 통해 충분한 위기관리 능력을 갖추고 있음	S(강점)	① 고객으로부터 수집한 다양한 정보를 바탕으로 온라인상에서 즉시 마케팅 활동이 가능함 ② 비금융 분야에서 구축된 네트워크의 활용과 자본력을 바탕으로 강력한 경쟁 전략을 구사함
① 예·대 마진 중심의 이자수익 비중이 높은 수익 구조로, 금융당국과 외부 변수에 많은 영향을 받음 ② 은행업에 한정된 영업 활동으로, 비금융 분야에 대한 데이터의 수집량이 상대적으로 적음	W(약점)	① 고객과의 연결고리가 약하게 형성되어 고객 충성도가 낮음 ② 금융회사와 비교할 때, 신뢰도와 조직력이 약하고 위기관리 대응 능력이 낮음
① 기존 고객에 대한 정보를 활용해 신상품을 쉽게 개발하고 상품 판매가 가능함 ② 기술 확보에 어려움은 있으나, 이것을 활용한 새로운 수익원의 창출과 시장 확대가 용이함	O(기회)	① 장기적 관점에서 서비스에 대한 접근성과 활용성이 높아지고 고객 반응이 좋아짐 ② 고객이 선호하는 맞춤형 상품과 서비스를 빠르게 개발한 후 적용이 수월함
① 새로운 금융 서비스를 제공하는 경쟁자가 시장에 계속 등장하게 됨에 따라 경쟁력이 떨어짐 ② 금융회사의 고유 기능과 역할이 점차 감소하거나 축소됨	T(위협)	① 금융당국의 시장 독점 방지와 정보 보호에 대한 규제로, 경쟁력 확보에 많은 어려움이 있음 ② 유사한 사업 모델을 가진 다른 기업이 계속 등장하면서 경쟁이 매우 치열함

출처: KCMI 자본시장연구원, Koscom, 재정리

3. 전담 추진 조직 구성

3-1 금융회사와 핀테크 기업의 대응

금융회사는 핀테크 신기술을 적용하기 위해 전담 조직을 만들었다. 또한, 업무 확장을 위해 육성 프로그램을 도입하는 등 다양한 형태로 업무를 추진하게 된다. 반면에 핀테크 기업은 시장 동향을 파악하고 글로벌 시장에 대한 진출 노력과 함께 수익성 확보 전략 등을 추진한다. [표 10-11]에서 이 내용을 설명한다.

[표 10-11] 금융회사와 핀테크 기업의 대응 전략

구분	대응 전략
금융회사	① 조직 개편을 통해 핀테크 전담 조직을 신설하고, 핀테크 기업을 지원하기 위한 사업성 검토 등을 추진함 ② 우수한 핀테크 기업을 발굴하여 육성하고, 협업 체계 구축과 핀테크 생태계 조성을 통해 업무를 체계적으로 추진함 ③ 은행 자체적으로 또는 관련 단체와 협업을 통해 아이디어를 공모하고, 원활한 소통을 위해 핀테크 데이 행사 등을 개최하며, 핀테크 지원센터를 설치·운영함
핀테크 기업	① 핀테크 산업의 트렌드 변화에 따라 시장 동향을 파악하고 글로벌 시장 진출에 노력함 ② 온라인 상거래와 모바일 금융 거래가 증가함에 따라 수익성 확보에 우선하는 전략을 추진함

핀테크 신기술이 금융권에 확대 적용되면서 금융회사들은 많은 변화의 모습을 보인다. [표 10-12]에서 이 내용을 설명한다.

[표 10-12] 핀테크 기술 특징과 금융권 변화 모습

과거	최근
블록체인의 등장과 기술 적용이 가시화됨 - 단순 홍보 차원의 프로젝트로 진행	탈중앙화 개념의 신금융 서비스 관점에서 기술 적용과 활성화가 이루어짐
오픈뱅킹 시스템을 도입하여 편리한 금융 서비스를 추구함 - 은행, 증권사, 카드사 등 모든 금융사를 한 개 네트워크로 연계하여 편의성을 확대	오픈뱅킹 시스템의 활성화와 함께, 새로운 금융 플랫폼의 구축과 함께 편리한 금융 서비스를 제공하게 됨
인공지능 업무 프로세스를 적용함 - 혁신업무 적용과 윤리 문제가 떠오름	인공지능 업무를 확대하고, 빅데이터 기반의 '개인화(My 데이터)' 업무가 부상함
생체인식 기술의 적용과 편의성이 증진됨 - 홍채 및 안면인식 기술을 통한 간편 결제 거래가 급격히 증가	핀테크 플랫폼에서 RPA(로봇 프로세스 자동화) 업무 시스템의 개발과 적용 활성화, 로보어드바이저 거래가 점차 증가함
개인 자산운용의 활성화가 나타남 - 투자 확대와 소액 투자자의 증가	핀테크 산업의 협업 체계 강화와 통합화로 발전됨

핀테크 기술의 발전은 금융회사의 업무 추진 방향에도 많은 영향을 미치고 있다. 핀테크 기술의 고도화는 금융 서비스를 더 활성화하는 계기를 만들었고, 금융회사는 핀테

크 기술을 적극적으로 수용하여 업무에 적용하기 시작하였다. [표 10-13]에서 이 내용을 설명한다.

[표 10-13] 금융회사의 핀테크 기술 적용

구분	업무 추진 방향
금융회사 (공통 사항)	① 금융회사와 핀테크 기업은 상호 협력과 경쟁을 통해, 신금융 서비스의 기능을 강화하며 투자함 ② 인공지능, 빅데이터 분석, 사물인터넷 등 신기술을 적용하고, 업무 확대를 통해 디지털 전환 업무를 강화함
은행, 증권사	간편 결제와 신용평가, 고객분석 업무 등에 핀테크 기술을 적용하여 금융 혁신을 추구함
손해보험사	① 보험금 산정 과정에 위험 차등화율을 적용하고, 보험금 청구 간소화 등 혁신 프로세스에 핀테크 기술을 적용함 ② 디지털 전환을 계기로, 신속한 업무처리와 인슈어런스 업무처리를 확대함

금융회사와 핀테크 기업 간의 협업은 핀테크 랩(Lab)의 설치 운영과 Open API 제공 등 다양한 형태로 추진된다. [표 10-14]에서 이 내용을 설명한다.

[표 10-14] 금융회사와 핀테크 기업 간 협업 유형

구분	내용 설명
핀테크 랩 설치 운영	핀테크 기술을 보유한 스타트업을 발굴하여 육성하고 지원하며, 인큐베이팅, 엑셀러레이팅 등 제도 도입으로 단계적인 지원을 강화함
Open API 제공	간편 결제 기능과 고객 데이터 활용 등을 확대하기 위해 핀테크 기업에 API 프로그램 등을 제공하고 금융 정보를 개방함
금융회사와 핀테크 기업 간의 업무 제휴	금융회사는 핀테크 기업과 MOU 등을 체결하고, 핀테크 신기술과 플랫폼 분야에서 상호 보완과 업무 제휴를 추진함
출자 형태	핀테크 기업에 대한 지분 참여와 경영권 인수 등의 형태로 핀테크 업무 영역을 확대하고 지경을 넓혀 감
내부 업무의 추진	조직 내에서 인력과 설비 투자를 확대하거나, 인수합병 등을 통해 직접 핀테크 업무를 추진함

3-2 전담 조직의 구성과 역할

핀테크 업무를 효과적으로 추진하고 큰 성과를 거두기 위해 각 은행은 2014년부터 핀테크 관련 업무 조직을 신설하고 계속 조직을 강화해 오고 있다. 최근에는 입사 시험에서 일반 행원 채용 비율을 대폭 줄이고, 정보 기술 관련 인력 채용에 중점을 줄 정도로 변화하고 있다. 영업 조직을 단순화하면서 디지털 금융 조직은 대폭 확대하는 추세이며, 부서 명칭도 디지털사업부, 디지털전략부, 디지털 IT본부 등으로 변경한다.

우리은행의 경우, 'DT추진단'을 신설하고 여기에 디지털전략부, 디지털사업부, 빅데이터사업부, AI사업부, 스마트앱개발부를 두었다. 신한은행은 디지털혁신단을 신설하고, AI 유닛, My Data 유닛, Data 유닛, 디지털 R&D센터로 조직을 운영한다. [표 10-15]에서 이 내용을 설명한다.

[표 10-15] 은행 핀테크 전담 조직의 변화

구분	핀테크 부서 신설과 개편 내용	최초 구성 일자
신한	스마트금융팀 신설 → 미래채널부 핀테크사업팀 → 디지털혁신단	2016년 02월
우리	핀테크사업부 → 디지털금융단, DI[5]추진단	2015년 12월
하나	핀테크사업부 신설 → DT혁신본부	
IBK기업	스마트금융부 신설 → 핀테크사업부 → 디지털그룹(디지털기획부, [기업·개인] 디지털채널부, 빅데이터센터)	2015년 07월
KB국민	KB금융 마케팅기획부 → 미래금융부 → 테크기술본부, 데이터전략본부, DT[6]전략본부	2016년 02월
NH농협	핀테크사업부 신설 → 스마트금융부 → 디지털전략부 → DT전략부, 디지털 플랫폼부, 데이터 사업부 등	2015년 07월

각 은행의 핀테크(디지털 전략 포함) 전담 조직은 [표 10-16]과 같은 역할과 책임(R&R)을 담당한다.

---

5) DI: Digital Intelligence(데이터 인텔리전스)를 뜻한다.
6) DT: Digital Transformation(디지털 전환)을 뜻한다. 디지털금융 혁신을 설계하고 방향을 제시한다.

[표 10-16] 핀테크 전담 조직의 역할과 책임

구분	내용 설명
핀테크 산업의 시장 조사와 가이드	① 새로운 트렌드 변화를 파악하기 위해 핀테크 시장 동향과 핀테크 생태계를 조사함 ② 모니터링 결과를 공유하고, 가이드 역할을 담당함
핀테크 기업의 발굴과 육성	① 핀테크 기업의 신규 사업 검토와 관련 업무를 지원하고, 직접 투자를 통해 핀테크 시장의 선도자 역할을 담당함 ② 핀테크 기업을 육성하기 위해 업무 제휴와 상호 협업체계를 구축함 ③ 기업 간 중계자 역할을 담당하며 멘토링, 제휴사업 등을 추진함
핀테크 기업과 유대 강화	① 핀테크 산업 발전에 필요한 기술 개발과 정보를 공유하고, 신금융 서비스의 개발을 도와줌 ② 핀테크 기업이 원하는 금융 API의 단계적 오픈을 통해 금융업무와 핀테크 서비스를 적극적으로 지원함

4. 핀테크 서비스 도입 전략

4-1 글로벌 금융회사의 대응

미국, 영국 등 글로벌 금융회사들은 핀테크 산업에 의한 '탈금융화'에 보다 적극적으로 대응한다.

업무 추진 형태는 매우 다양하지만, 일반적으로 '기업의 인수합병(M&A)과 업무 제휴, 기술 투자, 핀테크 기업의 창업 지원과 육성'이라는 3가지 방법을 사용한다. [표 10-17]에서 이 내용을 설명한다.

[표 10-17] 글로벌 금융회사의 업무 추진 형태

구분	기업의 인수합병(M&A)과 업무 제휴	기술 투자	핀테크 기업의 창업 지원과 육성
업무 추진 방법	신규 사업 분야의 경쟁력 확보를 위해, 핀테크 기업의 인수합병과 업무 제휴를 추진함	핀테크 솔루션의 개발과 업무 적용을 위해, 금융회사가 자체적으로 기술 투자를 진행함	핀테크 기업의 창업지원과 육성을 위해, 인큐베이터, 액셀러레이터 제도를 도입하여 활용함

사례 1	• 스페인 BBVA	• Barclays	• HSBC, Barclays
	스마트뱅킹 시스템을 강화하기 위해, 온라인 은행인 Simple을 인수함	기술 투자를 통해 개발한 자체 서비스를 바클리즈에 제공함	신생 핀테크 기업을 지원하기 위해, 기금을 조성한 후 HSBC 은행 등을 지원함
사례 2	• HSBC, Nationwide First Direct	• Pingit	• Barclays
	핀테크 기업인 조파(Zapp)의 모바일 결제 시스템을 도입함	전화번호, QR코드 등으로 쉽고 편리한 송금 및 결제가 가능한 금융 서비스를 제공함	핀테크 기업을 육성하기 위해 10개 기업을 선정하고, 액셀러레이터 역할을 담당함
사례 3	–	–	• BOA, Citi, UBS, Deutsche Bank
	–	–	은행이 핀테크 혁신연구소의 후원 기관으로 참여함

핀테크 관련 기업을 육성하는 프로그램으로 인큐베이터(Incubator)[7]와 액셀러레이터(Accelerator)[8] 방법을 활용한다.

'인큐베이터'는 스타트업이 초기 설립 단계에서 그들의 아이디어를 사업화하고 기업으로 잘 성장하도록 도와 기업이 스스로 일어나 걸을 수 있도록 하는 데 초점을 맞춘다. 반면에 '액셀러레이터'는 이미 혁신적인 아이디어로 사업을 운영 중인 기업이 더 높은 단계로 가속화(Accelerating) 하여 성장하게 한다. 즉 핀테크 기업이 더 빠르게 성장하도록 도와주는 데 초점을 맞춘다. 이 내용을 좀 더 확장하여 인큐베이션 센터(Incubation center)와 액셀러레이팅(Accelerating) 역할을 비교해 보기로 한다. [표 10-18]에서 이 내용을 설명한다.

---

7) '인큐베이터'란, 기술과 아이디어를 가진 창업 후보자들을 관련 시설에 입주시킨 뒤 창업을 도와주는 역할을 하는 것을 뜻한다.

8) '액셀러레이터'란, 이전에 설립된 핀테크 기업을 대상으로 초기 투자 지원과 행정·법률 자문, 외부 투자자 유치 등을 통해 기업의 성장을 지원해 주는 역할을 한다.

[표 10-18] 인큐베이션센터와 액셀러레이팅 서비스 비교

구분	인큐베이션센터	액셀러레이팅
역할	예비 창업자 및 스타트업을 발굴하여, 초기 자금투자 및 육성 등을 통해 초기 단계에서 기업이 잘 성장할 수 있도록 도움	
제공 서비스	하드웨어 중심으로 지원하며, 사무공간, 설비 등을 무상 제공함	소프트웨어 중심으로 지원하며, 창업 관련 지식이나 경험, 기술정보 등을 제공함
업무 형태	해당 지역의 대학과 연구소 등과 연계하며, 비영리조직으로 운영되고 사무공간, 설비 등을 제공함	지역 제한은 없으나 이윤 추구를 목적으로 하는 영리 조직으로, 대부분 자금투자 후 지분을 받는 형태로 지원함
멘토링 등 업무 지원	제공하지 않음	① 전문가 집단을 통한 교육, 컨설팅, 투자, 기술 자문 등 전문가 서비스를 제공함 ② 교육과 육성프로그램을 추진하면서, 분야별 전문가를 선정해 멘토링를 실시함
네트워킹 활용	제공하지 않음	네트워킹을 통해 문제 해결과 기업 성장에 도움을 줌
지원 기간	중장기(1~5년 이내) 사업 초기부터 지속 성장이 가능하도록 장기적으로 지원함	단기(6개월 이내) 설정된 범위 내에서 지원함
육성 프로그램	제공하지 않음	투자 및 융자(대출 연계), 전문교육, 멘토링, 컨설팅(세무, 법률), 인력 채용 등 다양한 업무를 지원함

출처: Xⁿ TREE Ventures(엑센트리벤처스), "액셀러레이팅과 인큐베이터센터 비교", 재정리

4-2 국내 은행의 핀테크 사업 추진

국내 주요 은행들은 핀테크 기업을 지원하기 위해 '핀테크지원센터'와 랩 등을 운영한다. 여기서는 다양한 컨설팅과 멘토링, 자금 지원 등을 통해 사업을 추진한다.

[사업 추진 1] 핀테크 지원센터 운영과 육성 프로그램 마련

자세한 내용을 알아보기 위해, [표 10-19]에서 주요 은행의 지원센터 운용 현황을 보여주고, [표 10-20]에서 디지털 추진 조직과 전략을 설명한다.

[표 10-19] 주요 은행의 핀테크 지원센터 운용 현황

구분	핀테크 지원센터 명칭
신한	신한퓨처스랩(Future's Lab)
우리	우리핀테크랩
하나	원큐애자일랩(1Q AgileLab)
IBK기업	핀테크 드림 랩(FinTechDream Lab)
KB국민	KB이노베이션허브(Innovation Hub)
NH농협	·NH핀테크협력센터, NH디지털챌린지플러스·

[표 10-20] 주요 은행의 디지털 조직과 업무 추진 내용

신한	우리	하나	KB국민	NH농협
투트랙 전략의 성과 확대와 글로벌 현지 기업과 신사업을 추진함	디지털 전략 총괄 '최고디지털책임자(CDO)'를 영입함	고객 중심의 데이터 기반 정보회사로 출범한다고 선언함	디지털·IT·데이터 업무를 총괄하는 '디지털 혁신 부문'을 신설함	데이터 사이언티스트 인재 양성 계획을 수립하고 추진함
디지털 환경에 최적화된 조직구성과 인력 및 전략을 수립 후 시행함	모바일뱅킹 앱과 '원터치 개인뱅킹'을 비대면 핵심 채널로 재구축함	디지털 랩을 신설하고, 하나금융 DT앱 운영과 하나금융 융합기술원을 확대함	클라우드 기반의 플랫폼 가동과 고객 중심의 생활금융 서비스를 확대함	'디지털 R&D 센터'를 신설하고, AI, 클라우드, IoT 등 사업을 추진함
'최고디지털책임자(CDO) 협의회'에 지주사 회장이 참석하여 의견을 제시함	2025년까지 디지털 사업 부문에 대규모 투자와 디지털 인재를 적극 양성함	디지털 '라인 뱅크'를 추진하고, 다양한 금융서비스를 시행함	디지털 뱅킹을 수익 창출 채널로 전환하고, 전문가 양성 CDP 제도를 도입함	'NH 핀테크 오픈 플랫폼'을 구축하고, 핀테크 기업의 혁신 서비스를 개발한 후 제공함

출처: 각 언론사 보도자료 취합 정리

[사업 추진 2] 핀테크 서비스 전략과 Open API 서비스

핀테크 기업의 추진 전략을 알아보기 위해 금융회사의 핀테크 사업 추진 방향과 핀테크 기업의 금융 서비스 전략을 살펴본다. [표 10-21]에서 이 내용을 설명한다.

[표 10-21] 금융회사와 핀테크 기업의 관계

구분	추진 전략
금융회사	① 핀테크 랩 운영과 업무 제휴를 통해 핀테크 사업을 추진함 ② 핀테크 기업과 협업 형태로 경쟁력 있는 금융 서비스를 개발함 　- 국내 은행은 은산법 적용(은산분리 규제)으로 핀테크 기업을 자회사로 둘 수 없으므로, 은행 조직 내에 '핀테크지원센터'를 두고 핀테크 기업을 육성하거나 그들과 협업 형태로 업무를 추진함
핀테크 기업	① 금융 당국에서 제공하는 Open API와 테스트베드 제도를 적극적으로 활용하여 업무를 개발함 ② 핀테크 서비스는 금융회사의 수익에 많은 영향을 주게 되며, 특히 소비자금융, 간편 결제, 소액대출, 개인자산관리 등에 큰 타격을 줄 것으로 전망함 ③ 매킨지 보고서는 핀테크 기업이 활성화되면, 은행권의 신용카드와 소비자금융의 영업이익은 2025년까지 약 60%까지 감소할 것으로 추정함

금융 당국은 핀테크 산업의 활성화를 위해 Open API 서비스 관련 내용을 제공하고 있다. [표 10-22]에서 이 내용을 설명한다.

[표 10-22] 금감원 제공 Open API 서비스 목록

순번	항목	내용 설명
1	금융 꿀팁 200선 API	보험, 대출 등 실용 금융정보
2	금융 소비자 뉴스 API	뉴스레터, 민원 사례 등 금융소비자 관련 뉴스
3	보도자료 API	금융감독원이 언론 등에 발표한 자료
4	금융권 채용정보 API	금융회사의 채용 정보
5	금융시장 동향 API	일/주별 금융시장 주요 지표 등 동향 자료
6	금융감독 정보 API	금융감독원 뉴스, 금융소비자 이슈
7	금융감독제도 일반 API	국내/외 국가별 금융감독 정보 및 편람
8	분야별 감독제도 API	채권추심 및 대출채권 등 각 업무 해설서
9	은행 경영 통계 API	연도별 은행 자산/부채 등 경영 통계 자료
10	외국인 국내 투자 동향 API	월별 외국인 투자자 증권매매 동향

[사업 추진 3] 국내 은행의 핀테크 사업 전략

핀테크 사업 전략은 크게 2가지로 구분하여 추진한다.

첫째, 핀테크 기업의 육성과 함께 글로벌 시장 진출을 지원한다.

둘째, 핀테크 기술의 편의성을 강화한 상품과 금융 서비스를 출시한다.

이와 더불어 국내 은행들은 사업 전략을 통해 고객의 편의성 증진과 신속한 업무 처리 목적을 달성하려고 한다. [표 10-23]에서 이 내용을 설명한다.

[표 10-23] 국내 은행의 핀테크 사업 전략

구분	적용 내용
신한	① 국내 많은 기업과 협업 중이며 스타트업과 신한금융 계열사가 기술 공동 개발과 투자로 해당 기업을 발굴·지원함 ② 계열사에 직접 투자와 해외 진출을 위해 노력함
우리	① 핀테크 랩을 통해 우리카드 등 계열사 연계 플랫폼으로 상품 서비스를 개발하고, 글로벌 마케팅 방안 등을 추진함 ② 대출 업무 간소화를 통해, 대출인의 영업점 방문을 지양하고 온라인으로 서류를 제출하도록 자동화함
하나	① 통합 플랫폼 구축과 생활금융 서비스 개발, 비대면 채널 고도화 등 업무 확대 ② 글로벌 지급결제 플랫폼(GLN: Global Loyalty Network)을 중심으로 아시아 페이먼트 허브(Asian Payment Hub)를 구축 ③ 글로벌 DNA의 전사적 내재화와 시장별 진출 전략 차별화
IBK기업	① 육성 기업을 대상으로 출자 펀드를 통해 투자를 지원함 ② 새로운 핀테크 기술을 적용하는 테스트베드에 참여함 ③ 핀테크 관련 기업 금융지원 프로그램 시행과 해당 기업에 대한 대출을 지원함
KB국민	① 고객과 직원 중심의 혁신적인 디지털 전략으로, 디지털 전환(Digital Transformation)을 본격 추진 ② 디지털화(Digitalization) 업무 추진 방향 설정 　- 전 직원 참여와 프로세스 혁신(PI) 관점에서 강력히 추진 　디지털 기술 변화의 선도적인 역할 수행에 필요한 역량 확보 　핀테크 서비스 영역의 지평 확대 　전 직원의 변화 혁신 프로그램 참여 ③ 디지털 기반의 스마트한 창구, 비대면 플랫폼 강화, 디지털 플랫폼 강화 등에 중점

NH농협	① 비욘드 뱅크(Beyond bank)와 고객 중심의 종합 금융 플랫폼 기업으로 도약 　－ 기존 은행업을 넘어 핀테크·IT 기업 영역으로 확장 목표로 디지털 금융 혁 　신을 가속화 ② 애자일(Agile) 조직인 셀(Cell)을 확대 운영 　－ 유연한 조직 운영으로 빠른 의사 결정과 수평적 소통 효과 ③ 마이데이터 사업 추진과 차별화된 가치 제공

출처: 각 언론사 보도자료 취합 정리

　　최근에 은행들은 핀테크 서비스의 한 형태로 생활 금융 서비스를 도입하고 있다. 은행이 이것에 집중하려는 이유는 비대면 금융의 확산과 빅테크 기업의 금융업 진출, 정부의 마이데이터 정책 발표 등이 주요 요인이다. 특히 네이버, 카카오 등 빅테크 기업이 금융업에 진출하면서 은행은 더 이상 전통적인 금융 업무만으로 영업을 한다는 것이 불가능하고, 고객 이탈과 시장 축소의 위기감을 잘 알기 때문이다.

　　따라서 은행들은 비금융 기업들과 다양한 업무 제휴를 통해 생활 금융 서비스를 제공함으로써 고객의 비금융 데이터를 확보하고, 고객 맞춤형 마케팅으로 고객 중심의 디지털 전환과 금융 혁신에 초점을 맞추려는 것이다. [표 10-24]에서 이 내용을 정리한다.

[표 10-24] 은행의 생활 금융 서비스 제공

구분	생활 금융의 변화 모습
신한	① 신한 쏠(SOL)에서 생활금융 서비스 플랫폼을 오픈함 　－ 실손보험 빠른 청구, 전기차 가격 조회 서비스 제공 등 ② 네이버페이와 제휴로 전세대출 신청 연계 서비스를 제공함 ③ 대학과 제휴로 스마트 캠퍼스 플랫폼을 구축함 ④ 음식 주문 중개 플랫폼과 연계하여 금융 서비스를 제공함
우리	① 우리WON뱅킹 앱에서 미술품 경매 서비스를 제공함 　－ 서울옥션블루 플랫폼 'SOTWO(소투)'와 연계함 ② 실손보험 빠른 청구 서비스를 제공함 　－ 의료정보 전송 플랫폼 지앤넷과 업무 제휴 　－ 실손보험 가입자 대상으로 병원비 선납 서비스 제공 ③ 택배 예약·조회 서비스를 제공함
하나	① 롯데쇼핑과 생활금융 플랫폼을 구축함 ② 하나원큐 앱에서 미술품 경매와 자동차 구매 서비스를 제공함 　－ 개인 간 중고차 직거래, 개인 온라인 경매로 중고차 매매

IBK기업	① 은행 입출금과 카드 거래 내역 알림 서비스를 제공함
	② 소상공인 생활금융 플랫폼, 'i-ONE 소상공인' 서비스를 제공함
	   – 공인인증서와 OTP 없이 간편 비밀번호(6자리)만으로 계좌 조회 및 자금 이체 가능
	   – 예금, 카드 등 상품 가입, 비대면 대출 실행과 기간 연장, 외화 송금과 환전 등 업무 지원

KB국민	① 음식 주문 중개 플랫폼과 연계 서비스를 제공함 ② 부동산 가격 조회와 매물 확인 플랫폼을 구축함 ③ KB마이머니 앱에서 자동차 관리 서비스를 제공함

NH농협	① 뱅크 앱에서 꽃 배달과 축산물 구매 서비스를 제공함
	   – 온라인 쇼핑몰 농협 LYVL(라이블리) 개설
	   – 꽃다발, 화환, 난 등을 등록 계좌와 카드로 결제
	② 게임형 콘텐츠, '올리네 농장'을 구축하여 고객 유치 전략을 추진함
	③ 삼성전자와 디지털 금융 협약으로, 블록체인·메타버스 기술을 제휴함

4-3 모바일뱅킹 거래 활성화와 디지털 금융

국내 은행의 금융 업무 운영 형태와 변화 모습을 채널 운영과 서비스 전략, 영업점 운영 시간 등의 측면에서 살펴본다. [표 10-25]에서 이 내용을 설명한다.

[표 10-25] 은행의 금융 서비스 변화 모습

구분	금융 업무의 운영 형태	변화 모습
대면 채널	점포(Branch) 중심의, 창구 운영 체제로 업무를 수행함	모바일 중심으로, 미니점포 확대와 디지털 전환을 추진함
비대면 채널 운영	① 인터넷뱅킹(PC, 모바일) 기능 향상과 서비스를 강화함 ② 자동화 기기와 고객센터를 보조 수단으로 활용함	① 비대면거래 비율을 확대하며 핀테크 기업과 업무제휴함 ② 협업과 M&A 등을 추진함
서비스 범위와 추진 전략	① 금융업에서 허용한 모든 금융 서비스를 취급함 ② 대면·비대면 채널을 모두 활용하며, 특별금리 제공과 수수료 혜택을 통해 고객 이탈을 방지함(VIP, 특정 고객 한정)	① 비대면 거래의 범위를 확대하고 고객 차별화 전략을 강화함 ② 특화된 서비스 전략을 추진하며, 경비 절감, 고객의 금리/수수료 우대를 추진함

점포(창구) 운영시간	① 영업 시간 　평일 09:00~16:00, 창구 이용 ② 평일 시간 외, 공휴일 　☞ 주로 온라인 뱅킹과 자동화기기를 　운영 (24x365 상시 가동)	① 영업 시간 중에도 24★365 의존형 　으로 전환하고, 무인점포 운영을 　확대함 ② 각 은행은 지점 축소와 구조조정 　을 추진함
강점 (Strength)	① 대면 거래로 사람 중심의 금융 상담 서 　비스를 제공함 ② 업무 담당 직원이 전문성을 가지고 서비 　스를 제공함으로써 고객 충성도를 높임	① 고객 중심의 온디맨드 서비스 형 　태로 바뀌고, 비용 절감과 금리/ 　수수료 저렴화에 초점을 맞춤 ② 경쟁력 확보 노력과 중금리 대출 　업무 확대에 주력함

한때 은행의 모습은 창구와 현금 중심의 거래가 주류를 이루었다. 그러나 1987년 IMF 를 겪으며 카드 사용 거래가 활성화되고, 2015년 이후는 스마트폰이 중심이 된 핀테크 시대를 맞이한다. 특히 핀테크 관련 거래의 활성화와 스마트폰에 온라인카드가 들어가 면서 온오프라인 간편결제와 모바일뱅킹 거래 등 디지털 금융이 대폭 증가한다. 금융권 은 사용이 더 간편한 모바일뱅킹 시스템을 새롭게 개발하고 다양한 서비스 제공과 디지 털 금융 혁신을 추구하며 발전한다. [그림 10-2]에서 이 내용을 보여 준다.

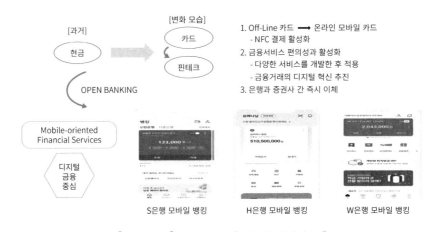

[그림 10-2] 모바일뱅킹 활성화와 디지털 금융

금융권에서 2019년 12월 '오픈뱅킹 시스템'을 구축하며, 금융 시스템의 대전환이라 고 할 정도로 큰 변화와 혁신을 가져왔다. 모든 은행과 증권사, 카드사, 보험사 등은 오픈뱅킹 네트워크 안에서 2자 간 잔액 조회와 3자 간 자금 이체 등을 처리한다. 이 시스템은 금융 거래의 사용 편의성을 강조하며, 디지털 금융 중심의 시스템으로 더욱 발전하는 계기가 되었다. [그림 10-3]에서 이 내용을 보여 준다.

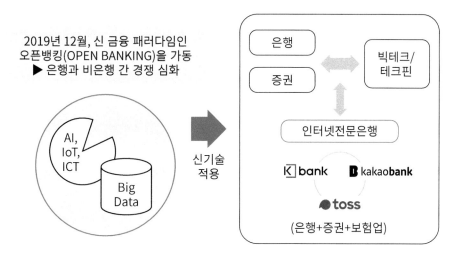

[그림 10-3] 금융 환경 변화와 경쟁 구도

그 결과 금융회사는 핀테크 기업뿐 아니라 인터넷전문은행과도 치열한 경쟁을 벌이며 진검승부를 펼치고 있다. 이렇게 금융 환경이 급변함에 따라 금융회사들은 한 단계 더 도약하기 위한 노력과 함께 많은 시련과 생존을 위해 몸부림치고 있다.

앞으로 금융 당국이 금산분리 규제 완화와 개선을 통해 금융회사가 인공지능, 플랫폼 등 비금융 자회사를 보유한다면, 금융권은 현재보다도 디지털 혁신을 더 빠르게 추진할 수 있을 것이다. 또한, 금융회사는 온라인 플랫폼에서 다양한 금융 업무를 제공할 날이 곧 실현될 것으로 전망한다.

제11장

로보어드바이저

이 장에서는 로봇 활용의 역사를 통해 로봇의 진화 과정과 우리 생활 속에서 로봇이 어떤 형태로 사용되는지를 알아본다.

최근 금융회사에서 활성화되는 로보어드바이저의 개념과 발전 과정, 자산관리 배분 프로세스 등을 기술하고 자산 운용사와 로보어드바이저 회사 간의 경쟁과 대응이 어떻게 되는지를 살펴본다. 아울러 국내 로보어드바이저 기업의 시장 진입과 금융회사의 주요 금융 상품을 알아보고 시스템 도입 활용과 기대 효과를 기술한다.

1. 로봇의 진화와 인공지능 기술

1-1 로봇 활용

우리는 만화와 영화, 장난감 블록, 전시용 로봇 등을 통해 어린 시절에 만났던 로봇을 기억한다. 그러나 현재의 로봇은 우리가 상상하는 것 이상으로 기술적인 진화와 다양한 형태로 발전하고 있다.

최근 개발된 로봇은 사람에 가까운 부드러운 음성과 자연스러운 몸짓으로 사람들에게 친근감을 주며, 상담자 역할을 하고 발열 검사 등을 한다. 로봇은 울고, 웃고, 찡그리는 모습으로 인간과 감정을 교류하며, 사람과 비슷한 표정으로 실시간 립싱크도 한다. 또 움직이는 물체와 소리 나는 방향을 감지하며 로봇 사용자에게 물건을 가져다주거나 포옹하는 동작까지 한다.

이렇듯 로봇은 인간을 도와주며 우리와 공존하는 세상에 존재한다. 그리고 인간과 동등한 눈높이에서 대화하는 시대가 되었다. [표 11-1]에서 이 내용을 설명한다.

[표 11-1] 각 분야의 로봇 활용 사례

분야	활용 사례
가정	① 로봇청소기로 활용함 ② 로봇 가사도우미의 역할을 담당함
회사	① 방문객의 안내와 방문 목적 등을 확인함 ② 회사의 방문객을 담당자 자리까지 안내함
행사장	가이드 역할과 통역, 안내 등을 함 (예) 통역 로봇, 로봇 캐디 등
일반 병원	① 의료 진단과 로봇 수술[1]을 담당함 ② 병원 출입 시 발열 검사(체크·음성안내 등) 시스템으로 활용함
요양 병원	환자의 말동무와 간병인 역할을 함
자동차 산업 현장	용접, 페인트칠 등 사람이 하기에 어려운 작업을 담당함
제조업	① 로봇이 로봇을 대량 생산함 ② 로봇이 스마트 커넥티드 형태로 '생산 자동화, 성능 최적화, 운영비용 예측 및 절감' 등 다양한 목적으로 활용됨 ③ 반도체 조립과 특수 장비 제작 공정에서 사람을 대신함
기타	① 위험지역에 들어가 폭발물 처리와 시설 점검을 함 ② 재난 현장에서 재난구조 활동을 전개함

1-2 인공지능의 등장

인공지능의 개념은 1956년 미국 다트머스 대학의 존 매카시 교수에 의해 제안되어 출현한다.

'인공지능(AI: Artificial Intelligence)'이란, 기계를 지능적으로 만드는 과학, 즉 기계가 인간처럼 생각하고 판단할 수 있도록 만들어진 장치(Hardware)와 소프트웨어(Software)를 총칭한다. 기계는 알고리즘을 기반으로 문제를 해결하게 된다. AI 알고리즘은 규칙이 생성

---

1) '로봇 수술'은 일반 수술에 비해 출혈량이 적으며, 수술 후 회복이 빠르고 수술 정확도가 높다는 장점으로, 로봇 의사를 선호하게 되면서 최근 로봇 수술이 급증 추세이다.

되는 방식에서 기존 알고리즘과 차이가 있으며, 주요 기능으로 머신러닝[2]과 딥러닝[3] 기술이 있다.

인공지능 기술은 컴퓨터에 병렬 처리 기능을 제공하는 그래픽스 처리 장치(GPU: Graphics Processing Unit)의 도입으로 발전 속도가 더 빨라졌다. 모바일 기기의 확산과 빅데이터 시대가 도래하며 급성장하고 있다. 'GPU'란 영상 정보를 빠르게 처리해 그 결과를 모니터에 출력하는 그래픽 연산 장치를 말한다.

인공지능을 핵심 기술로 사용하는 대표 분야는 전문가 시스템, 자연어 처리, 패턴 인식, 데이터마이닝, 컴퓨터 비전, 로보틱스 등이 있다(이건명, 2019). [그림 11-1]에서 이 내용을 보여 준다.

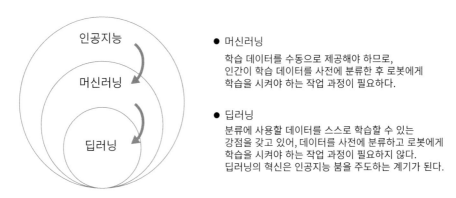

● 머신러닝
학습 데이터를 수동으로 제공해야 하므로,
인간이 학습 데이터를 사전에 분류한 후 로봇에게
학습을 시켜야 하는 작업 과정이 필요하다.

● 딥러닝
분류에 사용할 데이터를 스스로 학습할 수 있는
강점을 갖고 있어, 데이터를 사전에 분류하고 로봇에게
학습을 시켜야 하는 작업 과정이 필요하지 않다.
딥러닝의 혁신은 인공지능 붐을 주도하는 계기가 된다.

[그림 11-1] 인공지능과 머신러닝, 딥러닝의 관계

1-3 생활 속의 인공지능 기술

2016년 3월, 인공지능 컴퓨터 알파고(AlphaGO: 구글 딥마인드가 개발한 인공지능 바둑 프로그램)와 이세돌 9단의 딥마인드 챌린지 매치가 진행되었다. 이 게임에서 인공지능 컴퓨터가 사람을 4:1로 이김으로써 큰 화제가 된다.

2) '머신러닝(Machine Learning)'은 인간이 프로그래밍하지 않고, 기계가 대량 데이터를 바탕으로 학습과 패턴 인식을 통해 솔루션을 얻는다.
3) '딥러닝(Deep Learning)'은 인간 두뇌를 모방해 인공신경망을 구현한다. 이를 통해 데이터를 분류하고 상관관계 등을 학습한 후 해답을 도출한다. 스스로 진화하며 학습할 수 있고 시뮬레이션 결과도 매우 신뢰성이 높다는 강점을 갖는다.

인공지능 기술은 얼음 볼을 깎아 주는 로봇 바텐더, 원두커피 조제 판매기, 발열 체크 로봇, 피자를 굽는 로봇 등에 적용된다. [그림 11-2]에서 이 내용을 보여 준다.

로보케어 아이스 카빙 로봇
(얼음 카빙, AI 바텐더)

네스프레소 커피
(커피 주문·제조 판매)

출입자 발열 체크
(체크 결과, 음성 안내)

[그림 11-2] 인공지능 로봇의 다양한 활용 형태

인공지능 스피커(AI Speaker)는 날씨 정보 검색이나 TV 채널 변경, 자동차 내비게이션, 음성 → 문자 변환 등에 사용된다.

국내 TV 채널에서 'AI 음악 프로젝트, 다시 한번 - 거북이, 김현식'을 방영해 큰 인기를 끌었다. 이 프로그램은 대중들이 그리워하는 옛 가수의 발자취를 더듬어 보고 그들의 목소리와 몸동작을 AI 음성 기술로 복원해, 마치 생전에 공연하는 것처럼 재현한 것이다.

최근에는 AI 조종사, AI 판사, AI 변호사, AI 의사, AI 간병인, AI 공인중개사 등과 같은 새로운 직업이 생겨났다. 이것은 로봇이 인공지능과 딥러닝 기술을 이용하여 스스로 학습하고 진화하는 능력을 갖추었기 때문이다. 이외에도 일상생활 속에서 활용되는 사례들도 많다.

이러한 현상으로 유럽과 미국에서 로봇에게 일자리를 빼앗기는 사례가 생겨난다. 따라서 이런 사람들을 위해 로봇에게 '로봇세'를 물리자는 이야기까지 나온다.

지능형 로봇은 2030년이 되면 원숭이의 지능을 능가하는 수준까지 발전할 것으로 예상한다. 따라서 영화처럼 인공지능을 가진 로봇이 인간과 사랑에 빠지는 일이 멀지 않은 장래에 실현될 것으로 전망된다.

1-4 국내 은행의 인공지능 기술 활용

은행들은 여신관리, 불완전 판매 감시 등 업무 분야에서 인공지능 기술을 도입하고 있다. 음성 인식 기술과 인공지능 기술을 결합한 형태로 다양한 음성 뱅킹 서비스를 제공한다. 이에 따라 음성 인식 AI 뱅킹, 음성 인식 텍스트 뱅킹 등을 통해 음성 명령만으로 은행 거래를 하게 한다.

금융 업무가 24/365 체제로 운영됨에 따라 고객과 메신저를 통해 채팅하고 질문을 주고받는 대화형 AI 로봇인 '챗봇'이 등장하여 업무에 활용된다. 많은 은행이 카카오톡 채팅을 기반으로 한 '금융봇' 서비스를 제공하거나, '챗봇' 서비스를 시행 중이다.

금융 로봇인 '로보어드바이저'는 단순한 핀테크 기술을 뛰어넘어 인공지능화된 펀드 투자를 가능하게 한다. 금융권에서 인공지능 기술의 도입과 활용이 가속화되면서 로보어드바이저와 챗봇(Chatbot) 등 인공지능을 기반으로 한 다양한 서비스가 활용된다. 이 기술은 음성 인식을 통해 자금 이체와 공과금 납부, AI 투자 상품 추천, 소비자 민원 해결 등을 처리한다.

2. 로보어드바이저의 활용

2-1 정의

금융위원회는 로보어드바이저를 '알고리즘과 빅데이터 분석 기반의 컴퓨터 프로그램(인공지능)을 활용해 자동 포트폴리오 자문과 운용 서비스를 제공하는 온라인 자산관리

---

4) '로보어드바이저(Robo-advisor)'란, 로봇(robot)을 의미하는 '로보(Robo)'와 투자자문 전문가를 의미하는 '어드바이저(Advisor)'의 합성어이다. 핀테크의 자산관리 분야에서 저렴한 비용으로 로봇이 개인 자산의 운용 자문과 관리를 돕는다. 로보어드바이저는 인공지능의 고도화 알고리즘을 통해 자산운용을 자문하고 관리해 주는 시스템이다. 그래서 이것을 자산관리 업계의 '알파고'라고도 부른다.

서비스'라고 정의한다.

　로보어드바이저는 인공지능 로봇이 '인공지능 기술을 통해 개별 고객과 각종 금융정보 등을 빅데이터로 분석하여 투자자들에게 최적의 온라인 자산관리 서비스를 제공하며, 금융회사의 프라이빗 뱅커 또는 펀드매니저의 역할을 대신하게 한다. 이 과정에서 로봇은 기업 실적이나 각종 경제 수치, 주가 움직임 등 방대한 빅데이터를 분석해 고객의 자산관리를 효과적으로 관리한다. [표 11-2]에서 이 내용을 설명한다.

[표 11-2] 프라이빗 뱅킹과 프라이빗 뱅커 차이

구분	내용 설명
프라이빗 뱅킹 (Private Banking : PB)	① 부유층 고객을 대상으로 법적, 제도적으로 허용된 각종 금융 서비스를 제공하는 영업을 하며, 일정 금액 이상의 금융자산을 보유한 부유층 고객을 대상으로 금융회사의 상품과 서비스 역량을 고객의 상황과 요구에 맞춤 ② 금융회사는 투자 상담을 위해 영업점 내에 고액 예금자의 전용 창구를 별도 개설함
프라이빗 뱅커 (Private Banker: 자산관리전문가)	① 각 금융회사가 정한 기준에 맞는 부유층 고객을 유지하거나 관리하기 위해, 금융회사에서 이들에게 금융 서비스를 전담하여 제공하는 개인금융의 영업 전문 인력을 말함 ② 금융회사의 투자상품을 고객에게 직접 판매하고, 투자 상담 서비스를 제공하는 프라이빗 뱅커의 역할은 매우 중요함

2-2 출현 배경과 구성 요소

　글로벌 금융 위기 이후에 기존의 자산관리 시장은 고액 자산가 중심에서 대중 부유층(중산층)을 대상으로 변모하기 시작하며, 새로운 온라인 자산관리회사가 출현한다.

　우리나라는 2016년 금융 당국이 온라인 기반의 자문업 도입과 활성화 여건을 조성하고, 금융권에서 일임형 ISA(Individual Savings Account, 개인종합자산관리계좌) 상품을 판매한다. 여기에는 예·적금과 상장지수펀드(ETF), 주가연계증권(ELS), 파생결합증권(DLS) 등 금융 상품을 포함한다. 이에 따라 로보어드바이저의 활용과 역할도 더욱 커지고 있다. [표 11-3]에서 이 내용을 설명한다.

[표 11-3] 로보어드바이저의 출현과 성장 과정

구분	연도	내용 설명
해외 (미국)	2008년	글로벌 금융 위기가 발생하면서 고액 자산가를 대상으로 하던 기존의 자산관리 시장에서 벗어나, 대중 부유층(중산층)을 대상으로 하는 온라인 자산관리회사들이 등장하기 시작함
	2014년	① 온라인 자산관리 시장은 자동화된 알고리즘을 이용하여 개인 자산을 운용하고 관리하는 로보어드바이저에 주목함 ② 로보어드바이저 시장은 30~40대, IT 선호자, 대중 부유층을 주 대상으로 저렴한 수수료와 편리한 접근성 등으로 급성장함
국내 (한국)	2016년 1월	금융 당국은 로보어드바이저를 활용한 온라인 기반의 자문업 도입과 활성화를 위한 여건 조성을 위해 관련 법령을 제정함
	2016년 7월	은행에서 일임형 ISA(개인종합자산관리계좌) 상품이 판매되고 금융회사 간 경쟁이 시작됨
	2019년~현재	많은 로보어드바이저 관련 상품과 서비스가 개발되어 제공됨

상장지수펀드와 주가연계증권은 수익성과 안정성을 동시에 추구하지만, 수익을 추구하는 구조적인 차이는 거의 없다. [표 11-4]에서 ISA에 담을 수 있는 대표 금융 상품 3가지를 설명한다.

[표 11-4] ISA에 담는 대표 금융 상품

구분	내용 설명
상장지수펀드 (ETF: 주가연계펀드)	특정 주가지수 등락에 연동하는 펀드이며, 증권선물거래소에서 일반 주식처럼 매매하는 금융 상품임
주가연계증권(ELS)	① 주가지수나 특정 종목을 기초자산으로 하여 만기까지 일정 조건을 충족하면 정해진 수익률을 제공하는 파생금융 상품임 ② 투자금은 대부분 채권투자 등으로 원금보장이 가능하도록 설정됨 ③ 운용 주체가 증권사이면 ELS, 자산운용사이면 ELF라고 부름
파생결합증권(DLS)	① 유가증권과 파생금융 상품이 결합한 형태임 ② 환율, 원자재, 부동산 등 기초자산에 투자하여, 기초자산의 가치 변동에 따라 수익이 결정되는 상품임

비슷한 개념의 '퀀트(Quant)'[5]와는 달리 로보어드바이저는 로봇에게 투자 기본 정보와 투자 성향 등을 입력하면 자동화된 포트폴리오를 구성하고 저렴한 수수료로 최적의 자산 운용을 가능하게 한다.

로보어드바이저와 구성 요소에 대하여 살펴본다. 로보어드바이저에 적용된 기술은 로봇공학과 딥러닝, 인지 컴퓨팅, 전문가 시스템(Expert System) 등의 학문과 복합 기술이 융합되어 있다. [그림 11-3]에서 이 내용을 보여 준다.

[그림 11-3] 로보어드바이저 구성 요소

로보어드바이저를 도입한 국내 금융회사는 많이 있다. 은행은 신한, 우리, 하나, IBK 기업, KB국민 등이 있고, 증권사는 대신, 키움, NH투자, SK 등이 있다. 대표 사례로, NH투자증권은 인공지능과 빅데이터, 상품 정보(주식·펀드·선물 등)를 결합한 시스템을 개발해 운영 중이다.

2-3 로보어드바이저 자산관리

로보어드바이저는 중장기 금융 상품을 추천하고 빅데이터 분석과 예측 기법을 통해 고객 맞춤형 포트폴리오를 제공한다. 자산 배분 대상으로 ISA(개인자산종합관리계좌), ETF(상장지수펀드), 개별 주식, 채권, 수익증권, 파생상품, 예·적금, 기타 자산 등이 있다.
ISA 상품은 세제 혜택과 투자비용 경감을 목적으로 한다. ETF(Exchange Traded Fund)는 인덱스펀드를 거래소에 상장시켜 투자자들이 주식처럼 편리하게 거래하게 한다. 자산

---

5) '퀀트(Quant)'란, 로보어드바이저의 자산관리 서비스 개념이 나오기 이전에 출현한 금융공학 기법이다. 과욕을 부린 월가의 금융 천재들은 후일 '서브프라임 모기지' 사태를 초래하면서 글로벌 금융위기를 발생시키는 직접적인 원인을 제공한다.

군별로 자동 배분하고, 변액 펀드는 변액 상품의 조절을 통해 수익률을 높이는 데 그 목적을 둔다. [그림 11-4]에서 이 내용을 보여 준다.

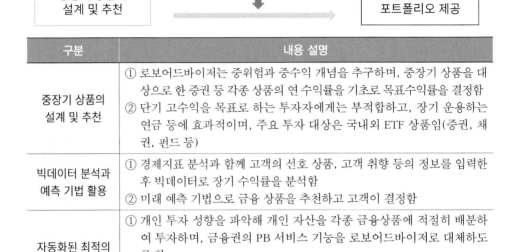

구분	내용 설명
중장기 상품의 설계 및 추천	① 로보어드바이저는 중위험과 중수익 개념을 추구하며, 중장기 상품을 대상으로 한 증권 등 각종 상품의 연 수익률을 기초로 목표수익률을 결정함 ② 단기 고수익을 목표로 하는 투자자에게는 부적합하고, 장기 운용하는 연금 등에 효과적이며, 주요 투자 대상은 국내외 ETF 상품임(증권, 채권, 펀드 등)
빅데이터 분석과 예측 기법 활용	① 경제지표 분석과 함께 고객의 선호 상품, 고객 취향 등의 정보를 입력한 후 빅데이터로 장기 수익률을 분석함 ② 미래 예측 기법으로 금융 상품을 추천하고 고객이 결정함
자동화된 최적의 포트폴리오 제공	① 개인 투자 성향을 파악해 개인 자산을 각종 금융상품에 적절히 배분하여 투자하며, 금융권의 PB 서비스 기능을 로보어드바이저로 대체하도록 함 ② 이 시스템은 소액 자산관리를 위해 출시되었으며, 최소 가입금액은 10만 원임(금액은 금융회사마다 조금 다름)

출처: 한국금융연수원, IBK 자산관리 아카데미(향상) 교재

[그림 11-4] 로보어드바이저 업무 처리 흐름과 내용

자산관리 배분 프로세스는 '투자자 분석, 자산 배분, 포트폴리오 추천/선택, 펀드 가입, 진단/리밸런싱'의 5단계로 이루어진다. [그림 11-5]에서 이 내용을 보여 준다.

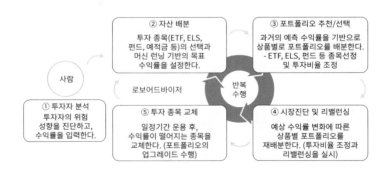

출처: IBK경제연구소(신동화 외 2), "로보어드바이저에 관한 오해와 진실"

[그림 11-5] 로보어드바이저 자산관리 배분 프로세스

자산관리 배분 프로세스의 단계별 처리 내용을 자세히 알아보기로 한다. [표 11-5]에서 이 내용을 설명한다.

[표 11-5] 자산관리 배분 프로세스 단계

단계	처리 절차	내용 설명
1	투자자 분석	① 고객의 위험 성향을 진단하기 위해 투자자 성향을 파악하고, 시장 환경 분석을 통해 투자자산군(Asset Class)을 설정함 ② 5개 내외의 질의응답을 통해 고객 성향을 진단함 - 투자 성향: 간단한 설문을 통해 투자성향을 조사 [투자성향(4개): 공격투자형, 적극투자형, 위험중립형, 안정추구형] - 투자 목적: 적립 여부, 투자 선호도 등 조사
2	자산 배분	투자자금 성격을 파악하고 투자금액과 목표수익률을 정하며, 투자자산군별로 적절한 EFT를 선정함 - 시장 상황 및 고객 성향에 맞도록 자산을 배분 [자산유형(6개) : 국내주식/혼합, 해외선진주식, 해외이머징주식, 국내채권, 해외채권, MMF]
3	포트폴리오 추천	로보어드바이저가 맞춤형 포트폴리오를 추천하고, 상품을 선택하게 하여 고객 성향을 위험요인별로 분류함 - 자산 배분에서 성과를 최대화하기 위해 펀드를 3~5개 추천하고, 1개월 단위로 성과를 통지
4	시장 진단 및 리밸런싱	로보어드바이저가 추천한 투자를 집행하되, 리스크 허용 수준을 정하고 자산 배분과 투자금액을 실행함 - 정기진단 및 리밸런싱 포트폴리오 제안 - 일괄 거래로 여러 개 펀드에 가입 후 운영
5	투자 종목 교체	24시간 시장 상황을 모니터링하고 일정 주기별로 리밸런싱을 시행하여 포트폴리오를 자동 조정함 - 통상 3개월 단위로 정기 진단을 하고, 시장 상황과 고객 성향 변화에 따라 투자 종목을 교체 (일부 은행은 1개월 단위로 교체)

로보어드바이저를 활용하기 위한 첫 단계는 고객 성향을 파악하는 일이다. 투자 목적이나 개인 신상정보 등을 질의응답 형식으로 입력받아 투자 성향과 목표 수익률을 정한다. 미국과 한국의 자산 운용사 질의응답 내용을 [표 11-6]에서 요약 설명한다.

[표 11-6] 고객 성향 파악을 위한 질의응답 내용

구분	대표기업	주요 질의응답 내용 (요약)
글로벌 (미국)	웰스프론트 (Wealthfront)	① 이용 목적(포트폴리오 전략 다변화, 절세 등) ② 나이, 소득 등 개인정보 ③ 가계의 주 소득원과 부양가족 여부 ④ 현금성 자산의 규모 정도 ⑤ 투자 목적(이익/손실 최소화 등), 손절매 패턴 등
	베터먼트 (Betterment)	① 나이, 은퇴 여부 등 개인정보 ② 연간 총소득과 총소비 금액 등 자산운용 형태 ③ 투자 목적(이자소득과 투자수익 확대)
	퍼스널 캐피탈 (Personal Capital)	① 자문 전문가가 직접 전화로 투자 성향 파악 ② 자산 현황, 투자 경험과 현황, 목적 파악 ③ 투자 포트폴리오 소개와 위험 성향 조정 등
국내 (한국)	쿼터백자산운용	① 리스크 관리, 투자 손실과 손절매 인식도 ② 현금성 자산 규모, 위험자산 투자 비중 파악 ③ 기대수익률, 투자금액, 투자 기간 등 상담 ④ 투자 대상과 투자 목적(여유자금, 은퇴 설계), 자산 배분 포트폴리오 파악 등

출처: 각 사의 보도자료 및 홈페이지 내용 요약

글로벌 금융 위기 이후 금융 시장은 저금리 장기화로 자산 운용의 목표 수익률이 하향되었다. 하지만 핀테크 기업이 금융업에 진출하면서 로보어드바이저가 저렴한 상담 수수료 징수, 절세 효과, 자문 금액 인하 등을 내세우며 급성장한다. 이에 따라 금융회사에서 자산관리를 담당하던 PB(Private Banker)와 WM(Wealth Manager) 업무 중 일부를 로보어드바이저가 대신하며 재무 설계와 자산 배분 서비스 등을 수행하게 된다. [표 11-7]에서 이 내용을 설명한다.

[표 11-7] 로보어드바이저 서비스 성장 요인

성장요인	내용 설명
투자자산 목표 수익률 저하와 수익성 자금 증가	글로벌 금융 위기 이후 장기간의 저금리가 지속됨에 따라 전략적인 자산 배분으로 시중금리보다 높은 수익률을 추구하려는 투자자의 수요가 큰 폭으로 증가함

핀테크 기업의 금융 서비스 확대	핀테크 기업이 금융 시장에 진입하면서 금융회사는 빅데이터와 인공 지능 기술 등을 활용하여 20~30대 젊은 투자자를 대상으로 소액 자 산관리 서비스를 확대함
금융 규제의 완화	금융위원회가 발표한 '금융투자업 규정 개정안'으로 로보어드바이 저 기업들도 펀드를 직접 운용하는 것이 가능해 짐
인공지능의 고도화	① 비대면 금융 투자의 수요 증가와 함께 핀테크 기술과 고도화된 인 공지능 기술이 접목되면서 개인 자산관리 업무가 활성화됨 ② 이에 따라 젊은 층의 온라인 자산관리 서비스에 대한 높은 관심과 투자로 로보어드바이저의 대중화가 빠르게 나타남
저렴한 상담 수수료 징수	PB에게 자산운용 상담을 요청할 경우, 연간 1% 이상의 자문 수수료 를 내야 하지만, 로보어드바이저는 저렴한 수수료로 개인 맞춤형 자 산관리가 가능함
세무 서비스와 절세 효과	로보어드바이저는 소액 투자자에게 세무 서비스 등을 통해 절세 효 과를 얻도록 도와줌
자문 금액의 인하	개인이 최소 투자금액으로 자산관리를 할 수 있도록 진입장벽을 낮 추고, 소액 투자자에게 쉬운 접근을 허용함

출처: IBK경제연구소(신동화 외 2), "로보어드바이저에 관한 오해와 진실"

2-4 로보어드바이저 자산 운용

우리 주변에는 자산관리[6]와 자산 운용[7] 용어를 혼용해 사용하는 사람들이 많이 있다. 그런데 이것은 의미가 조금 다르며 관리 주체도 서로 다름을 알 수 있다. 이 용어를 명확히 하기 위해 한 예를 들어 본다.

금융 소비자가 펀드 가입을 위해 은행이나 증권회사를 방문하면, 소비자에게 특정한 펀드를 권유하는 금융회사 직원은 '자산관리'를 해 준다고 하고, 조성된 펀드 자금으로 수익률을 극대화하기 위해 투자 자산을 운용하는 회사의 행위를 '자산 운용'이라고 한다.

자산관리 전문가(PB 또는 WM)와 로보어드바이저의 차이점을 [표 11-8]에서 설명한다.

---

6) '자산관리'란, 투자자의 자산을 모집하고 관리하는 금융회사와 그 회사에 소속된 직원이 제공하는 서비스를 말한다. 관리자산은 주식, 채권, 부동산 등이 있다. 이 자산을 성공적으로 관리하기 위해 전문가를 필요로 하고, 은행은 프라이빗 뱅킹(PB) 담당자가 이 역할을 한다.

7) '자산 운용'이란, 주식, 채권 등 유가증권과 부동산 등 자산을 투자자의 이익을 위해 정해진 투자 목적에 맞게 전문적으로 운용한다. 자산 운용사는 주식이나 채권투자 등과 같은 자산 운용 방식을 선택하여 회사에 맡겨진 자산을 운용한다.

[표 11-8] 자산관리 전문가와 로보어드바이저 업무 비교

구분	자산관리 전문가	로보어드바이저
정의	고액 자산가를 대상으로 개인 상황을 고려하면서, 재무 설계, 상속, 부동산, 세금 등 자산 운용 전반에 대한 대면상담을 통해 자산관리 서비스를 제공함	비대면 채널의 활용과 미리 정해진 질의응답을 통해 금융 상품을 선정하며, 고객은 주로 IT에 친숙하고 가격에 민감한 개인 투자자로 소액 자금을 투자함
업무 진행 방법	고액 자산가는 자산관리 전문가(PB)와 함께, 직접 대면상담으로 업무를 진행함	투자자는 비대면(Untact) 채널을 이용하여, 미리 정해진 질의응답으로 업무를 진행함 (고객 성향 파악 및 업무처리)
주요 대상 고객	고액 자산가가 중심임	IT에 친숙하고, 가격에 민감한 개인투자자가 중심이 됨
이용 시간	영업 시간 중에 상담을 진행함 – 평일 영업 시간 (09:00~16:00)	24/365 연중 무휴로, 실시간 온라인 서비스가 가능함
투자 금액	고액이며, 최소 금액은 금융회사마다 다름	소액이며, 최소 금액은 금융회사마다 다름
투자 상품	ETF 및 인덱스펀드에 주로 투자함	주식, 채권, 파생상품 등 다양한 상품에 투자함
제공하는 서비스	재무 설계나 상속, 부동산과 세테크 등 자산 운용 전반에 대해 다양한 투자를 상담함	자산 배분 중심의 투자 포트폴리오를 구성하고, 투자 전략을 제시함 전략 선택은 고객이 독자적으로 결정함
자문 수수료	자문 금액에 따라 다르며 비교적 높은 수수료를 지급하고, 금융회사별로 많은 차이가 남	구간을 정해 비교적 낮은 수수료를 지급하도록 하고, 금융회사별로 큰 차이가 없음
경쟁력	전담 인력을 통한 고객 맞춤형으로 포괄적인 자문과 자산관리가 가능함	편리한 접근성과 저비용으로 자산관리 서비스를 받을 수 있어, 경쟁력이 있음
초기 투자 비용과 기대 효과	초기 투자비용은 거의 없으나, 대면 서비스로 진행됨에 따라 인건비 비중이 매우 높음	시스템 구축으로 인한 초기 투자비용은 높은 편이나, 수익률이 낮고 기대에 미치지 못함

자산 운용 유형과 서비스에 대하여 알아보자. 글로벌 시장은 베터먼트, 퍼스널캐피털 등을 중심으로 200여 개의 핀테크 기업이 운용형, 자문형, 하이브리드형의 3가지 형태로 로보어드바이저를 운용한다. 국내의 경우, 투자자 의사결정에 따라 자문형과 로보어드바이저가 직접 자산을 운용하는 일임형으로 자산을 운용한다. 따라서 로보어드바이저

의 자동화 정도와 자산관리 전문가 개입 여부에 따라 자산 운용의 유형을 '운용형[8]', 자문형[9], 하이브리드형[10]'으로 구분한다. [그림 11-6]에서 이 내용을 보여 준다.

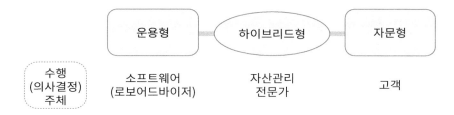

[그림 11-6] 로보어드바이저 자산 운용 유형

로보어드바이저의 자산 운용 유형별 서비스와 수수료를 [표 11-9]에서 설명한다.

[표 11-9] 로보어드바이저 유형별 서비스와 수수료

구분	운용형	자문형	하이브리드형
주요 서비스	리밸런싱과 최적의 세제 전략 서비스 등을 제공함	저수익, 고비용 상품을 교체하거나, 리밸런싱을 제한함	고객과의 커뮤니케이션 수단으로 활용함
수수료 징수	관리자산 기준으로 수수료를 부과함	주로 월정액 수수료를 지급함	관리자산 기준과 월정액 수수료 지급방식을 활용함

출처: 금융투자협회

자산 운용 관리 모델은 채널 형태와 서비스 담당자 등에 따라, 처리 방식에 많은 차이가 있다. [표 11-10]에서 이 내용을 설명한다.

---

8) '운용형(Fully-Automated Platform)'은 알고리즘 기반의 소프트웨어(S/W)를 통해 최적 자산(Assets)을 배분하고, 리밸런싱(Rebalancing) 등 거래를 수행하면서 로보어드바이저가 고객 자산을 직접 운용한다. 수행 주체는 로보어드바이저의 소프트웨어가 된다.

9) '자문형(Self-Executed Trade)'은 알고리즘 기반의 소프트웨어를 통해 고객에게 자산 배분 및 리밸런싱을 제안하고 거래는 고객이 직접 수행한다. 그러므로 수행 주체는 고객이 된다.

10) '하이브리드형(Advisor-Executed Trades)'은 로보어드바이저의 판단으로 산출된 내용을 가지고 자산 배분 및 리밸런싱을 수행한다. 하지만 자산관리 전문가가 이것을 검증하거나 일부 거래를 직접 수행하기 때문에 관리주체는 자산관리 전문가가 된다.

[표 11-10] 자산 운용 관리 모델의 변화와 특징

구분	전통적 자산관리	어음할인 중개	온라인 플랫폼	로보어드바이저
채널 형태	대면처리, 상담	비대면, 전화	비대면, PC	모바일 기기
서비스 담당자	자산관리 전문가	자산관리 전문가	자산관리 전문가 접촉 제한	완전 디지털화
서비스 제공 내용	포괄적인 자문	포트폴리오 관리 및 제안	전통적인 투자 관리 및 상담	투자관리와 자동 재분배
주요 대상 고객	고액 자산가	고액 자산가와 대중부유층	제한 없음	대중부유층
수수료	높음	중간 정도	낮음	낮음

출처: A.T.Kearney

(주) 좌측에서 우측으로 관리 모델이 변화함.

3. 로보어드바이저 글로벌 시장

글로벌 시장과 해외 사례를 알아보기 위해 로보어드바이저의 현황과 서비스 내용, 기존 자산관리회사의 대응 전략을 살펴본다.

3-1 글로벌 로보어드바이저 운용 현황

글로벌 로보어드바이저 전문 자문사 현황과 서비스 내용을 보면, 자산관리 전문 자문사별로 최소 투자 금액과 연간 수수료, 포트폴리오 구성 내용을 알 수 있다. 로보어드바이저 자산 운용사는 자체 알고리즘을 기반으로 온라인에 특화해 자산관리를 한다. [표 11-11]에서 이 내용을 설명한다.

[표 11-11] 투자 금액과 상품 구성

구분	최소 투자 금액	포트폴리오 구성과 특징
웰스프론트 (Wealthfront)	U$500	최대 7개 ETF 상품으로 구성됨
베터먼트 (Betterment)	정해진 것 없음	최대 12개 ETF 상품으로 구성됨

퍼스널 캐피털 (Personal Capital)	U$10만	최대 20개 ETF와 개별 주식 100개, 자산관리 전문가와 상담이 가능함
퓨처 어드바이저 (Future Advisor)	U$1만	ETF와 개별 주식으로 하고, 투자자 개인이 주식을 보유함

출처: SEC Form(2016)

SEC Form(2016)이 발표한 미국 로보어드바이저 전문 자문사의 자산 규모는 웰스프론트와 베터먼트가 각각 U$ 26억(3조 원)으로 1위와 2위이다. 이어서 퍼스널 캐피털, 퓨처 어드바이저 등이 그 뒤를 따른다.

MyPrivateBanking(2019)이 발표한 글로벌 로보어드바이저의 운용 자산 규모는 뱅가드(Vanguard)와 찰스스왑(Charles Schwab)이 110조 원, 30조 원으로 1위와 2위이다. 로보어드바이저 일임형 ISA 운용으로 업무를 시작한 베터먼트와 웰스프론트는 14조 원, 11조 원으로 각각 3위, 4위이다.

글로벌 로보어드바이저의 시장 규모는 2014년 20조 원에서 2018년 543조 원으로 약 27배 이상 증가하고, 2022년과 2023년에는 각각 2,232조 원, 2,552조 원까지 성장을 전망한다. [표 11-12]에서 이 내용을 설명한다.

[표 11-12] 글로벌 로보어드바이저 시장 규모

구분	2014년	2018년	2022년	2023년
글로벌 시장 규모	20조 원	543조 원	2,232조 원	2,552조 원

출처: 스태티스타(Statista)

글로벌 시장에서 자산 운용사 서비스는 거래의 편의성과 투자 자문 수수료 절감을 위해 운용 보수가 낮고 유동성이 높은 ETF를 주 대상으로 선별적인 투자가 이루어진다. 그러나 앞으로는 AI를 이용한 정교한 알고리즘과 빅데이터의 활용이 핵심 경쟁력이 될 것으로 전망한다.

따라서 글로벌 로보어드바이저 기업은 더 성장하면서 자산관리 시장을 주도할 것이며, 인공지능 기술을 활용하는 형태로 발전이 예상된다.

3-2 기존 자산관리회사의 대응 전략

자산관리회사는 최근에 급성장하는 로보어드바이저 회사에 다음과 같은 3가지 전략으로 대응한다.

첫째, 로보어드바이저 전문 자문사와 업무 제휴를 하거나, 관련된 자산 운용 전문회사를 인수합병한다.

둘째, 로보어드바이저 업무를 자체적으로 개발하여 적용한다.

셋째, 자산관리 최저 금액 기준 완화 등 전략을 수립하여 추진한다.

[표 11-13]에서 이 내용을 설명한다.

[표 11-13] 기존 자산관리회사의 대응 전략

구분	주요 내용
찰스 스왑	ETF 기반의 시스템을 개발하고, 전용 계좌 이용 시 수수료 전액을 면제함
뱅가드	하이브리드형 로보어드바이저를 개발하고 저렴한 수수료를 징수함
피델리티	Betterment, LearnVest 등과 업무제휴로 자산관리 서비스를 제공함
블랙록	Future Advisor를 인수하여 업무처리 내용을 확대함
골드만삭스	Betterment와 업무제휴 하고, 어니스트달러(Honest Doller)를 인수함

출처: 각 회사의 언론 보도자료 취합 정리

4. 로보어드바이저 국내 시장

로보어드바이저 국내 시장을 파악하기 위해, 개발 기업 현황과 운용 자산 규모, 은행과 증권사의 시스템 도입 현황, 관련 주요 금융 상품을 알아본다.

4-1 개발 기업 현황

로보어드바이저는 인공지능의 기술 발전으로 개인 자산을 간편하게 투자할 수 있다는 장점 때문에 급성장하고 있다. 로보어드바이저 스타트업이 금융회사와 업무 제휴를 통해 업무를 추진하는 내용을 [표 11-14]에서 설명한다.

[표 11-14] 로보어드바이저 기업의 서비스 내용

구분	주요 서비스 내용
파운트(Fount)	① 우리은행, IBK기업은행 등과 로보어드바이저 알고리즘을 개발하고, 신한카드와 머신러닝 프로젝트를 진행하면서 개발 솔루션을 제공함 ② 국내 로보어드바이저 중 가장 많은 운용자산을 보유하고 있으며, 2021년 1월 공시된 운용자산 총액은 8,074억 원으로 국내 1위 규모임
에임(AIM)	① 퇴직연금 시장에 특화하고 있으며, 안전자산 투자와 높은 수익성 보장을 목표로 고액 자산가가 아닌 직장인을 대상으로 노후 자금을 관리함 ② 2021년 1월 홈페이지에 공시된 운용자산 총액은 4,097억 원으로, 국내 2위 규모임
불릴레오	① 콘셉트별 투자 시나리오를 제공하며, 주요 투자 분야는 해외 ETF 상품임 ② 최소 투자금액은 시나리오별로 200~1,000만 원까지 다양하며, 2021년 1월 홈페이지를 통해 공시된 운영자산 총액은 1,500억 원으로, 국내 4위 규모임
핀트(Fint)	① 주요 투자 분야는 국내외 ETF와 주식이며, 최소 투자금액은 20만 원부터 시작함 ② 2020년 말, 홈페이지를 통해 공시한 운영자산 총액은 312억 원으로, 국내 5위 규모임
라씨	주식 매매 타이밍을 알려주는 '매매비서' 앱(App)으로, 안정성과 수익성, 투자 규모 등 서로 다른 투자 성향에 따라 17개 알고리즘을 제공함
쿼터백 자산운용	① 글로벌 ETF/ETN을 활용해 주식, 채권, 원자재, 통화, 부동산 등 다양한 자산군에 분산 투자하는 글로벌 자산 배분 전문 자산 운용사임 ② KB국민은행과 자문형 신탁상품인 '쿼터백 R-1'을, 현대증권과 '쿼터백 로보랩'를 출시함 ③ 글로벌 시장 변화에 따른 체계적인 자산 배분과 가장 적합한 포트폴리오를 제공하며, 글로벌 ETF 분산투자 기반의 인공지능(AI) 자산관리 서비스를 시행함 ④ 2021년 1월 홈페이지를 통해 공시된 관리자산 총액은 2,000억 원으로 국내 3위 규모함
데이터앤 애널리스틱스	① 모바일 드레이딩 서비스(MTS) 자산관리 메뉴를 통해 포트폴리오 설계 및 상품 가입이 가능하도록 신한투자증권, 미래에셋증권, 삼성증권 등과 업무를 개발함 ② 최근 개인투자자를 대상으로 인공지능 자동 매매 솔루션을 개발해 제공함

출처: 각 회사의 언론 보도자료 취합 정리

국내 금융회사는 자체 기술로 직접 업무를 개발하거나, 핀테크 기업과 자문 및 기술의 업무 제휴를 통해 로보어드바이저 서비스를 제공한다. [표 11-15]에서 이 내용을 설명한다.

[표 11-15] 로보어드바이저 기업과 금융회사의 업무 제휴

구분	직접 개발	업무 제휴 현황		합계
		자문	기술	
은행	3	2	5	9
증권/자산운용/투자자문	5	15	6	26

출처: 자본시장연구원

4-2 운용 자산 규모

국내 시장의 로보어드바이저 운용 자산 규모는 2018년 10월 기준으로 1조 원을 넘었으며, 2025년까지 30조 원을 상회할 것으로 전망한다. [표 11-16]에서 이 내용을 설명한다.

[표 11-16] 로보어드바이저의 운용 자산 규모

구분	2018년 10월	2020년	2025년
시장 규모	1조 원	5조 원	30조 원

출처: 한국금융연수원, IBK 자산관리 아카데미(향상) 교재

금융감독원에 따르면, 연금저축신탁 적립금은 2013년 13조 7천억 원에서 2018년 16조 8천억 원으로 5년간 22.62%가 증가한다. 증가 요인은 세제 혜택 부여 등 기대 효과라고 하지만, 연금저축신탁의 평균 수익률은 2.9%로 저조한 편이다. 이것은 같은 기간 은행의 적금 수익률(3.10%)보다도 낮은 수준이다. 연금저축의 세액공제 효과를 고려하더라도 평균 수익률은 3.74%이며, 저축은행의 적금 수익률(3.66%)과 비슷한 수준이거나 낮다.

로보어드바이저를 통한 자산관리의 운용 수익률은 아직 낮은 편이다. 그 이유는 자산운용사로 등록되지 않은 로보어드바이저 기업은 펀드나 일임형 ISA 자산을 위탁받아 직접 운용하는 것이 그동안 금지되어 시장이 활성화되지 못했다는 것이다. 하지만 2019년

부터 규제가 완화되면서 로보어드바이저 기업이 직접 인공지능 알고리즘을 통해 금융 시장에 진입할 수 있고, 일임형 ISA의 비대면 계좌 개설이 허용되어 로보어드바이저의 활용도가 높아지고 있다.

이에 따라 국내 시장은 앞으로 더 활성화되고 성장이 기대된다. 한국핀테크지원센터는 국내 로버어드바이저의 운용 자산 규모를 2023년 25조 원, 2025년에는 30조 원을 돌파할 것으로 전망한다.

4-3 금융회사의 도입과 활용

개인종합자산관리계좌(ISA) 제도가 시행되고 일임형 ISA 판매 시 로보어드바이저 시스템을 활용하도록 함에 따라 다양한 형태로 업무 개발이 이루어진다.

[도입 활용 1] 시스템 도입과 서비스 내용

국내 금융회사가 로보어드바이저를 처음 도입할 당시의 내용을 [표 11-17]에서 설명한다.

[표 11-17] 금융회사의 로보어드바이저 도입과 활용

구분		서비스 내용
은행	신한	로보어드바이저 알고리즘을 탑재한 펀드 추천 서비스를 시행하고, 알고리즘의 고도화를 계속 추진
	우리	로보어드바이저를 이용한 다양한 서비스를 개발한 후 활용
	하나	로보어드바이저 서비스인 '사이버 PB'를 시행한 후, 자체 개발한 온라인 자산관리 서비스를 제공
	IBK기업	로보어드바이저를 이용한 다양한 서비스를 개발한 후 활용
	KB국민	자문형 신탁상품 '쿼터백 R-1' 출시해 시행
	NH농협	로보어드바이저를 이용한 다양한 서비스를 개발한 후 활용
증권	NH투자	빅데이터와 인공지능을 이용하여, 시장 상황에 따라 최적의 포트폴리오를 제공
	대신, 동부, 삼성 등	주식, 상장지수펀드(ETF), 상장지수증권(ETN) 선물 등 다양한 상품을 포트폴리오 형태로 구성
보험	삼성, 한화, 홍국생명 등	AI 기반의 자산관리 서비스를 제공(변액보험, 퇴직연금에 로보어드바이저를 적극 활용)

현재 도입된 로보어드바이저의 서비스 내용은 알고리즘이 펀드 포트폴리오를 추천하고 매매는 고객이 수행하는 방식으로 업무를 한다. 또한, 각 은행은 알고리즘을 제공하는 회사와 업무 제휴를 통해 추천 포트폴리오를 제공하며, 로보어드바이저가 제안하는 서비스를 도입하고 있다. [표 11-18]에서 이 내용을 설명한다.

[표 11-18] 은행의 로보어드바이저 서비스 내용

구분	신한	우리	하나	IBK기업	KB국민
브랜드명	엠폴리오 (M-Folio)	우리로보 -알파	하이로보 (HAI Robo)	아이원로보 (i-ONE ROBO)	케이봇쌤 (kbot SAM)
최초 출시	2016.11	2017. 05	2017. 07	2016.11	2018. 01

출처: 한국금융연수원, IBK 자산관리 아카데미(향상) 교재, 재정리

로보어드바이저를 활용해 은행이 판매하는 상품은 일임형 ISA와 신탁형 ISA이며, 취급이 가능한 업종은 투자자문업과 투자일임업이다.

은행이 그동안 취급하지 않던 중개형 ISA 상품을 2021년부터 추가로 판매할 수 있도록 법이 개정되고, 증권회사는 이것을 통해 주식에 직접 투자도 가능하게 되었다.

로보어드바이저는 비대면 채널로 자산관리 금융 서비스를 제공한다. 고객 성향을 파악하여 고객에게 최적화된 포트폴리오 모델을 제시하고, 고객은 로보어드바이저가 추천한 금융 상품에 투자한다.

국내 은행의 로보어드바이저 활용은 다양한 형태로 운용 중이며, 시장은 현재 성장 단계로 핀테크 기업과 금융회사 간의 업무 개발 및 업무 제휴를 통해 발전하고 있다. 그러나 아직도 운영 측면에서 새로운 기술 적용과 신상품이 적용되고, 상품 서비스의 운용 개시와 운용 중단이 반복된다.

[도입 활용 2] 로보어드바이저의 주요 상품

국내 은행에서 취급하는 로보어드바이저 상품은 개인종합자산관리계좌(ISA: Individual Savings Account)가 대표적이다. 이 상품은 다양한 금융 상품을 한 계좌에서 운용할 수 있

도록 만능 통장의 성격을 갖는다. ISA는 은행, 증권, 보험사 등 금융회사에서 가입할 수 있고, 금융회사 중 한 곳에서만 1인 1계좌로 개설할 수 있다. 운용 방식에 따라 일임형, 신탁형, 중개형의 3종류로 구분한다.

은행이 취급하는 상품은 일임형과 신탁형이 있다. '일임형 ISA'는 고객이 직접 투자 상품을 선택하는 것이 아니라, 금융회사가 만든 모델 포트폴리오(MP: Model Portfolio) 중 하나를 선택하고 금융회사가 상품을 운용한다. 이러한 이유로 신탁형 ISA보다는 일임형 ISA가 수수료가 더 높은 편이다.

투자일임업은 그동안 증권사 고유 업무였기 때문에 은행은 ISA 상품을 판매할 수 없었다. 그런데 금융 당국이 2016년부터 투자자의 선택권을 넓혀 주기 위해 이 업무를 은행에서도 취급하도록 허용한다. [표 11-19]에서 이 내용을 설명한다.

[표 11-19] 일임형 ISA와 신탁형 ISA 상품 차이

구분	일임형 ISA	신탁형 ISA
자산 운용	금융회사의 모델 포트폴리오 중 하나를 투자자가 선택하면 금융회사가 직접 운용하는 방식	투자자가 상품을 직접 선택하여 운용하는 방식
운용 보수 (수수료)	금융회사가 직접 운용하므로, 신탁형 ISA보다는 수수료가 높음	일임형 ISA보다 상대적으로 수수료가 낮지만, 금융회사가 정한 운용보수를 지불해야 함
상품 구성	한 계좌에 예·적금, 상장지수펀드(ETF), 주가연계증권(ELS), 파생결합증권(DLS) 등 금융 상품을 모두 담을 수 있음	
상품 내용	① 예·적금, 주식, 채권, 펀드 등 다양한 금융 상품을 하나의 계좌에 담아 통합 운용이 가능한 만능통장 ② 투자자의 투자 성향에 따라 금융회사가 제시하는 모델 포트폴리오(MP) 중 하나를 선택하여 가입	
계좌 개설	① 은행, 증권, 보험사에서 상품 가입이 가능 ② 금융회사 한 곳에서 1개 계좌를 개설 가능	
가입 대상	① 근로자와 자영업자, 농어민 중 근로 및 사업소득이 있는 사람으로 나이와 소득에 상관없이 가입 가능 ② 학생, 주부, 은퇴생활자 등 소득이 없는 사람과 금융소득종합과세 대상자(연간 금융소득이 2천만 원 초과자)는 가입이 불가능	

투자 한도	매년 2천만 원 이내로 5년간 1억 원을 넘지 못함
가입 기간	① 만기는 5년(단, 청년 및 총급여 5천만 원 이하 근로소득자는 3년)이며, 의무 가입 기간은 3년 ② 만기 연장은 만기 3개월 이전부터 만기일의 전일까지 가능하고 1년 단위로 연장 가능
세제 혜택	① 5년 동안 매년 2천만 원을 납입하고 투자 이익과 손실의 합산(상계 처리 후 잔액) 금액이 200만 원 이내일 경우, 투자수익금은 비과세 감면 혜택을 주고 초과분은 분리과세 ② 중도해지 시 비과세 혜택은 없지만, 납입 기간 중 다른 금융 상품으로 갈아타기와 펀드 해지 후 예금으로 이체한 후 펀드를 재가입하는 것은 가능 ③ 만기 5년이 경과 이후는 자동으로 계좌 운용이 정지

출처: 한국금융연수원, IBK 자산관리 아카데미(향상) 교재, 재정리

[도입 활용 3] 테스트 베드 설치와 심사 항목

로보어드바이저의 테스트 베드를 설치·운영하는 목적은 분산 투자, 투자자 성향 분석, 해킹 방지 체계 등 투자 자문과 일임을 수행하기 위한 최소한의 규율이 제대로 작동하는지를 확인하려는 것이다. 이것은 서비스의 안전성과 신뢰성을 확보하고 포트폴리오별로 운용 성과와 위험 지표 등을 사전 검증하는 것이며, 운용 주체는 Koscom(코스콤)이 담당한다.

국내 은행은 테스트를 통해 로보어드바이저 서비스를 출시하고 관련 상품을 제공한다. 빅데이터에 기반한 로보어드바이저를 통해 고객의 성향을 진단하고 투자 자금의 성격과 목표 등에 적절한 투자 상품을 추천 운용한다. 맞춤형 포트폴리오를 제공하여 고객에 대한 자산관리 서비스를 강화하고 비이자 수익을 확대하려고 한다. 이에 따라 금융회사는 자산관리 서비스에 대한 고객 니즈를 충족시킴은 물론, 고객 특성에 맞는 자산 배분으로 투자 수익률을 극대화하여 금융 상품에 대한 판매 수수료를 얻는다.

금융위원회는 규제 혁신을 위해 '로보어드바이저 테스트 베드'를 추진하고 심사 항목을 정한다. [표 11-20]에서 심사 항목을 설명한다.

[표 11-20] 로보어드바이저 테스트 베드 심사 항목

구분	주요 내용
테스트 베드 참여 요건	테스트 베드 참여 업체의 요건과 알고리즘의 자동화, 운용 자산 요건을 충족해야 함
알고리즘의 합리성	알고리즘 운용 목표, 주요 전제 등에 대한 설명이 가능하고, 알고리즘 테스트 결과가 신뢰할 수 있는 수준이어야 함
법규 준수	알고리즘이 법령에서 금지하는 투자(예: 투자자 동의 없는 계열회사 증권 투자)를 자체적으로 제한할 수 있어야 함
개인 맞춤형 가능	투자자 성향 분석 도구가 투자자의 투자 목적, 위험 감수 능력 등 다양한 측면을 고려해야 하고, 투자자 성향 분석에 따라 다양한 복수의 포트폴리오가 산출되어야 함
분산투자 가능	최소 5개 이상으로 구성된 포트폴리오가 산출되어야 함
여러 계좌의 동시 관리	복수 계좌를 동시에 운용하더라도 알고리즘이 오류 없이 정상 작동해야 함
합리적인 리밸런싱	리밸런싱 발생 기준 원칙이 수립되어 있고, 이에 기반하여 리밸런싱이 유효하게 발생해야 함
유지보수 전문 인력	알고리즘과 시스템을 적절히 업그레이드하고 지속 관리할 수 있는 IT 전문 인력을 1인 이상 보유해야 함
시스템 보안성	알고리즘, 주문 내역, 투자자 개인정보 등 RA의 핵심 정보에 대한 해킹 방지 시스템을 보유해야 함
시스템 안정성	알고리즘, 시스템 장애 발생 시 체계적으로 대응할 수 있는 비상조치 매뉴얼·시스템 등 보유해야 함

출처: 금융위원회, koscom

이 결과에 따라 로보어드바이저 관련 상품은 랩어카운트, 신탁, 펀드, 일임형 ISA 등 형태로 판매된다.

4-4 A 은행 사례

로보어드바이저의 서비스 구조와 내용, 상품 가입 조건, 상품 설계 유형의 3가지 측면에서 A 은행의 시스템 운용 사례를 살펴본다.

[사례 1] 서비스 구조와 내용

[그림 11-7]에서 알고리즘을 제공하는 제공사와 은행, 고객 관점의 서비스 구조를 보여 주고, 이들이 수행 업무를 설명한다.

알고리즘 제공사는 시장 상황을 분석하고, 최적화된 자산 배분과 펀드 포트폴리오 (MP)를 제공한다.

은행은 알고리즘을 제공회사로부터 전송된 MP를 고객의 투자 성향, 투자 목적에 맞게 매칭 상품을 안내하고, 신규/리밸런싱 거래의 제안과 사후관리를 제공한다. 고객은 투자 성향, 투자 목적 파악을 위한 기본 정보를 은행에 제공하고 로보어드바이저 거래는 고객이 직접 수행한다.

따라서 로보어드바이저를 이용하여 시장 상황과 고객 성향에 맞는 펀드 포트폴리오를 추천하고 자산관리를 한다.

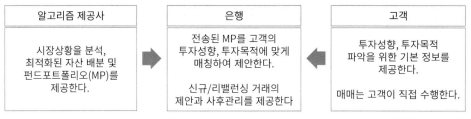

출처: 한국금융연수원, IBK 자산관리 아카데미(향상) 교재, 재정리

[그림 11-7] A 은행의 서비스 구조

[그림 11-8]에서 A 은행의 포트폴리오 추천 과정을 보여 준다. 이것은 모바일뱅킹 (i-ONE Bank)의 로보펀드 초기 화면을 바탕으로 정리한 것이다.

(1) 신규(초기화면) (2) 로보펀드 설계 (3) 연금저축펀드 설계

| (4) 리밸런싱 | (5) 일괄 거래 | (6) 펀드 관련 알림 |

[그림 11-8] A 은행의 펀드 포트폴리오 추천 과정

[사례 2] 상품 가입 조건

로보어드바이저를 통해 가입할 수 있는 상품과 상품 가입 조건을 [표 11-21]에서 설명한다.

[표 11-21] A 은행 로보어드바이저 판매 상품 가입 조건

구분	판매 상품 가입 조건
가입 대상	개인, 기업고객이 대상임 - 미성년자, 비거주자, 외국인/법인, 개인 대리 거래 제한
가입 금액	10만 원 이상임 - 최소 유지금액 및 자동이체 최저 금액: 10만 원 이상
가입 채널	영업점(개인, 기업고객), 스마트뱅킹(개인) - 인터넷뱅킹(개인, 기업)
판매 자격	'펀드 투자권유 자문 인력' 보유자
제출 서류	① 신규 시 '펀드 신규 통합서류'를 작성함 ② 리밸런싱 시 '포트폴리오 리밸런싱 신청서'를 작성함
보수·수수료	편입 상품별 규약에서 정한 보수· 수수료를 적용함

출처: 한국금융연수원, IBK 자산관리 아카데미(향상) 교재, 정리

[사례 3] 상품 설계 유형

A 은행 로보어드바이저 상품은 펀드와 연금으로 설계되어 있으며, 펀드는 2종류가 있다. 전통 자산인 주식과 채권 등에 투자하기 위해 불특정 다수로부터 자금을 모집하는 공모펀드, 소수 투자자로부터 자금을 모아 주식이나 채권 등에 운용하는 사모펀드가 있다(유환, 2018). [표 11-22]에서 이 내용을 설명한다.

[표 11-22] A 은행 로보어드바이저 상품 설계 유형

구분	i_ONE 로보 펀드폴트폴리오 (=로보펀드)	i_ONE 로보 연금폴트폴리오 (=로보연금)
상품명	일반 공모펀드	연금저축펀드
상품 특징	① 고객 투자 성향에 따라, 투자 영역과 펀드 개수를 결정 ② 통상 3~5개로 구성되며, MMF 상품은 미포함	① 세제 혜택을 받을 수 있는 연금 포트폴리오를 제공함 ② 기존 보유 계좌의 리밸런싱이 가능하며, MMF 포함 5개 상품으로 구성됨
대상 고객	① 개인 ② 기업고객	개인고객(국내 거주자로 한정) - 연금저축통장 가입 대상에 따름
적립 구분	임의식 - 만기 없이 자유로운 추가 적립이 가능함	적립식 - 연금저축통장 적립 구분에 따름

출처: 한국금융연수원, IBK 자산관리 아카데미(향상) 교재, 정리

4-5 증권사 사례

국내 증권사의 로보어드바이저 업무는 다양한 형태로 개발되어 활용되고 있으며, 자산 운용 업무는 투자자문업과 투자일임업으로 분류된다. [표 11-23]에서 이 내용을 설명한다.

[표 11-23] 투자자문업과 투자일임업 분류

구분	투자자문업(고객 자문형)	투자일임업(일임형 ISA)
가능	자문 인력과 로보어드바이저를 운용함 - 대면 및 반자동 처리 가능	운용 인력과 로보어드바이저를 운용함 - 대면 및 반자동 처리 가능
불가능	로보어드바이저의 독자 운용이 불가함 - 비대면 및 자동처리 불가	좌 동

출처: 각 언론사 보도 내용 취합, 정리

이에 따라 금융 당국은 자본시장법 시행령을 개정하여 로보어드바이저의 투자자문과 투자일임을 허용하고, 투자 운용보고서의 서면 고지 의무와 포트폴리오 거래의 고지

의무도 완화한다. 국내의 증권사들은 대부분 로보어드바이저 시스템을 운용 중이다. [표 11-24]에서 이 내용을 설명한다.

[표 11-24] 증권사의 로보어드바이저 도입 현황

구분	업무내용
대신	① 현재 서비스 명칭은 '대신로보밸런스' 임 ② 국내외 ETF로 자산운용을 하는 전략으로, 변동성을 낮추고 안정적인 수익을 추구함 ③ 매매 비용은 0.08~0.13%로 낮은 편이며 운용보수료는 무료임
미래에셋	① 쿼터백, AIM, 디셈버앤컴퍼니 등 로보어드바이저 업체와 '로보어드바이저 마켓' 서비스 개발하고, 디셈버앤컴퍼니, 쿼터백자산운용 로보어드바이저 업체와 재 일임형 랩어카운트를 출시함 ② 현재 서비스 명칭은 '미래에셋증권GQS' 등임
삼성	① 국내 최초로 로보어드바이저 핵심 기술인 '투자성과 정밀 검증 알고리즘 시스템'을 개발하고 특허 출원함 ② 현재 서비스 명칭은 '삼성증권 Robo' 임
신한투자	① '신한명품 밸류시스템 자문형 로보랩'을 개발하고, 리스크 평가 기반 글로벌 ETF 포트폴리오를 구성함 ② '키움 쿼터백 글로벌 로보어드바이저 펀드'를 출시함
키움	① 국내외 상장지수펀드(ETF) 등에 투자하는 자산 배분형 로보어드바이저 '키우Go' 서비스를 출시함 ② 자체 개발한 인공지능 로보어드바이저가 투자 목표와 투자 기간, 투자 예정 금액, 투자자 성향 등을 분석하여 자산 배분 포트폴리오를 제공하는 투자일임(Wrap) 서비스로, 투자 성향 설문만으로 상품을 추천하는 기존 방식과는 차별화함 ③ 현재 서비스 명칭은 '키움 모멘텀, 키움 멀티에셋'임
KB	① 파운트 투자자문과 업무 제휴로 Open-API(공개 응용 프로그램 개발 환경) 기반의 비대면 투자일임 로보어드바이저 서비스를 출시함 ② 인공지능 기술을 기반으로 개인의 투자 성향에 맞는 포트폴리오를 추천하고 자문함
NH투자	① EFT로 포트폴리오를 구성하여 자동 매매하는 'QV 로보 어카운트' 서비스를 출시 포트폴리오 리밸런싱 시스템을 오픈함 ② 로보어드바이저로 'NH로보 EMP 자산 배분' 서비스를 제공하며, 인공지능 기술을 활용해 경제지표 등을 수집하고, 시장 분석을 통해 투자금을 투자자산군으로 자동 배분함

출처: 각 언론사 보도 내용 취합 정리

증권사는 은행이 취급하지 않는 중개형 ISA 상품을 판매한다. 이 상품은 주식에 직접 투자가 가능하고 연금으로 전환 시 추가 세제 혜택을 받을 수 있다. 국내의 상장 주식과 신주 인수 권증서, 코넥스 주식을 담을 수 있고, 기존의 신탁형, 일임형과는 달리 투자자가 직접 운용이 가능하다. ISA를 통해 주식 거래를 할 경우, 주식 배당금 소득의 비과세 혜택과 낮은 과세 혜택을 받게 되고, 주식 거래에서 손실이 발생하더라도 다른 금융 상품의 수익과 상계 처리하여 절세 효과를 얻게 된다.

5. 로보어드바이저 도입

5-1 타당성 검토와 도입 시 고려 사항

로보어드바이저 시스템은 구축 초기 비용이 크지만 낮은 수입 수수료 때문에 수익성 확보에 어려움이 있다. 즉 투자성과평가(ROI: Return On Investment)가 낮다는 문제점이 있다. 그러므로 여러 가지 사항을 충분히 검토한 후 시스템 도입 여부를 결정해야 한다. 즉 로보어드바이저가 과연 '금융 자산관리 업무의 AlphaGo'인가? 이 시스템을 활용할 경우, 도입 기대 효과가 충족되고 다른 금융회사에 대하여 경쟁 우위 확보가 가능한가? 등을 따져 봐야 한다. 또한, 고객 수요 예측과 수익성 확보 가능성, 비즈니스 모델의 적정성 등을 확인해야 한다. [표 11-25]에서 이 내용을 설명한다.

[표 11-25] 로보어드바이저의 도입 타당성 검토

검토 항목	세부 검토 사항
고객 수요 예측	로보어드바이저에 대한 고객 수요는 많은가? ① 고객의 접근 용이성과 소액 자문에 대한 요구 ② 고객의 자산 규모와 자산관리 서비스 수요 적정성 ③ 이용고객에 대한 충분한 관리자산 확보 가능성 등
수익성 확보의 가능성	로보어드바이저 도입 시 수익성 확보가 가능한가? ① 낮은 취급수수료로, 수익성 확보 여부 ② 수수료 확보 방안 수립과 타당성의 가능 여부
성과 예측	급변하는 금융시장의 충격에 즉시 대응이 가능한가? ① 다양한 시장 환경에서 성과 유효성 검증의 가능 여부 ② 알고리즘은 성과 검증에 적합 여부

기존 시장의 잠식 가능성	기존 고객이 로보어드바이저로 이동할 가능성이 있는가? ① 채널별로 고객을 구분하여 분석하고, 관리 필요 여부 ② WM 차별화, 고객 멀티채널 전략 가능 여부
비즈니스 모델의 적정성	기존 시스템을 대체할 만한 모델로 성장하고, 기존 부유층을 대상으로 한 서비스가 로보어드바이저에 보편적 서비스로 자리매김할 수 있는가?

타당성 검토가 끝나면, 도입 요건의 확인과 자문 서비스의 혁신, 새로운 자산관리 서비스 대안 필요성 등을 검토한다.

도입 요건 검토 시, 총소유비용[11]을 산정하여 분석한다. 시스템 도입 시 TCO 분석과 제약 요건을 종합적으로 검토한 후, 대안 1(구매) 또는 대안 2(리스) 중 하나를 선택하게 된다. [그림11-9]에서 이 내용을 보여 준다.

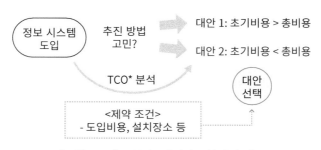

[그림 11-9] 로보어드바이저 도입 요건 검토

도입 요건의 검토가 끝나면, [표 11-26]과 같은 사항을 확인한다.

[표 11-26] 로보어드바이저 도입 시 확인 사항

항목	도입 시 확인 사항
관련 법과 규제 사항 검토	① 관련 법의 규제로 인해 업무추진에 어려움은 없는가? ② 로보어드바이저가 사람의 개입 없이 고객 자산을 직접 운영할 수 있는가? 　－ 자문형과 일임형(ISA)은 사람의 개입 없이 고객 자산을 직접 운영해야 하므로, 사전에 관련 법과 규제 등에 대한 충분한 검토가 필요함
투자자 보호 대책	투자자 보호에 대한 대책과 리스크 저감 방안은 있는가? 　－ 자산 운용의 부작용 발생 방지 등에 대한 투자자 보호 조치가 필요함

---

11) '총소유비용(TCO: Total Cost of Ownership)'이란, 컴퓨터 하드웨어와 소프트웨어 도입, 업그레이드 비용, 유지 보수 및 기술 지원 비용, 교육훈련비 등 시스템 도입과 운영에 필요한 일체 비용을 모두 포함한다.

다양한 상품 개발과 신뢰성 확보	① 대중 부유층(중산층)에 대한 상품 개발과 자산 운용 자문, 고객이 요구하는 서비스 제공이 가능한가? ② 혁신적인 서비스를 통해 신뢰성의 확보와 고객 편의성 제고에 도움을 줄 수 있는가? - 금융 상품 제공과 이에 대한 자문 활성화, 판매 채널의 유기적인 연결, 편의성 제고 등에 대한 검토가 필요함
신기술 접목과 이벤트 진행 가능성	① 빅데이터와 인공지능 등 신기술을 활용하여 자동화 매매가 가능한가? ② 실시간으로 시장 동향을 파악하고, 적정한 이벤트를 통해 고객의 관심을 유도할 수 있는가? - 빅데이터 분석과 활용으로 시장 움직임을 사전에 예측하고, 인공지능 기술로 자동 매매하며, 실시간 뉴스/이슈 등을 파악해 신속하게 이벤트를 수행할 수 있어야 함

5-2 도입 활용과 기대 효과

현재 국내의 시장 규모는 크지 않다. 하지만 관련 기술이 발전하면서 자산관리 업무를 크게 변화시키고 있다. 특히 인공지능 등 신기술을 접목한 업무 개발로 자산관리 서비스 품질이 높아지면서 젊은 고객이 자산관리 시장으로 많이 유입되는 중이다.

그러나 포브스(Forbes) 보고서는 다음의 4가지 문제를 지적한다.

첫째, ETF 중심으로 상품 구성이 되어 있어, 향후 주식이나 채권 등 다양한 운용 자산으로 업무 확대가 필요하다.

둘째, 자산 운용의 효율성과 고객 자산군 확대에 따른 고객정보 보호 장치가 마련되고, 각종 규제 완화를 통한 업무 활성화가 요구된다.

셋째, 대중 부유층, 은퇴 세대를 위한 세금과 부동산 문제 등을 해결해 주기 위한 자산운용 시장의 확대가 필요하다.

넷째, 과거 데이터를 기반으로 한 예측 수익률을 갖고 자산 배분해서는 안 된다. 그럴 경우, 차별화가 안 되고 투자 효과도 낮아진다.

이러한 문제를 해결하기 위해 다음 5가지 사항에 대한 검토와 조치가 요구된다.

첫째, 운용 자산의 영역 확대와 리밸런싱의 기술적 검토가 요구된다. 즉 자산 운용 영역을 확대하고 수익 극대화에 초점을 맞춰야 한다.

둘째, 로보어드바이저의 업무 활성화를 추진하고 각종 규제를 완화하기 위한 규제 철폐와 제도 개선이 필요하다. 이것은 과거에 자동화 기기를 도입하려는 초기 단계와 비슷한 상황이다.

셋째, 시장 확대 방안을 수립하고 추진해야 한다. 자산 운용 고객은 세금, 상속, 부동산 문제 등에 관심이 많다. 따라서 프로그램을 개발해 맞춤형 서비스를 제공하면서 자산 운용 시장을 확대해야 한다.

넷째, 단순 포트폴리오 수준을 뛰어넘는 혁신과 자산 운용 방식의 변화가 요구된다. 즉 새로운 분석 기술의 도입이 필요하다.

다섯째, 자산관리 전문가 중심의 업무와 중복을 최소화하고 체계적인 접근이 요구된다. 시스템을 도입할 경우, 회사 내 자산관리 전문가와 이해 상충하는 부분과 업무 중복 문제가 발생한다. 따라서 문제를 최소화하면서 체계적인 접근이 필요하다.

금융회사에서 로보어드바이저의 도입 활용은 이제 선택이 아닌 필수가 되었다. 디지털에 익숙한 MZ세대들에게 거부감 없이 수용되고, 저렴한 수수료는 로보어드바이저 확산에 촉매제 역할을 한다. 또한, 로보어드바이저가 사람(자산관리 전문가)의 일자리를 빼앗기보다는 소액 투자자가 로보어드바이저를 활용해 전문적인 자산관리 서비스를 받을 수 있다는 장점이 인식되면서 자산관리 시장의 대중화와 시장 확대 요인이 되고 있다.

따라서 인공지능과 빅데이터 기술을 활용하여 정보 분석을 자동화하고 다양한 상품과 서비스를 개발해 운용한다면, 시장은 더욱 활성화될 것으로 전망한다.

제12장

금융 정보 시스템과
빅데이터 활용

이 장에서는 금융회사가 빅데이터를 어떻게 관리하고 업무에 활용하는지를 알아본다. 따라서
은행의 정보계 시스템과 빅데이터 연계 내용을 살펴보고, 빅데이터 기술의 활용과 활성화
방안에 대하여 알아본다.

1. 빅데이터 이해

1-1 정의

빅데이터[1]는 디지털 환경에서 생성되는 다양한 데이터를 포함하고 있으며 규모가 방
대하고 생성 주기도 짧은 것이 특징이다. 초기 단계에서는 단순히 데이터의 양이 많은
것만으로 빅데이터를 정의하였지만, 현재는 '기존 데이터에 비해 그 양이 방대하고, 데
이터 처리에서 일반적으로 사용하는 방법과 도구로 데이터의 수집과 저장, 검색, 분석,
시각화 등을 하기 어려운 다양한 데이터의 집합체'라고 정의한다. 하지만 아직도 구체
적이고 명확한 합의 내용은 없다. 다만 지금까지 정리된 내용이 있어 [표 12-1]에서 이 내
용을 설명한다.

---

1) '빅데이터'란, 단순히 데이터의 크기가 크고 데이터의 양이 많다는 것만을 의미하지는 않는다. 대량의 정형 및 비정
형 데이터로부터 가치 있는 정보를 추출하여 효과적으로 처리함으로써 의미 있는 유익한 정보를 활용하는 데 있다.

[표 12-1] 빅데이터 정의

구분	내용 정의
위키피디아	기존 방식으로 데이터를 저장, 관리, 분석하기에 어려울 정도로 큰 규모의 자료를 말함
매킨지	전통적인 데이터베이스의 소프트웨어를 통해 데이터 수집, 저장, 관리, 분석할 수 있는 규모를 초과하는 데이터를 말하며, 빅데이터의 정의는 주관적이므로 앞으로도 계속 변화할 것임
IDC (International Data Corporation)	다양한 종류의 대규모 데이터로부터 저렴한 비용으로 가치를 추출하고 데이터의 초고속 수집 및 발굴, 분석을 지원하도록 고안된 차세대의 기술 및 아키텍처를 말하며, 큰 규모, 빠른 속도, 다양성의 특징을 갖는 데이터임

빅데이터는 정형 데이터뿐 아니라 문자, 음성, 사진, 동영상 등과 같은 비정형 데이터를 포함한다. 기존 데이터베이스 데이터의 수집과 저장, 관리, 분석 역량을 넘어서는 데이터 규모를 말한다. 그러나 기존 정보계 시스템에서 EDW[2] 중심의 데이터 분석과 빅데이터의 분석은 의미와 처리 과정이 확연히 다르다. 데이터의 저장과 활용 면에서도 큰 차이가 있다.

데이터의 개념은 데이터베이스에서 데이터웨어하우스, 빅데이터, 데이터 사이언스로 발전하고 있으며, 빅데이터는 정형화된 정도에 따라 정형 또는 반정형, 비정형 데이터로 분류한다. [표 12-2]에서 이 내용을 설명한다.

[표 12-2] 빅데이터 형태

데이터 형태	내용 설명
정형 (Structured)	① 구조화된 데이터로, 미리 정해진 고정 필드에 저장함 ② 대표 사례로. 관계형 데이터베이스(RDB: Relational Data Base)의 테이블과 엑셀(Excel), 스프레드시트 등이 있음

---

2) 'EDW'란 Enterprise Data warehouse의 약어로, 기업 내에서 사용자의 의사결정에 도움을 주기 위해 기간계 시스템(은행은 '계정계 시스템'이라고 함)의 데이터베이스(DB: Data Base)에 축적된 데이터를 주제별 공통 형식으로 변환하여 관리하는 대규모의 데이터베이스를 말한다. 이것을 간단히 데이터웨어하우스(DW) 또는 DWH(Data WareHouse)로 부른다.

반정형 (Semi-structured)	① 고정 필드에 저장되는 데이터지만, 정형 데이터와는 달리 데이터의 내용 안에 구조에 대한 설명이 들어 있으며, 메타데이터(Meta Data)와 스키마(Schema) 형태로 연산은 불가능함 ② 대표 사례로, 웹에서 데이터 교환을 위해 작성되는 XML, HTML, JSON 문서나 웹 로그, 센서 데이터 등이 있음
비정형 (Unstructured)	① 정해진 구조가 없이 저장되는 비구조적인 데이터의 형태로, 고정 필드에 저장되지 않고 일반적으로 텍스트 중심의 데이터를 포함함 ② 대표 사례로, SNS[3] 텍스트 문서와 이미지, 동영상, 음성, Word, pdf 문서 등이 있음

모바일 기기의 사용 활성화로 SNS 데이터가 늘어나면서 비정형 데이터가 급증하고 있다. 현재는 데이터 거래량의 약 80% 이상이 텍스트, 오디오, 이미지, 동영상이 될 정도로 비정형 데이터가 주류를 이룬다.

IDC[4]는 2024년까지 전 세계에서 생성, 유통되는 데이터의 총량은 매년 149 ZB(제타바이트)[5]를 넘어설 것이며, 그중에서 비정형 데이터가 대부분을 차지할 것으로 전망한다.

1-2 성장 배경

빅데이터는 다양한 형태의 대량 데이터가 생성, 유통, 저장되는 과정에서 관련 기술

---

3) 'SNS(Social Network Service)'란, 사용자 간의 자유로운 의사소통과 정보 공유는 물론, 인맥 확대 등을 통해 사회적인 관계를 생성하고 강화해주는 온라인 플랫폼으로, '사회관계망서비스'라고도 한다.

4) 'IDC'는 International Data Corporation의 약자로, 여기에서 의미하는 것은 IT 및 통신, 컨슈머 테크놀로지 부문에서 세계 최고의 시장분석과 컨설팅을 담당하는 ICT 시장조사 기관을 말한다.
  또 다른 의미로, 'IDC'는 '인터넷 데이터 센터(Internet Data Center)'가 있다. 이것은 인터넷 연결의 핵심이 되는 서버를 모아 한 곳에 집중시킬 필요가 있을 때 설립하는 시설을 말한다.

5) 'ZB(Zetta Bytes)'는 데이터 크기를 나타내는 정보 단위이다. 컴퓨터 내에서 데이터는 2진수(0, 1) 값으로 표현되며, 최소 정보 단위는 비트(Bit)라고 한다. 한 글자 크기를 말할 때 정보 단위는 바이트(8 Bits, 1 Byte)라고 한다. 그런데 10진수 값으로 정보를 표현할 때는 10^3단위로 증가시키며, 정보단위(데이터 크기)를 표시한다. 따라서 10^3은 Kilo Bytes(KB: 1,000글자)라고 한다. 10^6은 Mega Bytes(MB: 1,000,000(100만)), 10^9는 Giga Bytes(GB: 1,000,000,000(10억)), 10^{12}는 Tera Bytes(TB: 1,000,000,000,000(1조))를 나타낸다. 그리고 10^{15}는 Peta Bytes(PB: 1,000,000,000,000,000(1,000조)), 10^{18}은 Exa Bytes(EB: 1,000,000,000,000,000,000(100경)), 10^{21}은 Zetta Bytes(ZB: 1,000,000,000,000,000,000,000(10해))의 데이터 크기를 표현한다.

이 계속 발전한다. 최근에는 사물인터넷, RFID[6] 등 센서 데이터와 내비게이션에서 발생하는 GPS 정보도 분석 가능하다.

　빅데이터는 인프라 구축과 단순한 분석 단계를 넘어 이제는 활용 측면에 초점이 맞춰지고, 관련 기술을 통해 미래 예측과 경쟁력 강화 수단으로 사용된다.

　따라서 정치, 경제, 사회 등 분야에서 다양한 문제를 해결할 수 있는 기술로 주목받는다. 국내에서도 빅데이터 산업과 시장이 활성화되면서 정부와 공공기관은 물론 은행, 기업 등의 공공데이터도 점차 개방되고 있다. 그 결과로 많은 조직에서 빅데이터 활용 방안을 적극적으로 검토한 후 활용하는 사례도 늘고 있다.

1-3 특징과 구성 요소

　2015년까지만 하더라도 빅데이터의 특징을 말하라고 하면 '3V'[7]라고 하였다. 그런데 지금은 여기에 Value(가치)와 Veracity(정확성)를 추가하여 '5V'라고 한다. [그림 12-1]에서 이 내용을 보여 준다.

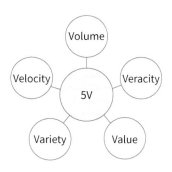

- Volume(분량)
  Tera(10^{12}), Peta(10^{15}) 단위 데이터 량
- Velocity(속도)
  데이터 수집 및 분석에 장시간 소요
- Variety(다양성)
  다양한 형태의 데이터량 증가
- Value(가치)
  정보 가치의 창출
- Veracity(신뢰성)
  데이터에 부여할 수 있는 신뢰 수준

[그림 12-1] 빅데이터 특징과 구성 요소

---

6) 'RFID(Radio-Frequency Identification)'는 주파수를 이용하여 ID(identification, 신분증)를 식별하는 방식으로 일명 전자태그로 불린다. '무선 주파수 식별'을 의미한다.

7) '3V'란, Volume(분량), Velocity(속도), Variety(다양성)를 뜻한다. Volume(분량)은 데이터의 크기를 말하며 테라바이트(Tera: 10^{12}), 페타바이트(Peta: 10^{15}) 이상의 정보 단위를 갖는다. Velocity(속도)는 데이터의 수집과 분석에 장시간이 소요된다는 것이고, Variety(다양성)는 다양한 형태(정형, 비정형)의 데이터가 존재하는 것을 의미한다.

최근에는 '5V' 개념에 타당성(Validity)과 휘발성(Volatility) 개념을 추가하여 빅데이터의 특징을 '7V'라고 말한다. [표 12-3]에서 이 내용을 설명한다.

[표 12-3] 빅데이터 특징 '7V'

특징		내용 설명
5V	Volume (규모)	데이터의 크기(저장되는 물리적인 데이터)를 나타내며, Tera(10^{12}) ~ Peta(10^{15}) 단위로 데이터를 생성함
	Velocity (속도)	데이터를 빠르게 처리하고 분석할 수 있는 속성을 말하며, 데이터의 수집과 분석에 장시간이 소요된다는 것을 뜻함
	Variety (다양성)	다양한 데이터를 수용하는 속성을 말하며, 데이터의 형태는 정형 데이터 (Structured data), 비정형 데이터 (Unstructured data), 반정형 데이터 (Semi-structured data)가 있음
	Value (가치)	빅데이터는 정제, 추출 과정 등을 통해 기업의 비즈니스와 연구 분야 등에서 필요한 가치를 창출할 수 있어야 함
	Veracity (신뢰성)	데이터에 부여할 수 있는 신뢰 수준을 말하며, 활용 데이터가 신뢰할 만한지를 고려하는 요인임
Validity (타당성)		Veracity(신뢰성)와 비슷한 개념이지만, Validity(타당성)는 어떤 결정을 내리는 데 있어 데이터의 타당성 여부를 판단하는 속성으로 데이터의 연계가 정확함을 의미함
Volatility (휘발성)		① 빅데이터의 저장과 활용성에 관한 속성으로, 데이터는 오랜 시간 저장되고 데이터의 타당성이 보장되어 잘 활용되어야 함 ② 데이터는 단기적이기보다는 장기적인 관점에서 유용한 가치를 창출할 수 있도록 검증된 후 보관되어야 하며, 대표사례로 데이터웨어하우스(Data warehouse)가 있음

정보계 DB와 빅데이터의 특성을 비교하면 많은 차이가 있다. 데이터의 크기와 구성, 저장 등에서 사뭇 다르다. 정보계 DB는 주로 기업의 내부에서 데이터가 발생하나, 빅데이터는 기업의 내·외부에서 모두 생성된다.

빅데이터의 분석 기술과 방법은 기존에 사용되던 다양한 분석 도구(Tool)뿐 아니라 통계학과 컴퓨터공학에서 사용되는 데이터 마이닝, 패턴 인식 등 정보 기술을 활용한다. 분석 기법으로는 텍스트 마이닝(Text Mining), 평판 분석 등이 있으며, 데이터 처리를 위해 하둡 맵리듀스(Map Reduce), 스파크 RDD(Resilient Distributed Dataset), NoSQL[8] 등을 사용한다. [표 12-4]에서 이 내용을 설명한다.

---

8) NoSQL은 비정형 데이터에서 가장 일반적으로 사용되는 데이터베이스이다. NoSQL은 "not only SQL"의 약어로,

[표 12-4] 정보계 DB와 빅데이터 특성 비교

구분	정보계 DB 데이터	빅데이터
데이터 크기	테라바이트(TB: Tera Bytes, 10^{12}) 이하	페타바이트(PB: Peta Bytes, 10^{15}) 이상
데이터 유형	데이터는 주로 기업 내부에서 발생하며, 대부분이 정형 구조로 숫자, 문자 등으로 구성됨	데이터는 기업의 내·외부에서 발생하며, 정형 및 비정형 구조의 다양한 형태로 혼재됨 ① SMS, SNS, 검색어 등 문자 데이터와 사진, 음성, 영상 데이터 등이 혼합 ② 수집 데이터를 위치 기반으로 활용
데이터 보관	① 주로 내부 대용량 저장장치에 보관됨 ② DB와 DWH 위주로 데이터를 저장장치에 보관하며, 주로 내부 업무를 처리하는 네 활용됨	① '클라우드 컴퓨팅'을 이용한 비용 효율적인 방법으로 하드웨어 장비를 활용함 ② 맵리듀스(Map Reduce), 스파크 RDD(Resilient Distributed Data set) 기술을 활용함
데이터 활용	과거 데이터를 이용한 통계 분석이 가능함	현재 데이터를 이용한 미래 예측이 가능함
DBMS 형태	관계형 데이터베이스 (RDB: Relational Data Base)	NoSQL 데이터베이스
솔루션	제품 공급자(벤더: Vender) 중심	오픈소스(Open source) 중심
소프트웨어 활용과 자료 분석 도구	① RDB(RDBMS)와 통계 패키지(SAS, SPSS) 등에 의존하여 자료를 분석함 ② 주로 데이터 마이닝 기법을 사용함	다음의 도구(Tool)와 기법을 사용함 ① Hadoop, NoSQL 등 ② 오픈소스 통계 솔루션(R) ③ 텍스트 마이닝(Text mining) ④ 온라인 버즈 분석(Opinion mining) ⑤ 감성 분석(Sentiment 분석) 등

빅데이터를 바라보는 시각은 IT 부서와 현업 부서가 큰 차이가 있으며, 다른 의견과 견해를 갖는다. [표 12-5]에서 이 내용을 설명한다.

SNS, 블로그 등 텍스트 데이터 처리에 유용하며, 특화된 용도에 맞게 사용할 수 있다. 데이터를 더 빠르고 유연하게 보존하는 데 효과적이며, 관계형 데이터베이스(RDB)와 비교할 때 유연성과 효율성이 더 높은 편이다.

[표 12–5] 빅데이터를 바라보는 시각 차이

IT 부서	구분	현업 부서
기술적인 관점에서 대규모 데이터를 처리	시각	데이터 해석의 관점에서 패턴 인식으로 처리
대량 데이터의 플랫폼	개념	빅데이터의 분석과 활용
빅데이터 엔지니어	전문가 인식	빅데이터 과학자
오픈 소스 기반	솔루션	조직의 분석 기획자
엔지니어 관점	성향	통계적인 업무처리 관점
하부 구조의 관점에서 데이터를 분석	데이터 활용	비즈니스 로직 관점에서 데이터를 활용
단순한 정보의 저장	데이터 저장	다양한 정보의 분석과 저장
데이터 운영의 관점	활용 방안	데이터 분석의 관점
빅데이터 적용에 기술적인 시간이 필요	향후 전망	정보계 시스템 영역에서 데이터의 처리 및 분석

빅데이터는 패턴 인식을 제공하는 것이 주요 특징이다. 따라서 빅데이터 분석을 통해 데이터(Data)는 정보(Information) → 정보 통찰력(Information +Insight) → 패턴(Pattern) 형태로 변경되며, 패턴 분석은 빅데이터의 근본을 이룬다.

따라서 사회 현상을 빅데이터로 보면 새로운 세상이 보이고 창조적인 아이디어를 창출할 수 있다. 빅데이터의 분석은 그동안 볼 수 없었던 새로운 모습을 보여 주기 때문이다.

2. 정보 시스템과 빅데이터의 연계

2-1 정보계 시스템의 발전

은행의 정보 시스템은 기간계 시스템(은행에서는 '계정계'라 부르며, 메인프레임과 서버로 구성)과 정보계 시스템, 그리고 각 부서 조직의 업무를 처리하는 경영정보 시스템으로 구분한다. 생성된 정보는 각 시스템으로 전송되어, 다양한 형태로 활용된다. [그림 12-2]에서 이 내용을 보여 준다.

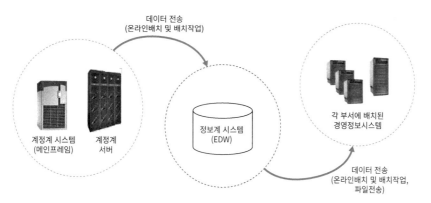

데이터 전송
(온라인배치 및 배치작업)

계정계 시스템   계정계
(메인프레임)   서버

정보계 시스템
(EDW)

각 부서에 배치된
경영정보시스템

데이터 전송
(온라인배치 및 배치작업,
파일전송)

출처: 이영재 · 황명수, 의사결정시스템, 생능출판사

[그림 12-2] 은행의 정보 시스템 구성

2-2 정보계 시스템과 빅데이터

정보계 시스템의 EDW는 운영 효율화를 위해 2개로 분리 운영하는데, 실시간 기반의 RDW(Real-Time DW)와 분석 업무 지원을 위한 ADW(Analytical DW)로 구분한다. 이들의 구축 목적과 용도를 자세히 알아보자. [표 12-6]에서 이 내용을 설명한다.

[표 12-6] RDW 및 ADW 구축 목적과 용도

구분	RDW	ADW
구축 목적	신속한 로그 분석과 실시간 온라인 데이터 처리를 지원하여 다음과 같은 목적을 달성함 ① 본부 및 영업점의 실시간 정보 요구를 지원함 ② 전사적인 정보 분석 허브 역할을 강화함 ③ 데이터 정합성을 강화함	① DW와 DM[9]을 통한 다양한 정보를 분석하여 목적을 달성함 ② 본부와 영업점의 정보 요구사항과 전사적인 정보 분석을 위해 DW와 DM로 데이터를 분류하여 저장장치에 적재한 후 분석·활용함

9) 'DM(Data Mart, 데이터 마트)'란, 데이터웨어하우스(DW)에 보유한 대량의 데이터를 사용자 요구사항에 맞게 체계적으로 분류하고, 기업의 의사결정과 경영 활동 등에서 잘 활용하기 위해 활용 목적별로 세분화하여 만든 작은 단위의 데이터베이스(DB)라고 할 수 있다.

용도	① 실시간 정보 분석 기반을 구축하여, 신속한 의사결정 지원과 마케팅 활동 등을 도움 ② '속보·환원·계수' 정보를 정보계 시스템에 적재하여 계정계 시스템의 부하를 경감함 ③ 사용자의 다양한 분석 요구에 신속한 대응이 가능하도록 정보 분석환경을 구축함	① D-1일 정보 분석 기반으로 정보계 시스템을 구축한 후, 정보를 추출·분석하여 상품별·과목별로 DW를 구축함 (예) 고객, 계약, 상품, 수신, 여신, 외환, 카드 등 ② 각종 보고서와 단위 업무, 분석, 평가 실적 등을 위한 DM를 구축함 (예) 보고서(고객·수신), 단위 업무(종수·성과관리), 분석(실적, 마케팅) 등

2-3 정보계 시스템과 빅데이터의 융합

(1) DB와 빅데이터의 융합

정보계 DB와 빅데이터의 같은 점과 다른 점을 살펴보자. 같은 점은 데이터를 정보로 가공하여 활용하는 측면이나, 정보를 저장하고 활용하기 위한 기술적인 부분은 서로 다르다. 따라서 정보계 DB와 빅데이터의 융합 필요성이 제기된다. 그러므로 다음 사항을 충분히 검토한 후 업무를 추진하는 것이 필요하다.

첫째, 비정형 데이터가 최근에 급속히 증가하고 있어, 정형과 비정형 데이터의 신속한 통합 운영이 필수적이다.

둘째, 콘텐츠 유형의 다양화로, 콘텐츠 다양성에 대한 검토와 변환 계획 수립이 필요하다.

셋째, 스마트폰 등 무선기기 사용 확대와 비대면 거래의 증가이다. 이에 따라 SNS 비중의 확대와 활성화로 비정형 데이터의 처리 비중이 더 커지고 있다.

넷째, 모바일 기기와 빅데이터의 연계 활용성이 높아졌고, 데이터 활용의 적시성이 점차 확대되며 그 중요성이 증대되고 있다.

(2) 빅데이터 활용 기대 효과

'빅데이터'는 디지털 환경에서 생성되는 숫자 데이터(Numeric data)와 텍스트, SNS상에서 발생하는 음성, 동영상 등 비정형 데이터가 혼재된 대규모의 데이터를 일컫는다. 따라서 빅데이터의 활용은 다음과 같은 기대 효과가 있다.

첫째, 비정형 데이터가 폭발적으로 증가함에 따라 스마트폰 사용자의 행태 분석은 물론, 위치 정보, SNS 댓글 분석을 통한 미래 예측이 가능하다.

둘째, 금융회사는 빅데이터 분석에 의한 개인 신용평가 정보를 통해 사기 피해 예방과 즉시 대출 등 고객 맞춤형 금융 서비스 제공이 가능하다.

셋째, 소비자 행동과 시장 변동 예측을 통해 비즈니스 모델의 혁신과 신사업 발굴이 쉬워진다.

넷째, 원가 절감, 제품 차별화, 투명성 증가 등으로 기업 경쟁력이 강화된다.

다섯째, 회사의 전반적인 생산성 향상에 영향을 미쳐 수익성이 증대된다.

빅데이터의 활용 기대 효과를 여러 가지 측면에서 알아본다. [표 12-7]에서 이 내용을 설명한다.

[표 12-7] 빅데이터 활용 기대 효과

구분		기대 효과
고객 만족	경쟁력 제고	제품의 불량률 최소화는 물론 불량품이 발생할 경우, 즉시 개선 및 조치하게 함으로써 원가 절감 등을 통해 경쟁력을 높임
	고객 서비스 증진	① 고객센터에 접수된 고객 불만 요인을 분석하여 고객만족도를 높이고 업무 개선 및 혁신 등을 통해 생산성을 높임 ② 실시간으로 통화 내용을 분석하고 주요 이슈에 대한 조직의 대응 능력을 증진함
	업무처리 개선	업무처리 개선과 효율성을 통해 고객만족도를 높이고 업무 프로세스를 간소화함
사기 예방	사기 범죄 예측	① 과거에 발생한 사기 범죄 패턴을 분석한 후, 사기 적발의 기법과 분석 모델을 도입하고 예측의 정확도를 높임 ② 미인식된 범죄 형태와 관계성 등 연관 관계를 분석하여 범죄 패턴을 발견함
	보험사기	보험사기 적발 시스템을 구축하고, 범죄의 사전 예방과 효율적인 업무 처리를 통해 세입 증대를 실현함
	복지사기	범죄의 식별과 이상 징후 탐지를 통해 오류 건수를 줄이고, 사기 식별 정확도를 높임
자료 분석	데이터 분석·활용	① 스마트폰 등 모바일 기기를 통해 수집한 소비자의 니즈를 실시간으로 분석하고, 도출된 비즈니스 통찰력을 의사결정의 기준으로 활용함 ② 시장 환경과 고객 반응을 신속히 파악하여 마케팅 전략의 즉각적인 수정과 시장 대응력을 강화함
	주식시장 분석과 예측	방대한 자료에 대한 비정형 분석을 통해 주식시장의 시황 분석과 예측의 정확도를 높임

공공 서비스	에너지 관리, 교통 제어, 날씨 정보 등을 빅데이터로 처리한 후, 공공 서비스의 증진에 도움을 줌	
재난관리 및 대응	① 기관별로 분산된 데이터를 통합하여 실시간으로 처리하고, 재난·재해 관련 징후를 사전에 포착하여 즉시 대응하도록 함 ② 재난·재해 사고를 조기 발견하고, 유관기관 간 협력체계를 강화하여 효과적인 대응체계를 가동함	
유가 예측과 정보 공유	유가 예측 시스템의 구축과 빅데이터 분석을 통해 유가 예측의 정확도를 높이고, 매일의 예상 유가 정보를 신속히 제공함	

3. 빅데이터 기술 활용

3-1 국내외 시장 현황

(1) 글로벌 시장

빅데이터를 분석하여 활용할 경우, 온라인으로 실시간 변화를 파악하고 즉시 대응이 가능하므로 최근에 기업에서 관심이 높아졌고, 글로벌 시장 규모도 매년 증가하고 있다. 이에 따라 글로벌 기업들은 빅데이터를 고객 맞춤형 서비스와 미래 예측 업무분석 등에 활용한다. 데이터 분석의 중요성이 부상하면서 최근에 비즈니스 의사결정 분야에서 핵심적인 중요한 요소로 인식되고 있다.

(2) 국내 시장

국내 시장은 발전 속도가 느리지만, 최근 대기업을 중심으로 빅데이터를 적극적으로 업무에 활용하고 있다. 이에 따라 국내 시장의 규모도 급성장하고 있다. 기업은 데이터 기반의 의사결정 지원 시스템 구축과 빅데이터를 경영 및 마케팅 분야 등으로 확대 적용함으로써 계속 성장한다. 이에 대한 분야별 빅데이터 활용 사례를 알아본다. [표 12-8]에서 이 내용을 설명한다.

[표 12-8] 분야별 빅데이터 활용 사례

구분	내용 설명
정부 및 지방자치단체	공공데이터의 전면 개방과 함께 대국민 서비스 증진을 위해 다양한 정보를 제공함
법무부	아동 학대와 성폭력 관련 정보를 제공함
경찰청	빅데이터를 활용한 범죄 예측 등 각종 범죄 예방 정보를 제공함
학교 및 IT 기업	빅데이터 전문교육 과정 신설과 관련 프로그램을 개발 운영함
백화점 · 쇼핑몰	고객의 빅데이터를 활용해 고객 특성에 따른 타겟 계층을 선정하고, 고객 맞춤형 마케팅을 전개하여 매출을 증대함
중고 자동차사	빅데이터를 활용한 중고차 시세 등 관련 서비스를 제공함
렌터카 업체	고객 의견 데이터를 기반으로 서비스를 개선하고, 고객 만족도를 높여 운영 수익률을 증가시킴

3-2 적용 기술과 데이터 분석

(1) 빅데이터의 분석 기술과 방법

데이터 분석을 위해 기존에 사용하던 비즈니스 인텔리전스(BI: Business Intelligence), OLAP[10] 분석 도구(Tool)뿐 아니라, 데이터 마이닝[11], 자연어 처리(Natural Language Processing), 패턴 인식 등 텍스트 마이닝(Text Mining)[12], 평판 분석, SNS 분석, 군집 분석 등 기술을 사용한다. 그리고 정형 및 비정형 데이터를 처리하기 위해 하둡(Hadoop), NoSQL 등을 활용한다. 비즈니스 인텔리전스(BI)는 과거 자료를 수집해 경영 전략과 경영 의사 결정 등에 도움이 되는 정보를 제공하지만, 빅데이터는 비정형 데이터를 중심으로 미래

---

10) 'OLAP(Online Analytical Processing)'은 온라인 분석 처리를 위한 대표적인 분석 도구로, 사용자가 같은 데이터를 여러 기준과 다양한 방식으로 바라보면서 데이터를 분석할 수 있도록 도와준다. 그러므로 대량의 데이터로부터 사용자가 필요로 하는 데이터를 추출하여 분석하기 때문에, OLAP은 데이터웨어하우스를 위한 분석 도구라고 할 수 있다.

11) '데이터 마이닝(DM: Data Mining)'이란, 대량의 DB로부터 과거에는 알지 못했던 숨겨져 있는 규칙 및 정보를 추출해 데이터의 상관관계를 분석하고 비즈니스에 유용한 패턴과 관계를 발견하는 것이다.

12) '텍스트 마이닝(Text Mining)'은 웹페이지, 블로그, 이메일 등 전자문서로 된 텍스트 데이터로부터 유용한 정보를 추출하여 분석하기 위한 도구로, 데이터 마이닝, 자연어처리, 정보 검색 등 다양한 분야가 융합되어 있다.

를 예측하고 미래 계획의 설계에 활용한다는 점에서 다르다.

(2) Hadoop(하둡) 활용

하둡은 대용량 데이터 처리를 위해 개발된 오픈 소스 소프트웨어로, 처리 데이터의 볼륨이 아주 크고 반복적인 계산을 해야 할 때 적합하다.

비정형 SNS 데이터 분석은 마케팅 부서에서 고객 반응을 분석하거나 여론 수렴을 통한 위험 감지 등을 처리하는 업무에 적합하며, 대용량 로그파일 또는 데이터 파일 전체를 검색하는 업무에서 패턴 분석, 이탈 분석 등을 활용한다.

(3) 빅데이터의 처리 절차

빅데이터의 분석은 다음과 같은 4단계의 절차를 거친다.

첫째, HDFS(데이터 노드의 추가, 제거 시 하둡 클러스터에 삽입)에 파일을 위치한다.

(예) File system file, RDBMS, 정형 or 비정형 등 데이터 처리

둘째, 파싱(Parsing) 작업을 한다.

셋째, 반복적으로 계산한다.

넷째, 결과를 도출한다.

하둡은 크게 맵리듀스 프레임워크(MapReduce Framework)와 하둡 분산 파일 시스템 (HDFS)으로 구분한다.

맵리듀스 프레임워크는 하둡 이외에 파이썬 언어 기반의 디스코(DISCO), MS 닷넷 기반으로 만들어진 MySpace의 Qizmt이 있다. 이외에도 다양한 맵리듀스 프레임워크가 있지만 하둡만큼 크게 관심을 받지는 못하고 있다.

(4) 빅데이터의 업무 처리 프로세스

[그림 12-3]에서 일반적인 빅데이터의 업무 처리 흐름을 보여 준다.

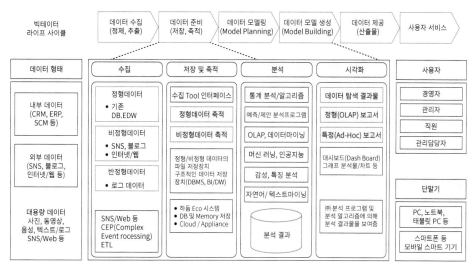

출처: 이영재 · 황명수, 의사결정 시스템, 생능출판사

[그림 12-3] 빅데이터의 업무 처리 프로세스

다양한 데이터는 수집, 저장 및 축적, 분석, 시각화[13]라는 과정을 거치며 빅데이터를 생성하고, 사용자는 이것을 여러 가지 목적으로 사용한다. 입력 데이터에는 조직 내부에서 생성되는 내부 데이터와 SNS, 블로그, 인터넷 등에서 생성된 외부 데이터가 있다. 외부 데이터는 사진, 동영상, 음성 등 비정형 데이터가 주류를 이룬다.

시각화 방법은 지도, 시간 등 여러 가지 형태가 있다. 지도 유형은 '등치지역도, 통계지도, 점분포도, 단계구분도, 도형표현도, 등치선도'가 있다. 그리고 시간 유형에는 '연대표, 시계열 그래프, 연결 산점도, 스트림 그래프, 중첩 그래프' 등 여러 가지가 있다. [표 12-9]에서 이 내용을 설명한다.

---

13) '시각화'란, 사용자들에게 정보를 효과적으로 전달하기 위해 지도, 시간 등과 같은 형태의 '데이터 시각화' 표현 방식을 사용한다. 이것은 데이터 소스(Data Source)를 시각적으로 변환하여 표현하는 방식을 말한다

[표 12-9] 데이터 시각화 유형

구분	대표 사례
지도	등치지역도(choropleth), 통계지도(cartogram), 점분포도(dot distribution map), 단계구분도(dasymetric map), 도형표현도(proportional symbol map), 등치선도(isarithmic map)
시간	연대표(timeline), 시계열 그래프(time series), 연결 산점도(connected scatter plot), 스트림 그래프(stream graph), 중첩 그래프(stacked graph)
네트워크	매트릭스 도표(matrix diagram), 노드 링크 다이어그램(node link diagram), 아크 다이어그램(arc diagram)
계층	트리 맵(tree map), 썬버스트(sun burst), 아이씨클(icicle), 방사형 트리(radial tree), 일반 트리 차트(general tree visualization)
통계분석	박스 플랏(boxand whisker plot), 평행 좌표(parallelcoordinates plot), 페어스 플랏(pairs plot)
빈도	워드 클라우드(Wordle, tag cloud), 불규칙 버블차트(unordered bubble chart) 등
2차원 비교	히트맵(heat map), 모자이크 차트(mosaic display/marimekkochart),방사형 그래프(radar chart)
입출력	샌키 다이어그램(sankey diagram), 폭포 차트(waterfall chart)
다측정	버블 차트(bubble chart), 선 도표(line chart), 막대그래프(bar chart)
상관분석	산점도(scatter plot)
비율	파이 차트(pie chart), 히스토그램(histogram)

빅데이터의 분석 기법으로 최근에 텍스트 마이닝, 오피니언 마이닝, 소셜 네트워크 분석, 클러스터 분석을 많이 사용한다. [표 12-10]에서 이 내용을 설명한다.

[표 12-10] 빅데이터 적용 기술

구분	내용 설명
텍스트 마이닝 (Text Mining)	비정형과 반정형 데이터에서 자연어 처리 기술을 기반으로, 유용한 정보를 추출하거나 가공하며, 방대한 텍스트 블록에서 의미 있는 정보를 추출하고, 다른 정보와의 연계성을 파악하여 텍스트가 가진 카테고리 검색 등을 수행함
오피니언 마이닝 (Opinion Mining)	SNS 등을 통해 정형과 비정형 텍스트 데이터의 긍정, 부정, 중립의 선호도를 판별하고, 특정 서비스와 상품에 대한 시장 규모의 예측, 소비자 반응, 입소문 분석 등을 위해 사용함

소셜네트워크 분석 (Social Network Analytics)	수학의 그래프 이론을 근거로 SNS상에서 사용자의 명성과 영향력 등을 측정함으로써, 입소문의 중심자 또는 중간자 역할을 하는 사용자를 찾고자 할 때 사용함
클러스터 분석 (Cluster Analysis)	비슷한 특성을 가진 개체를 합쳐가면서 유사한 특성(사진·카메라·자동차 등에 관심)을 갖는 그룹을 찾을 때 사용함

(5) NoSQL DB 기술

NoSQL DB 기술은 빅데이터와 IoT 기술의 발전으로 인해 다양한 형태의 데이터를 보다 효율적으로 저장하고 처리하기 위한 새로운 DB 구조를 요구하면서 등장한다. 이 기술의 특징은 2가지로 요약된다.

첫째, 관계형 모델(RDB Model)을 사용하지 않고 클러스터에서 동작하며 대부분 오픈소스 형태로 만들어진다.

둘째, NoSQL DB는 Web 환경을 위해 구축되며 스키마가 존재하지 않는다.

NoSQL DB 기술의 유형에는 4가지가 존재한다. [표 12-11]에서 이 내용을 설명한다.

[표 12-11] NoSQL DB 기술의 유형

구분	내용 설명
Cassandra	① 구글 BigTable 컬럼 기반의 데이터 모델과 페이스북에서 만든 Dynamo의 분산 모델을 기반으로 함 ② 페이스북에 의해 Open Source로 공개된 분산 DB로, 대용량의 데이터 트랜잭션에 대하여 고성능 처리가 가능하며, Node를 추가함으로써 성능을 낮추지 않고 용량 확장이 가능함 ③ 데이터 간 복잡한 관계 정의(Foreign Key) 등이 필요 없으며, 대용량과 고성능 트랜잭션을 요구하는 SNS(Social Networking Service)에서 많이 사용됨
Mongo DB	높은 성능과 확장성을 가진, Cross 플랫폼 Document를 지향하는 DB 시스템으로, 특정 애플리케이션을 통해 더 쉽고 빠르게 데이터 통합이 가능하며, 공개된 오픈소스 소프트웨어임
Redis	① 'Redis'란 'Remote dictionary system'의 약어로, 메모리 기반의 Key와 Value를 저장함 ② NoSQL DBMS로 분류되거나, In memory 솔루션으로 분리됨 ③ 다양한 데이터 구조 체계를 지원함으로써 Message Queue, Shared memory, Remote Dictionary 등의 용도로 사용됨

3-3 빅데이터의 전략적 활용

(1) 공공 분야

공공 분야에서 빅데이터를 활용할 경우, 보유한 공공 데이터를 기반으로 새로운 서비스의 개발과 함께 데이터의 활용 가치를 더 높일 수 있게 된다. 특히 금융회사는 가계 소비 지출의 변동 추이 분석과 금리 결정 등을 손쉽게 할 수 있다. [표 12-12]에서 이 내용을 설명한다.

[표 12-12] 빅데이터 전략적 활용 - 공공 분야

구분		제공 서비스
금융	은행	① 소셜미디어 분석과 오피니언 마이닝 기법을 통해 고객 성향을 파악한 후 신상품 개발에 활용함 ② 빅데이터 분석 기술을 통해 고객 세분화와 고객 맞춤형 마케팅, 고객 생애가치 예측, 자금 이동 분석 등에 활용함
	증권	주가 흐름을 예측하고, 수익률을 극대화하기 위한 추세 분석 등에 활용하며, 특히 개별 종목에 대한 뉴스의 발생 건수와 수익률, 거래량 등을 분석해 주가 변동을 예측하는 데 활용함
	보험	보험사기 분석과 부정행위 탐지 등을 통해 범죄를 사전 예방하거나, 신규 고객 발굴에 활용함
	카드	① 카드 소유자의 소비 데이터 유형을 분석하여 마케팅 정보로 활용함으로써 수익을 창출하거나, 이상 결제 패턴을 추출하여 카드의 부정 사용을 방지함 ② 카드 승인 데이터를 기반으로 매출 패턴을 분석하고, 고객의 카드 이용 한도 조정 등을 통해 매출을 증대하게 함
교통·범죄		확률적 예측모형을 통해 교통사고의 위험성을 예보하고, 사고를 감축함 ① 도로보수 공사 현황 공지로 사고 예방과 교통의 흐름을 원활히 함 ② 범인 이동 경로, 범인 정보 등을 분석하여 제공함으로써 신속한 범인 검거와 추가 범죄사고 예방에 도움을 줌
기상·날씨		인공지능 기술을 활용하여 축적된 데이터를 분석하고, 장마와 폭염 등 기상 예측을 통해 정확한 날씨 정보를 제공함
경기 예측		경기 변동추이 분석과 모니터링을 통해 조기경보 체계 운영에 활용하고, 소비요인 분석으로 소비와 관련된 사항 등을 분석함
보건·의료		병원 진료 내용 등을 빅데이터로 분석한 후, 감염병과 전염병 확산을 예측하고 전파를 차단하는 데 활용함
시장분석		해외시장 동향 등을 빅데이터로 분석해 수출입 관련 컨설팅과 안내 정보를 제공함

재난·재해	① 재난 발생으로 인한 경기 예측과 소비 행태 등 영향 분석을 함 ② 특히 재난 유형 중 '감염병 위기'의 경우, 감염병의 영향도를 파악하고 위기 상황관리에 도움이 될 수 있도록 정확한 정보를 신속히 제공함(피해 영향도와 피해 정도: 놀이동산 〉 레스토랑 〉 버스 〉 백화점)

(2) 국내 기업

국내 기업은 e-커머스, 생산 및 제조, 통신 등 많은 분야에서 신규 비즈니스 창출과 수익성 향상 등을 위해 빅데이터를 활용한다. 신사업 발굴 등에 빅데이터를 활용 중이나 해외 기업과 비교해 볼 때 규모와 고도화 등에서 아직은 많이 부족한 상태이다. [표 12-13]에서 이 내용을 설명한다.

[표 12-13] 빅데이터 전략적 활용 – 국내 기업

구분	제공 서비스
다음 (Daum)	블로그, 트위터 등 SNS 이슈와 관심 키워드를 실시간으로 분석한 후, 여론에 대한 대응과 마케팅 전략을 수립하는 데 도움을 줌
삼성전자	① 국내외 법인 간 물류 효율화를 통해 생산성 향상과 품질관리 활동 등에 빅데이터를 활용함 ② 자사 제품의 고객 인식도 평가를 통해 영업전략에 활용함
삼성SDS	데이터 분석 솔루션을 활용하여 고객사의 생산성 향상을 지원하며, 빅데이터 서비스 사업을 추진함
포스코 (posco)	원료 가격에 영향을 미치는 여러 변수를 종합적으로 고려하여 최적의 솔루션(원료 구매 시기, 적정 가격)을 결정하는 데 활용함
LG 디스플레이	① 수집된 빅데이터를 활용해 제품의 불량 발생률을 예측하고, 신속한 사전 대응을 통해 수주율을 높임 ② 빅데이터 분석 결과를 마케팅 활동이나 상품기획 등에 활용함
SK텔레콤	상권 분석 및 타겟 마케팅 지원 서비스를 통해, 지도와 연결된 유동 인구, 매출액, 카드 가맹점 결제정보, 부동산114 상권 시세 등 정보로, 창업 희망자에게 경쟁 매장과 잠재 수요 고객 등 서비스를 제공함

(3) 글로벌 기업

글로벌 기업은 빅데이터를 고객의 관심도와 호감도 분석, 상품 비교 추천, 재고관리 정보 공유, 가동 중단 최소화 등에서 전략적으로 활용하고 있다. [표 12-14]에서 이 내용을 설명한다.

[표 12-14] 빅데이터 전략적 활용 – 글로벌 기업

구분	제공 서비스
구글	검색어 내용을 통계 분석함으로써 고객의 관심도와 호감도 등을 분석하고 마케팅 활동에 활용함
아마존	① 협업 필터링을 통해 이전에 구매한 상품이나 최근에 조회한 다른 상품을 비교 추천함으로써 매출액을 30% 이상 증가하도록 함 ② 조회 고객이 상품을 구매하기 전에 배송 준비하는 '예측 배송' 서비스를 통해 신속 배송을 추진함
월마트	재고 분석 결과를 협력 업체 등과 공유하고 물류 및 재고관리 현황을 실시간으로 분석하여 업무에 활용함으로써 경쟁력을 높임
자라	빅데이터 분석을 활용해 전 세계 매장의 판매 현황을 실시간으로 분석하고, 고객 수요가 높은 의류를 즉시 공급할 수 있는 물류망을 구축함으로써 상품의 재고를 줄이고 매출을 극대화함
코노코 필립스	방대한 부품 데이터를 분석하여 장애 발생 징후 패턴을 발견하고, 해당 부품을 사전에 교체하여 가동 중단을 최소화함

(4) 기타

이 밖에도 병원의 환자 관리, 자동차 회사의 경쟁력 강화와 품질 향상, 범죄사고 예방과 교통 상황의 예측 정보 제공 등을 위해 빅데이터가 전략적으로 활용되고 있다. [표 12-15]에서 이 내용을 설명한다.

[표 12-15] 빅데이터 전략적 활용 – 기타

구분	제공 서비스
병원의 환자 관리	① 비정형 의료 데이터를 암호화하여 시스템을 구축하고, 법규 준수를 이행하는 검색 시스템을 개발하여 활용함 ② 텍스트 분석 기술을 통해 환자의 재입원율을 줄임으로써 의료비용을 절감하게 함
자동차사 고객만족도 제고	① 자동차 운행 데이터의 수집 및 분석을 통해 차량 결함을 예측하고, 차량 보상 정확도를 높여 고객관리 강화와 기업의 경쟁력을 높임 ② 빅데이터 분석을 통해 제품의 품질 향상과 고객만족도를 높임

예측정보 제공	① 과거의 범죄 기록에서 범죄 패턴을 분석하고 후속 범죄의 발생 지역과 시각 등 예측 정보를 제공함으로써 범죄 사고를 예방함 ② 교통사고, 날씨, 도로 교통 상황 등 관련 정보를 실시간으로 분석한 후 교통사고와 도로 정체 등에 대한 예측 정보를 제공함 ③ 조류 이동을 추적해 가며 예측 정보를 제공함으로써 조류 인플루엔자의 확산과 예상 피해 지역을 감축하게 함 ④ 유행병 발생을 예측하고 그 영향을 최소화하기 위해, 어떤 예방책을 마련할지 결정하는 데 도움
신용평가와 등급 산정	SNS 기반 신용평가 서비스를 제공하는 렌도(Lenddo)는 대출 희망자의 동의를 얻어 고객의 페이스북 친구 계정을 바탕으로 친구들의 신용등급에 따라 대출 희망자의 신용등급을 산정함(대출 부실 여부가 주변 지인과 동료의 성향을 따라가는 측면을 고려해 대출 심사 방식을 만들게 됨)

3-4 금융회사의 빅데이터 활용

(1) 글로벌 은행

글로벌 은행들은 고객 유치와 수익원 창출, 대출 부실 최소화와 리스크 관리 업무 등에서 빅데이터 분석 정보를 제공한다. [표 12-16]에서 이 내용을 설명한다.

[표 12-16] 금융회사 빅데이터 활용 – 외국 은행

구분		제공 서비스
미국	BOA(Bank Of America)	① 빅데이터를 활용해 고객 유치율과 수익성을 향상하고, 신용 리스크에 대한 조기경보체계를 강화함 ② 빅데이터를 활용한 비정형 분석을 통해 신용리스크 모델을 고도화하고 신용관리 시간과 손실 예측 처리 시간을 단축함 ③ 신상품 및 서비스 개발은 물론, 신용등급의 설정 및 분석과 대출 업무 처리 과정에서 신용리스크 분석 및 예측 정보를 활용하여 신용관리와 손실 예측 시간을 단축함
	Citi Bank	① 빅데이터 분석 시스템을 활용해 대출 심사의 정확도를 높이고 고객과의 소통 개선과 신규 수익원을 창출함 ② IBM의 왓슨(Watson) 인공지능 시스템을 도입해 기존 신용평가 모델을 보완하고 대출 심사의 정확도를 높임
	JP Morgan Chase Bank	① 부동산 시가 산정 등에 활용하고 소비자 트렌드 분석을 통해 신규 수익원 창출에 활용함 ② 직원 비리에 따른 손실 방지를 위해 내부 조직의 감찰 업무에 활용함

영국	Lloyds Bank	① 계좌 조회 시 고객의 계좌 이용 성향을 반영하여 예상 잔액을 표시하는 서비스를 제공함 ② 심리학과 빅데이터를 결합한 신용평가 방식을 개발하여 활용함
호주	Westpac Bank	빅데이터를 이용한 리스크와 대출 부실 발생을 최소화하기 위해 고객의 행동 변화와 관련된 빅데이터를 수집 분석하고 미래를 예측함
중국	위뱅크	① 대출자의 온라인 구매 내역 등 다양한 고객 정보를 수집하여 신용도를 계산한 후, 대출 실행과 신용 리스크관리 업무에 활용함 ② 대출자의 위챗 로그온 시간, 가상계좌 자산, 온라인 구매 내역 등 다양한 정보를 수집하여 신용도를 계산하고 중금리 대출 실행에 활용함
	중국공상은행	의사결정의 프로세스 개선과 고객 관계 강화는 물론, 리스크관리 효율성 증대에 활용함
	알리바바금융	빅데이터를 이용한 정량적 신용도 평가와 소액대출 서비스를 시행함

(2) 국내 은행

국내 은행들은 마케팅, 고객관리, 여신 심사 업무 등에서 빅데이터를 다양한 형태로 활용 중이며, 고객 데이터의 수집과 분석을 통해 고객 맞춤형 서비스를 제공한다. [표 12-17]에서 이 내용을 설명한다.

[표 12-17] 금융회사 빅데이터 활용 – 국내 은행

구분	제공 서비스
신한	① 금융과 연계한 개인화된 고객 경험과 신사업 모델을 개발하고 빅데이터를 업무에 활용함 ② 빅데이터 분석 기법을 통해 이탈 가능성이 높은 고객관리는 물론, 신규고객의 발굴과 자금 유입 등을 추진함으로써 수익을 증진함
우리	① 빅데이터를 활용한 개인화 마케팅을 추진하기 위해 고객 행태 정보 등을 인공지능과 빅데이터 기술로 분석하고 고객별 맞춤형 상품을 추천함 ② 빅데이터를 기반으로 한 '부도 진단 시스템'을 활용하여 은행과 거래하는 여신 기업을 분석·평가함

하나	빅데이터 분석 시스템을 통해 대량의 로그 데이터(Log data)를 분석하고, DDoS 공격 등에 대비한 정보 보호와 보안성 강화에 활용함
IBK기업	고객 감성 분석 등을 통해 은행의 이미지를 높이고, 신상품 개발과 마케팅 전략 수립에 활용함
KB국민	① 지도와 고객 데이터를 연계하여 고객의 거래 내용을 실시간으로 확인하고 g-CRM 마케팅 시스템과 접목하여 업무에 활용함 ② 빅데이터를 활용한 디지털 심사 플랫폼을 구축하고 여신 자동 심사업무에 활용함
NH농협	빅데이터를 활용해 고객 거래 패턴 변화 등을 감지하고 고객 맞춤형 상품을 제안하는 이벤트 기반 마케팅을 추진함
SC제일	① 개인 SNS 자료를 분석하여 고객을 세분화한 후 '타겟 마케팅' 자료로 활용함 ② 고객 분석 자료를 통해 기업 RM(Relationship Manager)에게 맞춤형 마케팅 정보를 제공함(RM 담당자는 통상 40~50개 거래 기업을, 평균 3~5년간 담당)

(3) 증권사

국내 증권사는 금융 상품 추천, 관련 종목 추천 등 정보를 제공한다. [표 12-18]에서 이 내용을 설명한다.

[표 12-18] 금융회사 빅데이터 활용 – 증권사

구분	제공 서비스
미래에셋	재무 현황 등을 분석해 고객에 적합한 금융 상품을 추천함
신한투자	통합 고객관리 플랫폼 구축과 함께 인공지능 기반의 금융 데이터 분석 솔루션을 개발한 후 고객 맞춤형 마케팅 활동을 추진함
키움	인공지능과 빅데이터를 활용하여, 사용자가 설정한 기간에 뉴스에 많이 등장한 키워드와 관련 종목을 알려주는 이슈 탐색 서비스를 제공함

(4) 카드사

카드사는 불만 고객의 선정과 고객 이탈 방지를 위해 빅데이터 분석 정보를 활용한다. [표 12-19]에서 이 내용을 설명한다.

[표 12-19] 금융회사 빅데이터 활용 - 카드사

구분		제공 서비스
국내	신한	① 이탈 고객 방지를 위해 전화 상담 내용을 빅데이터로 분석하고, 이탈 가능성이 있는 고객을 선정하여 조치함 - 고객이 고객센터에 전화를 걸면, 상담원 모니터에 '이탈 가능성이 있는 고객이므로 주의 응대 바람'이라는 문자메시지를 보냄 - 상담원은 상담을 통해 각종 맞춤형 혜택을 제공하고 고객 이탈 방지를 위해 노력함 ② 개인별 소비 패턴을 분석한 후, 생애 단계별 취미·관심사·성향 등을 분류하고 고객 이용 패턴 유사 고객의 카드 상품을 추천함 ③ 빅데이터 분석을 통해 고객의 소비 패턴과 생활방식을 도출하고 새로운 상품체계를 선보인 후, 고객 맞춤형 카드 판매 전략을 추진함
	하나	고객의 전화 목소리를 통해 불만 고객 정보를 수집하고, 이것을 마케팅 활동에 활용하는 감정분석 시스템을 구축함 ① 고객 상담 중에 특정한 목소리 톤 또는 단어가 입력되면 고객 불만이 높다는 상관관계를 추출함. ② 저장된 고객의 목소리 톤과 통화 시간, 특정 단어 등을 분석하여 불만 고객을 선정함 ③ 특히 격앙된 목소리와 말 떨림 등 변화가 있는 고객의 소리를 읽어, 잠재적인 불만 고객으로 분류하고 추가적인 상담을 함
	현대	① 고객의 카드 거래 실적을 분석해 향후 자주 이용할 것으로 예상되는 가맹점 혜택을 미리 고객에게 제안하고, 고객이 별도의 쿠폰이나 할인권을 제시하지 않더라도 결제만 하면 자동으로 혜택을 받을 수 있는 링크 서비스를 개발함 ② 빅데이터를 활용하여 가맹점의 매출 극대화 등 효과를 거둠
	KB 국민	① 고객 업무 상담과 불만 내용 등을 처리하기 위한 음성상담 문자 전환 시스템(STT: Speech To Text)을 구축함 ② 고객 상담 내용은 실시간으로 문자화한 후 서버에 저장하고, 이것을 불완전 판매 감축 활동에 활용함 (예) '취소', '반품', '그러니까', '그렇지만', '맞는 거죠?' 등 단어가 자주 등장하면 불완전 판매 위험지수가 높다고 판단하고, 고객에게 전화를 걸어 상품을 이해하고 가입했는지 확인함으로써 불완전 판매를 줄임
해외	AMEX	① 제휴 SNS의 고객 계정을 자사 카드와 연동시켜 고객이 상품을 구매할 때, SNS를 통해 할인해주는 신상품을 출시함 ② 고객 성향 파악에 도움이 되는 대량 정보를 축적한 후, 신용평가 시스템을 구축해 마케팅에 활용함 ③ 빅데이터를 통해 매출 극대화, 소비자 효용 극대화, 마케팅 비용 절감 등을 함

Master	① 신규 고객 유치 시 보유한 각종 데이터를 가공하여 교차판매(Cross-Selling)에 활용하고, 신상품 개발과 신규 시장 개척 시 수집된 빅데이터를 활용함 ② 신용평가, 크라우드 펀딩 부문에서 빅데이터를 활용하여 매출을 극대화하고, 신상품 개발 및 신시장 개척에 활용함
V ISA	① 고객의 동의하에 결제 장소, 시간, 구매품 등을 실시간으로 파악하고 고객의 구매 이력 및 성향을 고려하여 인근 매장의 할인쿠폰을 발송해 주는 RTM(Real Time Messaging) 서비스를 제공함 ② 매출을 극대화하고, 거래의 신뢰성 향상과 소비자 효용 극대화에 활용함

(5) 보험사 및 신용평가회사

보험사는 보험 업무 개발과 보험 사기의 고위험군 추출, 리스크관리 업무를 위해 빅데이터 분석 정보를 활용한다. 그리고 신용평가회사는 개인 신용도 평가, 신용평가 점수 개발 등을 위해 빅데이터를 사용한다. [표 12-20]에서 이 내용을 설명한다.

[표 12-20] 금융회사 빅데이터 활용 – 보험사 및 신용평가회사

구분	제공 서비스
미래에셋생명	고객의 빅데이터를 활용하여 보험 스코어를 개발하고 업무에 활용함 – 고객의 계약 내용을 기반으로 통계 기법 및 인공지능 기술을 활용하여 보험 스코어를 산정
삼성화재	① 빅데이터를 통해 접수된 사고 패턴과 위험도를 분석하고, 보험 계약과 보험 정보 등 데이터를 활용하여 사기 고위험군을 자동 추출함 ② 현장 조사 전문 인력에게 분석 및 추출 정보를 알려줘 보험 사기를 적발하도록 함
AIG손해보험	취득한 운전자 정보(연령, 성별, 사고 이력, 운전 지역, 습관, 운전시간 등)와 빅데이터 분석 모델을 적용하여 보험 손해율을 낮추는 리스크관리에 활용함
Affirm (신용평가사)	① 공개된 정보를 바탕으로 개인 신용도를 평가한 후 개인별 할부 수수료와 할부 구매 서비스를 제공하고, 신용카드 없이도 물건을 구매하게 함 ② 필요한 정보(전화번호, ID, 생년월일 등)를 입력받아 소비자 신원을 파악하고, 개인 신용평가 점수를 산정한 후 업무에 활용함
DCM Capital	주가 분석 및 주가 예측에 빅데이터를 활용하는 헤지펀드임 – 자사 트위터의 약 10%를 무작위로 추출하여 그 내용을 분석하고, 이를 기반으로 주가 방향을 예측한 후 투자함으로써 약 15~20%의 투자 수익률을 달성함

Lenddo (렌도)	SNS 기반 글로벌 신용평가사로, SNS상에서 취득한 빅데이터 정보를 토대로 연체 이력 관리와 평판 리스크를 반영한 신용평가 점수를 개발한 후, 소액 대 출 시 업무에 활용하게 함

출처: 우리금융연구소, "국내외 금융권의 Big Data 활용 사례", 재정리

앞에서 살펴본 바와 같이, 빅데이터 산업은 4차 산업혁명의 구심점 역할을 하며 최근 급성장하고 있음을 알 수 있다. 특히 국내 금융권은 다른 산업에 비해 높은 잠재적인 가치와 데이터 획득의 용이성 때문에 빅데이터의 활성화가 요구되고 있다.

해외 금융권의 경우, 비정형 데이터를 이용한 빅데이터 분석이 활발히 추진되고 있다. 그러나 국내 금융권에서는 아직도 법·규제 등 한계로 제한적인 형태로 활용된다.

3-5 빅데이터 비즈니스 활성화

(1) 현황

빅데이터가 비즈니스 분야에 적극적으로 도입 활용되면서 활성화되고 있다. 주요 요인을 살펴보면 다음의 4가지로 요약할 수 있다.

첫째, 정보 기술의 급속한 발전과 변화로 정형 위주의 정보계 DB와 비정형 데이터 중심의 빅데이터 융합은 매우 빠르게 진행되고 있다.

둘째, 빅데이터를 바라보는 시각의 차이가 크기 때문에 아직도 조직마다 다르게 접근하고 있으며 활용 방법도 많은 차이가 있다.

셋째, 정보 가공 및 저장 방식이 다양하다. 따라서 데이터는 의미 있는 정보로 가공된 후 저장해야 하지만, 대부분이 데이터는 동일한 형태로 적용되고 있다.

넷째, 빅데이터의 기술은 패턴 인식 기술이지만, 정보계 시스템에서도 유사한 형태로 데이터가 처리되고 활용되어야 한다.

(2) 활성화 방안

빅데이터의 비즈니스 활성화를 위해서는 업무 개발, 처리 데이터와 업무 분석 방법, 데이터의 활용 등 측면에서 종합적으로 검토한 후 업무를 추진해야 한다. 그럴 경우 상

당한 시너지 효과를 거둘 것으로 전망한다. [표 12-21]에서 이 내용을 설명한다.

[표 12-21] 빅데이터 비즈니스 활성화 방안

구분	활성화 방안
업무 개발	빅데이터 분석과 활성화에 대한 적극적인 업무 개발이 요구됨 ① 빅데이터 활성화를 위한 프레임워크, 로드맵 등 사례 정립이 필요함 ② 추진 조직과 인력 등 추진 방식에 대한 구체적인 내용 설정이 필요함
데이터 확대	정보 분석 및 활용 대상 데이터의 확대가 요구됨 ① 비정형 데이터의 축적 및 활성화 방안이 마련된 후 시행이 필요함 ② 다양한 데이터의 활용방안을 수립하고 시행이 필요함 ③ 통합 데이터의 활용을 실현하기 위해 공공데이터의 활성화가 필요함
업무 분석과 전문화	빅데이터 분석 업무의 상세화와 내재화가 필요함 ① 기존 IT 조직과는 다른 별도의 빅데이터 추진 조직과 전문 인력의 확보가 요구됨 ② 분석 업무의 상세화 및 내재화 과정에 전문화 틀이 필요함
데이터 수집과 정보 활동	개인정보 보호법의 합리적인 적용과 빅데이터 활용에 대한 적극적인 지원정책이 필요함 ① 개인정보 보호법은 개인정보 활용에 대한 사전 동의가 없는 경우, 개인정보 수집은 물론 정보 분석이 불가능함으로 빅데이터 활용에 많은 제약이 있음 ② 개인정보의 유출 및 불법 거래에 대한 통제 관리 강화가 요구되며, 위반 시 더욱 강력한 처벌과 벌과금 부여가 필요함

제13장

정보보안과 정보보호 전략

CHAPTER 13 정보보안과 정보보호 전략

이 장에서는 정보보안과 정보보호 전략에 대하여 알아본다. 그동안 정부와 금융 당국은 핀테크 산업을 활성화하기 위해 각종 규제 철폐와 다양한 정책을 추진해 왔다. 하지만 이러한 급격한 환경 변화는 정보보안의 위험성을 높이는 역기능으로 작용하고 있어 안전성 확보를 위한 보완 조치가 요구된다. 또한, 정보보호와 금융보안의 중요성을 인식하고 철저한 사전 점검과 예방이 필요한 시점이다.

1. 정보보안

1-1 정의

정보보안과 정보보안 관리란 무엇인가? 그리고 정보보호와 정보보호 관리 체계란 무엇인지를 알아본다. [표 13-1]에서 이 내용을 설명한다.

[표 13-1] 정보보안 용어 해설

용어	내용 설명
정보보안 (Information Security)	① 정보 수집과 가공, 저장, 검색, 그리고 정보의 송수신 과정에서 발생하는 훼손이나, 변조, 유출 등을 방지하기 위한 관리적·기술적 보호조치를 말하며, 정보보호를 위한 정책과 시스템은 물론 관련 행위와 활동을 포함함 ② 「ISO/IEC 27000」은 정보보안을 '정보의 기밀성, 무결성, 가용성의 보존과 함께 추가적인 사항으로 진정성(Authenticity), 책임성(Accountability), 부인방지(Non-repudiation), 신뢰성(Reliability)과 관계가 있을 수 있다'고 정의함 ③ CNSS(Committee on National Security Systems)는 '인가되지 않은 접근이나, 사용, 폭로, 붕괴, 수정, 파괴로부터 정보와 정보 시스템을 보호하여 기밀성과 무결성, 가용성을 제공하는 것이다'라고 정의함 ④ 따라서 정보보안은 정보의 수집 및 가공, 저장, 검색과 송·수신 과정에서 정보의 훼손이나 변조, 유출 등을 방지하기 위한 관리적·기술적 조치와 방법을 총칭함

정보보안 관리 (Information Security Management)	조직의 내·외부에서 정보보안과 정보보호 활동을 지속적인 형태로, 계획적으로 감시(Monitoring and Auditing)·감독·검증하는 일체 행위를 말함
정보보호 (Information Protection)	① 정보를 제공하는 공급자와 사용자 측면에서 논리적·물리적 장치를 마련하여 정보 유출 등 사고를 사전 예방하고 정보 자산을 안전하게 보호함 ② 정보보호 분야는 암호화 기술은 물론, 해킹과 디도스(DDos) 공격 대응, 시스템과 데이터베이스, 네트워크, 전자상거래 보안, 그리고 웹과 이메일 보안 등 정보보안의 전반 내용을 포함함
정보보호 관리 체계 (Information Security Management System)	① 기업과 조직의 정보 자산에 대하여 정보의 기밀성(Confidentiality)과 무결성(Integrity), 가용성(Availability)을 구현하기 위한 일련의 과정과 활동을 포함함 ② 조직 소유 정보 시스템 자산에 대하여 안전성과 신뢰성을 확보하고 정보보호에 대한 체계적인 관리 운영을 위해, '정보보호 정책의 수립, 정보보호 관리체계의 범위 설정, 위험관리, 구현, 사후관리'의 5개 과정을 수행함 ③ 정보 자산의 기밀성, 무결성, 가용성을 유지함으로써 원하는 정보를 언제든지 안전하게 활용하도록 관리체계를 유지하는 것이 매우 중요함

금융회사는 조직 내부의 정보 흐름을 원활히 하기 위해 조직 내·외부에서 지속적인 정보보안 활동과 업무를 추진하고, 전사적인 관점에서 금융 정보보안을 잘 이해하고 대비를 하는 것도 좋은 방법이다.

따라서 '정보보안'과 '금융 정보보안'의 차이점, 이들이 요구하는 학습 지식과 배경지식을 알아본다. [표 13-2]에서 이 내용을 설명한다.

[표 13-2] 정보보안과 금융 정보보안 차이

구 분	정보보안	금융 정보보안
중점적으로 요구 하는 학습 지식	정보보안에 대한 전반적인 지식 습득을 요구함 ① 정보 시스템의 운영체계 ② 해킹 관련 보안 사항 ③ DB 및 네트워크 보안 ④ 암호화/복호화 관련 기술 ⑤ 개인정보보호 ⑥ 정보 시스템 운영관리 ⑦ 기타 일반 사항 등	금융 업무와 관련된 보안 지식을 중점적으로 요구함 ① 웹(Web)과 DB 보안 대책 ② 전자금융 관련 보안 사항 (인터넷뱅킹, 모바일뱅킹, 자동화 기기 등 자세한 내용) ③ 개인정보보호 유출 방지 ④ 해킹, DB 및 네트워크 보안 등 문제 해결 능력

배경지식 (Back Ground)	컴퓨터 부문의 전반적인 지식과 정보 처리 관련 주변 학문을 요구함	① 좌 동 ② 은행의 업무 처리 형태와 금융 IT 지식을 요구함

1-2 국제 규격과 인증

정보보안과 관련된 국제 규격과 인증 평가등급, CC 인증 대상, 그리고 3가지 인증
(TCSEC, ITSEC, CC)을 알아본다.

정보보안 관련 국제 규격은 여러 가지가 있다. 그중에서도 'ISO/IEC 27001'은 국제표
준화기구(ISO: International Organization for Standardization)와 국제전자기술위원회(IEC:
International Electrotechnical Commission)에서 정한 정보보호 관리 체계(ISMS)에 관한 요구 표준
의 전반 내용을 포함한다.

ISO/IEC 27000 표준은 5년마다 정기 검토와 수정이 이루어지며, 최근 업데이트는
2020년 5월이었다. [표 13-3]은 이 내용 중 일부를 설명한다.

[표 13-3] 정보보안 인증 관련 국제 규격

국제표준	내용 설명
ISO/IEC 27000	ISMS(정보보안 관리 시스템) 개요 및 어휘(Overview와 vocabulary): ISMS 수립 및 인증에 관한 원칙과 용어를 규정함
ISO/IEC 27001	ISMS 요구 표준(ISMS requirements standard): ISMS 수립, 구현, 운영, 모니터링, 검토, 유지 및 개선을 위한 요구사항을 규정함(정보보호정 책, 물리적 보안, 정보 접근 통제 등)
ISO/IEC 27002	정보보안 통제를 위한 실천 규범(code of practice for ISMS): ISMS 수 립, 구현 및 유지하기 위해 공통으로 적용할 수 있는 실무 지침과 원칙 을 제시함
ISO/IEC 27003	ISMS 구현 지침(ISMS implementation guide)
ISO/IEC 27004	정보보안 관리(ISM), 측정(ISM measurement)에 관한 원칙을 제시함 – 모니터링, 측정, 분석 및 평가
ISO/IEC 27005	정보보안 관리(ISM)를 위한 위험관리를 규정함
ISO/IEC 27006	ISMS 감사 및 인증을 제공하는 기관에 대한 요구 사항을 제시함
ISO/IEC 27007	ISMS 감사 지침을 제시함 – 관리 시스템 감사에 중점

ISO/IEC 27008	ISMS 통제에 대한 감사자 지침을 제시함 – 정보보안 통제 감사에 중점
ISO/IEC 27009	ISO27000 표준에 대한 부문/산업별 변형 또는 구현 지침을 개발하는 위원회 내부 문서

(주) ISO/IEC 27000 시리즈는 현재 총 49개가 있으며, 여기서는 10개만 소개함

[인증 1] 인증과 평가 등급

CC 인증, CC 인증 절차와 CC 인증 체계, CC 인증 평가 보증 등급을 자세히 알아본다.

(1) CC(Common Criteria) 인증

IT 제품의 보안성을 평가하기 위한 국제 표준(ISO/IEC 15408)이며, 공통 평가 기준에 따라 정보보호 시스템에 대한 기능과 취약성 등을 평가하고 인증하는 제도이다.

따라서 CC 인증은 IT 제품의 보안 기능과 평가 과정에서 제품에 적용되는 보증 수단에 대한 공통 요구 사항을 제시하고, 독립적으로 수행된 보안성 평가 결과를 비교하게 된다. 평가 결과는 소비자가 IT 제품에 대해 그들의 보안 요구를 충족하고 있는지를 결정하고 그 제품을 구매하는 데 도움을 준다. [표 13-4]에서 CC 인증이 필요한 이유를 정부, 제품 공급자, 수요자의 측면에서 살펴본다.

[표 13-4] CC 인증이 필요한 이유

구분	내용 설명
정부	보안 통제 및 지침이 필요하므로 CC 인증제도를 통해 인증받은 제품(또는 보안솔루션)은 국가 차원에서 그 안전성과 신뢰성을 보증함
제품 공급자	보안솔루션 검증(CC 인증서 획득)을 통해 자사 보안솔루션에 대한 보안성을 입증하고 마케팅 수단으로 활용함
수요자 (국가·공공기관 보안담당자)	적합한 보안 솔루션을 선택하려는 입장에서 보안 솔루션을 도입하기 위해 다양한 제품의 보안성을 일관성 있게 검토하고, 제품 도입 시 적합성 여부를 판단함

우리나라는 국제표준기구에 2006년부터 인증서 발행국 자격으로 가입해 국제 수준에 맞는 평가 인증 제도를 도입 중이다. 발행국에서 발행된 CC 인증은 발행국과 수용국 모두에서 동일 효력을 갖는다.

국내 IT 기업이 공공기관에 보안 제품을 납품하기 위해서는 국가정보원의 '보안 적합성 검증'을 거쳐야 하고, IT 기업은 보안 적합성 검증을 통과하기 위해 반드시 CC 인증서를 획득해야 한다.

(2) CC 인증 절차와 CC 인증체계

CC 인증은 다음과 같은 8단계 절차를 거친다.

① 신청기관(IT 기업)은 인증에 필요한 관련 서류(산출물)를 평가기관에 제출하고 CC 인증을 신청한다.

② 평가기관은 제출 서류를 확인하고 신청기관(IT 기업)에 대하여 평가 및 자문할 수 있다. 이 경우에 평가기관은 인정기관(국가기술표준연구원)으로부터 사전에 공인시험기관으로 인정받아야 한다.

③ 평가기관은 신청기관이 제출한 모든 서류가 문제가 없다고 판단될 때는 평가 관련 서류와 산출물을 인증기관에 제출한다.

④ 인증기관인 IT 보안 인증사무국(ITSCC)은 인증 업무를 수행하며, 평가·인증제도를 감독하고 운영한다.

⑤ 인증기관이 정보보호 제품에 대한 평가·인증 업무를 완료하면 신청기관(IT 기업)에 인증서를 교부하고, 인증 제품 관리를 위해 인증서 보유기관으로 인증보고서 내용과 인증서 발급 사실을 통보한다.

⑥ 향후 일정 기간이 경과 후, 인증서 보유기관은 인증기관에 인정 효력 유지 신청을 한다.

⑦ 인증기관은 내용을 검토한 후 인증서 보유기관에 인정 효력 유지 결과를 통보하여 인증 제품 관리 및 인증 자격을 유지하도록 한다.

⑧ 수요자(공공기관 등 보안 담당자)는 적합한 보안 솔루션을 도입하기 위해 인증기관으로부터 인증 제품 목록을 조회한 후 활용한다.

CC 인증 절차와 CC 인증 체계를 [그림 13-1]에서 보여 준다.

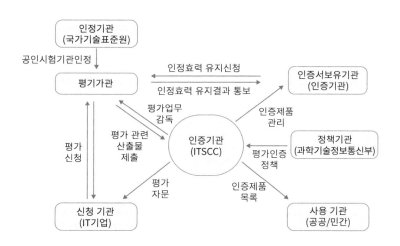

출처: IT보안인증사무국(ITSCC) 홈페이지, 평가 · 인증제도 https://itscc.kr

[그림 13-1] CC 인증 절차와 CC 인증 체계 구성

(3) CC 인증 평가 보증 등급(EAL: Evaluation Assurance Level)

'CC 인증 평가 보증 등급'이란, 공통 평가 기준에서 미리 정의된 보증 수준을 말한다. 이것은 7개 등급으로 구분하며 등급은 숫자가 클수록 보증 수준이 높아지는 것을 뜻한다. 따라서 EAL1은 최저 평가 보증 등급이며, EAL7은 최고 평가 보증 등급을 말한다. [표 13-5]에서 이 내용을 설명한다.

[표 13-5] CC 인증 등급과 평가 대상

등급	주요 내용	평가 대상 산출물
EAL1	기능 시험	설치지침서, 기능명세서, 일치성 분석서, 설명서 등
EAL2	구조 시험	EAL1에서 요구하는 산출물과 형상관리 문서, 배포문서, 기본설계서, 기능시험서, 취약성분석서 등
EAL3	체계적 시험	EAL2에서 요구하는 문서들과 개발 보안문서로, 생명주기, 개발 보안, 오용분석 등
EAL4	설계 시험/검토	상세 설계, 보안정책, 상세 시험으로, EAL3에서 요구하는 문서들과 검증명세서, 상세 설계서, 보안정책 모델 명세서, 생명주기 정의 문서, 개발도구 문서, 오용분석서 등
EAL5	준정형화 설계/시험	EAL4에서 요구하는 개발문서, 보안 기능 전체 코드

EAL6	준정형화 설계 검증	EAL4에서 요구하는 전체 소스 코드
EAL7	정형화 설계 검증	EAL4에서 요구하는 개발 문서 정형화 기술

[인증 2] IT 제품의 CC 인증 대상

국내 IT 제품의 CC 인증 대상은 현재 24개 유형으로 분류된다. 정부와 공공기관에서 도입하는 정보보호 시스템 중 CC 인증 필수 요구 제품은 다양하다. 이것은 국가마다 다른 평가 기준을 갖고 있지만, 평가 결과를 상호 인증하기 위해 제정된 국제 평가 기준을 적용하여 동일 효력을 갖는다. [표 13-6]에서 이 내용을 설명한다.

[표 13-6] CC 인증 대상 제품과 용도

No	대상 제품	제품 용도	비고
1	침입 차단 시스템(FW)	네트워크 유입 및 유출 트래픽 통제	
2	침입 방지 시스템(IPS)	네트워크 유해 트래픽 침입을 탐지하고 자동 차단함(침입탐지시스템을 포함)	
3	통합 보안관리 제품	복수 관리 대상 시스템의 중앙 통제와 함께, 보안 이벤트의 통합 모니터링과 분석을 함	
4	웹 응용 프로그램 침입 차단 제품	웹 기반 유해 트래픽 침입을 탐지하고 자동으로 차단함	
5	DDoS 대응 장비	DDoS 공격을 탐지하고 차단함	EAL2 이상 또는 관련 PP 준수
6	가상 사설망 제품	IPSec 또는 SSl 방식 가상 사설망(VPN) 기능을 점검함	
7	서버 접근 통제 제품	서버의 접근권한 통제와 주요 파일의 보안을 설정함	
8	DB 접근 통제 제품	DB 접근 통제와 데이터의 유출 방지를 목적으로 함	
9	네트워크 접근 통제 제품	보안 프로그램이 설치된 PC만 네트워크에 접속을 허용함	
10	인터넷전화 보안 제품	인터넷전화와 관련된 유해 트래픽을 탐지하고 침입을 차단함	

11	무선 침입 방지 시스템	무선 랜(LAN) 환경에서 보안 위험의 침입 탐지와 침입을 차단함	
12	무선랜 인증 제품	인증된 사용자만 무선랜에 접속을 허용함	
13	스팸 메일 차단 시스템	스팸메일(Spam mail)의 유입 탐지와 차단을 수행함	
14	네트워크 자료 유출 방지	네트워크 간에 전송되는 트래픽을 통제함으로써 중요한 데이터의 외부 유출을 차단함	
15	호스트 자료 유출 방지	호스트(Host)에 설치되어 매체 제어 등을 통해 중요한 데이터의 외부 유출을 차단함(매체 제어 제품 포함)	
16	안티-바이러스 제품	PC 내에 존재하는 악성코드를 탐지하고 제거함	
17	패치 관리 시스템	중앙 서버(Server)에서 다수 PC에 대한 보안 패치(Patch)를 수행함	EAL2 이상 또는 관련 PP 준수
18	소프트웨어 기반 보안 USB	USB 메모리의 접근통제 및 USB 분실 시 자동 삭제함	
19	가상화 제품	PC 또는 서버에서 실제 영역과 가상 영역을 분할하고 분리해 운영함	
20	통신망 간 자료 전송 제품	보안 수준이 서로 다른 영역 간에서 데이터 및 정보 흐름을 통제함	
21	복합기 완전 삭제	복합기에 내장된 HDD(하드디스크 드라이브)의 삭제 모듈을 관리함	
22	소스코드 보안 약점 분석 도구	소프트웨어 소스 코드(Source code)의 분석과 보안 취약점을 식별함	
23	스마트폰 보안관리 제품	업무용 관리 대상 스마트폰의 중앙 통제와 보안 관리를 함	
24	스마트카드(Smart card)	스마트카드의 칩(Chip) 및 운영체제(Operating system)를 관리함	EAL4 이상 PP 준수

한편, 공통 평가 기준 인증 절차는 PP, ST, TOE 3단계로 구분한다.

① PP(Protection Profile, 보호 프로필): PP 안정성과 일치성, 기술적 평가를 통해 TOE 요구 사항의 표현 적합성 여부를 확인한다.

② ST(Security Target, 보안 목표): PP 요구 사항 충족 여부를 확인하고 ST의 완전성, 일관성, 기술성을 평가한다.

③ TOE(Target of Evaluation, 평가대상): ST에 명시된 보안 요구 사항의 충족 여부를 확인한다.

[인증 3] TCSEC, ITSEC, CC 인증의 비교

CC 인증은 TCSEC(Trusted Computer System Evaluation Criteria, 미국 표준), ITSEC(Information Technology Security Evaluation Criteria, 유럽 표준), 그리고 CTCPEC(Canadian Trusted Computer Product Evaluation Criteria, 캐나다 표준)을 통합하여 만들어졌다. [표 13-7]에서 이 내용을 설명한다.

[표 13-7] TCSEC, ITSEC, CC 인증 비교

TCSEC		ITSEC		CC	
D	최소한의 보호	E0	부적절한 보증	EAL0	부적절한 보증
				EAL1	기능 시험
C1	임의적 보호	E1	비정형화 기본 설계	EAL2	구조 시험
C2	통제적 접근 보호	E2	정형화 기본 설계	EAL3	방법론적 시험·점검
B1	규정된 보호	E3	소스 코드와 하드웨어, 도면 제공	EAL4	방법론적 설계·시험 검토
B2	구조적 보호	E4	준정형화 기능 명세서, 기본 및 상세 설계	EAL5	준정형화 설계·시험
B3	보안 영역	E5	보안 요소 상호관계	EAL6	준정형화 검증된 설계·시험
A1	검증된 설계	E6	정형화 기능 명세서, 상세 설계	EAL7	정형화 검증

출처: 《정보보안 원리 및 실습》, 황성운 지음, 생능출판사

1) TCSEC: 세계 최초로 미국 국방부에 의해 개발된 주요 컴퓨터 보안 평가방법론으로, 기밀성을 중심으로 평가한다.
2) ITSEC: 1991년 발표된 유럽형 보안 평가기준으로 기밀성에 무결성과 가용성 기준을 추가한다.
3) CC: 1997년, 국가 간에 다른 보안 인증평가의 상호 인증을 목적으로 세계 공통평가 기준을 제정한 후 일반적으로 사용한다.

1-3 금융 정보보안 체계

금융 IT 담당자는 정보 시스템의 5개 구간에서 발생할 수 있는 위험 요인을 사전 검토하고, 구간별로 대안을 마련하거나 적합한 보안 조치와 통제 관리를 해야 한다. [표 13-8]에서 이 내용을 설명한다.

[표 13-8] 금융 정보 시스템 구간별 위험 요인과 통제

구간	구간별 위험 요인 및 통제
클라이언트 (Client)	정보 시스템 접속 단계(접점)에서, 사용자 ID, 비밀번호, 공동인증서 등 정보 유출의 위험 요소를 관리함
통신망 (Network)	내부 통신망과 외부 접속 인터넷망 간에 정보 유출의 위험을 관리함
서버 (Server)	인터넷망과 서버 구간의 암호화와 복호화 과정에서 정보 유출의 위험을 관리하고, 시스템 안정성 확보를 위해 서버 이중화가 필요함
응용 프로그램	고객 정보를 프로그램으로 암호화와 복호화하는 과정에서 유해 정보가 프로그램 내부에 함께 적재될 위험을 관리함
호스트(Host) 또는 DB	호스트(Host)와 서버 시스템 또는 DB 갱신 단계에서 모든 정보가 한 곳에 집중됨에 따라 시스템 유틸리티 프로그램 또는 업무 프로그램을 통해 대량 데이터(고객 정보 등)가 유출될 위험을 관리함

출처: 김인석 외 4인, 전자금융 보안론, IT Forum

이러한 활동을 통해 정보 시스템의 무장애와 운영의 효율성 확보는 물론, 안정적인 금융 거래와 기업 신뢰도를 확보해야 한다. 아울러 개인정보 유출과 해킹 등으로 금융 사고가 발생할 경우는 고객에게 큰 피해가 발생하지 않도록 신속한 조치가 필요하다.

따라서 IT 담당자는 각종 정보보호 위협으로부터 시스템을 안정적으로 운영하려는 노력과 함께 금융 IT의 보안 요소와 각 구간 통제 요인을 파악하여 위험 요인을 사전 조치하는 것이 매우 중요하다.

[체계 1] 금융 감독기관과 관계기관의 협조 체계 수립

금융 시스템의 안정화와 건전한 발전을 위해서는 관련 기관의 상호 유기적인 협조가

필요하다. 우리나라는 이러한 체계를 갖추기 위해 기획재정부, 한국은행, 금융위원회, 금융감독원, 금융회사(은행, 증권, 보험 등)의 협력 체계를 갖추고 있다. [그림 13-2]에서 이 내용을 보여 준다.

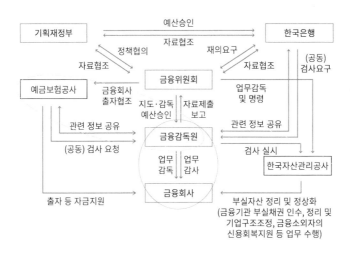

출처: 금융감독원

[그림 13-2] 금융 감독기관과 관계기관 협조 체계

금융위원회는 금융 서비스에 관한 주요 사항을 최종 결정하는 합의제 행정기관이며, 금융감독원은 금융 감독 업무를 담당하기 위해 설립된 금융위원회 산하 특수법인이다.

따라서 금융위원회는 건전한 신용 질서와 공정한 금융 거래 관행을 확립하고 금융 수요자를 보호하기 위해 금융 서비스에 관한 주요 사항을 최종 결정한다. 그리고 금융감독원은 금융회사에 대한 검사·감독 업무 등을 통해 건전한 신용 질서와 공정한 금융 거래의 관행을 확립하고 예금자와 투자자 등 금융 수요자를 보호하는 역할을 담당한다.

[체계 2] 금융보안원의 역할

금융보안원은 안전하고 신뢰할 수 있는 금융 환경을 조성하여 금융 이용자의 편의성을 높이고 금융 산업 발전에 공헌한다는 목적으로 설립된다. 이전의 금융보안연구원과 금융결제원 금융ISAC, 코스콤(Koscom) 증권ISAC을 통합하여 금융권의 사이버 위협 정보를 공유하고 금융보안을 전담하는 조직으로 2015년에 출범한다.

현재는 전자금융 감독 규정에 의거, 전자적 침해 행위로부터 전자금융 기반 시설의 교란과 마비 등 사고에 적극 대응하고(침해사고 대응 기관 지정), 정보통신기반보호법에 따라 금융 분야의 정보보안 공유와 분석센터(ISAC) 역할을 담당한다. 주요 업무는 정보보안 기술의 연구조사, 핀테크 기업 지원, 신기술 보안 인증 및 개인정보보호 지원, 정보보안체계 인증(ISMS)을 한다. 그리고 금융회사의 보안담당자 교육 등 금융권의 통합보안관제와 금융회사의 보안성 평가 업무를 담당한다.

금융보안원의 추진 업무를 살펴보면, 그 역할과 금융보안 트렌드 변화를 알 수 있다. [표 13-9]와 [그림 13-3]에서 이 내용을 보여 준다.

[표 13-9] 금융보안원 연도별 주요 업무

구분	주요 업무 추진 내용
2018년	① 사이버 위협 정보의 공유 및 자동화 시스템 서비스 ② 금융권 자율 보안을 위한 표준 제정 ③ AI 기반 금융 보안관제 분석 모델 개발
2019년	① 금융보안 레그테크(RegTech) 서비스의 본격 시행 ② 금융권 버그바운티 집중 신고제 실시 ③ 핀테크 보안점검 서비스 시행 ④ 금융보안원↔한국인터넷진흥원 간의 MOU 체결
2020년	① 핀테크와 금융 정보보안 관련 현장 간담회 개최 ② 국내 금융권 피싱 공격의 배후 분석 결과 보고서 발간 ③ 클라우드 연계 대용량 디도스(DDoS) 공격 대응체계 강화 ④ 금융권 데이터 혁신 및 디지털 전환 지원 조직 개편 운용

출처: 금융보안원, '홈페이지, 주요 업무', 2021. https://www.fsec.or.kr

금융부문 통합보안관제	① 자율보안지원	② 핀테크 보안
침해사고 대응 취약적 분석·평가 ① 자율 보안 지원 ② 핀테크 보안 ISMS-P 인증 개인정보 비식별 조치 지원 정책 및 기술 연구 금융보안 표준화 금융보안 교육	● 보안성 검토 ● 금융보안 적합성 시험 ● 비대면 실명확인 방식 보안성 테스트 ● 신분증 진위확인 프로그램 규격 적합성 검증 ● 자료실	● 핀테크 보안 상담 ● 핀테크 보안 컨설팅 ·보안 수준 진단 ● 핀테크 기업 보안 점검 ● 핀테크 서비스 취약점 점검 ● 블록체인 테스트베드 지원

[그림 13-3] 금융보안원 핀테크 관련 보안 추진 내용

1-4 핀테크 정보보안

급성장하는 핀테크 산업은 정보보안의 위험 발생과 보안 취약성을 높이고 있어, 금융 당국은 IT 운영 리스크에 대한 관리 감독 강화와 함께 통제 방안을 마련하여 시행 중이다. 핀테크 산업은 현재까지 은행 산업에 비해 그 규모가 큰 편은 아니지만, 간편 결제 등 핀테크 서비스가 계속 활성화되고 확장되기 때문이다. 이러한 금융 환경 변화와 위험성의 증가에도 불구하고 핀테크 기업들은 아직도 IT 기술과 업무 혁신에만 초점을 맞추며 서비스를 제공하고 있다.

따라서 금융 당국은 금융 사고 발생 최소화와 IT 운영 리스크를 관리하기 위해 이사회와 경영진의 책임 강화는 물론 금융 서비스에 대한 관리, 정보보안 업무 평가, 핀테크 기업에 대한 강화된 감독과 리스크관리를 요구한다. 금융회사의 이사회 내에 리스크관리위원회를 설치하고 이사회 구성원에 IT 전문가를 포함할 것도 요구한다. 또한, 금융회사가 투자자별 특성에 맞는 각종 정보를 금융 소비자에게 제공하고 자율적인 불완전 판매를 규율하도록 제도화하고 이것을 준수하도록 한다.

[대응 1] 정보보안 단계별 절차

핀테크와 관련된 정보보안의 8단계 절차는 [그림 13-4]에서 이 내용을 보여 준다.

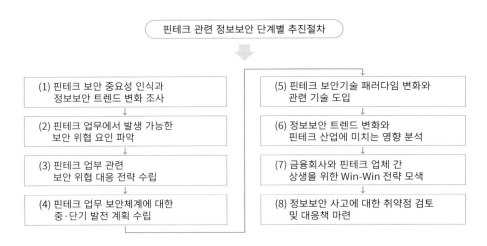

[그림 13-4] 핀테크 관련 정보보안 단계별 절차

(1) 보안의 중요성을 인식하고 정보보안 트렌드를 조사한다.

그동안 핀테크 보안에 대한 중요성은 점차 높아졌으나, 거래의 편의성에만 중점을 두고 있었다. 최근에 정보보안이 핀테크 산업의 활성화 요건이라고 인식되면서 핀테크 보안은 한층 강화되고 있다.

글로벌 핀테크 산업의 보안 트렌드도 변하고 있다. 핀테크 보안 문제에서 네거티브 방식을 채택하는 추세이다. 이것은 보안 기술 적용을 완화하고, 금융 서비스의 편의성에 초점을 맞추며 사후 보완 조치를 강화하는 방향으로 접근한다. 업무 적용 과정에서 문제가 발생할 경우, 즉시 문제를 보완하거나 사후 조치하도록 제도를 마련하고 있다. 그리고 핀테크 산업의 발전을 위해 기업이 자율적으로 보안의 선별적 또는 선택적인 규제를 채택하도록 정부에 요구하는 제도를 시행한다.

(2) 핀테크 업무에서 발생할 수 있는 보안 위협 요인을 파악한다.

금융과 IT 기술의 융·복합으로 정보보안의 취약성과 핀테크 사고의 위험성이 높아짐에 따라 최근에 발생한 핀테크 관련 보안 사고를 파악하여 정리한다. [표 13-10]에서 이 내용을 설명한다.

[표 13-10] 최근 발생한 핀테크 관련 보안 사고

구분	보안 사고 사례
간편 결제 서비스 관련 보안 사고	블루투스와 NFC 통신을 이용할 경우, 간편 결제 방식의 취약점을 이용하여 결제 내용을 엿보거나 부정한 방법으로 결제함
비트코인 거래소 인출 사고	가상화폐 거래소의 서버를 공격해 개인 키(Private key) 파일을 획득한 후 18,866 BTC(비트코인, 약 55억 원) 인출함
구축된 FDS 시스템을 우회하는 보안 사고	① 'FDS(Fraud Detection System)'란, 전자금융 거래에 사용되는 모든 단말 정보 및 접속 정보, 거래내용 등을 종합적으로 분석해 의심 거래를 탐지하고 이상 금융 거래를 차단하는 시스템을 말함 ② 그런데 이것을 우회, 통과하도록 하여 금융 사고를 발생시킴

(3) 핀테크 보안 위협의 대응 전략을 수립한다.

개인정보 공유와 연계 채널의 증가로 보안 취약점이 증가하고 있다. 특히 개인정보의

'3자 제공'으로 정보를 제공하는 기업과 이것을 공유하는 연계 기업 간에 법적 책임과 영역이 모호해졌다. 기업 간 정보보안 관리 체계의 수준이 달라서 정보보안의 사각지대가 발생하고 이에 따른 보안 사고의 발생 위험성도 높아졌다. 핀테크 산업의 발전과 활성화를 위해 금융 서비스에 대한 각종 규제가 완화되면서 보안 취약점이 식별되지 않거나, 상대적으로 정보보안 관리 체계가 미흡한 금융회사와 핀테크 기업 간의 서비스에서 보안 사고 위험성은 더 높아졌다. 따라서 핀테크 서비스에 대한 보안 위협의 대응 전략을 수립하고 강화할 필요가 있다. [표 13-11]에서 이에 대한 방안을 설명한다.

[표 13-11] 핀테크 보안 위협 감축 방안

구분	검토와 조치사항
사용자 인증 기술의 적용	금융 서비스에서 사용자 인증은 핵심 기능 중 하나로, 보안이 확보된 인증 기술을 선정하고 적용하는 것은 필수적임
모바일 기기의 보안성 확보	핀테크 금융 서비스는 주로 모바일 기기에서 이루어지므로 단말에 대한 보안성 확보는 필수적이라 할 수 있으며 최우선 고려 사항임
IT 신기술에 대한 보안 취약성 진단	IT 신기술이 갖는 정보보안 취약점을 분석하고, 적절한 대응 체계를 수립해 시행하는 것이 필요함
보안 위협 분석과 대응 체계의 마련	핀테크 기업과 함께, 금융 서비스에 대한 보안 위협 분석과 대응 체계를 마련하고, 보안 침해 요인 식별과 취약 구간에 대한 보안 조치 등을 검토한 후 대응 방안을 마련하는 것이 필요함
데이터 보안의 방안 수립	연계 구간에 대한 데이터 보안의 방안 수립과 데이터 암호화 기술을 적용해 데이터 유출에 대비하고, 정보가 유출되더라도 큰 피해가 발생하지 않도록 다양한 방안 검토와 추진 계획을 수립해야 함
모니터링 체계의 강화	금융 사기 등 이상 징후의 사전 탐지와 대응을 위해 FDS 시스템의 고도화와 모니터링 체계 강화가 필요함
정부 지원 체계의 적극적인 활용	기업은 핀테크 산업을 육성하기 위해 제공되는 정부 지원 체계를 적극적으로 활용하고, 정부는 관련된 각종 정책과 지원 방안 등을 수립하여 제공함

(4) 핀테크 업무에 대한 중·단기 발전 계획을 수립한다.

핀테크 산업을 발전시키기 위한 여러 방안을 검토하고 지속적인 시행이 필요하다.
[표 13-12]에서 이 내용을 설명한다.

[표 13-12] 핀테크 보안 체계 검토와 추진

구분	내용 설명
보안 체계 강화와 내부 통제 절차의 수립	① 금융 거래 시 보안 절차를 완화하고 사후 점검 및 검사(모니터링) 제도를 강화함 ② 문제 발생 시 이것을 신속히 보완하기 위해, 보안 체계 강화와 내부통제에 대한 절차 등을 수립한 후 정보보안에 대한 투자를 강화함(사례: 금융권의 '5·5·7' 제도 도입)
보안 사고의 책임 분산	① 보안 사고가 발생할 경우, 금융회사와 전자금융업자, 금융소비자에게 상호 적정한 비율로 책임을 분담시킴 ② 자세한 내용은 "전자금융거래법, 제9조(금융회사 또는 전자금융업자의 책임)"를 참고 바람
핀테크 관련 기업의 자율 규제 준수	금융회사와 핀테크 기업이 자율적인 보안 체계를 갖추고 관련 지침과 가이드라인을 제정해 준수하도록 함
핀테크 기업에 대한 인력과 기술 지원	정보보안 인력 채용과 체계적인 육성을 위해, 보안 인력 확보와 예산 집행, 경력관리 제도를 도입함
고객에게 규제 제도의 선택권을 부여	획일적인 보안 수준을 강요하기보다는 거래 규모와 고객 신용도에 따라 규제 적용을 차별화하고, 고객이 자신에게 맞은 규제 제도를 선택하도록 선택권을 부여함
보안 사고 당사자에 대한 처벌 강화	① 중대한 보안사고를 일으킨 금융회사와 핀테크 기업의 경우, 중징계와 과징금 부과 등 가중처벌 제도의 도입과 처벌을 대폭 강화하도록 함 ② 정보보호 관련 조직의 인력 및 예산 등을 통제하는 지침의 제정과 준수를 통해 보안 사고를 예방함 ③ 자세한 내용은 "제13장 2-6 금융권 대응 방안"을 참고 바람

(5) 핀테크 보안 기술의 패러다임 변화에 따라 신속한 기술 도입이 요구된다. 핀테크 보안 기술은 최근 다양한 형태로 발전하고 있다. 공인인증서 폐지와 대체 인증 수단(생체인증 기술)의 적용, 인공지능(AI) 기술을 활용한 빅데이터 분석과 업무 활용 등이다.

아울러 간편 결제 등 금융 서비스 확산으로 보안 사고에 대한 저감 노력과 함께 사전 예방 활동이 필수적으로 요구된다.

(6) 정보보안 트렌드 변화와 산업에 미치는 영향을 분석한다.

핀테크 산업과 금융 서비스의 발전은 다음과 같은 4가지 측면에서 정보보안 분야에 긍정적인 영향을 주고 있다.

① 정보보안 규제 방식 개선으로 보안 시장이 활성화된다.

② 기업이 핀테크 보안 기술을 도입함에 따라 보안 시장은 확장되고, 보안 기술은 더욱 발전되며 성장한다.

③ 핀테크 산업이 성장하면서 보안 시장의 활성화와 보안 관련 플랫폼 기업이 많이 출현한다.

④ 금융회사는 정보보호 관련 기업과 상호 협력해 신기술 적용 업무를 확대하고, 이들 기업에 대한 투자가 확대된다.

이러한 긍정적인 전망과 함께 보안 규제가 사후 점검 방식으로 전환됨에 따라 보안 시스템의 구축과 보안 강화 측면에서 보안 정책에 대한 무관심과 보안 절차 미비 등 역기능도 우려된다.

글로벌 기업이 국내에 진출함에 따라 정보보호 산업 분야에 위기가 초래될 것이라는 부정적 의견이 있다. 이와 반대로, 기술 경쟁력의 발전과 새로운 기회가 마련될 것이라는 상반된 전망도 있다.

(7) 금융회사와 핀테크 기업 간에 상생 윈-윈 전략이 필요하다.

핀테크 산업이 급성장하면서 금융회사와 핀테크 기업은 자신의 역할과 윈-윈 전략이 필요하다. [표 13-13]에서 이 내용을 설명한다.

[표 13-13] 핀테크 관련 이해관계자의 역할과 전략

구분	역할과 전략
고객	금융회사를 방문하지 않고도 비대면 방식으로 계좌를 개설하고, 비금융사(핀테크, 빅텍크 기업 등)의 전자금융을 쉽게 활용할 수 있음
핀테크 기업	① 금융회사가 시행하는 랩(Lab)과 육성 프로그램에 직접 참여하여 전략적 업무 제휴와 기술 발전을 통해 동반 성장함 ② 신 금융 모델과 서비스를 개발하여 금융회사에 제공함 ③ 신 금융 서비스를 통해 새로운 수익원을 창출하고 금융소비자에게 수수료 절감과 거래의 편의성을 제공함

금융회사	① 핀테크 기업이 자율적인 보안 체계를 구축하도록 도와주고, 디지털 변환을 통한 윈-윈 전략을 추구함 ② 신금융 서비스를 통해 새로운 수익원을 창출하고 금융소비자에게 수수료 절감과 거래의 편의성을 제공함
금융 당국	국내 핀테크 산업의 성장과 발전을 위해 금융실명제법과 은행법, 은행법시행령, 전자금융법 등을 개정함

은행과 핀테크 기업은 상호 협력을 강화하고, 은행은 육성 프로그램과 업무 제휴를 통해 경쟁력 있는 핀테크 기업을 육성함으로써 서로 다른 영역을 확장해 가며 윈-윈 하는 전략이 필요하다.

(8) 정보보안 사고에 대한 취약점 검토와 대응책 마련이 필요하다. 금융 당국은 공인인증서 의무 사용 제도를 폐지하고, 핀테크 관련 법 개정을 통해 규제 완화 또는 철폐를 시행함으로써 금융 사고에 대한 위험성은 더 높아졌다. 따라서 금융회사와 핀테크 기업은 이를 억제하기 위한 사고 예방 조치와 정보보안 기술에 대한 지원과 컨설팅 등 대응이 필요하다.

[대응 2] 정보보안 사고 대응

정보보안 사고에 대한 대응책을 마련하기 위해 다음과 같은 4가지 사항에 대해 사전 검토와 대응이 필요하다.

(1) 금융보안 사고 발생 시 피해 최소화 방안 마련과 함께 사전 조치가 필요하다. 사고 발생은 금융회사의 신뢰도 하락과 함께 사회 문제로 큰 혼란을 일으킨다. 따라서 보안 사고가 발생하지 않도록 최선을 다해야 하며, 사고가 발생하는 경우, 그 피해 규모가 최소화되도록 신속한 조치를 해야 한다.

금융 당국이 '금융보안 사고는 금융회사가 스스로 보호해야 한다'는 유권해석을 내린 바 있어, 사고 책임 소재는 더욱 명확해졌다.

따라서 금융회사들은 이상 금융 거래를 탐지하고 이에 대한 자구책을 강화하면서, 전자금융 사고가 발생할 경우는 악의적인 사용자에게 구상권을 청구하고 사전 대응 방안을 마련해야 한다. 금융 사고 발생 가능성과 억제 요인을 형상화하여 [그림 13-5]에서 이 내용을 보여준다.

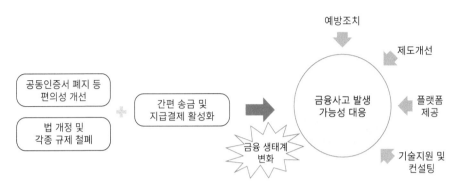

[그림 13-5] 금융 사고 발생 가능성과 억제 요인

(2) 핀테크 산업 활성화를 위한 혁신 제도 도입이 필요하다.

금융 당국은 핀테크 활성화를 위해 '규제 철폐' 중시의 각종 금융 보안 정책을 요구한다. 신규 전자금융 거래에 대한 보안성 심의 폐지와 금융회사의 취약점 분석 및 내실화 유도, 전자금융 거래 시 공인인증서 의무 사용 폐지, 금융 거래 시 핀코드[4]로 대체하거나, 핀테크 기업의 보안 인증 획득 유도 등 금융보안이 필요하다.

(3) 은행권 공동의 '오픈 플랫폼'을 구축한 후 운영한다.

핀테크 기업이 신금융 서비스를 개발한 후 은행 시스템에 쉽게 접목할 수 있도록 금융 플랫폼에 접근을 허용한다. 금융 플랫폼은 오픈 API(Application Program Interface)와 테스트 베드[5]로 구성된다. 오픈 API를 사용할 경우, 구현 방식을 알지 못해도 제품이나 서비스 개발을 위해 쉽게 소통하고, 업무 개발을 간소화해 시간과 비용을 절약하게 한다. '오픈 API'는 핀테크 기업이 직접 프로그램과 서비스를 개발할 수 있도록 금융 서비스를 표준화된 형태로 제공한다. [그림 13-6]에서 이 내용을 보여 준다.

---

4) '핀코드(PIN code)'는 개인식별번호(Personal Identification Number) 코드를 의미하며, 비밀번호와 유사하게 본인을 확인하기 위한 수단으로 이용된다.

5) '테스트베드(Test bed)'란, 개발된 핀테크 서비스가 정상적으로 작동 여부를 시험해 볼 수 있는 환경을 제공하는 것을 말한다. 핀테크 기업은 오픈 플랫폼을 통해 프로그램 소스(Source)를 내려받기만 하면 쉽게 은행 시스템에 접속할 수 있다. 업무 개발 과정에서 의사소통의 통로와 창구로 활용함으로써 업무 개발 기간을 대폭 감축시켜 준다.

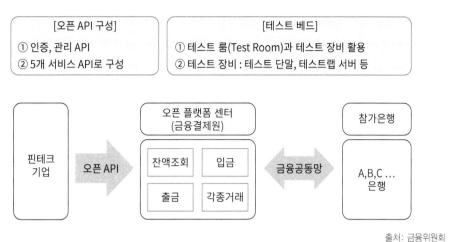

출처: 금융위원회

[그림 13-6] 은행권 공동 오픈 플랫폼 구성도

따라서 개발된 금융 서비스는 출시 전에 금융보안원의 모의 해킹 방식으로 테스트받게 된다. 이것은 보안성에 대한 우려를 불식시키고 사고 발생 가능성을 최소화하며, 안전하고 편리한 금융 서비스를 제공하려는데 목적이 있다.

(4) 핀테크 기업에 대한 보안 기술 지원과 컨설팅 업무를 한다.

금융보안원은 핀테크 보안의 기술적인 사항과 규제 문제 등에 대한 상담과 교육 서비스를 제공하며, 보안 취약점 분석평가 등 보안 컨설팅과 보안 수준의 진단 서비스를 담당한다.

2. 정보보호 변화와 대응

정보 환경 변화와 정보보호의 패러다임 변화, 정보보호 정책 법령에 대하여 알아본다. 코로나19 확산으로 재택근무가 활발해지고 비대면 산업이 급성장함에 따라 안전한 재택근무 환경과 정보 유출 문제에 대한 방안을 제시한다. 또한, 정보 유출이 발생할 경우, 손해 판단 기준과 보상 문제 등 금융권의 대응 방안을 살펴본다.

2-1 정보보호 환경 변화

정보통신 기술의 발전으로 정보보호 환경도 크게 변하여 왔다. 그 요인을 다음과 같은 3가지로 본다.

(1) 정보통신 기술의 융·복합과 활성화에 기인한다.

다양한 산업과 서비스, 단말 기기 융합으로 비즈니스 플랫폼과 콘텐츠, 단말 등이 다양화됨에 따라 정보보호 대상이 증가하고 응답 시간을 만족시키려는 통신망 고도화가 요구된다.

(2) 정보통신 기술 의존도 심화와 라이프사이클 변화에 기인한다. 초고속 인터넷(Giga internet)의 보급 확산과 스마트폰 사용이 일반화되면서, e커머스 시장이 급속히 확대된다. 이에 따라 비대면 채널을 통한 온라인 쇼핑이 활성화되고, 게임, 교육 등 새로운 산업이 출현하며 정보보안 환경이 변화된다.

(3) 빅데이터의 폭발적인 증가에 기인한다.

인터넷 검색과 유튜브, SNS(페이스북, 카카오톡) 등이 활성화됨에 따라 동영상과 비정형 데이터가 증가하고 스마트폰을 활용한 금융 거래와 전자상거래가 폭증하여 보안 취약성이 높아진다.

많은 비정형 데이터의 생성과 유통은 빅데이터를 새로운 블루오션 시장으로 안내한다. 또한, 데이터 분석 분야가 주목받으며, 인공지능과 빅데이터의 결합은 그 활용성을 더 높이고 있다.

[변화 1] 금융 IT와 보안

금융보안원이 2019년 발표한 금융 IT·보안 관련 10대 이슈를 흐름도 형태로 그린다. [그림 13-7]에서 이 내용을 보여 준다.

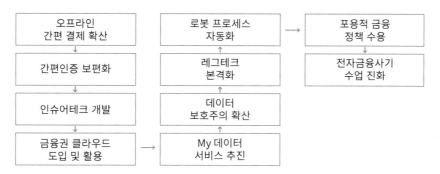

출처: 금융보안원, '2019년 금융 IT · 보안 10대 이슈', 요약정리

[그림 13-7] 금융 IT · 보안 10대 이슈

[변화 2] 디지털 금융 및 사이버 보안

2020년 디지털 금융 및 사이버 보안 이슈를 요약하여 [표 13-14]에서 설명한다.

[표 13-14] 디지털 금융 및 사이버 보안 이슈 (1)

구분	이슈 내용
디지털 금융	① 금융권에 부는 클라우드 전환 바람 ② 금융의 혁신적 개방, 오픈뱅킹 본격화 ③ 데이터 경제 시대, 다채로워지는 금융 서비스 ④ 데이터의 범람, 안전한 데이터 활용 노력 ⑤ 거대한 IT 공룡, 빅테크의 금융권 본격 진출 ⑥ 금융시장을 선점하라, 금융 플랫폼 전쟁 ⑦ 인공지능(AI)형 금융 서비스 본격화 ⑧ 신기술의 활용, 점점 다양해지는 인증수단 ⑨ 규제 샌드박스 100% 활용, 금융 혁신 본격화
사이버 보안	① 점점 지능화되는 악성 메일의 공격 ② 금융권 클라우드 서비스를 둘러싼 다양한 리스크 증대 ③ 정보 유출부터 위·변조까지 바이오 정보의 위험성 증대 ④ 쉽게 사용하는 오픈소스, 취약점에 따른 피해 확산 ⑤ 인공지능(AI)을 악용한 보안 위험의 현실화 ⑥ 금융 범죄가 이루어지는 지하세계, 다크웹의 위협 ⑦ 무방비 상태에 놓인 POS 기기를 향한 위협 ⑧ 전자금융 환경을 위협하는 원격제어 프로그램의 공격 ⑨ 사이버 리스크 관리 및 보안 거버넌스의 확립

출처: 금융보안원, '2020년 디지털 금융 및 사이버 보안 이슈', 요약정리

금융 산업의 개방과 경쟁, 비대면 환경 변화와 함께 2021년에는 고도화되는 사이버 공격이 주요 이슈로 등장한다. [표 13-15]에서 이 내용을 설명한다.

[표 13-15] 디지털 금융 및 사이버 보안 이슈 (2)

구분	이슈 내용
금융 산업의 개방과 경쟁	① 새로운 인증 시장, 누가 주도할 것인가?
	② 금융의 신성장 동력, 데이터 산업 경쟁 본격화
	③ 금융 산업의 개방, 다양한 플레이어의 등장
	④ 세계로 뻗어 나가는 금융, 글로벌 컴플라이언스 강조
비대면 금융의 환경 변화	① 언택트(Untact) 시대, 가속화되는 비대면 금융
	② 지갑이 스마트폰 속에, 지갑 없는 사회의 시작
	③ 책임 있는 AI를 위한 금융권 노력, AI 거버넌스 구축
고도화되는 사이버 공격	① 원격근무 시대의 도래, 필수적인 사이버 보안
	② 사이버 공간 협박범, 랜섬웨어와 랜섬 디도스 공격의 증가
	③ 그 누구도 안심할 수 없다. 고도화되는 보이스피싱

출처: 금융보안원, '2021년 디지털금융 및 사이버 보안 이슈 전망'

2-2 금융 정보보안 가이드

핀테크 시대가 본격 도래하면서 정보보호 환경도 빠르게 변화하고 있다. 금융권 규제 패러다임은 정부 주도의 규제에서 금융회사 중심의 자율 규제로 전환된다. 정보보호의 환경 변화에 따라 조직과 개인이 대응하는 방법도 다르게 나타난다.

금융보안원은 금융회사의 자율 보안 체계 구축 지원을 위해 2개 지침서를 발간한다. '금융보안 거버넌스 가이드'와 '금융회사 경영자를 위한 정보보안 경영 가이드'가 그것이며, 이 내용을 자세히 알아본다.

[가이드 1] 금융보안 거버넌스 가이드

이 가이드는 '금융회사의 자율 보안 체계가 갖추어야 할 금융보안 거버넌스의 7대 기본원칙'을 제시하고, 최고경영층이 주도적으로 전사적인 정보보호 체계를 구현할 수 있도록 정보를 제공한다. '7대 기본 원칙'의 주요 내용은 다음과 같다.

(1) 정보보호 활동을 위한 역할 정의와 권한 및 책임을 확립한다.

(2) 올바른 의사결정을 위한 보고 체계를 수립한다.

(3) 위험의 감소 및 완화를 위한 전사적인 위험관리 체계를 확립한다.

(4) 정보보호 활동에 대한 최고경영층의 이해를 돕는 방법을 제시한다.

(5) 원활한 정보보호 활동을 위한 최고경영층 등과 소통을 강화한다.

(6) 정보보호 활동을 위한 예산의 수립, 집행 및 전담 인력을 배치한다.

(7) 선순환 구조를 위한 정보보호 문화를 확립한다.

[가이드 2] 정보보안 경영 가이드

자율 보안 체계의 도입으로, 정보보안에서 경영진의 역할은 매우 중요하다. 이 가이드는 최고경영자의 인식 변화와 정보보안의 이해 증진은 물론, 정보보호에 대한 업무 수행을 지원하기 위해 제공된다. 이것은 '정보보안 경영의 3대 원칙'과 'CISO에게 지시해야 하는 10대 핵심 사항'으로 이루어진다.

'정보보안 경영 3대 원칙'은 전사적인 경영 리스크 관리 면에서 최고경영자가 리더십을 갖고 정보보안 업무를 추진할 것을 강조한다.

(1) 정보보안 문제는 전사적인 경영 리스크의 일부이다.

(2) 정보보안 최종 책임자는 최고경영자를 포함한 경영진이다.

(3) 최고경영자는 리더십을 갖고 적극적으로 지시해야 한다.

'CISO에게 지시해야 하는 10대 핵심 사항'은 최고경영자가 CISO에게 구체적으로 지시해야 할 주요 업무 내용을 포함한다.

(1) 정보보안 문제를 전사적인 경영 리스크 관점에서 보고한다.

(2) 정보보안 전략을 수립하고, 추진 실적을 경영진 회의에 보고한다.

(3) 정보보호위원회에서 비즈니스 부서들과의 이해관계 조율한다.

(4) 계열사와 협력 업체를 포함한 전사적 보안 대책을 수립 · 시행한다.

(5) 회사에 적정한 정보보안 투자 및 인력 양성 계획을 수립한다.

(6) 정보보안 리스크를 철저히 조사해 대응 계획을 수립한다.

(7) 임직원의 정보보안 법규 준수 현황을 정기적으로 점검한다.

(8) 임직원 보안 인식을 제고하고 정보보안 문화를 형성한다.

(9) 위기 발생 시 신속한 대응과 피해를 최소화하도록 예방 · 대응 · 복구 체계를 수립 후 정기 훈련을 한다.

(10) 외부 전문기관과 정보 공유, 협력 체계를 갖춰 대응한다.

2-3 정보보호 정책과 관련 법

핀테크 산업이 발전하며 가장 문제가 되고, 심각하게 고려해야 할 사항은 개인정보 보호 문제이다. 정부는 이와 관련하여 정보보호 및 개인정보 보호 관계 법령, ICT 산업 진흥 관계 법령 등을 제정한다. [표 13-16]에서 이 내용을 설명한다.

[표 13-16] 국내 정보보호 관련 정책과 법령

구분	법	시행령	시행규칙
정보보호 관계 법령	정보통신망 이용 촉진 및 정보보호 등에 관한 법률	정보통신망 이용촉진 및 정보보호 등에 관한 법률 시행령	정보통신망 이용촉진 및 정보보호 등에 관한 법률 시행규칙
	정보통신 기반 보호법	정보통신기반 보호법 시행령	정보통신기반 보호법 시행규칙
	국가정보화 기본법	국가정보화 기본법 시행령	국가정보화 기본법 시행규칙
	전자정부법	전자정부법 시행령	–
개인정보 보호 관계 법령	개인정보 보호법	개인정보 보호법 시행령	개인정보 보호법 시행규칙
	정보통신망 이용촉진 및 정보보호 등에 관한 법률	정보통신망 이용촉진 및 정보보호 등에 관한 법률 시행령	정보통신망 이용촉진 및 정보보호 등에 관한 법률 시행규칙
	위치정보의 보호 및 이용 등에 관한 법률	위치정보의 보호 및 이용 등에 관한 법률 시행령	–

ICT 산업 진흥 관계 법령	인터넷주소자원에 관한 법률	인터넷주소자원에 관한 법률 시행령	–
	정보통신 진흥 및 융합 활성화 등에 관한 특별법	정보통신 진흥 및 융합 활성화 등에 관한 특별법 시행령	정보통신 진흥 및 융합 활성화 등에 관한 특별법 시행규칙
	정보통신산업 진흥법	정보통신산업 진흥법 시행령	정보통신산업 진흥법 시행규칙
	정보보호산업의 진흥에 관한 법률	정보보호산업의 진흥에 관한 법률 시행령	정보보호산업의 진흥에 관한 법률 시행규칙
	클라우드컴퓨팅 발전 및 이용자 보호에 관한 법률	클라우드컴퓨팅 발전 및 이용자 보호에 관한 법률 시행령	–
기타 참고 법령	전자문서 및 전자거래 기본법	전자문서 및 전자거래 기본법 시행령	전자문서 및 전자거래 기본법 시행규칙
	전자서명법	전자서명법 시행령	전자서명법 시행규칙
	전자금융거래법	전자금융거래법 시행령	–
	전기통신사업법	전기통신사업법 시행령	–
	전기통신기본법	전기통신기본법 시행령	–
	통신비밀보호법	통신비밀보호법 시행령	통신제한조치 등 허가규칙
	–	국가사이버안전관리규정	–
	–	보안업무규정	보안업무규정 시행규칙
	방송통신발전 기본법	방송통신발전 기본법 시행령	–
	전자상거래 등에서의 소비자 보호에 관한 법률	전자상거래 등에서의 소비자 보호에 관한 법률 시행령	전자상거래 등에서의 소비자 보호에 관한 법률 시행규칙
	신용정보의 이용 및 보호에 관한 법률	신용정보의 이용 및 보호에 관한 법률 시행령	신용정보의 이용 및 보호에 관한 법률 시행규칙
	유비쿼터스 도시의 건설 등에 관한 법률	유비쿼터스 도시의 건설 등에 관한 법률 시행령	–
	국가공간정보 기본법	국가공간정보 기본법 시행령	–
	소비자기본법	소비자기본법 시행령	–

출처: 한국인터넷진흥원 홈페이지, 자료실 〉 관련 법령, 기술 안내서 〉 법령 현황. https://www.kisa.or.kr

2-4 재택근무 환경과 정보보호

정보는 '수집(Collect)-저장(Store)-활용(Use)-파기(Delete)'라는 일련의 과정을 거쳐 생성되고 소멸된다. 따라서 수집된 개인정보를 안전하게 보호하기 위해 물리적, 관리적, 기술적 정보보안 조치를 수립하고 시행하는 것은 당연하다. [표 13-17]에서 이 내용을 설명한다.

[표 13-17] 개인 정보보안의 대책 수립

구분	내용 설명
물리적 보안	① 물리적인 위협으로부터 정보가 저장된 시설을 보호하기 위한 보안 조치를 말함 ② 출입 통제 시스템, 자연재해 통제 시스템, 데이터 백업 및 저장매체 반출입 통제 시스템, 재난관리 시스템 등 하드웨어 관점의 시스템을 포함함
관리적 보안	① 조직을 운영하는 데 필요한 관리상 보안 조치를 의미함 ② 보안관리 조직 체계, 정보보안 지침과 절차, 보안사고 대응, 자산 보안등급 분류와 가치평가, 교육 등을 포함함
기술적 보안	① 정보보호를 위한 기술적인 조치로 정보보안을 수행하는 각종 보안 시스템을 말함 ② 여기에 통신망, 침입 차단 시스템(Fire Wall), 침입 탐지 시스템(IDS: Intrusion Detection System), 침입 방지 시스템(IPS: Intrusion Prevention System), PC 보안 및 문서보안(DRM), 보안인증(OTP, PKI, SSO 등), 데이터 암호화와 DB 보안, 정보 유출 탐지 시스템, 통합보안 관리, 서버 및 애플리케이션 관련 보안, 바이러스 방지 등 각종 시스템을 포함함

개인정보의 보호조치 유형을 관리적 보호 조치와 기술적 보호 조치로 영역을 구분하고, [표 13-18]에서 이 내용을 설명한다.

[표 13-18] 개인정보의 보호조치 유형

관리적 보호 조치	기술적 보호 조치
① 개인정보 관리계획 수립 ② 개인정보 보호 조직 구성 ③ 개인정보 취급자 교육 ④ 관리적, 물리적 접근 통제 ⑤ 출력/복사 시 보호 조치 　 (Water Mark 표시) ⑥ 개인정보 표시 제한	① 개인정보 처리 시스템의 관리 ② 기술적 접근 통제 ③ 접속 기록의 위·변조 방지 ④ 개인정보 암호화(비밀번호 등) ⑤ 보안 서버 구축 ⑥ 악성 프로그램 방지(침입/차단) ⑦ 개인정보 파일/문서 통제 ⑧ 개인정보 파기

정보보호 영역은 매우 광범위해 전사적 차원에서 물리적, 관리적, 기술적 보안의 정보보호 체계를 분석하고, 해당 조직의 특성과 비즈니스 목표에 맞게 보안 체계를 구축해야 한다. 정보보호의 영역과 조치 사항에 대한 범위와 역할을 [그림 13-8]에서 보여 준다.

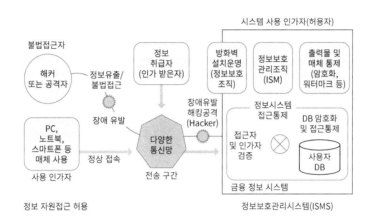

[그림 13-8] 정보 자원의 접근 제어와 보호 조치

[재택근무 1] 안전한 재택근무 환경 조성

재택근무 시스템은 코로나-19 팬데믹의 영향으로 많은 회사의 근로자에게 확대되어 일반화되었다. 그 이전까지만 하더라도 공공기관이나 은행, 대기업 등에서 IT 근무자가 신속한 위기 대응을 위해 한정적으로 시행 중인 제도였다.

요즈음 세상은 내가 있는 곳이 곧 사무실이 된다. 이제는 언제 어디서나 모바일 기기를 간단히 접속하는 것만으로도 업무 처리가 가능한 시대가 되었다. 최근에 비대면 재택근무자가 더욱 급증하면서 개인정보를 포함한 회사 내부의 정보 유출 방지와 안전한 재택근무 환경의 요구도 한층 높아졌다.

이러한 변화는 재택근무자용 단말기와 사내망(Intranet) 서버를 안전하게 보호하려는 인식과 함께 사용자의 편의성과 운영비 절감 등을 검토하게 된다. 그런데 금융회사는 금융감독원의 '망 분리 관련 전자금융감독규정 및 동 시행 세칙'을 반드시 준수해야 하는 어려움이 있다.

전자금융감독규정 시행 세칙의 개정으로, 금융회사 임직원(외주 업체 포함)의 원격 접속을 망 분리 예외 사유로 명시함으로써 금융권에서도 상시 재택근무가 허용되었다. 하지만 재택근무자의 직접적인 사내 전산망 접속은 동 규정에서 정한 망 분리 적용 예외를 인정받아야 한다.

따라서 각 금융회사는 자체 위험성을 평가하고 "망 분리 대체 정보보호 통제"를 적용해야 하며 정보위원회의 승인을 받아야만 한다.

금융보안원은 금융회사가 안전하고 신속하게 재택근무 환경을 구축할 수 있도록 필요한 보안 고려 사항을 구체적으로 안내한다.

[재택근무 2] 망 분리 대체 정보보호 통제 사항

망 분리 대체를 위한 정보보호 통제 사항 등을 다양한 관점에서 검토한다. [표 13-19]에서 이 내용을 설명한다.

[표 13-19] 망 분리 대체와 정보보호 통제 사항

1. 공통 사항	① 외부망에서 내부망으로 전송되는 자료를 대상으로 악성코드를 진단하고 치료함 ② 지능형 해킹(APT)을 차단하기 위한 대책을 수립한 후 적용함 ③ 자료를 외부로 전송하려 할 경우, 정보 유출 탐지 및 차단과 함께 사후에 모니터링이 필수적임
2. 이메일 시스템	① 본문과 첨부파일을 포함하여 이메일을 통한 악성코드 감염 예방대책을 수립해 시행함 ② 이메일을 통한 정보 유출의 탐지와 차단, 사후 모니터링 대책을 수립해 적용함
3. 업무용 단말기	① 사용자의 관리자 권한을 제거함 ② 프로그램 등은 승인된 것만 설치하고 실행되도록, 보안대책을 수립하여 시행함 ③ 중요한 자료 저장 시 암호화 등 작업을 적용함

(주) 위 1~3은 원격 접속 여부에 상관없이 기본적으로 통제되는 사항임

4. 원격 접속 통제	4.1 외부 단말기	① 백신 프로그램 설치 후, 실시간 업데이트 및 검사를 수행함 ② 안전한 운영체계 사용과 최신 보안 패치를 적용함 ③ Login 비밀번호 및 화면보호기를 설정함 ④ 화면 및 출력물 등 정보 유출 방지대책을 적용함
	4.2 내부망 접근 통제	① 업무상 필수 IP, Port에 한해 연결을 허용함 ② 원격 접속사항의 기록 및 저장을 시행함 (예: 접속자 ID, 접속 일자, 접속 시스템 등)
	4.3 인증	① 이중 인증을 적용함(예: ID/PW, OTP 등 사용) ② 일정 횟수(예: 5회) 이상 인증 실패 시 접속을 차단함
	4.4 통신 회선	① 안전 알고리즘으로 네트워크 구간을 암호화함 ② 내부망 접속 시 인터넷 연결을 차단함(단, 직접 내부망으로 접속하 는 원격 접속 단말기는 인터넷을 상시 차단) ③ 원격 접속 후 일정 유휴시간 경과 시 네트워크 연결을 차단함
	4.5 기타	① 원격 접속자에 대한 보안서약서 제출과 승인받게 함(매 분기 점검) ② 공공장소에서 원칙적으로 원격 접속을 금지함

[표 13-19]의 '4. 원격 접속 통제' 항목에서, '4.1 외부 단말기'는 다음과 같은 직접 접속[4.1.1]과 간접 접속[4.1.2] 방식 중 하나를 선택하여 연결할 수 있다.

[4.1.1] 직접 접속 방식

외부 단말기를 내부망에 직접 접속하므로 보안 프로그램을 설치한 후 회사가 지급한 단말기만
접속을 허용하고 통제한다.
 ① 인가되지 않은 소프트웨어의 설치를 차단함
 ② 보안 설정 사항의 임의 변경을 차단함
 ③ USB 등 외부 저장장치의 읽기/쓰기를 차단함
 ④ 전산 자료(파일, 문서)를 암호화 작업한 후 저장함
 ⑤ 단말기 분실 시 정보 유출 방지대책을 적용함
  (예: HDD 암호화, CMOS 비밀번호 적용 등)

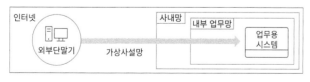

[4.1.2] 간접 접속 방식

업무용 단말기를 경유하여 내부망에 접속하며, 다음 4가지 방법으로 연결한다.
　① 내부망과 분리된 원격 접속 전용 VDI를 경유하여 접속함

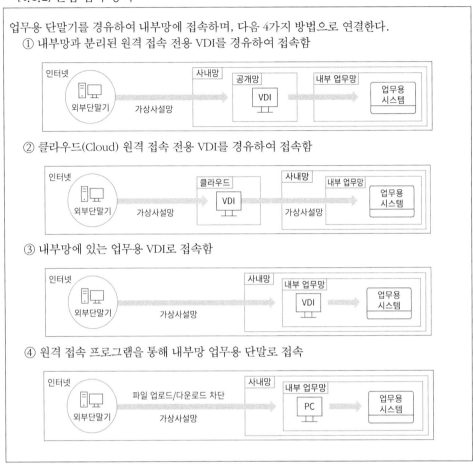

　② 클라우드(Cloud) 원격 접속 전용 VDI를 경유하여 접속함

　③ 내부망에 있는 업무용 VDI로 접속함

　④ 원격 접속 프로그램을 통해 내부망 업무용 단말로 접속

　간접 접속 방식의 주목적은 외부 단말과 업무용 단말 간에 파일의 송·수신을 차단하는 데 있다.

[재택근무 3] 재택근무자를 위한 보안 시스템 구축 사례

은행의 재택근무 보안 시스템 구축은 다음과 같은 6단계로 추진된다.

(1) 재택근무 환경 조성을 위한 시스템 도입 검토

구분	A 은행	B 은행
재택근무를 위한 원격 접속 방식	간접 방식으로 하고, 내부망에 위치하는 업무용 가상 데스크톱 인프라(VDI)에 접속함	간접 방식으로 하고, 원격 접속 프로그램으로 내부망 업무용 단말기에 접속함
재택근무용 망을 구성	가상사설망(VPN)	좌 동
재택근무용 PC	은행이 지급함	좌 동
망분리 대체와 관련 기존에 구축된 보안	공통 사항, 이메일, 업무용 단말 통제 사항, 인증, 통신 구간을 암호화함	좌 동

(2) 재택근무 시스템 구축을 위한 기본 요건 확인

① 금감원의 재택근무 보안지침 충족 여부

② 보안 시스템 도입 및 운영비용의 적정성 확보 여부

③ 모든 위험으로부터 재택근무자 PC와 내부망 보호 가능 여부

④ 개인정보 보호 및 정보 유출 통제의 확보 여부

(3) 재택근무 전용 보안 솔루션 검토와 시스템 도입 결정

(4) 해당 솔루션을 도입하여 시스템을 구축

사례로 제시하는 A와 B 은행은 국내 제품인 ㈜이즈넷(BM Guard Remote) 솔루션을 도입하여 재택근무 시스템을 구축하고, 구축 기간은 약 2주가 소요되었다.

(5) 문제점(망 분리 대체 미비 사항)에 대한 정보보호 통제와 조치

A, B 은행의 망 분리 대체 보안 미비 사항에 대한 조치사 항	BM Guard Remote의 정보보호 및 통제 방안 시행
백신 프로그램 설치와 실시간 업데이트 및 검사를 수행함	최신 백신 업데이트 미적용 시 접속 차단 후 안내함
안전한 운영체제 사용과 최신 보안 패치를 적용함	안전한 운영 체제 사용과 최신 보안패치 미적용 시, 접속차단 후 안내함
Login 시 비밀번호 입력과 화면보호기를 설정함	설정되지 않은 경우, 접속 차단 후 안내함
화면 및 출력물 등에 대한 정보 유출 방지대책 수립과 통제 및 차단 등 조치를 시행함	모든 화면의 캡처 프로그램 실행을 차단하고, 화면에 워터마크를 삽입하거나 출력을 통제 또는 차단함
업무상 필수적인 IP, Port에 제한적으로 접속을 허용함	VDI 또는 내부망 업무용 단말기만 접속을 허용함
원격 접속에 대한 기록(로깅)과 기록 내용을 저장하도록 조치함(접속자 ID와 접속 일자, 접속 시스템 등)	원격 접속 내용의 기록(로깅)과 기록의 저장 기능을 제공함
내부망 접속 시 인터넷 연결의 차단 조치를 시행함(단, 직접 내부망으로 접속하는 원격 접속 단말기는 인터넷 연결 상시 차단)	내부망 접속 시 해당 IP, Port 외 모든 네트워크를 상시 차단함

(6) 시스템 도입 효과 확인

재택근무 전용 보안 솔루션[(주)이즈넷, BM Guard Remote]이 설치 완료됨에 따라 문제 해결과 도입 효과를 검증한다.

① 솔루션이 화이트 리스트 기반으로 프로세스와 네트워크를 통제하고, 백신이 막을 수 없는 컴퓨터 바이러스와 각종 악성코드로부터 망 내 자원과 PC를 안전하게 보호하는지 여부

② 첨단 정보보안 기술을 재택근무 PC에 특화해 설계함으로써 금융위원회 '전자금융감독규정 시행세칙'을 충족하는지를 확인하고, 문제 발생 요인을 최대한 제거해 TCO(Total Cost of Ownership: 총소유 비용)를 절감하는지 여부

③ 보안정책을 다양하게 설정할 수 있는지, 개인 소유의 PC를 재택근무용 PC로 겸용 사용의 가능 여부

④ 보안 서버와 통신이 안 되는 상황에서도 재택근무 PC와 내부망을 완벽하게 보호하는지 여부

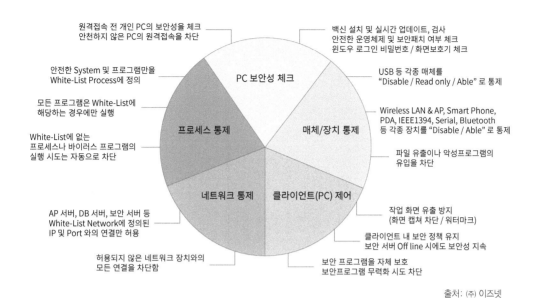

다음은 원형 다이어그램의 각 영역과 설명입니다.

PC 보안성 체크
- 원격접속 전 개인 PC의 보안성을 체크 안천하지 않은 PC의 원격접속을 차단
- 백신 설치 및 실시간 업데이트, 검사 안전한 운영체제 및 보안패치 여부 체크 윈도우 로그인 비밀번호 / 화면보호기 체크

매체/장치 통제
- USB 등 각종 매체를 "Disable / Read only / Able" 로 통제
- Wireless LAN & AP, Smart Phone, PDA, IEEE1394, Serial, Bluetooth 등 각종 장치를 "Disable / Able" 로 통제

프로세스 통제
- 안전한 System 및 프로그램만을 White-List Process에 정의
- 모든 프로그램은 White-List에 해당하는 경우에만 실행
- White-List에 없는 프로세스나 바이러스 프로그램의 실행 시도는 자동으로 차단

네트워크 통제
- AP 서버, DB 서버, 보안 서버 등 White-List Network에 정의된 IP 및 Port 와의 연결만 허용
- 허용되지 않은 네트워크 장치와의 모든 연결을 차단함

클라이언트(PC) 제어
- 파일 유출이나 악성프로그램의 유입을 차단
- 작업 화면 유출 방지 (화면 캡쳐 차단 / 워터마크)
- 클라이언트 내 보안 정책 유지 보안 서버 Off line 시에도 보안성 지속
- 보안 프로그램을 자체 보호 보안프로그램 무력화 시도 차단

출처: (주) 이즈넷

[그림 13-9] 재택근무 전용 보안 솔루션 기능과 활용 효과

재택근무 전용 보안 솔루션을 도입할 경우, 미디어와 디바이스 통제는 물론, 클라이언트, 네트워크, 프로세스 등 전반적인 보안 통제가 가능하여 재택근무 시스템을 안정적으로 사용하는 데 많은 도움이 된다. [그림 13-9]에서 이 내용을 보여 준다.

2-5 정보 유출 사고와 손해 배상

정보 유출 사고가 발생하여 손해 규모를 산정하려고 할 때, 그 판단 기준은 일반적으로 다음과 같다.

(1) 사고 당시의 보안 조치 수준

(2) 사고 발생 후 신속한 파악과 적절한 피해 확산 방지 조치

(3) 피해자에 대한 사고 발생 안내, 피해 접수 및 확인, 회복 조치

(4) 유출 정보의 성격과 개인정보 유출 정보량 정도

(5) 개인정보의 유출 범위와 유출 정보 전파 가능성

(6) 스팸 메일이나 명의도용 등 2차 피해 발생 가능 여부

(7) 개인정보를 수집 · 처리함으로써 얻는 이익을 종합적으로 고려

이러한 판단 기준을 바탕으로, 개인정보 유출 사고에 대한 정신적인 피해와 손해 배상 규모의 결정은 사안별, 그 유형에 따라 탄력적으로 인정하여 보상한다.

전자금융 사고의 손해 규모 판단 기준은 다음의 4가지 사례를 바탕으로 한다.

(1) 공동인증서 등 접근 매체의 위·변조 사고인 경우, 사고 원인이 명확히 밝혀지지 않았어도 고객에게 손해가 발생하는 경우, 이를 넓게 해석해 전자금융 사고로 봄.

(2) 권한 없는 자에 의해 공동인증서가 무단 발급된 사고는 접근 매체 위조에 해당하는 것으로 해석하여 전자금융 사고로 봄.

(3) 사고 처리 원칙은 다음과 같이 한다. 전자금융 사고가 발생한 경우, 전자금융 거래법 제9조(금융회사 또는 전자금융업자의 책임) ①항과 ②항에서 명시된 바와 같이 처리한다. 즉 금융회사 또는 전자금융업자가 손해배상 책임을 전부를 부담하는 것으로 함(단, 고객의 귀책사유가 있는 경우 면책 사유로 좁게 해석).

(4) 기타 사항

전자금융 사고는 피해자 입증의 어려움과 금융소비자 보호 필요성 등을 검토한 후 정책적인 판단도 함께 고려함.

2-6 금융권 대응 방안

대응 방안으로 GRC 관점의 정보보호 정책 수립과 관리 체계 구축이 필요하다.

'GRC'란, Governance, Risk Management, Compliance의 첫 글자를 따 만든 합성어이다. 이것은 지배 구조와 위험관리, 규제의 의미를 담고 있으며, 기업의 내부 통제 개념에서 출발한다. 기업은 효율적인 정보보안을 추진하기 위해 GRC 관점에서 큰 그림을 그린 후, 정보보호에 대한 관리 체계와 필요한 프로세스를 체계적인 절차에 따라 만들어야 한다. GRC 관점의 정보보호 관리 체계 추진 내용은 [표 13-20]에서 설명한다.

[표 13-20] GRC 관점의 정보보호 관리 체계 추진

구분	내용 설명
Governance	정보보호 주의의무 위반은 회사에 재산상 큰 손해를 초래하게 되므로 전사적 위험 관리를 위해 정보보호 거버넌스 체계 구축이 필요함
Risk Management	① 정보보호에 대한 사전 예방을 철저히 한다고 해도 100% 사고를 예방하는 것은 불가능함 ② 이것을 인정하고 회사의 환경과 규모에 맞는 적정 수준의 위험 관리가 필요함
Compliance	① 법령에서 요구하는 수준은 최소 필요 조치이므로 이것을 준수하였다고 해서 면책되는 것은 아니라는 것을 인식해야 함 ② 적정 수준의 주의의무가 과실 여부의 기준이 되므로 위반 시 손해배상 책임과 의무를 부담함을 명심해야 함 ③ 정보보호를 위한 관리적, 기술적인 보안 조치를 수행하고, 내부 관리계획 수립과 함께 철저한 점검 및 이행이 필요함 ④ 정보보호 조직이 주의의무를 다하였다는 것에 대한 입증 책임을 위해 필요한 각종 증거자료를 확보해야 함

출처: ㈜씨에이에스

이러한 체계를 가지고 금융권이 잘 대응하기 위해서는 정보보호 최고책임자의 지정 운영과 겸직 제한, IT 인력과 예산 통제 등 3가지 요건을 통해 기대 효과를 달성할 수 있다.

첫째, 정보보호 최고책임자의 임명과 책임 부여가 요구된다.

정보보호 최고책임자(CISO: Chief Information Security Officer)는 기업에서 정보보안을 위한 기술적인 대책 수립과 법률 대응까지 총괄적인 책임을 지는 임원이다. 즉 조직의 정보와 데이터 보안을 책임지는 임원이기 때문에 정보보호 정책을 추진하는 과정에서 정보보호 최고책임자의 역할과 책임은 대단히 막중하다. [그림 13-10]에서 이 내용을 보여 준다.

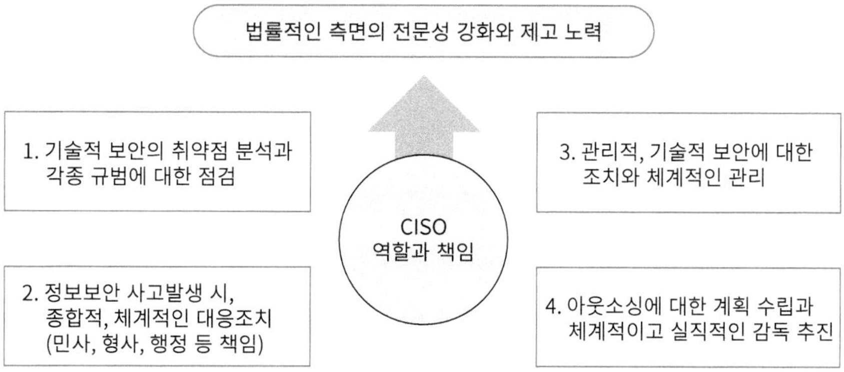

[그림 13-10] 정보보호 최고책임자의 역할과 책임

따라서 금융위원회는 전자금융거래법 시행령을 개정하여 금융회사 또는 전자금융업자는 조직 내에서 정보보호 최고책임자를 임명한 후 그 역할을 담당하도록 강제하였다. 그렇지만 정보보안 사고의 최종적인 책임은 조직의 장(CEO)이 지게 된다.

둘째, 정보보호 최고책임자의 지정과 겸직 제한이 요구된다.

정보보호 업무를 원활히 수행할 수 있도록 금융회사 또는 전자금융업자는 정보보호 최고책임자를 지정하되 겸직을 제한한다. 총자산이 2조 원 이상이고 상시 종업원 수가 300명 이상인 경우, 반드시 CISO를 임원으로 임명해야 한다. 또한, 총자산이 10조 원 이상이고 상시 종업원 수가 1,000명 이상인 경우, CISO가 타 업무와 겸임을 금지한다. 이에 따라 국내의 모든 금융회사는 회사 내에 별도의 조직을 신설한 후 정보보호 최고책임자를 선임하고 정보보호 조직을 전담하게 한다. 해당 금융회사는 임원의 지정 운영과 겸직 금지 요건에 맞추어 정보 기술 부문의 보안을 책임질 정보보호 최고책임자(CISO)를 선임한다. [표 13-21]에서 이 내용을 설명한다.

[표 13-21] 정보보호 최고책임자의 지정 요건

구분	내용 설명
CISO 임원 지정 대상	① 직전 사업연도 말을 기준으로 총자산 2조 원 이상이고, 상시 종업원 수가 300명 이상인 금융회사 또는 전자금융업자가 대상임 ② 직전 사업연도 말을 기준으로, 총자산이 10조 원 이상이고 상시 종업원 수가 1,000명 이상인 금융회사는 반드시 준수해야 함
겸직 금지	① 직전 사업연도 말을 기준으로 총자산이 10조 원 이상이고, 상시 종업원 수가 1,000명 이상인 금융회사의 경우, 타 직무와 겸직을 제한함 ② 이 요건은 2015.4.16 이후 선임자부터 적용함
자격 요건 법규	전자금융거래법 시행령, 제11조의3(정보보호 최고책임자 지정 대상 금융회사 등) ①항을 준수해야 함
과태료 부과	지정 및 신고 위반 시 3,000만 원 이하의 과태료를 부과함

이에 관한 법 규정은 전자금융거래법 제21조의2(정보보호 최고책임자 지정)와 전자금융거래법 시행령 제11조의3(정보보호 최고책임자 지정 대상 금융회사 등)을 참고 바란다. 과학기술정보통신부는 이를 위해 임원 지정 요건과 겸직 금지, 자격 요건, 과태료 부과 등 요건을 정한다. 한국인터넷진흥원은 '정보보호 최고책임자 지정·신고제도'를 운영한다.

셋째, IT 인력과 예산 통제가 요구된다.

금융회사의 정보 시스템을 안정적으로 운영하기 위해 금융위원회는 일정한 규정을 정하고, IT 인력과 정보보안 인력, 그리고 보안 예산을 확보하도록 한다. 즉 회사 전체 인력의 5% 이상을 IT 인력으로 운영하고, 보안 인력은 IT 인력의 5% 이상으로 정보보안 조직을 구성하도록 규정한다. 보안 예산은 IT 조직 전체 예산의 7% 이상으로 확보를 권고한다. 그래서 금융권에서는 이것을 두고 일명, "5.5.7 규정"이라고 부른다. [표 13-22]에서 이 내용을 설명한다.

[표 13-22] 금융회사 IT 인력과 예산 통제 규정

구분	내용 설명 (일명, "5.5.7 규정")
IT 인력	조직 전체 인력의 5% 이상으로 운영해야 함
보안 인력	IT 인력의 5% 이상으로 정보보안 조직을 구성해야 함
보안 예산	IT 조직 전체 예산의 7% 이상을 확보해야 함

출처: 전자금융감독규정
[별표 1] 정보기술 부문 및 정보보호 인력 산정 기준
[별표 2] 정보기술 부문 및 정보보호 예산 기준

금융권의 IT 인력과 정보보안 인력과 예산 의무 준수 비율은 [표 13-23]과 같다. 이 내용을 보면, 국내의 금융회사는 의무 준수 비율 이상으로 잘 운영하고 있음을 알 수 있다.

[표 13-23] 금융권 IT 인력과 정보보안 인력 · 예산 의무비율

구분	은행(16)		증권(42)		보험(39)		카드(8)		합계(105)	
	평균	미흡	평균	미흡	평균	미흡	평균	미흡	평균	미흡
IT 인력 (5%)	7.1	0	12.9	0	11.8	0	11.8	0	14.1	0
보안 인력 (5%)	7.7	0	13.5	0	8.6	0	16.0	0	16.0	0
보안 예산 (7%)	13.2	0	12.3	0	11.8	0	15.1	0	12.1	0

출처: 각 금융회사 자료, 취합 정리

금융권에서는 보안 강화 방안으로 FDS[6]를 도입하여 활용한다. 위치 정보를 통한 이상 거래의 진단과 평소 거래의 패턴 분석, 고객 접속 환경의 정보 분석, 기존 통계 데이터를 활용한 위험도 측정 등을 통해 이상 금융 거래를 분석하고 탐지한다. 최근 핀테크 서비스가 확대됨에 따라, 핀테크 기업에서도 이 시스템을 많이 도입하여 활용 중이다.

---

6) 'FDS(Fraud Detection System)'란, 핀테크 산업이 활성화되면서 가장 많이 등장하는 단어 중 하나로 '이상 금융거래 탐지 시스템'이라고 부른다.

제14장

가상화폐와 블록체인

CHAPTER **14** 가상화폐와 블록체인

이 장에서는 화폐의 발전 단계와 역사 등을 알아보고, 이들의 성장 과정과 영역을 그림으로
표현한 후 화폐의 특성과 차이점을 비교한다.
이어서 가상화폐가 우리 생활에서 어떻게 활용되는지, 그리고 암호화폐와 블록체인의 관계,
블록체인 구성 요소 등을 살펴본다. 또한, 블록체인을 이용한 송금 절차와 구조 등을 설명하고
성장 전망과 문제점을 기술한다.

1. 법정화폐와 가상화폐

1-1 화폐의 발전과 영역

법정화폐가 나오기 이전에는 조개나 귀금속(금, 은) 등으로 상호 물물교환하는 시대가
있었다. 당시는 이 물건들이 실질적인 화폐의 사용 가치와 교환 가치로 인식되어 오늘
날의 화폐 기능을 대신한다. 하지만 상거래가 빈번하고 복잡해짐에 따라 교환과 보관
등 여러 가지 불편한 점이 생겨난다. 이 문제를 해결하기 위해 국가(또는 정부) 차원에서
은행권이 발행되고 법정화폐가 통용된다. 지폐 또는 동전과 같은 현금이나 신용카드 등
으로 상거래를 하던 중 정보통신 기술(ICT: Information and Communications Technology)의 발전
으로 전자 정보를 이용한 디지털 형태의 전자화폐가 출현한다.

최근에는 여러 국가에서 법정화폐를 대신할 중앙은행 디지털화폐(CBDC: Central Bank
Digital Currency)를 개발 중이다.

요즈음 출간되는 서적이나 언론기관의 보도 내용을 보면, 국내의 화폐 용어 중 일부
가 많은 혼란을 준다. 그래서 한국은행이 발간한 《경제용어사전》을 근거로 화폐 용어를
정의한 후 사용하려고 한다.

'가상통화(Virtual currency)'는 다음과 같이 설명하고 있어, 이 개념과 내용을 그대로 따른다. 즉 "민간에서 블록체인을 기반 기술로 하여 발행·유통되는 비트코인을 가장 대표적인 가상통화라고 한다. 코인 거래가 급증하고 다양한 알트코인(Alternative Coin)이 출현하여 이들 가상통화를 구분할 필요성이 있게 되었다. 또한, 최근 IMF 등 국제기구에서 비트코인 종류의 가상통화를 '암호통화'(Cryptocurrency)로 부르며, 가상통화의 하위 개념으로 분류하는 추세이다."라고 언급한다. 한국은행《경제용어사전》은 전자화폐를 "IC 카드 등에 화폐 가치를 저장하였다가 상품 구매 등에 사용할 수 있는 전자 지급 수단으로 범용성과 환금성을 갖춘 것을 말한다."라고 한다.

따라서 이 책은 언급된 내용을 그대로 따르기로 한다. 다만, 정확한 의미 전달을 위해 '통화' 대신에 '화폐'라는 용어를 사용하며, 가상화폐는 전자화폐와 암호화폐 개념을 포괄한다고 정의한다. 전자화폐는 주로 금융회사와 기업 또는 단체 등에서 발행되어 법정화폐의 대체 수단으로 사용한다.

이상과 같은 화폐 개념과 정의를 토대로 화폐의 발전 형태와 영역을 형상화한다. [그림 14-1]에서 이 내용을 보여 준다.

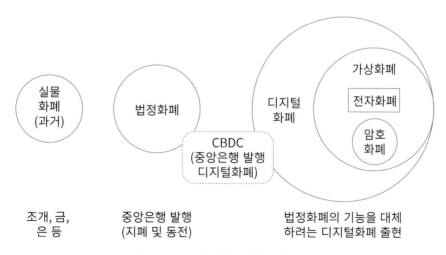

[그림 14-1] 화폐의 발전 형태와 영역

1-2 전자화폐와 암호화폐

전자화폐[1]는 디지털화폐, 디지털 캐시 등으로 불리며, 화폐 가치를 IC(Integrated Circuit) 카드나 금융망에 전자적인 방법으로 연결하여 사용한다. 전자화폐의 유형은 가치 저장 매체에 따라 IC 카드형과 네트워크형으로 구분한다.

IC 카드형은 플라스틱 카드 위에 부착된 IC칩(chip)에 화폐 가치를 저장하고 상품과 서비스를 구매한 후 가맹점용 단말기 등을 통해 대금을 지급한다. 국내 전자화폐는 K-Cash, VisaCash, MYbi 등이 있다.

네트워크형 전자화폐는 인터넷 네트워크를 통해 구매 대금을 지급하는 형태지만, 현재는 발행되지 않는다. 국내에서 통용되는 전자화폐는 은행의 신용카드와 현금카드, 교통카드 등이 대표적이다. 최근에는 스마트폰에 전자화폐 기능이 추가됨에 따라 모바일 전자화폐 시장이 급성장하고 있다.

비트코인(Bitcoin), 이더리움(Ethereum), 리플(Ripple) 등을 일부에서 '가상화폐'라고 하지만, 정확한 용어는 '암호화폐(Cryptocurrency)'가 맞다(이운희 외 5). 이 책은 원래 의미에 충실하도록 '암호화폐'로 표현하기로 한다.

암호화폐[2]는 화폐 발행과 유통, 가치 보장 등 측면에서 법적인 기반이 충분히 갖춰져 있지 않다. 이것은 암호화를 통해 다양한 형태로 온라인상에서 거래되므로 가상화폐의 성격을 갖지만, 가상화폐보다는 협의의 개념으로 해석하는 것이 맞다.

한국은행 《경제용어사전》은 암호화폐에 대해 "비트코인(Bitcoin)은 가상통화이자 디지털 지급 시스템이다. 비트코인 시스템은 중앙 저장소 또는 단일 관리자가 없으므로 최초의 탈중앙화된 디지털 통화라고 불린다."라고 정의한다. 이 내용을 종합해 볼 때, 전자화폐와 암호화폐의 특징은 조금 차이가 있다. [표 14-1]에서 이 내용을 설명한다.

---

1) '전자화폐(Electronic money)'란, 전자적으로 교환되는 현금이나 증서로, 컴퓨터 통신망 또는 디지털 선불카드 시스템 등에서 통용되는 전자 지급수단을 말한다.

2) '암호화폐'는 금융회사의 탈중개화와 탈중앙화를 목적으로 블록체인 기술을 사용한다. 발행되는 코인(Coin)은 채굴(Mining)이라는 과정을 통해 생성되고, 암호화를 통해 분산 거래장부(Ledger)에 저장된다.

[표 14-1] 전자화폐와 암호화폐 비교

구분	전자화폐	암호화폐
정의	① 예금 등이 IC 카드 또는 금융망에 전자적인 방법으로 저장되어, 법정화폐를 대신하는 전자 지급 수단임 ② 은행의 체크카드, 교통카드, 하이패스, 모바일 페이(*** Pay) 등이 있음	① 컴퓨터와 스마트폰 등에 정보 형태로 남으며, 실물이 없이 거래되는 탈중앙화된 디지털화폐를 말함 ② 가상화폐의 일종으로 전자화폐보다는 협의 개념으로 해석함
법률 적용	전자금융거래법 등 관련 법에 따라 정부 또는 금융회사의 엄격한 감시·감독과 통제를 받음	화폐 발행과 유통, 가치보장 등에서 법적 기반이 충분히 갖춰져 있지 않아, 개인 간 자유로운 금융거래가 가능함
화폐 발행	정부 허가와 통제가 필수적이며, 금융회사 또는 전자금융업자가 발행함	개인 회사가 발행하고 정부의 허가를 받지 않음
화폐 공급	발행기관의 철저한 통제 관리를 통해 공급이 매우 안정적임	개인 회사가 발행하므로, 화폐 공급량은 유동적이며 안정적이지 못함
교환 가치	법정화폐와 1:1 단위로 교환(현금 또는 예금과 동일 가치로 교환)	암호화폐 시장의 수요와 공급에 따라 가치가 다르며, 가격 변동 폭도 매우 큼
위험과 노출	① 사이버 테러와 시스템 장애 등 IT 운영리스크에 노출됨 ② 발행기관의 신뢰도는 높은 편이나, 법률 및 신용, 운영리스크는 낮음	① 법률, 신용, 운영리스크 등 각종 위험에 노출됨 ② 법적 기반 등이 잘 갖추어지지 않아 법률 리스크가 매우 높음

참고: 한국은행 홈페이지 〉 경제금융용어700선 〉 전자화폐, 암호화폐
한국은행 http://www.bok.or.kr ; 전자금융거래법, 금융실명제법

1-3 법정화폐, 전자화폐, 암호화폐의 차이점

'법정화폐'는 중앙은행이 발행을 보증하는 화폐이다. '전자화폐'는 예금 등이 IC 카드 또는 금융망에 전자적인 방법으로 저장되어 법정화폐를 대신한다. '암호화폐'는 금전적 가치가 분산형 장부에 저장되는 전자 정보의 성격을 띤다. 법정화폐, 전자화폐와는 다르게 발행 책임이 없으며, 컴퓨터 알고리즘을 통해 거래하고 공동 기록·관리하는 것이 특징이다.

화폐의 의미와 화폐 발행·교환 등을 설명했지만 여전히 의문점이 남는다. 따라서 이들 간의 차이점을 비교하며 [표 14-2]에서 이 내용을 설명한다.

[표 14-2] 법정화폐와 전자화폐, 암호화폐 비교

발행 주체	법정화폐	전자화폐	암호화폐
법률 적용	한국은행법	전자금융거래법	명확한 규제법이 없음
발행 기관	중앙은행(한국은행)이 발행함	금융회사 또는 전자금융업자가 발행함	개별 회사가 발행함
발행 통제	중앙은행의 권한과 재량으로 통제되며, 발행 규모가 정해짐	소비자의 수요에 따라, 발행 규모가 정해지나 통제가 이뤄짐	사전에 결정된 수량을 임의로 정한 후, 회사가 발행함
화폐 발행	권·종별로 정해진 단위로 발행함	법정화폐(현금)와 같은 가치와 효력을 지님	다양한 형태와 독자적인 단위로 발행함
교환 가치	권·종별로 교환가치가 서로 다름	현금 또는 예금과 1:1 동일 가치로 교환됨	암호화폐 시장의 수요와 공급에 따라 가치는 수시 변동됨
기반 기술	화폐 발행에 필요한 종이, 금속 등 관련 기술이 필요함	지급 결제/청산 인프라, 전자지갑, 카드, 모바일 기술이 필요함	인터넷, 모바일 등 정보 기술이 필요하며, 분산형 장부에 저장됨
중개화 여부	중개 개념을 포함하며 중개 기관이 존재함	중개 개념을 포함하며 중개 기관이 존재함	탈중개화 개념으로 중개 기관은 불필요함

출처: 한국은행(김동섭), "분산원장 기술과 디지털 통화의 현황과 시사점"

1-4 중앙은행 디지털화폐와 암호화폐의 차이점

'디지털화폐(Digital Currency)'란, 암호화폐(Cryptocurrency)와 전자화폐(Electronic money)를 포괄하는 개념으로 그 가치가 전자적으로 표시되는 자산을 의미한다(권오익 외1).

'중앙은행 디지털화폐(CBDC)'는 중앙은행이 발행하는 국가 공인 가상화폐이다. 법정화폐와 같은 개념이지만 디지털화폐로 발행된다는 점이 다르며, 암호화폐와 다른 점은 한국은행법으로 중앙은행 통제하에서 발행된다는 점이다.

따라서 중앙은행이 발행하는 법정 디지털 통화로 기존 화폐와 같은 교환 비율(1:1)이 적용되고, 블록체인의 분산원장 기술이 적용되어 DB에 기록된다. [표 14-3]에서 이 내용을 설명한다.

[표 14-3] 중앙은행 디지털화폐와 암호화폐 비교

구분	중앙은행 디지털화폐(CBDC)	암호화폐
정의	① 화폐가치가 전자적으로 저장되고 이용자 간에 자금 이체와 지급 결제가 가능한 법정통화임 ② 중앙은행이 발행하는 법정 디지털 화폐로, 기존 법정통화와 같은 비율로 교환함	분산 장부(Distributed Ledger)에서 암호화를 통해 안전하게 거래를 전송하고, 해시(Hash) 함수를 통해 쉽게 소유권을 증명할 수 있는 디지털 자산이나 법정통화는 아님
화폐 특징	중앙화 기반의 법정 가상화폐임	탈중앙화 형태의 가상화폐임
발행 주체	중앙은행(한국은행)이 발행함	정해진 기관은 없으며 기업이나 단체 등이 발행함
화폐 발행	중앙은행의 발권 재량으로 무한정으로 발행함	사전에 정해진 범위 내에서 발행되고 유통됨
화폐 단위	법정화폐와 같은 단위로 발행됨	발행자에 의해 독자적으로 발행됨
가치 변동	변동성이 아주 작거나 거의 없음	변동 폭이 크고, 시장 원리에 따라 가격 변동성이 매우 민감함
기반 기술	블록체인, 중앙화된 분산원장 기술을 활용함	블록체인, 중앙화된 분산원장 기술을 활용함
기록 방법	블록체인과 별도 DB에 기록·관리함	블록체인 분산원장에 기록·관리함

참고: 한국은행, '경제금융용어700선', 한국은행 경제연구원(권오익 외1)

2. 가상화폐

2-1 화폐의 유형

가상화폐는 유통되는 형태에 따라, 폐쇄형, 단방향, 쌍방형으로 분류하며, 화폐의 취득과 교환, 활용 면에서 구분한다. [그림 14-2]에서 이 내용을 보여 준다.

구분	폐쇄형	단방향	쌍방형
화폐 교환	법정화폐와는 교환이 불가능함	법정화폐와는 교환이 불가능함	글로벌 시장에서 실제 화폐와 교환 가능함
화폐 활용	가상화폐로 물품과 서비스를 제한적으로 구매	국내 가맹점에서만 이용 가능함	국내외 가맹점에서 이용 가능함

	게임업체 등에서 통용되는 화폐임	싸이월드 도토리, 적립포인트 등이 해당됨	암호화폐가 해당됨(비트코인, 이더리움, 리플 등)
대표 사례	법정화폐 ✕교환불가✕ 가상화폐	법정화폐 교환가능 ✕교환불가 가상화폐	법정화폐 교환가능 가상화폐

출처: 한국은행(이동규), "비트코인의 현황 및 시사점"

[그림 14-2] 가상화폐 유형

2-2 화폐의 형태와 사용처

가상화폐의 형태는 적립 포인트, 모바일 쿠폰, 모바일 바우처, 마일리지 등이 되며, 식당과 매점, 카페, 편의점 등에서 상품 결제용으로 사용하거나 현금 인출이나 계좌이체가 가능하다. [그림 14-3]에서 이 내용을 보여 준다.

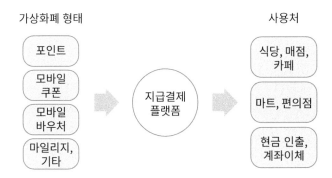

[그림 14-3] 가상화폐 형태와 사용처

가상화폐는 전자화폐와 암호화폐의 개념을 포괄한다. [표 14-4]와 같이 전자화폐의 형태는 플라스틱 카드형과 네트워크형이 있다. 플라스틱 카드형은 집적회로 칩(IC chip)이 플라스틱 카드에 내장되는 것을 말하며, 네트워크형은 컴퓨터에 정보 형태로 남아서 인터넷 통신망을 통해 구매 대금을 지급하게 된다. 암호화폐는 네트워크형에 속한다.

[표 14-4] 전자화폐와 암호화폐 형태

형태		내용 설명
전자화폐	플라스틱 카드형	집적회로 칩(IC chip)이 플라스틱 카드에 내장된 형태 (예) 신용카드, 체크카드, 교통카드, 하이패스 등
	네트워크형	컴퓨터 또는 스마트폰 등에 정보 형태로 남아 있는 전자화폐 (예) 온라인카드(교통카드 포함), ★★★ Pay 등
암호화폐	네트워크형	암호화폐는 네트워크형에 속하며, 코인 형태로 존재 (예) 비트코인(BTC), 이더리움(ETH), 리플(XRP) 등

한국 정부와 금융회사는 금융권에서 암호화폐 사용을 공식적으로 검토하지는 않고 있다. 암호화폐는 24/365 연중무휴로 실시간 매매가 이루어지나, 가격 변동 폭이 매우 심하고 투자 위험성이 높다는 문제가 있기 때문이다.

암호화폐에 대한 평가도 상반된 의견이 많다. "비트코인은 폭락할 것"이라는 비관론자와 "비트코인은 지금이 투자의 적기"라는 낙관론자로 나뉜다. 이것은 개인의 투자 성향에 따른 견해차라고 할 수 있다.

암호화폐는 매일 등락 폭이 너무 크고, 시가 또한 시시각각으로 변해 투자 위험성이 매우 높다. 따라서 암호화폐에 대한 신중한 판단과 투자가 요구된다.

그렇지만 가상화폐를 국가의 미래 화폐로 도입하려는 움직임은 시작되고 있다. 미국, 한국과 일본 등은 '중앙은행 디지털화폐(CBDC)'가 필요할 때를 대비하기 위해 개발을 준비 중이다.

3. 암호화폐

미국, 일본, EU, 중국 등 국가는 암호화폐를 규제하거나 제한적인 범위 내에서 허용한다. 암호화폐 사용을 통제하는 이유는 사기나 해킹에 따른 사용자 피해를 예방하고 불법 거래나 자금 세탁 등 악용 소지를 없애려는 데 목적이 있다.

암호화폐에 관심이 높아지며 투자자도 증가하고 있다. 하지만 암호화폐는 여러 가지 위험 요인 때문에 규제해야 한다는 의견이 더 많고, 향후 정식 화폐로 인정받지 못할 것이라는 전망도 우세하다. 대신에 국가가 발행하는 '중앙은행 디지털화폐(CBDC)'가 온라인 법정화폐로 자리 잡을 것으로 전망한다.

3-1 유럽중앙은행의 견해

유럽중앙은행(ECB: European Central Bank, 2015)은 암호화폐를 "특정한 가상사회에서 통용되는 디지털 민간화폐"로 정의한다. 그리고 "온라인 커뮤니티와 같은 가상 세계에서 이용되며, 암호화폐를 발행하는 회사가 관리하는 디지털화폐의 한 유형으로 법적 규제가 거의 없는 화폐이다. 이것은 법정화폐와 암호화폐 간의 환전 가능 여부에 따라 폐쇄형, 단방향, 양방향 화폐로 구분한다."라고 한다.

3-2 화폐의 특징과 세대별 분류

암호화폐는 광의 개념으로 볼 때 가상화폐에 포함되는 개념이다. 그러나 암호화폐는 고안자의 규칙대로 유통되고, 화폐 생산과 거래 비용을 대폭 감축시킨다. 도난과 분실에 따른 위험성을 줄이며, 다음과 같은 3가지 특징을 갖는다.

(1) 고안자의 규칙과 의도대로 유통된다.

전자화폐와 암호화폐는 네트워크형 전자화폐로 각국 정부나 중앙은행이 발행하는 법정화폐와는 다르다. 암호화폐는 처음 화폐를 고안한 사람이 정한 규칙에 따라 그 가치가 매겨지고, 일반 화폐와 교환될 수 있다는 것을 전제로 한다.

(2) 화폐의 생산과 거래 비용을 대폭 절감한다.

가상화폐는 화폐 발행 비용이 거의 들지 않을 뿐 아니라 계좌이체 비용과 환전 수수료 등 거래 비용을 절감시켜 준다.

(3) 화폐의 도난과 분실 위험성을 줄여 준다.

가상화폐는 컴퓨터 하드디스크 등에 저장되어 보관 비용이 거의 들지 않으며, 도난과 분실 우려가 없다.

하지만 암호화폐는 탈세 수단으로 악용되거나 암호화폐 거래소 해킹에 따른 파산 문제 우려 등 여러 가지 문제를 안고 있다.

(1) 탈세와 불법 수단으로 악용될 소지가 있다.

암호화폐의 특징 중 하나는 거래의 비밀성이 보장된다는 것이지만, 마약의 불법 유통과 도박 자금 융통, 비자금 조성 등을 통한 자금 세탁이 가능하므로 세금 징수 와 탈세 방지에 어려움이 생긴다.

(2) 해커에 의해 암호화폐 거래소가 해킹되고 거래소 파산 문제 등 우려가 있다. 실제 로 2015년부터 각 국가에서 많은 해킹 사건이 발생하고 있다.

암호화폐의 세대는 [표 14-5]와 같이 분류한다. 판단 기준은 단순한 화폐 기능에 집중 하여 발행되는 제1세대와 그 이후에 부가 기능이 추가된 제2, 제3세대로 구분한다.

[표 14-5] 암호화폐 세대별 분류

구분	내용 설명
제1세대	단순한 화폐 기능에만 집중하여 발행되는 화폐임 (예) 비트코인(BTC), 도지코인(DOGE), 리플(XRF) 등
제2세대	화폐 기능과 함께 계약서 파일을 저장할 수 있어, 스마트 계약이 가능한 화폐임 (예) 이더리움(Ethereum), 유니스왑(UNI) 등
제3세대	화폐 기능은 물론 계약서에 함수 등 논리 정보를 저장하고, 블록체인 내에서 더 빠른 정보처리가 가능하도록 설계된 화폐임 (예) 에이다(ADA), 폴카닷(DOT), 솔라나(SOL), 이오스(EOS) 등

암호화폐는 [표 14-6]과 같이 메이저 코인(Major Coin)과 알트코인(Alternative Coin)으로 구분한다. '메이저 코인'이란, 시가 총액이 다른 코인과 비교했을 때 상대적으로 높은 코인을 말한다. 일반적으로 유명세가 있는 코인을 말하며, 통상 시가 총액 상위 20위권 이내의 화폐를 지칭한다. 그리고 '알트코인'은 비트코인(Bitcoin)을 제외한 모든 화폐를 말한다. 즉 비트코인을 대체하기 위해 그 이후에 개발된 코인을 말한다. 이것은 비트코인이 최초로 개발된 암호화폐로 다른 코인들과 구별된다는 것을 의미한다.

[표 14-6] 암호화폐 구분

구분	내용 설명
메이저 코인 (Major Coin)	① 시가 총액이 다른 코인과 비교했을 때, 상대적으로 높은 코인이며 일반적으로 유명세가 있는 암호화폐를 말함 ② 이와 상반된 의미를 갖는 코인은 마이너 코인(Minor Coins)이라고 함
알트코인 (Alternative Coin)	① 비트코인(Bitcoin)을 제외한 모든 암호화폐를 말하며, 비트코인을 대체하기 위해 그 이후에 개발된 코인을 뜻함 ② 비트코인이 최초로 개발된 암호화폐로 다른 코인들과 구별이 된다는 것을 의미함 ③ 특정 국가 주도로 만든 알트코인은 인도의 락스미 코인, 카자흐스탄의 엑산테 등이 있음

비트코인(2009년)에 이어 라이트코인(Litecoin), 리플(Ripple), 이더리움(Ethereum) 등이 출현하여 다양한 코인이 유통된다. 현재까지 발행된 암호화폐는 약 1,600종이며, 그 종류도 매우 다양하고 생성과 소멸 과정이 반복된다. [표 14-7]에서 이 내용을 설명한다.

[표 14-7] 주요 암호화폐 공개 시기와 내용

구분	공개 시기	화폐 단위	내용 설명
Bitcoin	2009	BTC	최초의 디지털 암호화폐로 정해진 주인이 없고, 코인의 가치는 사용자 컴퓨터에 분산되어 저장함
Litecoin	2011	LTC	작업 증명(PoW: Proof of Work) 체계를 개선해, 결제 시간을 대폭 단축하고 기능을 추가함
Ripple	2012	XRP	이종 통화 간 자금이체 서비스에 활용되고, AMEX가 영국과 미국 간 해외송금에서 리플을 사용한다고 선언하여 활성화됨
Ethereum	2015	ETH	계약 처리 및 실행 플랫폼으로 결제 시간을 대폭 단축하고 다양한 용도로 사용함

최근 미국의 연준(연방준비제도이사회, FRB : Federal Reserve Bank of Governors)은 암호화폐의 안전과 위험성을 경고하고 나섰다. 중국도 강력한 경고와 함께 규제를 강화하고 있다.

하지만 암호화폐 시장은 여전히 광풍 속에서 소용돌이치고 있다. 비트코인이 처음 등장할 때만 해도 가격은 한화로 약 5원(비트코인 1만 개로 피자 2판을 구매)에 불과했으나, 2021년 유통 가격은 35,000~65,000 U$까지 되고 있다. 이 가격은 국가별로 모두 다르게 형성되며, 변동 폭도 매우 심한 편이다. 한국은 2009년 말 기준으로 약 1,430만 배가 상승하여 2021년 3월 말 현재 7,145만 원을 돌파하였다.

3-3 거래소 운영 현황과 해킹 피해 사례

국내에서 운영되는 암호화폐 거래소는 약 100여 개로 추정된다. [표 14-8]은 국내 상위 4위까지의 암호화폐 거래소를 표시한다. 거래소는 특정금융거래정보법(약칭: 특금법)에 의거, 국내 은행 한 곳 이상과 실명 확인 계좌를 만들고 업무 제휴를 해야만 영업할 수 있다. 따라서 정보보호 관리 체계(ISMS) 인증과 함께 실명 확인 계좌 개설 요건을 갖추고, 금융위원회 산하 금융정보분석원에 가상자산사업자로 신고해야 한다.

[표 14-8] 국내 주요 암호화폐 거래소 운영 현황

암호화폐 거래소	업무 제휴 은행	비고
빗썸	NH농협	암호화폐 거래소는 가상자산 플랫폼을 갖추고 각종 암호화폐를 취급함
업비트	케이뱅크	
코빗	신한	
코인원	NH농협	

이와 관련하여 해당 은행들은 실명 확인을 위한 계좌 개설과 업무 제휴 여부를 결정한다. 국내 은행이 계좌 개설과 업무 제휴를 꺼리는 이유는 수수료 수입은 낮은 편이나 사고 발생 시 책임 부담이 크고, 자금 세탁과 해킹 등 역기능이 발생할 경우 신용도 하락과 평판 리스크 부담이 크다는 것이다.

암호화폐 거래소가 해킹으로 경제적인 손실을 본 대표 사례는 [표 14-9]와 같다. 이외에도 큰 피해를 본 해킹 사건은 많이 있다.

[표 14-9] 글로벌 암호화폐 거래소의 해킹 피해 사례

구분	발생일자				
	2014.2	2015.1	2016.8	2017.4	2018.1
국가	일본	슬로베니아	홍콩	한국	일본
거래소	마운트곡스	비트스탬프	비트파이넥스	야피존	코인체크
피해 규모	470억 엔 비트코인 분실	5,000만 U$ 비트코인 도난	7,000만 U$ 비트코인 도난	전자지갑 해킹, 55억원 비트코인 도난	580억 엔 넴(NEM) 도난

출처: 한국은행 · 금융보안원 홈페이지, 자료 취합 정리

4. 비트코인

4-1 비트코인의 출현과 특징

'비트코인'[3]은 암호를 풀면 그 보상책(Reward)으로 코인을 발행하여 제공한다. 암호 해독 과정이 마치 금을 캐는 것과 유사하다고 하여 이것을 채굴(mining)이라 한다. 즉 발행 사이트에서 출제되는 암호를 풀게 되면 암호화폐가 자동 발행되어 비트코인 계좌로 이체된다. 비트코인의 특징 중 하나는 블록체인 기술을 기반으로 하여 발행되는 가상화폐라는 것이다. 출발 당시부터 '정부나 은행이 통제하지 못하는 화폐'를 목표로 하였으며 '탈중앙화된 화폐' 개념을 포함하고 있다.

이처럼 암호화폐는 가상화폐처럼 발행되지만, 관리하는 중앙장치나 중개 기관의 개입이 없이 은행의 전산원장을 대신하는 분산 형태의 거래장부(Ledger)를 사용한다. 작동 시스템은 P2P 방식으로, 여러 사용자 컴퓨터에 분산된 DB에 의해 공개키 암호 방식을 기반으로 거래하고, 거래 투명성 확보와 보안 구조가 강력한 것이 특징이다. 또한, 네트

---

3) '비트코인(Bitcoin, BTC)'은 법정화폐(지폐, 동전 등)와는 달리 물리적인 형태가 없고, 온라인상에서 거래되는 디지털 가상화폐이다. 2009년 1월 '사토시 나카모토'라는 필명의 프로그래머가 <비트코인: 개인 간(P2P) 전자화폐 시스템>이라는 논문을 발표한다.

워크 내에 있는 모든 참여자가 공동으로 거래 정보를 검증하고, 여기에 기록·보관하는 데이터에 '블록체인' 기술을 활용함으로써 공인된 3자가 없이도 거래 기록의 신뢰성을 확보할 수 있다.

4-2 교환 형태와 글로벌 동향

암호화폐는 실물 화폐(법정통화)를 구매할 수도 있고, 실제로 상점에서 물건을 구매하거나 다양한 서비스를 받을 수 있다는 점에서 기존 폐쇄형 가상화폐(예: 게임 머니)와 단방향 가상화폐(예: 싸이월드 도토리)와는 차별화된다. 비트코인의 취득 방법은 '직접 채굴'하거나 '암호화폐 거래소에서 코인 구매' 또는 '물품 결제 과정에서 얻는' 3가지 방법이 있다. 비트코인의 발행 한도는 총 2,100만 개로 한정되어 있으며 가격 변동 폭도 매우 심한 편이다. 발행 수량을 한정시켜 놓았기 때문에 인플레이션에 의해서 화폐 가치가 떨어질 수 있는 법정화폐와는 다른 속성을 갖는다.

미국과 유럽 등 국가에서는 결제 수단으로 비트코인을 인정한다. 일본도 암호화폐를 인정하고 있으며 암호화폐 거래소를 개설해 준 바 있다. [표 14-10]에서 이 내용을 설명한다.

[표 14-10] 비트코인의 글로벌 동향

국가	업무 추진 동향
미국, EU	① 결제 수단으로 인정되어 현재 사용 중이며 일부 분야에서는 활성화되고 있음 ② 미국의 비트코인 보급률은 세계 1위이며, 이용자 수는 약 1,000만 명을 상회함
일본	① 암호화폐를 인정하고 암호화폐 거래소를 개설함 ② 암호화폐 규제 법률안과 관련 법(개정자금결제법 등)을 정비하고, 암호화폐를 법정화폐에 준하는 지불 수단으로 인정함[김현우·아시아경제TV 블록체인연구소(2018)]
호주	비트코인을 화폐로 인정하고 취급함
필리핀	비트코인 암호화폐 거래소 설립을 허가함
엘살바도르	① 비트코인을 국가 '화폐'로 인정하고, 법정통화로 채택함 ② 국가 차원에서 비트코인의 채굴 계획을 공식 선언함

중국	비트코인에 대한 강력한 규제와 통제를 시행 중임 ① 암호화폐 P2P 거래를 금지하고, 인터넷으로 해외 암호화폐 거래소 접근을 차단하고, 자국의 가상화폐 거래소를 폐쇄함 ② 강도 높은 규제와 통제하겠다는 의지를 표명함 　ⓐ 해외 암호화폐 거래소에 대한 검색 차단과 함께 개인투자자의 '직접 투자' 및 '우회 투자'도 국가 차원에서 통제하는 정책을 추진하며 가상화폐 공개(ICO)도 금지 　ⓑ 2022년 베이징 동계올림픽을 계기로 국가가 지급보증하는 중앙은행 디지털화폐(CBDC)를 공식 발행하여 유통한다는 목표로 2014년부터 준비
베트남	① 암호화폐 거래를 공식화하고 거래를 허용함 ② 2021년 3월, 암호화폐 사용률 발표함 　ⓐ 사용률은 전체 화폐 유통량의 21% 이상으로 전 세계에서 암호화폐 사용률이 높은 국가 중 2위에 등극 　（참고: 나이지리아 1위 32%, 베트남 2위 21%, 필리핀 3위） 　ⓑ 베트남인이 해외에서 모국으로 송금할 때, 암호화폐의 사용량은 점차 증가 추세 　ⓒ 정부 규제에도 모국 송금액이 최근 3년 사이 2배 이상 증가하고, 발행된 총량은 세계 5위에 등극 ③ 개인이 암호화폐를 불법 사용할 경우, 징계 제도를 도입함 　ⓐ 최대 1억 동 벌금과 징역 20년 구형 　ⓑ 암호화폐 거래가 당사자에게 돈세탁 등 많은 잠재적 위험과 금융시장을 왜곡시킨다고 판단하여 암호화폐 사용에 대한 제재가 필요하단 입장 ④ 중앙화폐 거래소와 개인 간 P2P 거래로 일반인이 암호화폐를 거래하는 것은 허용함

　비트코인은 해당 국가의 정책 추진 방향에 따라 인정 여부가 다르고, 아직도 수취하는 상점과 사용하는 소비자는 많지 않다. 현금과 카드와 같이 일상생활에서 대체 지급 수단으로 많이 활용되지 않으며 일부 투자자들 사이에서는 투자 자산 개념으로 거래된다.

　따라서 핀테크 기업들은 암호화폐를 다양한 형태로 활용하기 위해 새로운 서비스를 준비한다. 독일, 영국 등은 제한적인 화폐 기능을 도입하고, 공과금 수납, 상품 구매, 기업 간 대금 결제 수단으로 그 영역을 확대하고 있다.

4-3 송금 사례

최근 언론에서 다음과 같은 내용을 보도하여 큰 반향을 일으켰다.

> 한 외국인이 비트코인(BTC)을 통해 해외로 60만 원을 송금하고, 64U$ (원화, 약 7만 원)을 절약하였다.

이 내용은 국내 핀테크 기업, '코빗(KOBIT)'이 개발한 시스템을 통해 해외 송금을 하는 우수 사례로 소개되었다. [그림 14-4]에서 이 내용을 보여 준다.

구분	은행 송금	비트코인 송금	절감액
송금액	₩600,000원		
송금 수수료 (한국)	– ₩18,000		
환전 금액 (당일 기준 환율, 1,078원)	U$ 536.41	2.65 BTC	
은행 수수료 (U$)	– U$ 12		
기타 수수료	– U$ 20		
실제 받은 돈	U$ 536.41 (수수료 제외)	U$ 538.77	U$ 64.36 (약 7만원)

출처: KOBIT, 금융정보시스템연구회 세미나, '화폐혁명, 비트코인'

[그림 14-4] 은행 송금과 비트코인의 해외 송금 비교

해외 송금 시 구성 요소는 결제 네트워크, 사용 화폐, 금융 플랫폼 3가지이다.

(1) 결제 네트워크	(2) 사용 화폐	(3) 금융 플랫폼
비트코인 망	BTC	블록체인
VISA, Master 카드	USD, KRW	안드로이드, 페이스북
페이팔, 삼성페이 등		

(1) 결제 네트워크

비트코인 결제는 별도 통신망을 사용하며, 기존 업무 처리 방식과 비교할 때 송금 수수료와 가맹점 수수료는 저렴하고 송금 시간을 대폭 단축한다.

결제 네트워크	송금 수수료	송금 시간	가맹점수수료
비트코인 망	국내, 국제 0~50원	즉시 처리	0~1%
VISA, Master 카드 페이팔, 삼성페이 등	국내: 500원 국제: 8%	3~5일	3%

(2) 사용 화폐

비트코인은 발행량과 발행 규칙이 서로 다르다. 비트코인의 발행량은 제한되고, 발생 규칙에 따라 한정된다. 반면에 법정화폐(USD, KRW)는 국가와 발행기관의 의사결정에 따라 발행되므로, 발행 총량은 정해지지 않는다.

사용 화폐	발행 수량	발행 규칙	비고
B BTC	확실	수학적으로 총량을 한정	총 2,100만 개
$ USD ₩ KRW	불확실	국가/발행기관이 발행 수량을 결정	중앙은행의 정책에 따라 결정

(3) 금융 플랫폼

금융 플랫폼의 소유권은 공공 성격을 띠며, 프로그램은 오픈 소스 형태로 구성된다. 그러나 안드로이드, 페이스북의 앱과 플랫폼은 소유권이 해당 기업에 있고, 폐쇄형과 개방형의 혼합 형태이다.

금융 플랫폼	소유권	개방성	비고
블록체인	공공	Open Source	
안드로이드 페이스북	해당 기업	Closed & Open Source	

5. 블록체인

5-1 블록체인의 구조와 형태

'블록체인'[4]의 분산 처리와 암호화 기술은 강력한 보안성과 투명성을 갖고 있어, 데이터의 위변조 방지에 큰 역할을 한다. 여기에서 중개자 역할을 담당하는 컴퓨터 네트워크를 블록체인이라 한다. 블록체인에서 '블록'은 개인과 개인 간 거래(P2P: Peer to Peer)의 데이터가 기록되는 분산된 거래 장부가 된다.

금융회사는 일반적으로 금융 거래 데이터를 중앙집중시스템(Centralized data processing system)에 기록하여 보관한다. 그러나 블록체인은 거래에 참여하는 모든 참여자에게 거래 내용을 보내 주고, 거래할 때마다 이를 대조하여 데이터 위변조를 방지하는 탈중앙화 기술이다. 블록은 약 10분에 한 번씩 블록체인에 추가되고 모든 참여자에게 보내진다. 그러면 거래에 참여한 사용자는 이 거래 원장의 기록을 검증하여 해킹을 방지한다.

결론적으로 블록체인은 누구나 열람할 수 있는 장부에 거래 내용을 기록하고, 여러 컴퓨터에 이를 복제하여 저장하는 분산형 데이터 저장 기술이다. 따라서 하나의 네트워크를 구성하는 모든 참여자가 공동으로 거래 정보를 검증하고 기록·보관함으로써 거래 기록의 신뢰성을 확보하고 네트워크에서 데이터의 무결성을 보장한다는 것이다.

중앙집중형(Current System) 구조는 은행 시스템의 중앙집중형과 같은 형태이다. 이와 대비되는 블록체인의 구조로는 퍼블릭(Public)과 프라이빗(Private) 블록체인 형태가 있는데, 이것은 그림 중간과 오른쪽에 위치한다. [그림 14-5]에서 이 내용을 보여 준다.

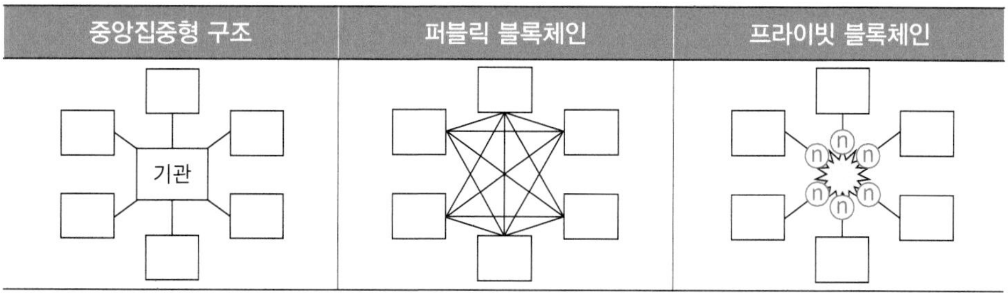

[그림 14-5] 블록체인의 대표적인 구조

---

4) '블록체인(Blockchain)'을 사전적 의미로는 '블록(Block)을 잇따라 연결(Chain)한 것'이라고 할 수 있다.

중앙집중형 구조는 중앙은행 또는 정부 등 제3자 신뢰 기관이 주도하므로 신뢰성은 매우 높은 편이나 처리 속도가 느린 단점이 있다. 퍼블릭 블록체인은 누구나 참여할 수 있고 Sybil 공격이 불가능하다는 장점을 갖고 있으나, 상대적으로 처리 속도가 느리다. 그리고 프라이빗 블록체인은 제한적인 참여가 가능하고 Sybil 공격이 어려운 장점이 있으며, 처리 속도가 빠르고 확장성도 좋다.

'Sybil attack(DDoS 공격)'이란, 어떤 의미 있는 ID를 여러 개 가지고 있는 malicious user(악의적인 사용자)가 의미 있는 아이디를 이용해 공격하는 집단적 공격 형태를 말한다.

블록체인 구조는 일반적으로 퍼블릭(Public), 프라이빗(Private), 하이브리드(Hybrid) 3가지 형태가 있다. [표 14-11]에서 이 내용을 설명한다.

[표 14-11] 블록체인 형태

형태	특징 설명
퍼블릭 블록체인	① 중앙기관의 통제를 받지 않으며 누구나 네트워크에 참여 가능함 ② 거래 내용의 열람이 가능한 공개된 형태로, 컴퓨터를 이용한 작업 증명(PoW)으로 이용이 가능하고, 누구나 참여가 가능한 공개적인 네트워크임 ③ 단점은 네트워크의 확장이 어렵고, 거래 속도가 매우 느리며, 외부 공격이나 이중 송금의 위험성이 존재한다는 것임
프라이빗 블록체인	① 1개 주체(Subject)가 권한을 갖고 모든 것을 통제하는 개인화된 블록체인으로, 암호감사 기능이 추가된 중앙집중형 DB 개념임 ② 주로 기관 또는 기업이 운영하며, 사전에 허가받은 사람들만 참여가 가능한 비공개 네트워크임 ③ 참여자 수가 제한적이며 처리 속도는 상대적으로 빠른 편임 ④ 개인형 블록체인으로 1개의 주체(Subject)가 내부 전산망을 블록체인으로 관리하고 권한을 행사하며, 안정성이 높고 1개의 주체 내에서 글로벌 지점(Branch)도 운영이 가능함
하이브리드 블록체인	① 미리 선정된 노드(Node)에 의해 통제가 되지만, n개의 주체가 각각 1개 Node를 운영함 ② n개의 주체 간에 동의와 합의가 있어야 거래의 처리가 가능함 ③ 완전 분산형 블록체인으로 미리 선정된 노드에 의해 조정되고, n개의 주체가 노드를 1개씩 운영함 ④ 장점으로는 네트워크의 확장성이 좋고, 거래 처리 속도가 가장 빠르며 시스템의 안정성이 확보된다는 점

그러나 지정한 의미는 '누구나 열람할 수 있는 디지털 장부(분산원장)에 거래 내용을 투명하게 기록하고, 여러 대의 컴퓨터에 이것을 복제해 저장하는 데이터 분산처리 기술'을 말한다.

5-2 통신망의 변화와 블록체인

국내 인터넷 통신망의 변화를 알아본다. 약 20년 전(1999년) 새롬기술은 WWW(World Wide Web)를 기반으로 한 '다이얼패드'라는 인터넷전화 기술을 개발하고, 세계 최초로 인터넷 무료 전화 서비스를 제공한다. 2001년 7월부터는 이것을 유료화한 후 매월 30분씩 무료 통화를 제공하지만, 닷컴(.com) 버블과 9·11테러(2001.9) 사건이 발생하면서 파산한다.

이후에 Kakao가 '카카오 보이스톡'이라는 무료 음성 전화 기술을 개발하여 인터넷 무료 전화 서비스를 제공함으로써 항상 무료 통화가 가능하게 되었다. 최근 카카오톡의 '보이스톡'이 다시 인기를 끌고 있다. 전화 대신에 보이스톡을 선호하는 이유는 보안 기능 때문이다. 보이스톡은 데이터로 통화가 이뤄지기 때문에 통신회사에 기록이 남지 않고 녹음 기능도 없는 것이 큰 장점이다.

인터넷 통신망의 생태계도 크게 변하고 있다. 과거 인터넷 무료 통신망이 월드와이드 웹(WWW: World Wide Web)이라면, 현재 인터넷 통신망의 중심은 블록체인 기반으로 이동 중이다.

블록체인의 통신 개념은 월드와이드웹으로부터 왔다고 볼 수 있다. 그러므로 월드와이드웹과 현재 디지털 변환을 주도하고 있는 블록체인 기술을 [표 14-12]에서 특성을 비교하여 설명한다.

[표 14-12] 월드와이드웹과 블록체인 기술 차이

구분	월드와이드웹	블록체인
자료 전송 방법	이미지 Copy(복사본 전송)	Source(원본 전송)
파급 효과	약 20년간 지배해 왔음 (1990년 후반~현재)	향후 30년간 지배 전망임 (현재~)
기술력 완성 수준	정착 및 안정기에 진입함	미완성, 현재 진행형임 (2025년 완성 예상)

비트코인을 설명하다 보면, 블록체인이라는 말이 항상 자연스럽게 뒤를 이어 따라 나온다. 이들 간의 관계를 [표 14-13]에서 설명한다.

[표 14-13] 비트코인과 블록체인의 관계

구분	비트코인	블록체인
정의	비트코인은 법정통화와는 달리 물리적 형태가 없는 온라인 암호화폐로 실물이 존재하지 않고 온라인상에서 거래가 이루어지는 가상화폐의 일종임	온라인에서 암호화폐로 전자상거래를 할 때 해킹을 방지하기 위한 기술로, 변조 방지가 가능한 분산 데이터 구조이지만 거래소 해킹 등에 의한 파산 문제 등이 존재함
거래 처리 형태	완전히 익명으로 거래되며, 컴퓨터와 인터넷만 연결되면 누구나 비트코인 계좌를 개설할 수 있고, 거래 편의성 증진이 가능함	전자상거래에 참여하는 모든 사용자에게 거래 내용을 보내 주고, 거래 시마다 이를 대조하여 데이터 위·변조를 방지함
특징	① 개인 간에 직접 자금을 주고받을 수 있도록 '분산화된 거래장부(Ledger)' 방식을 사용함 ② 인터넷 환전 사이트에서 비트코인을 구매하거나 현금화가 가능하고, 중계 수수료가 저렴한 편임 ③ 공급량은 2,100만 개로 한정됨	① 누구나 열람할 수 있는 장부에 거래 내용을 투명하게 기록하고, 여러 컴퓨터가 10분에 한 번씩 이 기록을 검증함 ② 거래가 발생하면 각 참여자의 승인과 검증을 통해 해킹을 차단함 ③ 블록체인 특성상 체인 규모가 커지면 처리 속도가 급감하게 됨
기타	돈세탁과 마약 거래 등으로 범죄 조직의 온상이 되고, 악용 소지가 있음	고객 DB의 유지보수와 정보보안 유지에 따른 비용 절감 효과가 있음

5-3 블록체인의 발전 단계와 세대별 분류

블록체인은 기술적으로 계속 진화하며 발전하고 있다. 이 기술은 여러 분야에서 활용되고 있다. 암호화폐뿐 아니라 유통과 물류 산업 등 다양한 분야로 그 영역을 확대 중이다. 태생 단계부터 암호화폐와 분리하여 생각할 수 없을 만큼 아주 밀접한 관계로 발전하고 있다. 다양한 산업에서 활용 중이며 현재는 3단계 기술로 진입하고 있다. 처리 속도와 보안성, 탈중앙화 등 문제점을 보완한다면 앞으로 크게 발전할 것으로 전망된다. [표 14-14]에서 발전 단계와 세대별 특징을 설명한다.

[표 14-14] 블록체인 발전 단계와 세대별 특징

구분	단계	주요 기술	특징 설명
1세대	블록체인 1.0	비트코인	① 화폐 성격을 지닌 비트코인이 활용되는 시기로, 은행과 같은 중앙집중형 기관이 없이도 암호화폐 거래가 가능함 ② 블록이 10분에 하나씩 생성되어 연결되도록 설계 되었고 초기 설계 값은 변경할 수 없도록 만들어짐
2세대	블록체인 2.0	이더리움	① 스마트 계약을 중심으로 금융과 산업 전반에서 혁신 도구로 활용됨 ② 암호화폐뿐 아니라, 자동차, 부동산, 콘텐츠 거래 등 모든 거래의 이력 관리에 활용함 ③ 블록 생성 속도를 1분 이하로 개선하고 블록 크기를 늘리고 자동 계약 기능을 도입, 스마트 계약(Smart Contract) 기능이 추가됨
3세대	블록체인 3.0	블록체인 컨소시움	① 블록체인이 단순한 핀테크 기술을 넘어 전 산업 분야로 확대되고, 다양한 업무에 적용됨 ② 클라우드 기반으로 블록체인 기술을 적용하는 전략을 추구하지만, 처리하는 데이터의 양 확대와 개인정보 처리 등 해결과 속도 개선에 초점을 맞춤 ③ 사회 전반의 서비스를 편리하게 이용할 수 있고 의사결정 기능과 지분 증명 방식(PoS)의 뛰어난 거래처리 성능 등 기술을 포함 ④ 플랫폼 생태계 구축과 서비스 표준화를 통해 블록체인 컨소시움을 상호 연결하여 다양한 서비스를 제공함
4세대	블록체인 4.0	큐브 체인	① 시공을 초월하여 고객과 소비자가 연결되고, 실시간 서비스를 제공하는 형태로 발전함 ② 허가형 블록체인에 초점을 맞춘 기술과 비즈니스 모델 개발에 집중함 ③ 기존 블록체인보다 더 빠르고, 정밀한 데이터 처리와 강화된 보안 시스템을 가진 차세대 블록체인 플랫폼으로 불림 ④ 생성된 블록을 하나의 큐브로 형성하고, 큐브와 큐브를 연결해 데이터를 보관함으로써 기존 블록체인보다 우수한 성능을 지님

출처: 남상엽·김동오, 한국인터넷정보학회(제19권 제1호)

블록체인 기반의 금융 거래와 부동산 계약, 공증 등 계약 체결과 이행은 블록체인 2.0 기술로도 가능하다. 이 기술을 통해 개발자가 직접 계약 조건과 계약 내용을 코딩하고,

가능한 모든 종류의 계약을 이더리움 플랫폼에서 구현할 수 있다. 하지만 아직은 거래 처리 속도가 너무 느리고 비싼 수수료 지급의 문제점을 안고 있다.

삼성SDS는 이더리움 스마트 계약 기능을 기반으로 기존의 비트코인 블록체인에서 이더리움 가상 머신(Ethereum Virtual Machine)을 구현하고, 스마트 계약 기능을 갖춘 넥스레저 (NexLedger) 플랫폼을 개발하였다. 그 결과 국내의 블록체인 기술은 암호화폐뿐 아니라 금융과 핀테크, 사물인터넷, 자율주행차, 스마트 계약 등 다양한 분야에서 응용된다. 특히 은행의 해외 송금 업무를 블록체인 기술로 적용함으로써 짧은 시간 안에 업무 처리가 가능하고, 금융 소비자에게 더 편리한 금융 서비스를 제공하게 된다. 또한, 장외주식 거래의 주주명부 관리, 식품 원산지 추적, 보험금 청구, 의약품 관리 및 추적, 무역 등에서도 이 기술이 적용된다. 자세한 내용은 "제14장, 6.3 산업별 블록체인 기술의 활용"을 참고 바란다.

흔히 블록체인의 특성을 말할 때 8가지 구성 요소를 이야기한다. 이것을 블록체인 구성 요소 8C라고 부른다. [표 14-15]에서 이 내용을 설명한다.

[표 14-15] 블록체인 구성 요소 8C와 활용 방안

구분	활용 방안
Currency	비트코인의 보안성과 무결성 확보에 핵심이 되는 해시(Hash) 기반의 작업 증명(PoW) 기능을 이용하여, 다양한 알트코인(Alternative Coin)과 지능형 화폐 등을 개발함
Common Record	토지대장 DB를 구축, 물품 도난 및 분실 방지를 위한 등록/이력관리 시스템, 농축산물 이력 관리와 경로 추적관리 시스템 구축 등에서 활용함
Contract	블록체인의 스마트 계약 기능을 활용하여, 주식시장에서 주식 체결과 정산에 2일간의 시차가 발생하는 문제를 해결하고, 은행 간 거래에서 정산 시 장시간이 소요되는 문제와 관련 서류 작업 등을 혁신함
Consensus	① 중앙집중식 온라인/모바일 투표는 보안상 매우 취약하고 비밀투표의 원칙이 우려되지만, 블록체인 기술 기반 시스템을 활용하면 누가 투표했는지 알 수 없고 투표 집계 과정을 참여자가 실시간 모니터링 가능함 ② 시장 예측 합의(Consensus)와 집단지성 등에 기술을 활용함

Cross-border	각 금융기관의 국제금융 거래를 신속히 처리하고, 이동통신사의 국제로밍 서비스와 관련해 정산 및 지불(지급) 프로세스를 개선함
Contents	블록체인에 디지털 아트와 웹툰 등 저작물을 등록하고 관리함
Community	블록체인 기술에 기반한 모바일 상품권과 포인트 등을 독립적으로 직접 관리함으로써 관리비용을 절감함
Co-ownership	집이나 사무실, 자동차 등 소유권을 등록하고 다른 사람과 공유하게 함으로써 공유 경제를 실현함

출처: 김진화, 프리미엄 경제매거진 DBR 187호

6. 블록체인 기술 도입

금융 정보 시스템은 일반적으로 중앙집중형 처리 방식으로 운영되고, 데이터는 데이터베이스(DB)에 저장된다. 따라서 은행은 금융 거래의 중개자 역할을 하고, 모든 거래에 대한 증명은 금융회사가 담당한다. 하지만 블록체인의 거래 내용은 여러 PC에 분산 저장되고, 그 거래에 참여한 모든 사용자는 거래가 발생할 때마다 거래 내용의 타당성을 검증하게 된다. 거래 내용은 여러 개의 블록으로 저장된 데이터를 연결해 확인한다.

6-1 송금 처리 단계와 절차

블록체인을 이용하여 송금하려고 할 경우, 다음 단계와 절차를 따른다. 송금인이 수취인에게 송금하려면 데이터를 입력하여 해당 거래가 담긴 '블록'을 먼저 만들고, 네트워크상에 존재하는 모든 참여자에게 '블록'을 전송한다.

거래 참여자는 해당 거래의 타당성을 확인하고 승인된 블록을 기존의 '블록체인'에 연결함으로써 실제 송금을 완료한다. [그림 14-6]에서 단계별 절차와 처리내용을 보여준다.

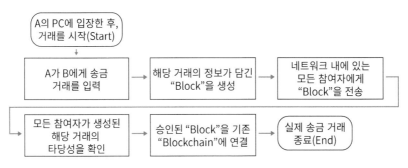

[그림 14-6] 블록체인 송금 처리 단계와 절차

블록체인을 이용한 송금 처리 절차는 매우 간단하다. 하지만 A 지갑에서 B 지갑으로 비트코인(BTC)을 전송하는 시간은 아직도 많은 시간이 걸리고 있다. 이 문제 때문에 처리에 많은 어려움을 겪는다. 그래서 비트코인이 아직도 결제 수단이라기보다는 투자 자산으로 주목받는 이유가 된다.

비트코인보다 안전하고 송금 시간이 빠른 코인으로 이더리움(ETH)이 있다. 이더리움은 '비트코인 2.0'으로 불리며, 건당 결제 시간은 약 12초가 걸린다. 그래서 비트코인보다 전송 속도가 빠르고 발행량도 한정되지 않아 결제 수단으로 가치가 있다고 평가받는다. 하지만 이것은 투자 자산으로 비트코인만큼 주목받지는 못한다. 그 이유는 이더리움이 무한대의 발행량으로 희소성이 없기 때문이다. 그러나 이더리움 장부를 이용하는 알트코인이 많아서 가치 하락과 가격의 변동 폭은 그리 큰 편은 아니다.

비트코인이 블록체인 기반의 P2P(Peer-to-Peer) 디지털 암호화폐라고 한다면, 이더리움은 블록체인 기반의 클라우드 컴퓨팅 플랫폼으로 스마트 계약이 가능하고 여러 업무 처리에 쉽게 응용할 수 있다는 장점을 갖고 있다.

또 다른 알트코인 중에 리플(XRP)이 있다. 이것은 전 세계 은행이 실시간으로 자금을 송금하기 위해 사용하는 프로토콜 겸 암호화폐이다. 즉 은행 간 송금(지급-청산-결제) 업무를 처리하기 위해 개발된 플랫폼으로, 리플넷(Ripple Net)은 은행을 위한 블록체인 기술이라고 할 수 있다. 기존 은행들이 건당 5만 원을 내고 청산까지 1일 이상이 걸리는 국제은행간통신협회망(SWIFT) 업무를 거의 수수료 없이 약 2~3초 만에 해결해 줌으로써 해외송금 시 드는 비용과 시간을 대폭 절감한다.

6-2 금융 플랫폼과 은행의 사례

금융 플랫폼은 금융 거래에 최적화된 분산원장 기술과 금융 지식이 결합한 플랫폼 (Blockchain Platform) 구조를 갖는다 [그림 14-7]에서 이 내용을 보여 준다.

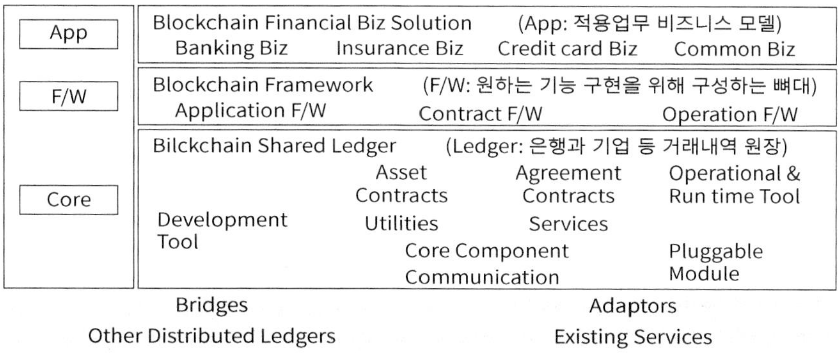

App	Blockchain Financial Biz Solution (App: 적용업무 비즈니스 모델)

출처: 쿠도커뮤니케이션 세미나 자료, 취합 정리

[그림 14-7] 블록체인 금융 플랫폼 구조

그림의 하단 부분은 인프라(Infrastructure)를 기반으로 하며, 그 위에 은행과 기업 등의 거래 내용 원장과 도구가 있다. 그리고 원하는 기능 구현을 위한 각종 프레임워크, 업무 처리를 담당하는 적용 업무 비즈니스 모델로 구성된다.

블록체인 기술을 도입·활용하는 글로벌 금융회사의 사례는 많이 있다. [표 14-16]에서 이 내용을 설명한다.

[표 14-16] 글로벌 은행의 블록체인 도입 사례

국가	블록체인 기술을 도입한 은행
미국	BOA(Bank of America), BNY Melon(Bank of New York, Melon), Morgan Stanley, JP Morgan, Goldman Sachs, State Street 등
EU	BBVA(Banco Bilbao Vizcaya Argentaria: 방코 빌바오 비스카야, 스페인), Banco Santander(산탄데르 은행, 스페인), SC(Societe Generale, 프랑스), Deutsche Bank(독일), Commerzbank(코메르츠 Bank, 독일), SEB은행(SKANDINAVISKA ENSKILDA BANKEN, 스웨덴) 등

영국	Barclays Bank, HSBC(Hongkong&Shanghai Banking Corp), Royal Bank of Scotland 등
캐나다	Royal Bank of Canada, Toronto Dominion Bank 등
호주	커먼웰스(Commonwealth bank, CBA), National Australia Bank 등
일본	미쓰비시UFJ은행(MUFG Bank, Ltd.), 미쓰이스미토모, 미즈호 등
중국	마이뱅크, 공상은행(ICBC), 농업은행(Agricultural Bank of China) 등

출처: 각 언론사 보도자료 취합 정리

국내 은행은 블록체인 기술의 도입 단계 중 확장기(블록체인 3.0)에 진입 중이다. 최근
에는 블록체인의 분산 신원 증명(DID: Decentralized Identifier) 기술을 활용하여 업무를 처리
한다. [표 14-17]에서 이 내용을 설명한다.

[표 14-17] 국내 은행의 블록체인 기술 활용

구분	활용 사례

신한	① 비대면 신원확인 절차로 간편 신원인증이 가능함
	   (모바일 신분증 또는 이동통신사 본인인증 등)
	② 소상공인 정책자금(소상공인시장진흥공단) 대출 시 적격자 검증함
	③ 이더리움 블록체인 기술을 기반으로 대출상품 '닥터론'을 실행함
	   – 대출 신청자의 자격 증명(PoW)과 대출서류 제출 생략
	④ 신한은행 통합 블록체인 플랫폼을 구축하여 활용함

우리	① 리플넷((Ripple net)을 활용한 해외송금 서비스를 제공함
	② 지급 결제 또는 전자화폐 거래를 인증함
	③ 블록체인 기술 기반의 회원 관리통장을 출시함
	④ 블록체인 사업을 분산 신원인증과 토큰화로 구분하여 추진함
	   ⓐ 신원인증: 모바일 전자 증명(VIP 고객등급, 대출서류 등)
	   ⓑ 토큰화: 기업 간 결제자금 전용 토큰 서비스
	⑤ 대출에 필요한 재직·재학 증명서 등을 전자 문서화해 모바일 기기로 제공함
	⑥ 빅데이터를 활용한 고객별 개인 서비스를 제공함(My data)

하나	① 대학교 학생증 카드발급 및 성적·졸업증명서를 발급함 ② 학교 체크카드 발급 및 카드발급 시간을 단축함 ③ 고속도로 통행료 미납 납부·환불 서비스를 제공함 – 본인 명의의 차량번호를 입력해 확인 및 업무처리를 함 ④ 해외결제 서비스 등 금융 서비스와 블록체인 ID 인증 서비스를 제공함 ⑤ '원큐렛저'라는 독자 브랜드의 블록체인 플랫폼을 개발하여 활용함

NH농협	① 금융 거래 시 전자 증명서 발급 서비스를 제공함 　(납세증명서, 건강보험 자격득실 확인서 등 정부 전자문서) ② 주민등록 등초본 대출 실행 시 서류 발급 등을 자동화함 ③ 공무원 대출 시 적격자를 확인함(공무원연금공단과 연계) ④ 금융결제원에서 만든 블록체인 파일럿 시스템을 활용함 ⑤ 블록체인 기반의 금융상품을 출시하여 서비스를 제공함

출처: 각 언론사 보도자료 취합 정리

　금융권에서 블록체인 기술을 도입·활용하는 이유는 블록체인의 장점인 탈중앙화(분산 장부) 기술을 활용하고, 금융 서비스의 안정성 제고와 거래의 검증 시간을 단축하기 위함이다.

　이 기술은 기존의 공인인증서보다도 위·변조 확률이 훨씬 더 낮고, 신원 증명, 신원 인증, 잔액 증명, 계좌 증명 등에서 활용성이 좋다. 특정 직업군에 대한 대출 자격 증명을 위해 실시간으로 제출된 서류의 진위 여부와 직업군의 소속을 즉시 확인할 수 있다.

　그밖에 제휴처의 VIP 서비스를 돕기 위한 VIP 고객 등급 증명, 대출 서류 모바일 전자 증명이 된다. 이처럼 기존 금융 업무에 분산 신원 증명(DID) 기술을 접목해 새로운 비즈니스 모델과 금융 서비스를 만들 수 있다.

　블록체인 기술은 기존의 신원 확인 방식과는 달리 중앙화된 시스템에 의해 통제받지 않는다. 그래서 자신의 개인정보를 사용자가 직접 관리하고 완전하게 통제할 수 있다는 장점이 있다.

　국내의 대표 사례로, 이동통신 3사와 삼성전자, 은행 등 14개 사가 공동으로 참여해 만든 모바일 전자 증명 이니셜(Initial) 서비스가 있다. 이 밖에도 마이키핀(MyKeepin), 옴니원(OmniOne), 마이아이디(MyID), 다이오스 (DAIOS) 등이 있다. 해외의 경우, 마이크로소프트(Microsoft), 메타디움(Metadium), 소브린(Sovrin), 시빅(Civic) 등 많은 기업이 분산 신원 증명과 관련된 서비스와 솔루션을 제공한다.

6-3 산업별 블록체인 기술의 활용

　각 산업에서 활용하는 블록체인 기술의 적용 사례를 분류하고, 이 기술을 어떻게 적용해 나갈지를 살펴본다. 블록체인 기술은 장외주식 거래의 주주명부 관리, 식품의 원산지 추적, 보험금 청구 등 다양한 형태로 업무에 적용된다. 또한, 금융권의 신분 증명이나 대출, 외국환 등 업무와 신용카드, IoT, 세금, 에너지, 보안, 콘텐츠 등 분야에서 사용된다.

주식과 관련된 사례로, 미국 나스닥은 2015년부터 블록체인 기반의 시스템을 통해 비상장 주식을 거래한다. 기존 거래 방식이 결제나 장부 반영에 2~3일의 시간이 걸렸으나, 블록체인 기술을 활용하여 10분 이내로 거래를 완료한다. 주식 발행하는 회사는 주주 현황과 투자 현황을 실시간으로 파악하여 보여 주는 것이 가능해졌다. [표 14-18]에서 블록체인 사례를 가지고 이 내용을 설명한다.

[표 14-18] 블록체인 기술의 산업 분야별 적용 사례

적용 분야	활용 사례
장외주식 거래 주주명부 관리	① 데이터 추적 시스템(Trace)을 거래에 적용하여 주권 발급 및 주주명부 등 작업을 간소화하고 기록의 안정성과 보안성을 확보함 ② 투명성과 보안성을 갖춘 블록체인 기술을 활용함으로써 기업은 주주명부 관리의 부담을 줄이고, 투자자는 비상장 주식 거래에서 불안감을 해소함
식품 원산지 추적	식품의 원산지와 유통 정보(원산지, 보관온도, 유통기한 등)를 소비자에게 블록체인 기술로 투명하게 공개하여 소비자의 신뢰와 고객만족도를 제고함
보험금 청구	① 병원 서류가 모두 블록체인상에서 기록되므로 보험 가입자는 빠른 보험금 청구가 가능함 ② 블록체인 기술 적용으로 보험사는 문서 검증 시간을 절약하고 서류의 위·변조가 불가능해 보험사기를 사전 예방할 수 있고, 보험 업무의 '인슈어테크' 구현이 가능함
의약품 관리 및 추적	① 블록체인과 IoT를 활용하여 유통 이력을 공유하고 유통 과정에서 발생할 수 있는 다양한 문제점(보관온도, 유통기한, 의약품 진위 확인 등)을 쉽게 해결함 ② 기록된 모든 데이터의 위·변조를 불가능하게 하고, 일관성과 투명성이 보장되도록 하여 의약품의 안전한 관리와 유통을 보장함
주식거래의 청산·결제	주식 거래에 대해 블록체인 기술을 이용하여 청산·결제를 처리하게 함으로써 주식 매도 이후에 증권사에서 현금을 받는 기간을 대폭 단축함
온라인 중고 거래 플랫폼	① 블록체인 기반 중고 거래 플랫폼을 통해 판매자와 구매자의 신원정보 및 거래 내용 등을 블록체인 원장에 저장함 ② 모든 거래 내용은 블록체인에 기록·관리되고 이를 통해 범죄 입증과 예방이 가능해 거래에 대한 신뢰도를 제고함

무역(Trade)	블록체인 기술을 이용해 무역 관련 서류와 승인 정보(무역업자, 운송업자, 세관, 화물 정보, 무역서류, 세관 신고, 센서 판독 등)를 관리하고 처리하여 처리시간과 비용을 절감함
디지털 건강 여권	공항에서 출국하기 전에 코로나19 검사 결과를 제출해야 할 경우, 그 결과를 필요로 하는 기관에 '전자예방접종증명서(QR코드 증빙 등)'을 제출하게 되는데, 관련된 모든 정보를 블록체인에 기록하여 위 변조가 되지 못하도록 방지함
전자계약서 관리	해외 파트너사와 계약을 할 때 체결된 전자계약서가 원본이라는 것을 입증하기 어려움 (사례) 삼성SDS는 이 문제를 해결하기 위해 블록체인 기반의 글로벌 전자계약 플랫폼 넥스레져(Nexledger)을 만들어 계약서 위·변조를 막고 진본을 확인하게 함으로써 신뢰도 높은 계약 관리를 가능하게 함
포인트 통합 시스템	블록체인 기반 플랫폼을 통해 포인트를 한곳에 모으거나 서로 교환할 수 있고, 보유한 토큰은 상장된 암호화폐 거래소에서 현금화 가능함

출처: 눈 여겨 볼 블록체인 10가지 적용 사례 – Luniverse

(http://Luniverse.io/2021/01/25/ten–blockchain–usecases)

블록체인 기반 기술은 '산업 혁신을 촉진하는 인프라(Enabler Technology)'와 '사회경제 혁신 인프라(Institutional Technology)'로 크게 구분할 수 있다(오세현 · 김종승). [그림 14-8]에서 이 내용을 형상화하여 보여 준다.

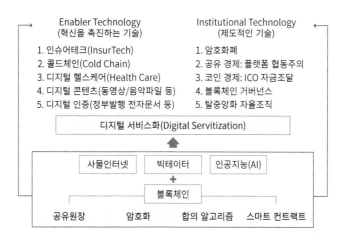

출처: 오세현,김종승, 블록체인노믹스

[그림 14-8] 블록체인 기술의 활용

먼저, '산업 혁신을 촉진하는 인프라 기술'은 인슈어테크(InsurTech), 콜드체인(Cold

Chain), 디지털 헬스케어(Health Care), 디지털 콘텐츠(동영상 파일, 이미지/음악 파일, e-Book 등 디지털 형태), 디지털 인증(주민등록/토지대장 등 전자 증명서, 디지털 신분증) 등에 활용한다.

'인슈어테크(Insurtech)'란, 정보 기술(IT)을 이용하여 기존의 보험 산업을 혁신하는 서비스를 말한다. 그리고 '콜드체인(Cold Chain)'은 농수산물과 의약품 등을 생산자로부터 최종 소비자까지 유통하는 과정에서 신선도와 품질을 유지하며 저온으로 운송하는 유통 체계를 뜻한다. '디지털 헬스케어(Health Care)'는 정보통신 기술(ICT)과 보건의료를 연결해 언제 어디서나 예방과 진단, 원격진료 서비스 등을 받을 수 있도록 하는 의료 체계를 의미한다.

한편, '사회경제 혁신 인프라 기술'은 암호화폐, 플랫폼 협동 주의, 코인 경제, 블록체인 거버넌스(Blockchain Governance), 탈중앙화 자율 조직 등을 가능하게 한다. '플랫폼 협동 주의'란, 공유 경제를 의미한다. 이것은 택시와 숙박 공유 등을 가능케 하는 디지털 플랫폼을 여러 형태의 협동조합과 노동조합, 지자체 등이 협력적인 방식으로 소유하는 것을 말한다. 그리고 '블록체인 거버넌스'는 탈중앙화된 네트워크에서 조직 구성원이 효과적인 의사결정을 하도록 유도해야 한다는 것이다. 너무 긍정적이거나 또는 부정적인 의도를 가진 사람에 의해 독단적인 의사결정이 이루어지지 않도록 해야 한다. 만일 그러한 상황이 발생한다면, '탈중앙화된 시스템(블록체인 구조)'의 네트워크 성장에 장애가 될 뿐 아니라 지속적인 유지 관리에도 좋지 못한 결과를 초래하게 될 것이다.

6-4 성장 전망과 문제점

블록체인 기술은 암호화폐에 한정하여 활용되는 것이 아니며, 블록체인의 활용 범위는 물류/유통, 공급망 관리 등 전 산업 분야에서 가능하다(보스턴컨설팅그룹 서울사무소, 최인혁 외 6). 블록체인 기술과 서비스는 디지털 대전환이 시작되면서 비대면 서비스의 확대와 함께 여러 분야에서 다양한 형태로 적용된다. [표 14-19]에서 이 내용을 설명한다.

[표 14-19] 블록체인 기술과 서비스 적용

구분	내용 설명	대상	제공 서비스
비대면 의료 서비스	타인 명의로 의료진료나 약 처방이 되지 않도록 신원인증, 위·변조 방지 등을 강화하고, 장애우 또는 거동이 불편한 환자가 퇴원한 이후에 외래 진료를 편안히 받을 수 있도록 함	병원	디지털 신원인 증, 비대면 원격 진료와 약 처방
비대면 근무	실시간 온라인으로 보안 취약점을 점검하고, 원격근무 중에 발생할 수 있는 해킹이나 악성코드 감염 등을 예방함	기업	취약점 점검, 해 킹 방지, 악성코 드 탐지
비대면 교육	클라우드 보안과 수강생 신원 확인 등으로 교육 자료 유출을 방지하고, 신기술 적용을 통해 비대 면 교육의 질을 높임	대학	모바일 학생증 발급, 비대면 교 육과 실습
온라인 앱 결제	소상공인이 이용하는 지자체 공공 배달앱에 간편 결제 등 신기술을 적용한 후 보안성을 강화함	상공인	상품 주문 간편 결제, 배송
모바일 인증	국내 체류 외국인이 전자서명만으로 근로계약, 재직 증명 등이 가능함	외국인	본인인증, 전자 계약
	운전자가 모바일 운전면허증을 발급하여 사용함	운전자	모바일 운전면 허증 발급

블록체인 기술은 적용된 업무의 업그레이드를 통해 더욱 성장하고, 각 산업에서 혁신을 주도할 것으로 전망된다. [표 14-20]에서 이 내용을 설명한다.

[표 14-20] 블록체인의 성장과 전망

구분	블록체인의 성장과 전망
디지털 거래의 급증과 디지털화폐	① 비대면 거래로 업무를 처리하자는 요구가 급증하여, 디지털 자산 시장은 더욱 크게 성장이 예상됨 ② 유럽과 중국 등 국가에서 추진 중인 중앙은행 디지털화폐를 통해 디지털 결제와 비대면 금융 서비스는 더 활성화될 것으로 전망됨
스마트 계약 기술 적용과 업무 활성화	① 블록체인을 활용한 스마트 계약은 계약 이행과 검증 과정이 네트워 크상에서 자동으로 이루어지므로, 적은 비용과 높은 신뢰도를 바탕 으로 안전한 계약 체결이 가능하고, 계약의 투명성을 제고함 ② 이 기술은 금융 업무와 지적재산권, 공유경제, 부동산 거래, 무역 등 분야에서 더욱 활성화될 것으로 전망함

디지털 인증 서비스의 확대	① 블록체인 기반의 디지털 인증 플랫폼을 통해 가장 많이 활용하는 분야는 금융권의 비대면 계좌 개설이며, 신원인증 정보(신분증, 계 좌이체, 스마트폰 본인확인 등)를 사용함 ② 각 산업 분야에서 거래의 서류 증명과 이력 관리 등에서 활용되고, 모바일 운전면허증이나 각종 QR코드 인증(코로나19 백신 인증, 다 중이용시설 출입증 등)으로 활성화가 예상됨
인증 플랫폼 개발과 데이터 보호	디지털 콘텐츠 등 저작권 보호를 위한 블록체인 인증 플랫폼이 개발되 고, 데이터의 활용과 보호 측면에서 보안성과 투명성이 강조되면서 블 록체인 가치는 더 높아질 것으로 예상함
기술 확장과 범용성 노력	① 현재 블록체인 기술의 가장 큰 문제점은 오픈소스(Open source)를 사용하는 것임 ② 목적이 다른 팀이 운영하는 프로젝트에 바로 적용하기가 곤란하고, 모든 기능을 한 개의 적용 업무 프로그램으로 조합하여 구현하는 데 제한이 있음 ③ 이 문제를 해결하기 위해 프로그램의 범용성에 대한 노력과 투자가 활성화될 것으로 전망함

각 산업에서 블록체인의 기술 도입과 적용은 더욱 빨라지고 있다. 기업은 블록체인의
신기술 도입 등을 통해 경쟁력 확보에 주력하고, 회사 간의 경쟁도 점점 치열해진다. 하
지만 블록체인의 기술은 아직도 해결해야 할 과제가 많이 있다. [표 14-21]에서 이 내용
을 설명한다.

[표 14-21] 해결할 문제와 개선 과제

구분	문제와 개선 과제
불법 거래의 활용과 사용자 추적	① 암호화폐는 도박이나 마약, 무기 밀매, 불법 상속과 증여/탈세, 비자금 조성, 자금 세탁 등으로 활용 가능성이 매우 높음 ② 암호화폐는 전자지갑 주소에 대한 익명성은 보장되나, 거래 내용은 분 산원장에 기록되어 있어 나중에 현금화할 때 사용자 추적이 가능함
화폐 활용과 영향도	암호화폐는 최근에 많은 사람의 관심을 받으며 거래량이 증가하고 있으 나, 가치 산정과 거래 기준에 대한 국제 규범이 없고, 블록체인을 활용하 는 주체에 따라 허가 방식의 선호도와 확산 정도에 많은 영향을 미침

인증 권리의 혼란	① 이더리움(Ethereum)은 스마트 계약에 타임스탬프가 포함된 블록체인 기술이 적용되어, 소유권, 원산지 증명, 자동차 및 부동산 계약, 디지털 저작권 인증 등에서 활성화가 예상됨 ② 문제는 사적인 디지털 인증의 법적 효력과 종이로 된 권리 증서(자동차 등록증, 부동산 등기권리증 등)의 상호 공존으로, 실제 소유권과 권리자에 대한 재산권 주장에서 혼란을 가져올 가능성이 상존함
거래 증가와 확장성 한계	① 블록체인 내 블록 거래량이 증가할 경우, 컴퓨터 용량 부족으로 거래 지연 문제가 발생하게 되므로 PC의 CPU와 메모리 확장이 계속 요구됨 ② 블록체인은 투명성과 익명성, 보안성 등 장점에도 불구하고, 확장성이 부족하여 온라인 대량 거래로 처리되는 신용카드 업무나 SNS, SMS, 사물인터넷 기기의 데이터 처리에 한계가 있음

출처: 한국전자통신연구원(임명환), "블록체인 기술의 활용과 전망"

블록체인 기술은 금융 산업뿐 아니라 의료, 에너지, 제조, 유통, 물류, 공공 및 행정 서비스, 콘텐츠 등 많은 분야에서 '디지털 혁신의 아이콘'으로 자리 잡으며, 디지털 대전환의 '선구자' 역할을 담당할 것이다. 특히 스마트폰을 활용한 본인 인증과 업무 프로세스 혁신, QR코드를 통한 결제 등에서 더욱 진가를 발휘하며 고도화될 것이다.

따라서 블록체인 기술은 거래 기록의 신뢰성과 데이터 무결성이 확보돼야 하는 분야에서 큰 효과를 나타내며, 디지털화폐와 스마트 계약, 이력 관리, 인증 서비스 등 영역에서 계속 성장해 나아갈 것으로 전망한다.

참고문헌

● 단행본

[1] 김려성·최성·전영하(2016), "핀테크 보안경영", 진한엠앤비

[2] 김병곤·임명환(2019) "암호화폐가 부의 지도를 바꾼다 : 4차 산업혁명의 종결 '블록체인'과 '암호화폐'", For Book

[3] 김상규(2019), "알기 쉬운 블록체인 & 암호화폐 105문답", Book Star

[4] 김인석 외 4인(2018), "전자금융 보안론", IT Forum

[5] 김인현·최인규 외 18(2015), "핀테크와 디지털뱅크", 투이컨설팅

[6] 김종현(2019), "Fintech 3.0 핀테크 혁명과 금융의 미래", 한국금융연수원

[7] 김현우·아시아경제TV블록체인연구소(2018), "2025 블록체인 세상 여행하기", 클라우드나인

[8] 남상엽 외 4(2020), "디지털 트윈 기술", 도서출판 상학당

[9] 박경수·이경현(2015), "사물인터넷 전쟁", 동아엠앤비

[10] 박영숙·제롬 글렌(2022), "AI 세계미래보고서 2023", 교보문고

[11] 보스턴컨설팅그룹 서울오피스(2018), "4차 산업혁명 6개의 미래 지도", ㈜북새통·토트출판사

[12] 쉬밍싱·김응수 외 3(2018), "알기 쉬운 블록체인", Book Star

[13] 신무경(2018), "인터넷전문은행", 미래의창

[14] 에리카 스탠포드·임영신(2022), "암호화폐 전쟁: 투자인가? 투기인가? 암호화폐의 거짓과 진실", 작은 우주

[15] 오라일리미디어·배장열(2013), "빅데이터 어떻게 활용할 것인가?", 제이펍

[16] 오세현·김종승(2017), "블록체인노믹스", 한국경제신문

[17] 이건명(2019), "인공지능: 튜링 테스트에서 딥러닝까지", 생능출판사

[18] 이영재·황명수(2014), "의사결정시스템", 생능출판사

[19] 이운희 외 5(2018), "(처음 시작하는) 가상화폐 트레이딩 쉽게 배우기 : 세상에서 가장 쉬운 가상화폐 트레이딩 입문&실전 가이드북", 한스미디어

[20] 이현재·이대희(2018), "블록체인과 가상화폐 투자전략", 피엔씨미디어

[21] 장상수(2020), "4차 산업혁명의 정보보호개론", 배움터

[22] 최성(2021), "4차 산업혁명 핵심 인공지능 AI", 광문각

[23] 최윤일(2018), "암호화폐 혁명, 이더리움 블록체인" 두리미디어 라꽁떼

[24] 한국금융연수원, IBK 자산관리 아카데미(항상) 교재

[25] 한국전산원(2005), "정보시스템 장애관리지침"

[26] 한국행동과학연구소(2019), "빅데이터 분석과 활용", 학지사

[27] 황성운(2018), "정보보안 원리 및 실습", 생능출판사

[28] 커넥팅랩(2018), "모바일 트렌드 2019", 미래의창

● 연구논문 및 참고자료

[1] 가트너-ITWorld Korea, https://www.itworld.co.kr/tags

[2] 강서진, "해외 인터넷전문은행 동향 및 국내 이슈 점검", KB금융지주 경영연구소

[3] 국가법령정보센터 홈페이지, https://www.law.go.kr/ - 전자금융거래법, 전자금융감독규정 등

[4] 국립국어원 홈페이지, https://www.korean.go.kr/

[5] 금융감독원 홈페이지, https://www.fss.or.kr/

[6] 금융결제원 홈페이지, https://www.kftc.or.kr/

[7] 금융보안원 홈페이지, http://www.fsec.or.kr/fsec/index.do

[8] 금융위원회 홈페이지, https://www.fsc.go.kr/

[9] 김동섭, "분산원장 기술과 디지털 통화의 현황과 시사점", 한국은행

[10] 김성희(2017), "O2O 환경에서의 전자지불대행서비스 개선방안에 관한 연구", 석사논문, 건국대학교 정보통신대학원, 금융IT학과

[11] 김정혁(2017), "디지털금융시대 자율규제와 보안강화 방안에 관한 연구", 석사논문, 건국대학교 정보통신대학원, 금융IT학과

[12] 김종현, "인터넷전문은행의 성공조건", 우리금융경영연구소

[13] 김진화, "블록체인이 가져올 변화-미래 비즈니스, 4C에서 8C로", 프리미엄 경제매거진 DBR 187호 인터비즈(InterBiz) 황지혜, http://m.blog.naver.com businessinsight

[14] 남상엽·김동오, 한국인터넷정보학회(제19권 제1호), https://www.koreascience.or.kr/article/JAKO201828458594652.pdf

[15] 렌딧 공식 블로그, https://blog.naver.com/lendit

[16] 로보케어(Robocare) 홈페이지, http://www.robocare.co.kr/

[17] 리서치 컴퍼니 홈페이지, https://researchcompany.co.kr/

[18] 박혜영, "핀테크사업 분야별 현황과 한국형 핀테크산업 성장 방향 모색", 한국통신학회지 제33권 제2호

[19] 방경현(2018), "인터넷전문은행 개인 사용자의 수용의도에 관한 연구", 석사논문, 건국대학교 정보통신대학원, 금융IT학과

[20] 배한희·김영민·오경주(2018), "로보어드바이저를 활용한 B2C 투자자문서비스 연구:앤드 비욘드 투자자문 사례", 지식경영연구 제19-1호

[21] 서보익(2016), "로보어드바이저가 이끌 자산관리시장의 변화", 2016년 하반기 산업 전망: 증권

[22] 신동화 외 2, "로보어드바이저에 관한 오해와 진실", IBK경제연구소

[23] 옥성환(2017), "한국 인터넷은행의 발전 방안에 관한 연구: 케이뱅크은행 사례를 중심으로", 동국대학교 박사학위논문

[24] 우리금융연구소, 주간 금융경제 동향, "국내외 금융권의 Big Data 활용 사례"

[25] 우효연(2019), "핀테크 산업에 관한 주요국의 현황 및 발전 방향에 관한 연구", 조선대학교 박사학위논문

[26] 위키백과 홈페이지, https://ko.wikipedia.org/wiki/

[27] 유환(2019), "은행 금융상품에서 프라이빗 뱅커의 전문투자형 사모펀드 추천 의사결정에 관한 연구", 동국대학교 박사학위논문

[28] 윤태오 외 3(2019.5), "핀테크 산업 분석보고서", 한국투자증권

[29] 이동규, "비트코인의 현황 및 시사점", 한국은행

[30] 임명환, "블록체인 기술의 활용과 전망", 한국전자통신연구원

[31] 전성민·박도현(2020), "핀테크 산업 규제와 스타트업 활성화 방안에 대한 탐색적 연구: 미국, 중국, 한국 사례 중심으로", 한국벤처창업학회

[32] 정해식(2018.4), "핀테크 시장 최근 동향과 시사점", 정보통신기술진흥센터 https://www.iitp.kr

[33] 조현아, "3대 핀테크 시장의 주요 트렌드 및 시사점", 금융결제원 지급결제와 정보기술 제61호

[34] 천대중, "인터넷전문은행 현황 및 전망", 우리금융경영연구소

[35] 최진용(2020), "핀테크 혁신의 유형분류와 국내 금융규제의 영향", 서강대학교 박사학위논문

[36] 한국금융연구원, "금융권의 Big Data 활용과 대응 방향"

[37] 한국금융연수원 홈페이지, https://www.kbi.or.kr/

[38] 한국소비자원 홈페이지, https://www.kca.go.kr/

[39] 한국은행 홈페이지, http://www.bok.or.kr/

[40] 한국인터넷진흥원, "국내외 핀테크관련 기술 및 정책 동향 분석을 통한 연구 분야 발굴"

[41] 한국핀테크산업협회 홈페이지, http://korfin.kr/

[42] 한국핀테크지원센터: 핀테크 포털, http://fintech.or.kr/

[43] 황준호(2021), "핀테크 환경하에서 암호화폐 수용에 미치는 영향요인과 과정에 관한 연구", 상명대학교 박사학위논문

[44] 카카오, 케이뱅크, 토스뱅크 홈페이지

[45] 코스콤(Koscom) 홈페이지, https://www.koscom.co.kr/ - https://newsroom.koscom.co.kr/18206/

[46] 쿠도커뮤니케이션, 금융정보시스템연구회 세미나, 발표 자료

[47] 씨에이에스 홈페이지: GRC 토탈 서비스, https://casit.co.kr/

[48] AT Kearney - Global Management Consulting Firm https://www.kearney.com/

[49] CB Insights - Technology Market Intelligence, https://www.cbinsights.com/

[50] EY 컨설팅 홈페이지, https://www.ey.com/ko_kr/consulting

[51] IT보안인증사무국 홈페이지, https://www.itscc.kr/

[52] Luniverse(루니버스), "눈 여겨 볼 블록체인 10가지 적용사례", https://luniverse.io/2021/01/25/ten-blockchain-usecases/

[53] KCMI 자본시장연구원 홈페이지, https://www.kcmi.re.kr/

[54] KISA 한국인터넷진흥원 홈페이지, https://www.kisa.or.kr/

[55] KOBIT, 금융정보시스템연구회 세미나, '화폐혁명, 비트코인"

[56] KOTRA 홈페이지, https://news.kotra.or.kr/

[57] SEC(미국 증권 및 외환위원회), https://www.sec.gov/forms

[58] Statista(스태티스타) 포털, www.statista.com

[59] Uber 앱, 제품, 서비스 https://www.uber.com/kr/ko/about/uber

[60] Xⁿ TREE Ventures(엑센트리벤처스), "액셀러레이팅과 인큐베이터센터 비교", https://levelxbusan.tistory.com/23

그림 색인

표 색인

금융 IT와
디지털 대전환

| 2022년 11월 11일 | 1판 | 1쇄 | 발 행 |
| 2024년 1월 16일 | 1판 | 2쇄 | 발 행 |

지 은 이 : 황명수
감　　수 : 최 성, 이건희
펴 낸 이 : 박　　　정　　　태

펴 낸 곳 : **광　　　문　　　각**

10881
파주시 파주출판문화도시 광인사길 161
광문각 B/D 4층
등　　록 : 1991. 5. 31 제12 - 484호
전 화(代): 031-955-8787
팩　　스 : 031-955-3730
E - mail : kwangmk7@hanmail.net
홈페이지 : www.kwangmoonkag.co.kr

ISBN : 978-89-7093-232-3　93320

값 : 26,000원

불법복사는 지적재산을 훔치는 범죄행위입니다.
저작권법 제97조 제5(권리의 침해죄)에 따라 위반자는 5년 이하의
징역 또는 5천만원 이하의 벌금에 처하거나 이를 병과할 수 있습니다.